ZHONGGUO XINMEITI
YANJIU BAOGAO 2022

中国新媒体
研究报告2022

主　编　曾祥敏
副主编　赵淑萍　吴炜华

中国记协新媒体专业委员会　　编

人民日报出版社
·北京·

图书在版编目（ＣＩＰ）数据

中国新媒体研究报告. 2022 / 中国记协新媒体专业
委员会编. —— 北京：人民日报出版社，2023.4
　　ISBN 978-7-5115-7477-0

　　Ⅰ.①中… Ⅱ.①中… Ⅲ.①传播媒介—研究报告—中国
—2021 Ⅳ.①G219.2

中国版本图书馆CIP数据核字(2022)第199378号

书　　　名：**中国新媒体研究报告. 2022**
　　　　　　ZHONGGUO XINMEITI YANJIU BAOGAO . 2022
作　　　者：中国记协新媒体专业委员会　编
出 版 人：刘华新
责任编辑：刘　悦
封面设计：三鼎甲

出版发行：人民日报出版社
社　　　址：北京金台西路2号
邮政编码：100733
发行热线：（010）65369509　65369527　65369846　65369528
邮购热线：（010）65369530　65363527
编辑热线：（010）65363105
网　　　址：www.peopledailypress.com
经　　　销：新华书店
印　　　刷：大厂回族自治县彩虹印刷有限公司
法律顾问：北京科宇律师事务所 010-83622312

开　　　本：710mm×1000mm　1/16
字　　　数：562千字
印　　　张：31
版次印次：2023年4月第1版　　2023年4月第1次印刷

书　　　号：ISBN 978-7-5115-7477-0
定　　　价：88.00元

编委会

主 编

曾祥敏 中国传媒大学电视学院党委书记、教授、博士生导师，全国新闻与传播专业学位研究生教育指导委员会副主任委员，入选2020度全国广播电视和网络视听行业领军人才工程、教育部"新世纪优秀人才支持计划"，先后被评为北京市青年教学名师（2017），北京市"师德先锋"（2018）、北京市教学名师（2019）。担任中国记协新媒体专业委员会专家组组长、北京记协理事、北京市突发事件应急委员会专家、《中国新闻传播研究》副主编。荣获国家级教育教学成果一等奖一次、二等奖一次。系国家级一流课程《电视采访报道》负责人，国家级优秀教学团队"广播电视新闻学"核心成员。

主要研究领域为视听传播、媒体融合、国际传播、网络舆情传播。主要著作有《电视采访》（入选国家级规划教材）、《新媒体背景下的电视分众化传播》、《中国新媒体研究报告》（主编）、《融媒体新闻这样做》（主编）。

副主编

赵淑萍 中国传媒大学电视学院教授、电视学院学术委员会主任，北京市优秀教师。担任国家社科重点研究项目"中国特色社会主义新闻传播理论的构建"首席专家。带领团队完成的北京文化援疆项目《走进和田》大型系列纪录片荣获中宣部第十三届精神文明建设"五个一工程"奖。

主要著作有《电视采访》《电视节目主持》《广播电视新闻写作》《现代电视采访教程》等，其中5本教材被列为国家教委（教育部）普通高等教育"九五""十五""十一五"国家级规划教材重点建设项目和北京市精品教材。近年来，带领团队创新高校社会服务，成果丰厚。其中《主流媒体价值重塑及创新传播研究——基于中央广播电视总台专题研究》《中国反贫困的媒体行动——以中央广播电视总台的实践为例》《湖北广播电视台（集团）媒体融合战略决策优化报告》《长城新媒体集团战略发展研究》《海口市融媒体中心建设方案》《玉溪市区域融媒体建设与智慧广电发展研究》《朝阳区融媒体中心建设策略及内容生产研究》等多项成果体现出学术前瞻性及时代意义。

吴炜华　中国传媒大学电视学院教授，编辑出版学系主任，媒体融合与传播国家重点实验室博士生导师。香港城市大学博士，美国纽约大学博士后，麻省理工学院富布赖特研究学者，全国广播电视"百优理论人才"，入选教育部"新世纪优秀人才支持计划"。

主要研究领域为视听新媒体、媒体融合与传播、青年及网络文化、动漫及游戏等，主要著作有《视觉叙事的文化笔记》、《新媒体传播导论》、《新媒体批判导论》（译著）和英文专著*Chinese Animation, Creative Industries, and Digital Culture*等。

序　言

赓续初心行致远　深融履践日日新

中国记协新媒体专业委员会

2022年是媒体融合作为国家战略整体推进的第九年。党的十八大以来，以习近平同志为核心的党中央高度重视新闻舆论工作，作出推动媒体融合发展的重大部署，引领我国媒体融合发展走过变革、转型、创新的非凡历程。党的二十大报告指出，加强全媒体传播体系建设，塑造主流舆论新格局，为媒体融合发展进一步指明方向。

自2014年中央全面深化改革领导小组第四次会议审议通过《关于推动传统媒体和新兴媒体融合发展的指导意见》以来，我国各级主流媒体奋发图强、攻坚克难、勇于创新，协同推进媒体融合向纵深发展，围绕内容建设这一根本，经历了从技术先手突破到管理创新一体，从现代传播体系到全媒体传播体系建设的过程。媒体融合的路径更加清晰、脚步更加坚定、成效更加显著。新型主流媒体的建设成果先后在迎接宣传贯彻党的二十大、新冠肺炎疫情防控、决战决胜脱贫攻坚、北京冬奥会冬残奥会、香港回归二十五周年、中国空间站建设等重要报道中得到展现。然而我们深知，面对智媒关系纷杂、虚实场景叠置、多方舆论交锋的互联网环境，主流媒体融合发展之路仍任重道远。唯有赓续初心，遵循规律，勇于开拓，媒体融合之路方能行稳致远。

党的十八大以来，党中央从战略、体系、路径和生态等方面对媒体融合发展作出决策部署，不仅体现改革的决心与信心，也体现创新设计的系统性与连贯性。习近平总书记高度重视媒体融合发展，发表了一系列重要讲话，作出了一系列重要指示。从"加快传统媒体和新兴媒体融合发展，充分运用新技术新应用创新媒体传播方式，占领信息传播制高点"到"融合发展关键在融为一体、合而为一""尽快从相'加'阶段迈向相'融'阶段，从'你是你、我是我'变成'你中有我、我中有你'，进而变成'你就是我、我就是你'，着力打造一批新型主流媒体"，再到"要扎实抓好县级融媒体中心建设，更好引导群众、服务群众"，到"推动媒体融合发展，要统筹处理好传统媒体和新兴媒体、中央媒体和地方媒体、主流媒体和商业平台、大众化媒体和专业性媒体的关系，不能搞'一刀切''一个样'。要形成资源集约、结构合理、差异发展、协同高效的全媒体传播体系"，这些精辟论断成为指导媒体融合发展的重要遵循。

中央出台相关文件具体指导媒体融合发展，包括《关于推动传统媒体和新兴媒体融合发展的指导意见》《关于加快推进媒体深度融合发展的意见》《关于加强县级融媒体中心建设的意见》等一系列文件，深刻回答了什么是全媒体传播体系、怎样建设全媒体传播体系的重要议题，为主流媒体进一步融合转型实践指出发力重点并制订改革时间表，是新时期深化媒体融合发展、进一步扩大全媒体建设成果的重要工作依据与坚强引领。时至今日，媒体融合改革实现跨越式发展，由产品形态、话语内容、表现手段等单点、离散的战术创新，向体制机制、资源整合、生态构建维度的一体化、全局性、跨区域的战略融合迈进。在发展重点上，加速推进中央、省、市、县四级媒体融合发展布局的全媒体传播体系。在发展路径上，形成统筹推进、差异发展、协同高效的探索之路，注重标准化规范和差异化创新的协调。在发展模式上，已逐步实现由散点化、试验性的"技术驱动型"创新，向一体化、系统性的"生态建构型"融合迈进，构建服务于国家治理的多功能生态级平台。

"苟日新，日日新，又日新。"回顾总结党的十八大以来我国媒体融合发展之路，在内容生产、体制机制、技术应用、队伍建设等方面皆有创新探索。内容生产乃融合之根本，内容创新是媒体融合发展的起点和着重发力点。媒体融合发展以来，主流媒体推出大批融合精品。体制机制乃融合之核心，是深度融合发展的重中之重，新型主流媒体通过顶层设计建立集约高效、重点突出的全媒体生态型平台。在重塑组织架构、再造生产流程方面，不断向"融为一体、合而为一"的目标融合转型。融合工作室、融媒体中心、新创平台发挥先锋队作用，具备创新孵化机制潜力。主流媒体从"策、采、编、审、发"等流程再造入手，积极探索适应融合生产要求的新流程，以构建集中指挥、高效协调、整合资源、一体调度、全媒生产与传播的新型运行机制。

2022年，作为全国优秀新闻作品最高奖的中国新闻奖，顺应媒体融合发展趋势，对奖项设置进行重大系统性调整，打破传统媒体和新媒体的界限，引导媒体提高融合生产能力、探索"新闻+服务"新业态，加快建设全媒体传播体系。为进一步推进媒体融合发展，中国新闻奖创新设置融合报道、应用创新两个专门奖项，鼓励新闻媒体多出融合精品，应用信息网络技术，研发"新闻+服务"的创新性信息服务产品。

众多创新作品转变语态、创新形态，把宏大的理论、深刻的思想和严肃的话题，转变为易于传播的大众话语，做到深入浅出、通俗易懂，增强信息的鲜活性和亲近性，实现话语融通，突圈破壁。主流媒体始终坚持守正创新，牢牢把握舆论引导和价值引领的主动权，积极调动青年用户在强化正向舆论引导中的巨大潜能，提升年轻用户的情感认同，开辟和巩固新的传播阵地。技术应用乃融合之动力，主流媒体以先进技术赋能，积极探索全媒体技术开发和智媒技术创新之路。人工智能、虚拟现实、卫星遥感、5G、区块链等技术赋能内容生产与分发。媒体技术的智能化消融着传媒业态的边界，重塑着全新的传播流程。不断打造的技术中台、业务中台、数据中台等中台"新基建"，以技术创新带动管理机制和管理思维的创新，构建全媒体驱动的中台战略。队伍建设乃融合之基础，"人才是宝"，改革的核心永远是人，具备融合生产、运维和管理能力的全媒体人才是推动媒体深度融合发展的基础性因素。在人才培养方面，主力军重点打造媒体内部的年轻化队伍，向自主培养、多元引进融合的模式和全方位提升的人才保障机制发展。

2021—2022年度，深耕自建平台、精研服务应用更是成为新型主流媒体强化自身建设的发力方向。"两微多端"是融合1.0阶段普遍采取的"借船出海"策略，在深度融合的2.0阶段，建强自有移动端平台已经成为主流媒体深度融合阶段的标配，"舆论宣传""新闻资讯"和"政务服务"是媒体最基本、建设成效较好的三项功能。党的十九届四中全会作出坚持和完善中国特色社会主义制度、推进国家治理体系和治理能力现代化的重大决定。主流媒体不断拓展信息服务领域，以全方位视角和多元化服务助力社会治理创新，打造"新闻+政务服务商务"模式，积极尝试将海量信息、群众需求和解决路径高效对接，将媒体服务社会功能下沉到"最后一公里"。"+服务"即实现一站式便民服务，是主流媒体自建新媒体平台内容建设的核心；"+政务"即丰富政务类信息和应用，实现公共服务普惠化；"+商务"即探索利用本地特色资源的营利途径，作为自建平台重要补充和延伸，实现"线上+线下"的长效发展。此外，媒体智库以云计算、大数据、人工智能等技术促进自身转型，同时发挥媒体智库在解读公共政策、研判舆情、引导社会热点、疏导公共情绪等方面的优势，有利于推进国家治理体系建设、提升基层社会治理现代化水平。智库将媒体在社会治理中的功能角色从新闻报道者、舆论监督者向治理网络的编制者、治理资源的整合者和治理方案的建设者转变。

2022年是《中国新媒体研究报告》（以下简称《报告》）伴随我国媒体融合战略发展的第四个春秋。作为中国记协及其新媒体专业委员会全面落实中央关于加快推进媒体深度融合发展决策部署，加强新媒体服务引导、促进和推动新媒体新闻信息传播事业健康发展的重点行业智库报告，《报告》始终坚持围绕全媒体时代和媒体融合发展的局与势，把握党中央各项重大决策与部署，紧跟新媒体发展进程中的新动态、新议题，对媒体融合进程中的成效与问题、趋势与规律进行总结。2022年《报告》由"总报告""重点聚焦""行业报告""专研报告"和"融合精品分析"五部分构成，聚焦2021年到2022年期间全国新媒体行业发展与主流媒体融合转型的热点、亮点与难点，在报告内容方面作出创新性拓展。"总报告"从中国媒体融合创新与新媒体发展的全局出发，对过去一年媒体融合生态与实践经验进行宏观分析，为我国新型主流媒体建设提供前瞻性思考，为新媒体重塑用户的生活模式提供学理性支撑。新设"重点聚焦"一章关注融媒体时代国际传播的新转向和新范式。在习近平总书记关于国际传播重要讲话精神的指引下，主流媒体持续加强并推进国际传播能力建设，积极打造国际传播融合平台和国际传播矩阵。本部分总结过去一年媒体融合在国际传播领域获得的新突破，探索构建具有引领示范价值的国际传播新路径。"行业报告"从内容篇、技术篇、管理篇和治理篇四个维度关注媒体融合的最新实践，有传承有创新，关注政务新媒体业务形态发展、区域性媒体的"本地新闻"生产、数字新闻业中的人机关系、媒体智库参与社会治理的行动路径等重点话题。"专研报告"瞄准本年度融合创新实践中具有代表性与影响力的细分领域，剖析我国广电媒体融合发展的体制机制困境，探索网络直播的新场景新规范，提出智媒化背景下媒体人才能力结构的新要求与培养新方法。"融合精品分析"致力于发掘年度优秀融合新闻产品案例，聚焦第31届中国新闻奖媒体融合奖项特别奖和一等奖共12件获奖作品，涵盖短视频现场新闻、短视频专题报道、移动直播、创意互动、融合创新5个项目，以及以上项目的国际传播和新媒体新闻专栏，挖掘融合精品的创作经验，探析内容产品与融合进程的表里关系。

继往开来，守正创新，主流媒体的深度融合始终要与国家发展、社会变迁和人民需求同频共振，同向同行。媒体融合是一条必行之路，也是一条进行之路。新型主流媒体要努力实现自身公信力的柔性强化和用户注意力的刚性影响，通过做强多元化、分层级、跨地域的新型主流媒体，进而融入网上网下各领域。

"任重而道远者，不择地而息。"让我们共同努力，积极贯彻落实党的二十大精神，为加强全媒体传播体系建设，塑造主流舆论新格局，巩固全党全国人民团结奋斗的共同思想基础而奋斗。

目　录

第一章　总报告

第二章　重点聚焦

第三章　行业报告

第四章　专研报告

第五章　融合精品分析

第一章

总报告

2022年媒体融合发展报告：
深耕平台 精拓服务
——深度融合发展中的新型主流媒体建设进路

曾祥敏 刘日亮 董华茜[①]

摘要： 做强新型主流媒体是媒体深度融合的重要目标，也是贯穿"十四五"规划的关键任务。本研究基于我国主流媒体深度融合发展的指向以及近一年来媒体发展的实践经验和难题，结合我国各层级主流媒体深度融合发展调查问卷结果，以及对主流媒体从业者进行的一对一半结构化访谈，围绕以"新闻+服务"为核心建强自有新媒体平台，以及平衡社会效益和经济效应展开重点探讨，以期为我国新型主流媒体建设提供发展思路和前瞻性思考。

关键词： 媒体深度融合；新型主流媒体；自建平台；新闻+服务

2022年是媒体融合作为国家战略整体推进的第9年，也是推进"十四五"规划落实的关键之年。《中华人民共和国国民经济和社会发展第十四个五年规划和2035年远景目标纲要》强调，"推进媒体深度融合，做强新型主流媒体"[②]。《关于加快推进媒体深度融合发展的意见》指出，要推动主力军全面挺进主战场，以互联网思维优化资源配置，把更多优质内容、先进技术、专业人才、项目资金

---

① 曾祥敏，中国传媒大学电视学院教授、博士生导师；刘日亮，中国传媒大学电视学院讲师；董华茜，中国传媒大学电视学院博士研究生。本文系研究阐释党的十九届六中全会精神国家社科基金重点项目"加快新型主流媒体国际传播能力建设研究"（编号：22AZD073）的阶段性研究成果。

② 中华人民共和国国民经济和社会发展第十四个五年规划和2035年远景目标纲要[M].北京：人民出版社，2021.

向互联网主阵地汇集、向移动端倾斜，让分散在网下的力量尽快进军网上、深入网上，做大做强网络平台，占领新兴传播阵地[①]。面对当前智媒关系杂合、虚实场景叠置的互联网环境，以及话题焦点游移、多方观点争辩的舆论场，我国各层级主流媒体作为深度融合的主力军，主动破局，在深度融合发展中不断闯关冲卡、继晷焚膏，以实现构建主流舆论格局的责任目标。在近一年的深度融合发展中，深耕自建平台、精拓服务应用成为新型主流媒体自觉自省地强化自身建设的关键发力方向。

一、总体发展：内容生态深度融合，自建平台精拓服务

《关于加快推进媒体深度融合发展的意见》指出，尽快建成一批具有强大影响力和竞争力的新型主流媒体，逐步构建网上网下一体、内宣外宣联动的主流舆论格局，建立以内容建设为根本、先进技术为支撑、创新管理为保障的全媒体传播体系。建成一批新型主流媒体是媒体深度融合发展的宏观目标，强大的影响力和竞争力是新型主流媒体的必备特质。一方面，新型主流媒体的影响力不仅体现在内容传播力、用户公信力、舆论引导力上，还体现在对媒介化社会生活方式的强影响上；另一方面，新型主流媒体的竞争力既体现在全媒体传播体系内部形成的媒体间的良性竞争，又体现在与外部商业传播平台竞争用户注意力的能力。因此，新型主流媒体建设应内容生态深度融合与自建新媒体平台拓展壮大齐头并进，其中，精准拓展"新闻+服务"聚合平台功能成为当前新型主流媒体自建平台发展的着力点。

（一）内容生态："深融"依托新闻精品，凸显用户聚焦民生

内容生态的深度融合是建强新型主流媒体的核心竞争力，也是近一年来主流媒体深度融合发展的重中之重。作为内容融合创新的指向标，2022年的中国新闻奖在奖项设置方面有所优化：第一，创新优化奖项结构，在基础类奖项之外设立专门奖项，服务大局全局，并新增重大主题报道、典型报道、舆论监督报道3个重要奖项；第二，突破介质限制设奖，打破传统媒体和新媒体的界限，各

---

① 　中共中央办公厅 国务院办公厅印发《关于加快推进媒体深度融合发展的意见》[EB/OL].（2020-09-26）[2022-05-30].http://www.xinhuanet.com/politics/2020-09/26/c_1126542716.htm.

类媒体可参加各个奖项评选，着眼提高融合生产能力，加快建设全媒体传播体系；第三，鼓励媒体融合发展，注重前瞻引领，新增融合报道和应用创新奖项，激励新闻工作者创制更多融媒精品，从而拓展媒体功能，研发"新闻+服务"创新信息服务产品，参与社会治理，更好服务公众。着眼未来，内容深度融合发展应是专业守正、效应叠加、用户激励、品牌冲卡的纵深化、立体化形塑。

1.移动优先稳步推进，新闻主业强势回归

随着媒体深度融合不断推进，主流媒体如何在移动优先的布局中以有限存量谋求传统端与移动端的最优增量，这一问题再次成为焦点，尤其是如何平衡、联动大屏与小屏，成为广电媒体普遍面临的难题。在"我国主流媒体深度融合发展调查2022"[1]中，"主流媒体内容深度融合发展大方向"一题的调研结果显示，47.27%的受访者选择"传统端与新媒体端并重"，位列第一，28.99%的受访者选择"移动优先，打造自建新媒体平台并积极拓展新媒体内容矩阵账号"，16.6%的受访者选择"以传统端为主，积极拓展新媒体内容矩阵账号"。经过9年的媒体融合和移动优先发展，从实际成效上看，大部分主流媒体的新媒体端已实现移动端与发展了几十年的传统端并重或者更为优先的发展。对于大部分新型主流媒体而言，移动优先并不意味着完全放弃传统端或者全员转向新媒体，而是通过"牵一发而动全身"的移动优先转向，延展主流媒体的触达面进而增强其影响力。

虽然主流媒体内容深度融合的整体情况呈现出移动优先稳步推进的情境，但是经过中央、省、市、县四级主流媒体的数据交叉对比，市级媒体内容融合重点在传统端的占比最大，达到4.04%，其次是省级媒体，占比3.29%（图1-1-1）。在连续三年的媒体融合问卷调查中[2][3]，市级媒体均处于全媒体传播体系建设

---

[1] "我国主流媒体深度融合发展调查2022"问卷由"中国新媒体研究报告2022"课题组于2022年6月至7月向全国各级主流媒体发放，最终收回有效问卷2811份，问卷调查覆盖全国七大地区的中央、省、市、县四级媒体，媒体业务涉及广播电视、报纸、网站、移动端等，被调查者中60.62%为采编岗，16.93%为管理岗，9.18%为技术岗，7.58%为运营岗。

[2] 曾祥敏，刘日亮.中国主流媒体融合发展现状调查和重点问题探究[C].//中国新媒体研究报告2020，北京：人民日报出版社，2020：002-029.

[3] 曾祥敏，刘日亮，杨丽萍.我国主流媒体深度融合发展进路[C].//中国新媒体研究报告2021，北京：人民日报出版社，2021：002-024.

的"洼地"；而省级媒体虽然融合样板单位频出，但深度融合的区域发展仍不平衡，在偏向深度融合发展方面呈现积极开拓与犹疑观望的两极化发展的情境。

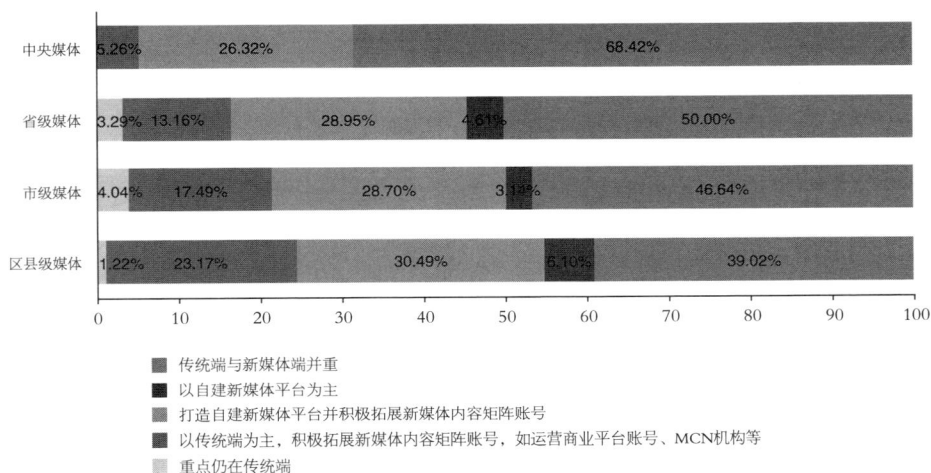

中央媒体　5.26%　26.32%　68.42%

省级媒体　3.29%　13.16%　28.95%　4.61%　50.00%

市级媒体　4.04%　17.49%　28.70%　3.13%　46.64%

区县级媒体　1.22%　23.17%　30.49%　6.10%　39.02%

- 传统端与新媒体端并重
- 以自建新媒体平台为主
- 打造自建新媒体平台并积极拓展新媒体内容矩阵账号
- 以传统端为主，积极拓展新媒体内容矩阵账号，如运营商业平台账号、MCN机构等
- 重点仍在传统端

图1-1-1　"内容深度融合发展大方向"一题的管理岗调研结果（样本数：476）

内容深度融合是主流媒体提升自身影响力和竞争力的核心，精品内容是主流媒体巩固品牌、增强自身传播力和影响力的立足之本。2022年调研结果显示，我国主流媒体通过技术创新、流程再造、机制重塑、矩阵建设等基本完成了移动优先战略布局调整，未来的发展成效关键看融合精品内容，这是最直接的窗口。当前，在深度融合发展语境下，我国主流媒体从业者已经感受到内容创新与创优的融合本质，守正创新意识不断深入，"在海量信息过载的情况下，党报办的新媒体能否在创新话语体系表达方式的同时，依然保持和增强报道的思想性、前瞻性和问题意识，能否巩固留住我们的深度优势和调查研究优势？"[1]面对新媒体内容泡沫的冲击，主流媒体也在有意识地强调新闻主业回归，强化主流价值的"定海神针"作用。"我们的痛点在于，如何让自己生产的新媒体内容的公信力更强大，如何壮大主流声音。这是我们作为'主流媒体'的生存之本。"[2]深度融合发展以内容建设为根本，要通过内容建设，拓展、扩散主流媒体的信

---

[1]　访谈对象M03，所在单位为中央级媒体，男性，从事管理工作。

[2]　访谈对象M04，所在单位为省级媒体，男性，从事管理工作。

息触达效果，传播有用且有吸引力的精品内容，形成具有影响力和公信力的文化品牌，进一步实现舆论引导。而在这一过程中，新闻内容，尤其是重大主题报道、深度报道是主流媒体展现功力、形成竞争力的关键。

2.重大主题报道凸显用户意识，舆论监督报道聚焦民生热点

重大主题报道和舆论监督报道是检验主流媒体专业内容生产能力的主战场，是增强自身影响力和竞争力的关键。随着媒体融合的纵深发展，重大主题报道越发凸显用户意识，回应关切、吸引参与、强化交互、挖掘认同；舆论监督报道则聚焦民生热点，围绕日常生活、消费维权、生态保护等主题，挖掘真相，创新样态，进而督促解决百姓难题。

在重大主题报道中，主流媒体充分发挥人才、技术、经验等资源优势，充分发挥新闻媒体人的专业能力，展现了主流媒体的转型成效。在党代会、全国两会、香港回归25周年、北京冬奥会冬残奥会等一系列重大主题报道中，主流媒体打造融媒精品，营造舆论氛围，集中体现了媒体融合的阶段性成效，也为接下来做强新型主流媒体提供了重要参考。

主流媒体在深入分析总结经验的基础上，充分发挥资源优势，重大主题报道"打法"明确。

第一，把握时间窗口，解决群众难题。在面临新冠肺炎疫情防控严峻考验的背景下，澎湃新闻打造"战疫服务平台"，主打求助、辟谣和问询，开设"权威发布""呼声反馈""纾困解难""就医指南"四大栏目，在疫情胶着阶段为群众排忧解难，发挥媒体平台的服务价值。

第二，切换报道视角，号召全民参与。2022年北京冬奥会和冬残奥会期间，新华社的短视频《冬奥会开幕式总导演的"一天"》记录下一个个紧张有序的筹备瞬间，满足观众对开幕式后台的好奇心；光明网联合小红书开设新媒体专栏《冬奥有我——冰雪志愿者日记》，以Vlog、手绘漫画、图文日记等形式展示志愿服务之旅，起到了"硬菜软做"的效果。

第三，讲究报道持续性，以品牌"盘活拉新"。中国日报延续此前备受好评的栏目，推出《小彭Vlog：活起来的文化遗产》；天津津云新媒体集团联合北京千龙网、长城新媒体集团，策划推出《云瞰京津冀》系列访谈节目；中央广播电视总台在香港回归25周年之际推出大型融媒体报道《直播大湾区》；等等。

第四，活用智媒技术，热点叠加科技感。2022年，AI（人工智能）技术应用升级，北京冬奥会期间，央视频搭建"AI智能剪辑"系统，短时间内将海量的比赛内容，自动化浓缩成几分钟的视频集锦。超高清AI时间切片系统，只需15秒就能逐帧抓取运动员从起跳到落地之间的空中姿态，使用人工智能深度学习算法，结合视觉暂留技术、图形学、图像学及自动化控制技术构成AI图像处理系统，通过数据分析和二次包装，实现逐帧呈现和提炼放大①。同时，主流媒体加快布局XR（扩展现实），通过AR（增强现实）、VR（虚拟现实）和MR（混合现实）加强观看沉浸感，创新视觉体验。例如，新华社推出《当冬奥遇到敦煌》系列作品，将国际赛事、中华文化与智媒技术融合，生动阐释中国冰雪运动的历史起源；中央广播电视总台构建北京冬奥会开幕式增强现实直播呈现系统，完成虚拟雪花实时制作。

第五，借力历史文化IP，挖掘亮点讲好故事。人民日报新媒体古风三维动画MV《文物音乐会，国宝唱嗨了》以6件珍贵文物为原型，制作三维动画形象演唱重新填词《达拉崩吧》，从文物的第一视角"感知"中国发展；法治日报推出"诗画两会"系列专题解读全国两会等。

第六，紧跟时政热点，亮剑国际舆论场。2022年8月2日至3日，美国众议长佩洛西窜访台湾，中央广播电视总台新闻中心统一部署、矩阵联动，新媒体时评品牌"玉渊谭天"先后推出《不同视角看佩洛西窜访台湾　正在上演的拆台大戏》《【深谭】丑闻缠身的投机分子，佩洛西》《佩洛西，行将落幕》，总台CGTN、亚非中心、欧拉中心等多平台、多渠道、递进式传播中国声音，第一时间将"玉渊谭天"内容转化为英语、日语、德语等20种语言。相关内容和观点被BBC、CNN、CNBC等69个国家和地区的705家电视台及新媒体平台采用②，展现主流媒体亮剑国际舆论场的引领力。

舆论监督报道旨在揭示社会存在的问题、维护公平正义、促进时代进步，

---

① 精彩绝伦！总台科技创新点亮冬奥！[DB/OL]．（2022-04-07）[2022-05-30]．https：//baijiahao.baidu.com/s?id=1729445143514432416&wfr=spider&for=pc．

② 揭底佩洛西：玉渊谭天三连发！[DB/OL]．（2022-08-07）[2022-08-08]．https：//mp.weixin.qq.com/s/rYdH2Xrwa4Skv-OEAwMEzA．

是主流媒体的"利剑"，在媒体深度融合背景下，舆论监督报道内核不变，花样翻新。

第一，聚焦民生热点，监督政策落实。陕西日报群众新闻客户端原创短视频新闻《群众我来帮|"迷人"的公交指示牌，究竟归谁管？》在所属各新媒体平台发布，迅速引起网友热议，相关话题登上微博、抖音当日同城热搜榜，通过聚焦百姓生活中遇到的生活"谜题"引发用户共鸣，真正践行"群众路线"；中央广播电视总台聚焦推进北方地区清洁取暖的重大决策部署，针对群众反映在推进清洁取暖过程中，一味强调清洁而忽视取暖效果，导致部分老人和困难群众挨冷受冻的质疑，进行深入调查，推出《多地清洁取暖被指"一刀切"：禁柴封灶致部分群众挨冻》，发挥主流媒体对公权力的舆论监督功能，关注人民所想，解决人民所需。

第二，跟踪系列报道，解决社会问题。新华社推出《"东北黑土保护调查"系列报道》，关注当前备受关注的东北地区黑土地告急问题，深入调查其背后的黑色产业链，为进一步解决问题提供有力参考；光明日报《中国知网系列监督报道》在退休教授赵德馨起诉中国知网并胜诉后第一时间拿到独家回应，直击核心问题展开跟踪报道，真实反映了社会舆论特别是广大知识分子的诉求，并提出建设性意见，有力推动实际问题解决，彰显主流媒体人的"四力"和主流媒体的责任担当。

第三，借助交互体验，普及调查成果。21世纪经济报道在2021年记者节来临之际，推出记者主题剧情游戏H5《暗访者之漂洋过海》，以有人举报某小镇走私国外的旧衣服，"洋垃圾"交易卷土重来为新闻背景，展开暗访调查，通过沉浸式的交互体验和跌宕起伏的游戏剧情揭露我国长久以来的"洋垃圾"现实困局。

（二）方向聚焦：建强自有移动端平台，加强服务性功能建设，由内向外重塑生态

平台就是阵地，"两微一端（多端）"是主流媒体从融合初期就重点开拓的标准化内容渠道和重点建设的移动端平台，"两微"是融合1.0阶段普遍采取的"借船出海"策略，在深度融合的2.0阶段，"造船出海"建强自有移动客户端成为主流媒体发力的重点方向。

1.建强自有移动端平台已成深融共识

2022年我国主流媒体深度融合发展调研结果显示，建强自有移动端平台已经成为主流媒体深度融合阶段的标配，但平台功能、成效、迭代发展等具体建设情况各有异同。"自建新媒体平台提供的功能服务以及发挥作用"一题的调查结果显示（图1-1-2），"新闻资讯""舆论宣传""政务服务""社会生活""休闲社交""购物消费""商务合作"在量表中的平均值分别为4.2、4.24、4.08、3.9、3.48、3.16和3.45，说明"舆论宣传""新闻资讯"和"政务服务"是在当前政策和发展体系下，媒体最基本、建设成效较好的三项功能。"您所在的媒体属性"与"自建新媒体平台提供的功能服务以及发挥作用"两题交叉分析的结果显示，不同媒体属性对媒体自建新媒体平台的"政务服务""商务合作"2项不会表现出显著性差异，其余5项均呈现显著性差异，其中，市级媒体在"新闻资讯""舆论宣传""社会生活"中平均值最低，省级媒体在"休闲服务""购物消费"中平均值最低，说明在"舆论宣传""新闻资讯"和"政务服务"上，中央媒体一马当先，市级媒体明显薄弱，同时，"休闲社交""购物消费"和"商务合作"等延展性服务功能普遍有待加强。

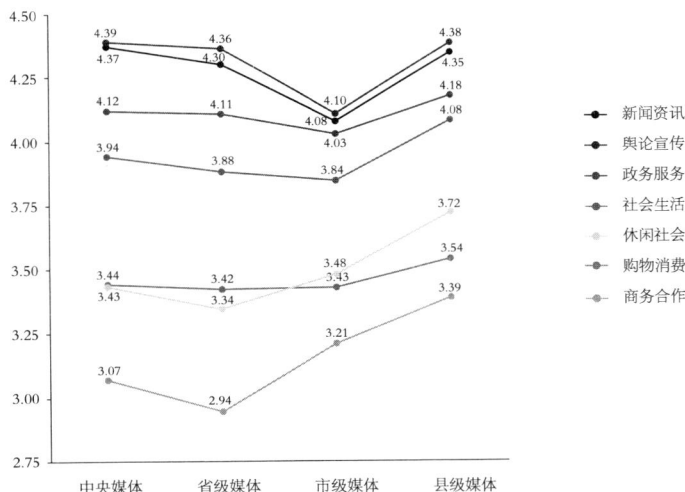

图1-1-2 "自建新媒体平台提供的功能服务以及发挥作用"一题四级主流媒体调研结果（样本数：2811）

　　从自建新媒体平台的升级迭代上看，约半数被调研媒体表示受多方限制，升级迭代较少，但是也有近四成调研媒体定期升级迭代。调研结果显示，目前主流媒体自建新媒体平台改版次数最高达9次，其中，中央媒体和省级媒体的自建新媒体平台更新迭代最频繁，平均4.3次。与之相比，市级和县级媒体受到资金不足、技术和人才短缺、发展方向模糊等多重限制，平台版本仍处于初级阶段（图1-1-3）。此外，聚焦不断升级迭代的自建新媒体平台，其功能的完善也凸显出强化视频运营、鼓励用户生产、创新垂直内容等发展方向，在"自建新媒体平台的优化升级中侧重程度"一题中，排在量表前3位的是持续强化视频类内容传播与运营、大力推动用户原创内容生产与运营、创新内容的垂直化传播（如进行内容模块整合、重点内容强化），平均值分别为4.02、3.92和3.86。在以聚合为底层逻辑的自建新媒体平台上，平台内容以视频和创意为导向，设计优先服务于垂直领域。

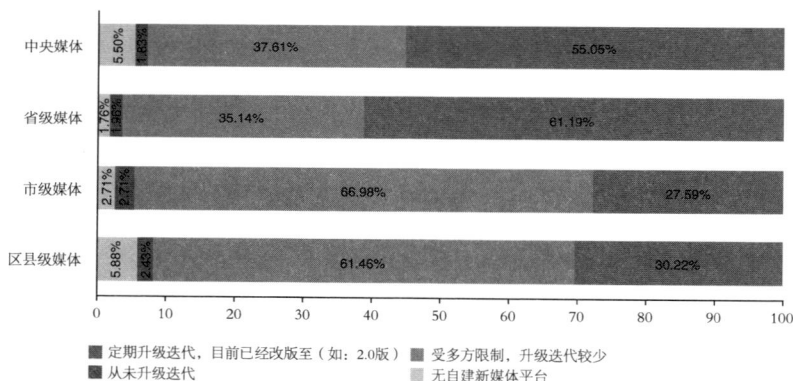

图1-1-3　"您单位的自建新媒体平台更新迭代情况"一题四级主流媒体调研结果（样本总数2811）

2.加强自建平台的功能性服务建设

　　主流媒体实现深度融合发展的助力器是加强自建移动端平台的功能性服务建设，在充分发挥资讯辟谣类、民生服务类新闻的内容优势基础上，结合自身资源优势，将多元化、特色化的功能性服务融入主流媒体的聚合类平台建设中，由传统的内容聚合平台转向以精品内容为基础、以精准服务为增量的大服务聚合平台。

　　服务转型是当前主流媒体深度融合的布局关键，拓展融合边界的过程中，自建新媒体平台首先要明确平台的服务定位，契合自身优势，搭建精准服务平台。例如，在主流媒体自建平台的定位上，中央广播电视总台的移动客户端"央视频"立足挖掘累积的视听资源和创作力量，主打短视频、长视频和移动直播[①]；光明日报客户端面向知识界，吸纳教科文卫系统单位和头部机构入驻[②]，提供专业性的社会和科学资讯服务；南方报业集团拥有南都N视频、南都新闻等聚焦差异化服务功能的平台矩阵，南都N视频App致力于打造视频内容生态，推进与头部公司和科技企业的合作以提供更优质的视频内容服务，南都新闻App紧跟公共热点，聚焦产业运营，提供专业且具有市场化运营能力的新闻服务，奥一网立足广深，提供广东本地社区服务；[③]大众日报客户端强化"党端"定位，主要面向领导干部等核心读者提供服务；[④]成都市双流区融媒体中心依托"云上双流"App，建立"主流媒体+政务新媒体矩阵+自媒体"融合发展矩阵[⑤]，提供多元一体的本地化服务。

二、重点创新：围绕"新闻+服务"核心，探索两个效益相统一

　　深度融合发展阶段，主流媒体将"新闻+服务""新闻+政务""新闻+商务"的初步探索成果与自建新媒体平台合并共建，融通深度融合中的各个侧面，通过融入社会治理，增强自我造血功能，坚持把社会效益放在首位，探索社会效益和经济效益相统一。

---

① 中央广播电视总台：思想+艺术+技术！打造国际一流新型主流媒体｜媒体品牌巡礼[DB/OL].（2022-07-08）[2022-07-18].https：//mp.weixin.qq.com/s/SChHlpoLzqRu118jqHiqKw.

② 光明日报：思想文化大报的全媒体表达｜媒体品牌巡礼[DB/OL].（2022-07-11）[2022-07-18].https：//mp.weixin.qq.com/s/tBE5vZkdbpog8Bw-Fcyvow.

③ 传统强势媒体南方报业生存发展新路径："新闻+政务服务商务"[DB/OL].（2022-07-18）[2022-07-18].https：//mp.weixin.qq.com/s/F02jUH16hOe7qQEabNxrQw.

④ 大众报业集团：从"点状积累"到"体系突破"｜社长总编谈媒体融合[DB/OL].（2022-05-31）[2022-07-18].https：//mp.weixin.qq.com/s/NRWjj2CHWgjvbxVG8eAcvw.

⑤ 双流融媒：构建市民离不开的传播平台[DB/OL].（2022-07-08）[2022-07-18].https：//mp.weixin.qq.com/s/80corr2JdKm0GRxP-VmPZw.

（一）社会效益：以新闻+内容建设融入社会治理

1. **"新闻+服务"：差异化发展，一站式便民**

"新闻+服务"是主流媒体自建新媒体平台内容建设的核心。"自建新媒体平台提供的'新闻+服务'内容"一题的调研结果显示，排名前5位的垂直领域服务内容分别是提供资讯辟谣服务，占比68.62%；提供就业服务，如搭建求职平台、举办线上线下求职活动等，占比51.12%；提供气象环保服务，如天气查询等，占比47.88%；提供教育服务，如提供线上课程、进行相关培训等，占比45.07%；提供生活服务，如生活缴费等，占比43.29%（图1-1-4）。当前主流媒体自建新媒体平台提供的"新闻+服务"内容主要还是围绕"新闻+"这一核心业务，而在疫情防控的大环境下，就业、教育也和天气查询这类日常生活中的常用信息一样，成为主流媒体可以提供，同时受用户普遍关注的垂直领域内容。

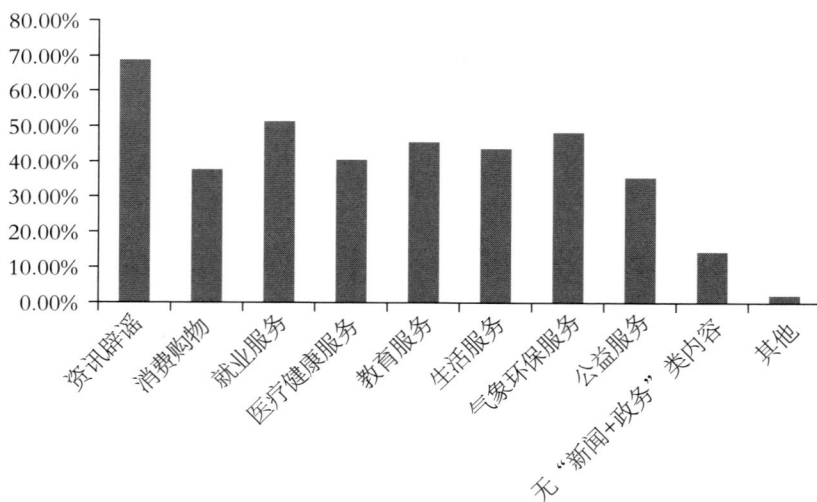

图1-1-4 "您单位的自建新媒体平台提供了哪些'新闻+服务'的内容"一题主流媒体调研结果（样本数2811）

当前，主流媒体自建新媒体平台的垂直领域服务功能普遍较为齐全，四级媒体发挥不同层级优势，立足差异化特色，将新闻产品全方位融入社会治理。将"您所在的媒体属性"与"您单位的自建新媒体平台提供了哪些'新闻+服务'的内容""在自建新媒体平台的'新闻+服务'建设上，您单位采取的途径和程度怎么样""您单位的自建新媒体平台推进'新闻+服务'的应用成效如何"这三个问题分别进行交叉分析，结果显示，中央媒体的自建新媒体平台发挥着"领头羊"优势，创新服务类资讯内容，建立融媒智库，挖掘可用于公共服务的大数据资源，同时强化服务类内容的外联合作，在内容资讯类服务上取得良好成效，如新华社开发的"全民拍"，鼓励用户上传新闻线索，并提出问题和建议，记者追踪问题展开调查报道或者将用户心声传达给相关部门，这是新型主流媒体践行"群众办报"、参与社会治理、发挥主流媒体责任担当的典型范例。县级融媒体中心的自建平台也在逐步完善本地化垂直领域服务功能，尤其是医疗服务、生活服务等贴近日常的服务功能。例如，福建省尤溪县数字乡村公共服务平台由县融媒体中心与高校、企业合作研发，应用于重点区域回流人员排查、疫情动态监测、防控决策部署、防疫知识宣传等环节，构建"县—乡镇—村（社区）—党支部—微网格"的分级管理体系[①]，同时提供行程码、查天气、查违章、查快递、生活缴费、交通出行等服务，实时发布重要通知公告、本地新闻资讯等内容。

以应用创新为导向，主流媒体积极尝试将海量信息、群众需求和解决路径高效对接，实现一站式便民服务。

第一，从载体上看，小程序和客户端各有优势。小程序依托于第三方社交平台，辐射范围广、触达更便捷，更适用单一诉求的功能性服务；客户端技术投入较大，与媒体品牌紧密相连，具有多元化的信息聚合和服务功能。

第二，从服务类型上看，当前主流媒体提供的"新闻+服务"类融媒体产品多具有明确的服务指向。比如，人民日报智慧媒体研究院作为一个技术平台、智库平台、投融资平台，提供新媒体创新平台、新媒体研究智库和新媒体文化产业投资；央视频"国聘行动"第二季——"春华秋实国聘行动"大型融媒体招聘活动，有效助力大学生就业。

第三，从创新方式上看，先进技术应用帮助主流媒体的优质想法落地。人民日报社新媒体中心制作推出互动H5《今年清明节，请帮家乡的烈士寻亲》，依托网络平台，借助AI技术，在做好缅怀英烈主题宣传的同时，号召网友共同行

[①]　尤溪：数字赋能 让乡村公共服务更便捷[N]. 福建日报，2022-03-23（06）.

动，帮助100位不同时代牺牲的烈士寻亲，通过技术探索解决"老"问题的新形式。中国青年报社H5作品《点亮事实孤儿的未来》以一张地图的形式集合Vlog、VR、深度报道等，精心制作图表、海报，还设计出"点亮心愿"的交互页面，网友点击"更多助力"就能跳转至公募链接捐款献爱心，应用性显著增强。新华社推出的社会治理交互应用平台"全民拍"，创新性使用大数据系统收集民生求助信息，运用智能+人工协同分拣，协助法务或分社解决群众求助，同时根据线索进行跟踪报道，通过技术搭建平台实现"开放办媒体"，拓展民生新闻的延展性和服务性。

2. "新闻+政务"：多元化升级，打好"组合拳"

有别于发布政务信息与办理业务的纯功能式政府部门网站，以及通过创意运营进行多样化政策解读、依托第三方平台展开互动的政务新媒体账号，主流媒体自建新媒体平台的"新闻+政务"内容是上述途径的有益聚合和补充，立足于主流媒体平台与品牌的综合优势，在"新闻+政务"的内容创意、视听样态和交互应用上更加多元，打好"组合拳"。当前政务类信息和应用是主流媒体自建新媒体平台的重要内容支撑，"我们的客户端排名比较靠前，目前还没满2周年，完全靠政务资源"[①]。"在'新闻+政务'上，您单位的自建新媒体平台提供了哪些内容"一题的调研结果显示（图1-1-5），88.58%的调研单位进行政务公开，如发布最新政策；64.35%的调研单位设置政府专栏，如对接政府官网；52.72%的调研单位鼓励建言献策，如设立政府信箱；39.38%的调研单位提供政务服务入口，如户籍业务等网上办理；35.15%的调研单位进行数据采集，如为政府提供用户画像；10.71%的调研单位无"新闻+政务"类内容。将"您所在的媒体属性"与"在'新闻+政务'上，您单位的自建新媒体平台提供了哪些内容"两题进行交叉分析，结果显示，在近九成提供政务公开内容的自建新媒体平台中，省级媒体的自建新媒体平台最多，开设建言献策和政府专栏也不在少数。在此基础上，新闻平台为政务工作提供细化帮助，如开设政务服务入口、开通户籍网上办理等业务，未来可加强数据采集、为政府提供用户画像等服务。

---

① 访谈对象F01，所在单位为省级媒体，女性，从事管理工作。

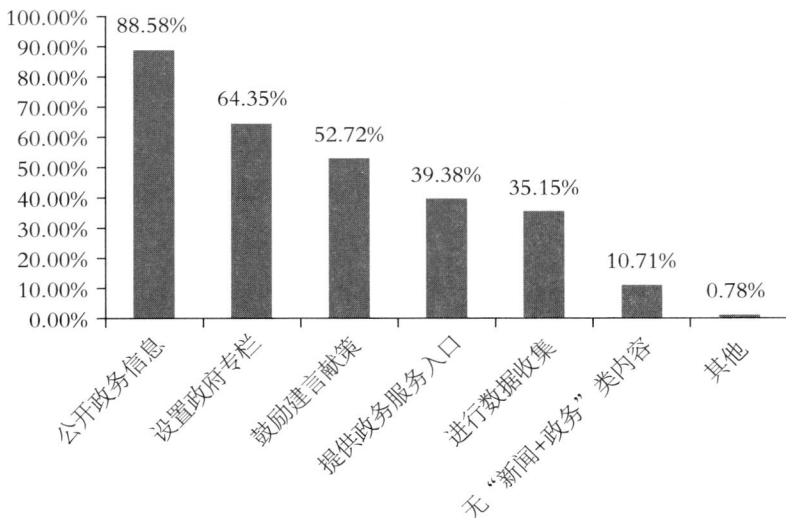

图1-1-5　"您单位的自建新媒体平台提供了哪些'新闻+政务'的内容"一题主流媒体调研结果（样本总数2811）

　　当前主流媒体优质的"新闻+政务"类融媒体产品均在应用模式上坚持求新求变。2021年，北京时间与北京市12345市民热线服务中心打通数据后台，将技术与内容相结合，开创北京市首家视频接诉媒体项目——北京时间接诉即办融合应用，用户点击"诉求提交"，平台初审后将符合受理标准的信息传送至12345数据后台，由政府进行统一受理并纳入督办考评体系，用户可选择媒体介入由记者跟踪报道，推动问题解决，实现新闻+政务+服务的创新模式。①长江日报报业集团2017年推出"城市留言板"，职能部门通过公开回复实现"响应式"发布信息，反应速度快，精准服务群众，进一步发挥了媒体监督和桥梁作用。②上海虹口区融媒体中心推进融媒改革，搭建政民互联互动平台"创文曝光台"，

① 　北京市"接诉即办"改革情况调研报告[DB/OL].（2022-06-17）[2022-07-18].https：//mp.weixin.qq.com/s/0k_7ZSjSUVbCzxtDxW20ow.

② 　大武汉客户端成为市民热线·城市留言板官方移动平台[DB/OL].（2021-09-06）[2022-07-18].https：//mp.weixin.qq.com/s/jZ80HPzJFKZ01T5eF97H7A.

助力区域中心工作真正有效打通联系群众、服务群众的"最后一公里"。①

（二）经济效益：以品牌协同合作融进自我造血

"十四五"发展规划《纲要》明确指出，推进媒体深度融合，做强新型主流媒体。新型主流媒体建设是新时代我国主流媒体转型发展、主力军全面挺进主战场的必然要求，也是媒体深度融合的主要目标，主流媒体通过自我造血实现市场化发展责无旁贷。"我们现在主要考虑输血和造血，以互联网用户为节点，能否自己造血，决定了能否更全方位地融合。"②有效实现影响力变现是做强新型主流媒体的标志之一，主流媒体建强自建媒体平台的"新闻+商务"功能，亦有助于盘活自身的造血功能。

当前，除承接外单位新媒体运营项目外，主流媒体的自建新媒体平台主要通过与企业建立商业合作的方式实现市场化拓展。对商家和用户而言，借助网络直播、短视频等内容形式的"新闻+商务"融媒体产品具有绝佳吸引力，"新闻+电子商务"的运营模式在营造购物需求、激励购买行为上具有发展空间。"在自建新媒体平台的电商直播中，最有效的营利手段"一题的调研结果显示，在已经尝试电商直播的各级媒体中，利用本地特色资源直播和组织"线上+线下"商业活动是当前有效的营利途径，占比分别为34.22%和30.84%（图1-1-6）。将"您所在的媒体属性"与"在自建新媒体平台的电商直播中，最有效的营利手段"进行交叉分析，结果显示，上述两条营利途径在省、市、县三级主流媒体中更为普遍，成效显著。例如，湖南红网新媒体集团开发运营的湖南助农公益新平台于2020年3月正式上线，"湘农荟"小程序通过"信息发布+宣传联动+平台联动+直播带货"的方式，打通各地农产品销售渠道，为农民提供产销平台，助力乡村振兴，先后在全省各县（市、区）和大型活动中开展43场次助农直播，带动全省农业产业关联销售额超22亿元；湖南广电2020年12月推出的"小芒电商"更进一步，试图打造以短视频创作分享及种草的垂直领域电商购物平台，将旗下平台串联成了"长视频+内容+电商"的闭环，实现双向引流。

---

① 乱停车、垃圾乱堆放！找谁解决？我们这里有曝光台！[DB/OL].（2021-06-11）[2022-07-18]. https://mp.weixin.qq.com/s/rzSbRGwCF_12H7xJNxGgFQ.

② 访谈对象M01，所在单位为省级媒体，男性，从事管理工作。

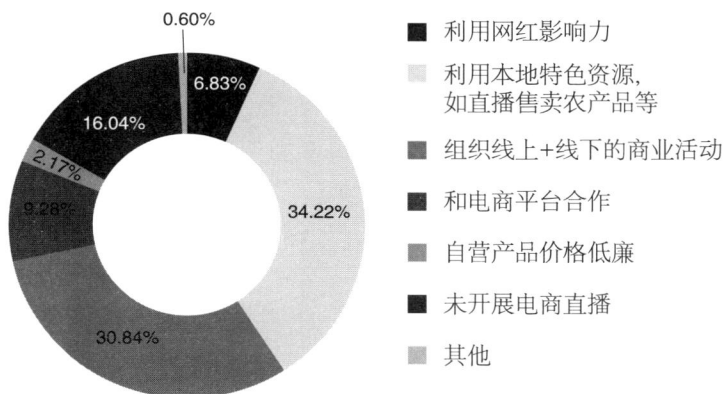

图1-1-6　"在自建新媒体平台的电商直播中，最有效的营利手段是什么"一题
主流媒体调研结果（样本数2811）

如果主流媒体通过"新闻+商务"的深度融合创新充分发挥自身内容生产和文化品牌优势，为用户营造良好的视听体验和品牌公信力，就能稳固核心用户，实现流量转化。值得注意的是，当前主流媒体在打造真正有竞争力的内容品牌、持续有效开展MCN运营的市场化过程中仍处在探索阶段，大多未形成常态化的长效机制。如何通过内容品牌反哺媒体营利，主流媒体在深度融合发展的2.0阶段需要抓住时机、常态化运营并不懈尝试。

三、转型聚焦：广电纸媒困境各异，转换思维因地制宜

主流媒体实现深度融合并非一日之功，不同业务属性的媒体面临不同困境，需要因地制宜探索出路。党报纸媒的融合转型起步较早，从"关停并转"到智媒转型，逐渐呈现出迅速发展至平台期后，后劲稍显不足的状况；广播电视媒体需要兼顾"大小屏"的特殊性。访谈对象M07表示："报纸可以完全告别传统拥抱新媒体，而广电特别是电视，单在新闻方面，发展任务很重。既要搞好电视又要做新媒体，于我们现有人力物力而言很是捉襟见肘。"①广电媒体的深度融合处于非常关键的时期，传统媒体广告收入下滑，新媒体收入不足以支撑。因

---

① 访谈对象M07，所在单位为省级媒体，男性，从事管理工作。

此，洞悉不同业务属性的主流媒体深度融合的阶段性现状，找准出路迫在眉睫。

（一）广电转型：以双屏互动实现存量转增量

1.两屏投入各有权衡，移动优先成效较好

当前，广播电视类主流媒体在传统端和新媒体端的发展上，以移动优先为主，普遍成效较好。中央广电媒体的领头示范成效卓越，但以市级媒体为主的地方广电媒体仍然面临传统端和新媒体端的平衡策略调整和成效突破的困扰（图1-1-7）。

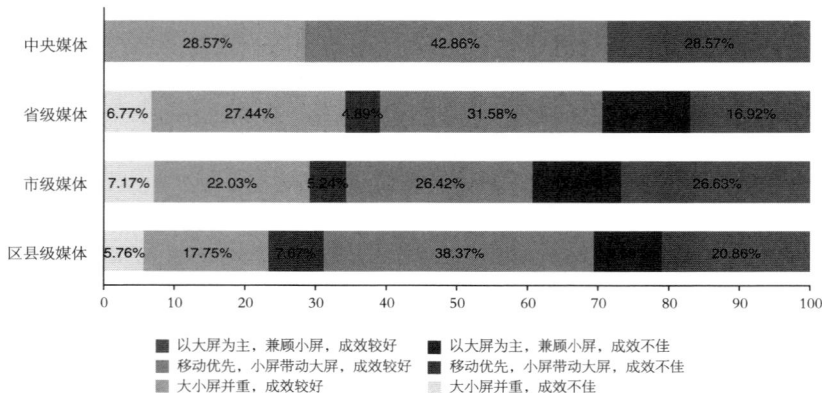

图1-1-7 "如何平衡传统端和新媒体端发展以及成效如何"一题四级主流媒体
调研结果（样本总数1625）

2.内部结构性问题显著，破局重在由表及里

访谈对象F01表示："广电的客户端主要还是靠技术输出、政务合作，但是广告投放很少，现在的问题是怎么进行营利模式的切换。"[①]在深度融合阶段，中央广电媒体在探索多元业务结构上相对较为成功，中央广播电视总台加快推动从传统广播电视媒体向国际一流原创视音频制作发布的全媒体机构转变，从传统节目制播模式向深化内容生产供给侧结构性改革转变，从传统技术布局向"5G+4K/8K+AI"战略格局转变，推进"思想+艺术+技术"的融合传播实践。[②]

---

① 访谈对象F01，所在单位为省级媒体，女性，从事管理工作。

② 中央广播电视总台：思想+艺术+技术！打造国际一流新型主流媒体｜媒体品牌巡礼[DB/OL].（2022-07-08）[2022-07-18].https：//mp.weixin.qq.com/s/SChHlpoLzqRu118jqHiqKw.

在地方广电媒体中，以湖南广播电视台为代表的头部广电集团通过协同打造视频客户端、音频客户端和电商客户端有效实现创收。但是，由于政策、人才等多重原因，上述成功模式对部分地方广电媒体而言难以完全复制，尤其是市级和县级广电媒体，亟须唤醒改革动力，激活本地市场，把已有客户端真正运营起来，把"中央—省—市—县"四级媒体纵深联动运作起来。

"您认为广电媒体在深度融合发展中遇到的最大的3个问题"一题调研结果显示（图1-1-8），当前广播电视媒体普遍面临的内部结构性问题主要体现在三个方面：第一，分配和人事制度改革滞后，人才流失严重，占比51.51%；第二，传统端和新媒体端的内容生产流程未打通，内容、形式两张皮，该问题在省级媒体中尤为突出，占比45.85%；第三，媒体收入结构单一，广告收入锐减，发展资金不足，占比43.88%。对于广电媒体而言，任何改革都涉及传统业务和新媒体业务两端，"两手抓，两手都要硬"离不开打通"大屏"和"小屏"，深化体制机制改革，创新营利性经营产品。

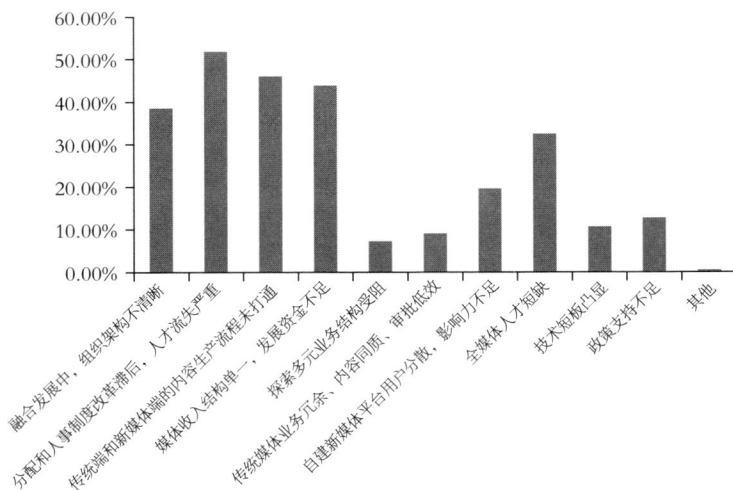

图1-1-8　"您认为广电媒体在深度融合发展中，遇到的最大的3个问题是什么"一题
调研结果（样本数1625）

（二）纸媒转型：融合长效彻底，深化改革成果

由于起步较早，发展至深度融合阶段，纸媒的融合之路已经成功解锁了

体制机制革新、产业结构调整、传播渠道转型等多个关键节点。2022年调研结果显示，纸媒选择传统端与新媒体端并重的比例为58.33%，明显高于平均水平47.27%，在"新闻+政务"的政务公开功能上成效最好，在深入开展市场化合作、改变经营结构，以及创新营利性内容产品方面持续探索。当前各报业集团均致力于打造媒体品牌，人民日报品牌影响力不断增强，在世界品牌500强排行榜的排名自2008年以来连续13年稳步攀升；[①]新华社打造技术建设新格局，积极推动编辑部全媒体转型，形成"编辑部+"融合生产系统，实行"揭榜挂帅"创意征集制度，通过一批有新意、接地气的融合报道产品，有效提升新华社的品牌认知度；[②]河北日报报业集团初步形成"1+5+N"全媒体传播格局，其中"1"是以党报（河北日报）为引领，集党端（河北日报客户端）、党微（河北日报官方微博、微信）及各类平台号于一体的主流媒体传播平台，"5"是以河北新闻网、燕赵都市报、河北法制报、燕赵农村报、华糖云商等为基础搭建的垂直领域传播平台，"N"是指健康、旅游等专业化传播平台，目前新媒体用户数超过1.2亿。[③]

"部分纸媒较早开始转型却陷入停滞的原因"一题调研结果显示（图1-1-9），纸媒在自建新媒体平台的"新闻+服务""新闻+商务"功能上表现不足，与思维观念难以创新、组织架构一体化改革不彻底，以及考核和激励机制不合理等原因息息相关，占比分别为57.87%、52.78%和51.99%。因此，当前纸媒需解决如何将已有的改革成果彻底深化的问题，摆脱包袱，在新的发展浪潮中保持开放、进步的心态。

---

① 人民日报社：无愧排头兵！覆盖用户超11亿｜媒体品牌巡礼[DB/OL].（2022-07-04）[2022-07-18].https：//mp.weixin.qq.com/s/yQjEBxzTeFBsQx8NBN3KoA.

② 新华社：建设国际一流新型全媒体机构｜媒体品牌巡礼[DB/OL].（2022-07-06）[2022-07-18].https：//mp.weixin.qq.com/s/-uoXjAvY2yfRkYsxrJryjw.

③ 河北日报："1+5+N"格局初成，新媒体用户超1.2亿｜媒体品牌巡礼[DB/OL].（2022-07-20）[2022-07-21].https：//mp.weixin.qq.com/s/hgA6pDySwpx4wnd3k_3VZQ.

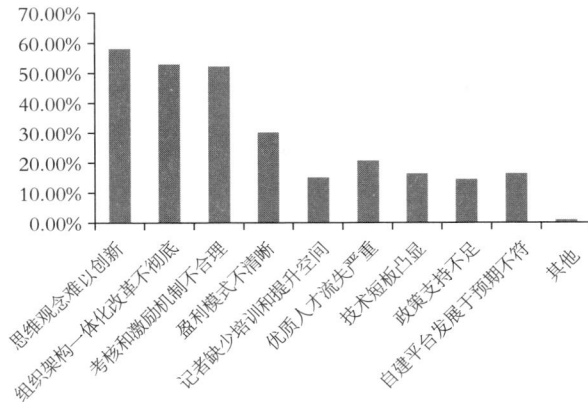

图1-1-9　"部分纸媒较早开始转型却陷入停滞，您认为原因是什么"一题调研结果

（样本数629）

　　面对市级媒体发展难点，多数市级媒体采用"广电+报业"融合模式，并取得一定的成绩。不同于中央媒体的特殊性，地方传统媒体在探索融合转型的具体方略上，需切实转变思维，重点投入互联网阵地，放弃"广告思维"，改变经营结构，制定"融媒创收"模式，合理搭建业务框架，集中资源"攻略"新市场。

四、全面加强：以体制机制革新为基，挖掘媒体内在竞争力

　　课题组2020—2022年连续三年的全国主流媒体融合发展调研结果显示，主流媒体在融合发展中面临的首要问题和发展路径从最初的解决人才、技术、资金的多方短缺，到融合思维的更新、深化，再到创新人才激励制度、继续大力发展自建新媒体平台，以及探索新的营利模式（图1-1-10）。总体而言，主流媒体融合发展需要持续抓住人才、平台和营利模式创新，以内容建设为根本，先进技术为支撑，创新管理为保障，增强新型主流媒体的传播力、引导力、影响力、公信力，促进社会效益和经济效益相统一。

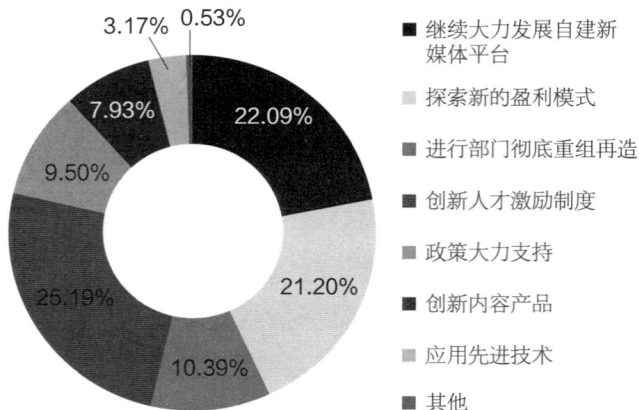

图1-1-10 "您认为本单位深度融合发展的当务之急是什么"一题调研结果

（样本数2811）

体制机制改革始终被视为媒体深度融合发展的突破重点，也是新型主流媒体平台化建设的关键支撑。体制机制改革不是一日之功，要因地制宜、因时制宜不断调整方向、深化成果。时至今日，主流媒体仍需勇于重置机构设置，敢于流程再造，真正实现内容生产、渠道分发和宣传经营一体贯通。在此基础上，激发人才、平台、经营、合作和大数据优势，全媒体布局才能取得成效。

（一）优化人才激励制度，加强人才合作和引进

当前，新闻传播人才尤其是新媒体人才大量流向互联网公司和商业平台，主流媒体存在人才流失问题，地方主流媒体须补充后备力量以免出现人才断层。"最大的问题是融合没有明显改变媒体生态格局，传统媒体影响力仍在下行，新媒体成绩不足，产业经营没有大的起色，核心是人才后继乏力，尤其是地方媒体的人才空心化情况严重。"[1]访谈对象F04反映："当前很多媒体具有新媒体能力的人才笔杆子不如老一代记者。"[2]主流媒体如何增强人才竞争力、如何吸引专业且优秀的年轻媒体人为新型主流媒体建设发挥专业才能，是当前各级主流媒体面临的核心问题之一。

调研结果显示（图1-1-11），主流媒体实施人才改革的方法措施普遍为团

---

[1] 访谈对象M10，所在单位为省级媒体，男性，从事管理工作。

[2] 访谈对象F04，所在单位为中央级媒体，女性，从事管理工作。

队年轻化，改革人才评价和工资体系，如纳入绩效考评等，以及定期实行人才培训，组织集中交流和学习，而在引进高校人才、全媒体技术人才和改革管理制度上成效不足。主流媒体不仅需要具备全媒体技能的高质量人才，还需要具备创新能力，勇于突破和探索的新力量。因此，需要勇于实践"首席制""项目制"、开设工作室等人才管理制度，铺开绩效考核模式，改善人才待遇，激发人才创新活力。同时，加强人才合作和引进，将人才留在新闻行业。相较于中央媒体，市级和县级媒体更需要优化人才激励制度，通过人才优势改善发展劣势。

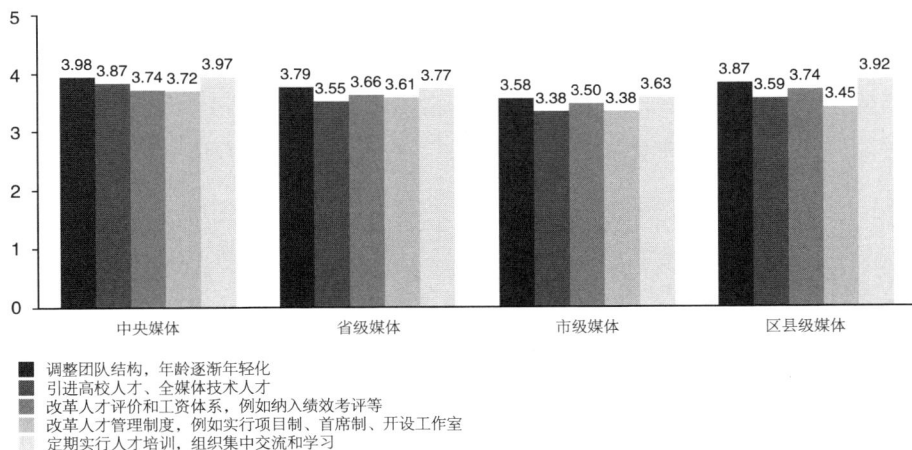

图1-1-11　"在深度融合发展中，您单位进行的人才改革成效如何"一题四级媒体调研结果（样本数2811）

访谈结果显示，在媒体深入融合转型的过程中，管理人才不足也是一大问题。"一方面，老一代管理层在职业生涯阶段未经历新媒体的洗礼，在推进深度融合的过程中难免产生摸索成本；另一方面，在业务能力上突出，升至管理层的部分领导不具备匹配的领导能力。"[1]因此，在主流媒体的管理队伍上，要提倡年轻化、专业化、全能化，以有能力的领导团队带动整体布局和建设，避免"迈不开步子""业务全但效果差"的情况。

---

① 访谈对象F04，所在单位为中央级媒体，女性，从事管理工作。

（二）持续推进平台建设，强化内容与技术融合

中共中央办公厅、国务院办公厅印发的《关于加强网络文明建设的意见》指出，深入推进媒体融合发展，实施移动优先战略，加大中央和地方主要新闻单位、重点新闻网站等主流媒体移动端建设推广力度①。2022年调研结果显示，在选择依靠外部商业传播平台还是发展自建新媒体平台的问题上，主流媒体明确选择将深耕自建新媒体平台作为发展方向，不断强调深度融合，大力推进内容创新，深耕自建新媒体平台并定期升级，平台建设已经初具成效，逐步融合运营思维，进一步打通内容生产流程，深度融入国家治理体系。

持续推进平台建设，迈入新发展阶段的关键，是打破技术壁垒，强化内容与技术融合。"技术务必掌握在自己手里，中台系统和内容管理后台一样，最好都是媒体自身团队开发的，没有技术研发团队很难成为'新型主流媒体'。"②主流媒体行业从业者普遍面临技术短板。一方面，研发自有技术能够打破技术壁垒，确保实现平台革新效果最大化，并将技术作为资本投入市场，实现赢利；另一方面，技术研发需要大量投入，资金来源不足、回报周期过长等问题需要政策支持和多元产业结构等其他营利收入支撑。当前，媒体与商业机构合作研发应用技术，促进内容生产提质增效。例如，虚拟人成功带动内容与技术融合，继上海台"申苏雅"、湖南台"小漾"、北京台"时间小妮"、浙江卫视"宋韵数字推广人"谷小雨后，由上海人民广播电台长三角之声与腾讯在线智能视频创作平台"智影"联手打造的数字人主播"长小姣"，于2022年7月29日正式上岗，这是全国省级电台中首位"虚拟员工"。得益于虚拟数字人主播"长小姣"，长三角之声推出的由主持人出镜的科普短视频，仅需1名员工就可完成选题策划、文案设计、视频脚本撰写、拍摄录制、视频剪辑、后期包装等全流程，整体耗时由2—3小时缩减为约30分钟，极大提升了短视频生产效率。③

---

① 中共中央办公厅 国务院办公厅印发《关于加强网络文明建设的意见》[DB/OL].（2021-09-14）[2022-05-30].http：//www.gov.cn/gongbao/content/2021/content_5582647.htm.

② 访谈对象M11，所在单位为省级媒体，男性，从事管理工作。

③ 省级电台首位"虚拟员工"上岗！它都有哪些"绝活儿"？[DB/OL].（2022-08-03）[2022-08-05].https：//mp.weixin.qq.com/s/Z8fI-W3XBV6_gF26uxL6Ig.

（三）全方位提升造血能力，创新主流媒体经营模式

主流媒体的自我造血能力首要是看怎么用媒体力量获得收入，实现影响力变现。在深度融合阶段，部分主流媒体将优势资源输出商业渠道，建设自有品牌，尝试MCN运营等，取得了一定成效，但是仍然无法有效转化为营利收入反哺媒体经营。例如，广电媒体运营MCN机构，却随着优质内容第三方平台话语权越来越大，版权缺乏保护，主持人优势资源离职，并未实现预期盈利。此外，"即使是内容做得好、有影响力的新媒体平台，也面临投入大产出小这个新问题"[①]。因此，探索媒体的长效化生存模式是当前主流媒体深度融合发展不可忽视的问题。

提供集群式优质内容是增强平台和品牌影响力，实现影响力变现的前提。在这一前提下，当前主流媒体实现盈利创收还可以从以下三个途径着手：第一，盘活财政投入，运用各级文化产业专项资金和基金补助，减轻运营负担。第二，深入开展市场化合作，推进公司化运营。"在互联网综合治理过程中，建议鼓励主流媒体探索与互联网公司合作模式，形成以我为主，对我有利的内容范式结构，同时，稳固商业客户，开发民营企业类客户。"[②]第三，创新经营模式，如采用"保底+分成"的营销模式。市级媒体需要通过改变经营结构盘活大局，县级媒体需要利用本地特色资源、创新营利性内容产品抵消资金劣势。在深度融合2.0阶段，各级媒体需持续激发制度优势、挖掘特色资源，以形成具有竞争力的自有品牌为目标，实现文化价值和商业价值的突破。

（四）四级媒体重新定位，突破地缘建立合作分享机制

在中央、省、市、县四级联动的全媒体传播体系建设过程中，大部分市级媒体已经确立融合发展理念和目标。2021年调研结果显示，市级媒体取得阶段性发展成效。但是，2022年调研结果显示，市级媒体在"新闻+服务""新闻+政务""新闻+商务"等平台建设的发力途径和应用成效上仍处于低谷，发展不平衡、不充分。未来，市级媒体应加快融入全媒体传播体系，在自建平台的基础上，加强东中西部合作，挖掘地方特色优势、强化空间影响力。

---

① 访谈对象F03，所在单位为中央媒体，女性，从事管理工作。
② 访谈对象M13，所在单位为市级媒体，男性，从事管理工作。

值得思考的问题是，信息生产的地域边界被打破后，中央、省、市、县媒体如何重新定位，如何建立新的合作分享机制[①]？在互联网传播格局中，地缘更多地让位于"趣缘"，以"趣缘"出圈的"四川观察""1818黄金眼"就是突破地缘限制的典型案例。单纯以行政区划为标准划分传播空间边界，无法保证主流媒体的新媒体内容成为用户首选。因此，需要以互联网思维重新定位中央、省、市、县四级媒体的市场地位和竞争优势，通过建立新的合作分享机制，推进自建新媒体平台建设。

（五）大力建设融媒体智库，挖掘数字化资源优势

近年来，主流媒体、高校、科研机构等纷纷合作成立融媒体智库，以此作为推进媒体融合和服务国家治理的支撑手段。2022年调研结果显示，主流媒体的自建新媒体平台在以"新闻+服务"为核心的功能建设中，显现出缺乏数据支撑的困扰，数字消费、云端购物等依托大数据开展的功能性服务成效不足。

媒体智库是中国特色智库建设的重要构成部分，以云计算、大数据、人工智能等技术促进自身转型，同时发挥媒体智库在解读公共政策、研判舆情、引导社会热点、疏导公共情绪等方面的优势，有利于推进国家治理体系现代化建设、提升基层社会治理现代化水平。因此，整合资源优势，挖掘数据价值是当前需要坚持的发展路径。数字化不断发展升级，现实世界数字化升级为元宇宙（Metaverse）、扩展现实技术和数字孪生拓展时空，互联网即将迎来再度升级，未来人类或将实现数字化生存，基于AI和物联网实现虚拟人、自然人和机器人的人机融生性，基于区块链、Web3.0、数字藏品等实现经济增值成为可能。[②]元宇宙所具备的沉浸感、强互动和开放性将拓展更多传媒应用场景，主流媒体可以抓住机遇，加快布局元宇宙基础设施建设，升级虚拟内容产品服务，逐步打造元宇宙创作平台。

---

① 访谈对象F02，所在单位为省级媒体，女性，从事管理工作。

② 中国记协.前沿 | 关于元宇宙热的冷思考[R/OL].（2022-03-31）[2022-06-30].https：//mp.weixin.qq.com/s/cVYkUTz01fudfvtwC88VZg.

五、结语

随着媒体深度融合2.0阶段的不断发展，在全媒体传播生态中，主流媒体的传播力和影响力面临多方挑战："Z世代"年轻用户的认知习惯和信息需求颠覆传统认知；以AI、5G为代表的先进技术广泛应用于媒体生产和自建新媒体平台，引发行业自有技术研发和知识产权保护的新议题；二代机器人入场后的人机协同生产模式仍在探索，元宇宙、虚拟人等新技术引发情感与伦理问题讨论；全媒体人才需求和供给短缺的矛盾凸显；国家战略对新型主流媒体的国际传播能力提出新要求。继往开来，守正创新，主流媒体的深度融合终归要和国家发展、社会变迁和人民需求同频共振、同向同行。媒体融合是一条必行之路，也是一条进行之路。新型主流媒体要柔性强化自身公信力，刚性影响用户注意力，通过做强多元化、分层级、跨地域的新型主流媒体，进而融入网上网下各领域。

2022年新媒体发展报告：链接力与新格局

胡　　钰　王嘉婧[①]

摘要： 我国新媒体行业在经历线上发展红利和短视频平台崛起后，逐步发展至稳定的格局。过去一年，随着行业监管力度加大，新媒体行业深度调整，朝着更加健康的方向发展。在数字化的基础上，新媒体正在经历数智化的进步。人工智能正在深度影响着新媒体领域，并赋能新媒体更广泛地与生活相连，新媒体逐渐进入虚拟与真实共存的环境中。新媒体重塑着我们的生活模式，为用户带来更丰富的生命体验。当新媒体呈现出与用户更强的链接力，并塑造生活新格局时，我们应当以更加宽阔的视野对其进行思考，为用户打造健康、全面、积极、向上的新媒体环境。

关键词： 新媒体，生活空间，产品思维，情绪性传播

新媒体的"新"字，不是描述一时的新旧，而是代表不断向前探索的状态。新媒体发展多年，内涵和外延不断延伸。其所负载的功能已经不仅限于传统媒体的范畴，而是更广泛地与生活相连，发挥着更加深刻的社会作用，同时预示着未来的生活形态。

当新媒体表现出同生活越来越强的链接力，它对社会产生着全新的结构性影响。基于此，对于新媒体的思考与判断，不能仅限于媒体经验，而应当放置

---

① 胡钰，清华大学新闻与传播学院教授、博士生导师；王嘉婧，清华大学文化创意发展研究院特约研究员。

在包括科技发展、产业格局、社会心理、伦理道德等更加宏观的视野背景中。新媒体已经不只是生活的调料，而是构建了生活。

一、新格局：行业格局逐步稳定，内部调整融合成为重点

近年来，新媒体面临着强大的外力重塑：受疫情影响，工作生活线上化趋势加强，短视频平台崛起。2021至2022年，工作生活线上化格局延续，短视频发展趋于平稳，外力重塑减少，监管力度上升，是中国新媒体稳定发展的一年。

（一）智能驱动产业升级

过去对于新媒体的定义，是内容从传统渠道向网络的数字化转移。在过去一年中，新媒体从数字化向数智化迈进。人工智能技术为媒体内容生产与服务提供了更多空间。机器学习、深度学习、自然语言处理、自然语言生成等技术已经大量运用于新媒体领域。许多媒体平台竞争的核心，已经不只是内容，还有基于AI技术的内容推荐和个性化定制等服务。新媒体的各个生产环节迈向智能化，帮助其降低生产成本，优化产业链条，探索未来内容新可能。

新媒体的内涵和外延已经被拓展，不限于传统媒体时代的媒体实践，新媒体更多地参与生活、社会服务的进程，同时具有更强的产业链属性。新媒体平台不仅需要处理信息发布的工作，还需要处理消费者供应链条、产业效率等课题。目前，我们完成了产业链的数字化和数据化，能够识别单点的运行状态。未来还需要通过智能化的接入，链接整体产业链，提升处理数据的能力。

（二）短视频重塑注意力

视频，尤其是短视频占据了移动互联网用户绝大部分注意力。各个媒体和平台纷纷探索短视频，曾经的图文生产者、"自媒体"账号大多转战短视频领域。德勤（Deloitte）发布的《数字媒体趋势报告》（Digital Media Trends）显示，Z世代不仅是视频内容的主要消费者，他们的媒介使用方式也会影响其他世代的消费者。抖音国际版（Tik Tok）在国际上的表现，足以说明短视频媒介的影响力。抖音国际版自2018年在美国上线，截至2021年9月，全球月活跃用户数已经突破10亿，成为全球范围内最短时间突破10亿月活的产品。

短视频社交平台推动短视频成为社交平台信息传播的重要形式，短视频社交平台的算法推荐机制重塑用户的信息获取习惯，影响其他媒体平台，很多平

台重点发力视频流的功能。在国内，微博、微信、小红书等纷纷效仿短视频平台，推出视频号，并添加交互操作的功能。哔哩哔哩在网页端主打横屏视频，但是在移动端从2020年下半年开始主推竖屏视频，并进行算法推荐，引导用户滑动浏览。在国外，抖音国际版影响了大量社交平台，很多过去缺少短视频功能的热门社交平台均推出此类服务。照片墙于2020年推出"视频+音乐"的胶卷（reels）功能，并在2022年将故事（Stories）功能原本的左右点击更改为上下滑动。油管在2021年7月面向全球推出短视频功能（Youtube shorts）。这些均是社交平台面对被短视频深度影响的用户所做出的调整。

（三）去中心化和中心化的并存

长视频平台曾经在新媒体竞争中拥有绝对的影响力。然而，随着抖音、快手、小红书、哔哩哔哩等短视频平台、社交平台的兴起，优酷、爱奇艺、腾讯视频平台的用户注意力被抢夺。在过去的一年中，三家视频网站减少项目规模，印证了长视频平台所面临的危机。虽然都属于新媒体范畴，但是长、短视频网站的生产思路各不相同。三家长视频平台的生产逻辑是平台中心化，内容生产者秉持面向平台的生产思路。而短视频平台的算法，让用户与内容进行自由匹配，内容生产者秉持直面消费者的生产思路。

随着互联网原住民一代的成长，用户更多地参与内容生产。不同于过去用户发布内容大多是生活随拍的情况，"自媒体"账号制作水平越来越高，媒体机构与个人之间在视频生产质量方面的差异越来越小。"自媒体"账号能够涉猎的传媒内容类型越来越多。例如，很多学生自制综艺登上热搜，收获数十万播放量，这是对传统综艺制作的一次冲击。"自媒体"账号和媒体机构之间的壁垒正在逐步消弭。

中心化与去中心化的博弈与新媒体的历史发展相关。新媒体的信息传播经历了门户时代和信息流时代。门户时代沿用传统媒体的部分思维，网站扮演把关人角色，决定信息推送机制。信息流时代则是由算法技术进行内容推荐。算法推荐主要依靠兴趣和商业价值进行评判，不免会稀释优质内容。当用户熟悉算法机制后，开始尝试逃离算法。在去中心化的同时，也寻求权威中心的优质内容。尤其是发生重大事件时，用户希望有可信度高的信源和解读，以及热搜等信息推荐机制，这仍然是中心化聚拢思维。

（四）多行业深度调整

新媒体多个行业深度调整，构建健康新生态。例如，网络直播等行业在疫情期间飞速发展，但是很多乱象随之而来。在直播查税、"315"曝光等整改后，直播行业进入了深度调整期，头部主播更新迭代。受政策影响，在线教育等行业在过去一年完成了自我革新。

同时，很多商业传播平台积极与主流媒体合作，在主流媒体的引导下，供给优质、健康、积极的内容。例如，央视与抖音、拼多多等平台合作，完成多场次、多主题的直播，还推出《生活向上》等直播综艺，将综艺内容和直播带货相结合，探索"直播+"的新可能。除此之外，很多深度调整的行业积极转型。例如，教育品牌新东方转型电商，推出的东方甄选"自媒体"账号融合了知识科普与直播带货等功能，迅速收获了关注，成为头部主播。

二、链接力：新媒体与生活的全面融合

新媒体不仅扮演着信息来源的角色，还成为社会的链接器。新媒体承载各类生活功能，如教育、消费、娱乐等，成为新的生活空间。

（一）功能区隔的减弱

在上一个新媒体发展阶段，不同媒体之间还存在功能区隔。例如，用户在搜索引擎上搜索，在社交平台上获取社交信息，在购物网站上购物等。现在，不同新媒体之间的功能区隔逐渐减弱。例如，很多用户不会进入搜索引擎，而是在社交平台上直接搜索关键词，获取相关内容信息。这些平台不仅提供娱乐性内容，也提供泛知识内容，这些基于个人经验的分享，使其更加真实、多元化、个性化，对用户来说有更强的借鉴价值。

社交网站和短视频社交平台逐步上线购物功能，持续拓展供应链，打破了媒体平台和购物平台之间的界限。2022年，抖音等短视频平台上线团购配送的外卖功能，是覆盖生活服务的又一次尝试。

新媒体界限的消弭，除了表现在新媒体平台开启集合化功能探索之外，还表现在大型商业传播平台在经历长期泾渭分明的竞争后所展开的破冰合作。2022年，抖音与腾讯、爱奇艺开放合作。首先，从抖音应用内可以直接跳转至微信小程序游戏界面，原本抖音希望开启自身的游戏业务，但是碍于游戏版号

的限制，选择与微信合作。其次，抖音与爱奇艺达成版权合作，抖音可以开发爱奇艺版权内容的二创视频，此后，短视频平台可以丰富内容，长视频平台则能够收取版权费用。不同媒体平台的合作让新媒体竞争各取所长，防止一家独大，形成良性竞争的氛围。

（二）以产品思维重构信息

传统的信息传递大多以信息流的方式完成，用户在一个个信源中切换，获取不同的信息与服务。现在，用户希望在一个渠道中完成多项功能，因此，信息逐渐由传统的媒体发布，向着更加产品化的方向发展。新媒体的技术提供了信息向产品化发展的可能。

例如，在河南郑州"7·20"特大暴雨灾害中，媒体不仅发布灾情信息，还成为受灾信息统计、核查的联结点，帮助对接受灾者和施助者。疫情期间，许多地图软件实时更新风险地区，帮助用户收集、判断信息。

多人在线协作文档的助力信息成为产品。在郑州遭遇暴雨期间，一系列"救命"文档成为救援工具，受灾群众编辑更新受灾文档，便于救援力量有效发现和到达；大众实时共同更新避险地点、漏电风险地区等，帮助他人避险。这类产品基于新媒体的去中心化协同共享，通过信息的集合、共享和扩散，产生集体智慧，发挥积极的社会效应。

但是，由于"把关人"的缺失和错位，这类产品可能会被滥用。例如，疫情信息通过多人协作在线文档发布后，其中的阳性病例个人信息易被泄漏，对当事人的隐私权构成侵害。为了降低负面效应，需要加强对信息产品的监管，同时增强用户的媒介素养。随着技术发展越来越快，大量的创新实践不能只依靠相对滞后的监管，需要用户的自我把关，提前防范损失。

伴随着AR和VR技术的发展，空间新闻成为可能。不同于过往的新闻形态，空间新闻更像是一款产品。新闻机构不只提供事实描述和新闻判断，还提供空间还原，让用户来到新闻发生的空间内，依据个体经验得出结论。空间新闻产品帮助媒体机构解决新媒体时代的诸多问题，如防止偏见的形成、打击假新闻等。

媒体通过信息产品化，丰富了自身功能，在新闻宣传的基础上增加了社会服务的方式。通过产品的交互功能，媒体进一步与民众互动，推动国家治理体系和治理能力现代化。

（三）新闻与情绪的交融

从传统媒体发展到新媒体，情绪化传播的问题日益凸显。在传统媒体时代，内容发布者数量较少，易于管理，媒体环境崇尚客观、理智、全面的信息发布；用户互动不明显，用户之间也难以形成联结，在整个传播链条里，传播方的单向传输较为强势。

新媒体增强了用户回馈和联结机制，内容发布者只是内容传播网络的发起方。在网络中，用户对内容的评价、用户之间的交流等也成为传播的重点内容。如此一来，内容发布方越来越多，理性、全面的表述氛围难以形成。

为了获得用户的关注，情绪性新闻大幅上升。新闻与其他情绪价值、信息叠加的情况越来越多。热点内容矩阵中充斥着大量情绪性传播内容。

从传统媒体到新媒体，传播的群体性现象日益凸显。群体有着自动放大非理性冲动的能力，对群体中的每一个人都会起到相同的暗示作用，这种作用随着群体的情绪链条传递会越来越强大。[1]情绪传播具有趋同性，在某一个热点事件中，经常形成一种声音的狂欢，以及另一种声音沉默的螺旋，在同一事件的不同发布场域中，会出现截然不同的情绪表达。

情绪性在新媒体环境中的极端表达是"饭圈文化"。追星族的出现，在于建立在传统的文化与道德基础上的共同体日益松散，以及大众传媒的力量与日俱增。[2]头部内容制作者，包括主流媒体，都或多或少受到"饭圈"的包围。罗永浩和东方甄选是"自媒体"账号中崇尚知性传播的代表，但罗永浩无论卖什么手机都会被骂，以及东方甄选新主播被粉丝劝退等现象，也说明情绪性传播在当下新媒体领域的普遍性和影响力。

粉丝行为通常是主动的、参与式的、狂欢的。[3]这种行为特点有利于帮助传播者塑造传播热度。很多商业主播、"自媒体"账号倾向发布情绪性作品，希望

---

[1]　古斯塔夫·勒庞.乌合之众[M].戴光年，译.北京：新世界出版社，2010：13.

[2]　JOLI JENSEN. Fandom as pathology: the consequences of characterization, Mcquail's reader in mass communication theory[M]. edited by Denis Mcquail. London: Sage Publications, 2002: 346.

[3]　约翰·菲斯克.理解大众文化[M].王晓珏 宋伟杰，译.北京：中央编译出版社，2001.

通过情绪的传染性，快速吸引相同价值属性的粉丝群体。例如，短视频新闻大量使用强有力的音乐作为背景音，这是在传统媒体时代克制处理的方式。音乐会迅速感染用户的情绪，使其产生对于发布信息的认同性。粉丝对于信息发布者的认可，也会使其主动地追捧发布者的内容，为其制造热度。内容发布者的粉丝积累，为其夯实了稳定的传播效果。例如，很多商业主播能够持续不断地刷新纪录，并不只是因为持续拓新，有很大一部分原因在于粉丝群体的贡献。

情绪性是一把双刃剑，在汇集的同时，会因为缺失理性的思考逻辑产生负面效果，甚至造成伤害。很多新媒体内容发布者因为表达观点，或多或少地遭到网络暴力。多数情况下，并不是因为内容发布者的观点表达不正确，而是他们发布的观点未能满足某些群体的情绪，所以受到攻击。这在当下的传媒环境中，已经成为较为普遍的现象。

对于情绪化用户而言，信息发布者成为他们消费的符号，用来满足自身的情绪想象，创造情绪价值。"磕CP"就是一种突出表现，用户通过自我想象和碎片化线索捕捉，将现实生活中毫无情感关联的两个人想象成情侣关系。用户的关注，不是源于理性的信息需求，而是建立在主观的价值满足上。当信息发布者的行为击碎用户的自我想象时，信息发布者对于用户的情绪满足降低，便会引发"脱粉"，甚至争执升级。如今，政府已经出台多重措施治理"饭圈文化"。例如，微博重新调整热搜机制，降低娱乐热搜的比例；综艺节目更改用户参与机制，引导用户理性参与，取消了过去流行的通过购买商品投票的机制。

愤怒相较于快乐更容易沿着弱关系进行传播[①]，人们在新媒体中多处于脱离熟人社交的匿名状态，控制愤怒表达的社会机制失效，用户会更加自由地表达观点。这种自由的表达在情绪的助推下，很容易上升为争论或者冲突。对此，平台出台了相应的管理措施，降低网络的匿名性，让真实生活中的社交机制、道德机制能够影响网络空间的表达。例如，2022年社交平台公开用户IP属地，提升评论管理机制等，制造良性的网络舆论氛围。

---

① FAN R，XU K，ZHAO J. Weak ties strengthen anger contagion in social media[J]. arXiv preprint arXiv：2005.01924，2020.

三、新运营：竞争加剧，推动行业内生改革

（一）创新内容收益模式

在内容爆发增长的时代，内容变现成为一项难题。传统广告仍然是媒体重要的收入来源。近年来，受疫情影响，全球数字广告收入明显增长。GroupM的数据显示，全球数字广告收入在2021年增长了31%，占全年所有广告收入的64.4%。广告投放表现出越来越高的流动性，更喜欢追逐当下热门的媒体资源。近年来，很多曾经投放在长视频网站的广告商转向短视频领域。

传统的内容订阅模式遭遇打击。腾讯公布的2022年第一季度财报显示，一季度会员数量为1.24亿，同比呈下滑态势。爱奇艺发布的2021全年财报显示，截至第四季度，爱奇艺订阅会员总数为9700万，跌破1亿大关，同比减少470万，环比减少660万，会员量同三年前相似。内容订阅数下降是全球范围的趋势，美国杂志媒体订阅数在疫情期间持续降温，印刷报业下滑明显。网飞（Netflix）2022年第一季度订阅用户减少360万。短视频平台出现后，大量免费且优质的内容涌现，再加上短视频平台对用户注意力的抢夺，减弱了付费内容平台的不可替代性。订阅虽然在一定时间内建立了平台和用户之间的绑定关系，但是从根源而言，与新媒体环境下用户自由选择信息的使用习惯相悖。用户愿意为优质的内容付费，而不是为了绑定某一平台付费。不过，这并不意味着付费内容没有未来，建立弹性的付费机制、建立共享账号、提升优质深度内容比例、建立可靠的内容聚合平台等方式，都能让用户提升付费意愿。

内容生产者为了维持可持续发展，开始谋求内容商业化之路。数字新闻订阅、长视频网站超前点播等方式都是内容变现的探索。平台还帮助创作者实现变现，以吸引优质的创作者。当靠激励获取新用户的生长空间被压缩，平台就要进入依靠优质内容维持的健康循环中。与内容创作者共同探索创收之道，成为现阶段平台探索重点。目前，国内外短视频开始试水内容付费，付费模式为针对单一内容付费或者会员式打包付费。目前，用户更愿意为专业机构策划拍摄的短剧和知识类内容付费。这类短视频制作门槛较高，同质化内容较少。快手于2020年5月上线短视频付费功能，用户可以付费观看很多微短剧的大结局和泛知识类视频。抖音也正在测试短视频付费。

曾经内容付费模式是平台向版权方支付版权费，再通过收取会员费营利。但是随着传统内容付费模式式微，视频平台开始探索分账模式，即内容方在平台播放，通过点击量的高低进行分成，两者共担风险，让内容决定收益。比如，曾经分账模式主要运用于网剧、网络大电影等作品，从2021年开始，腾讯视频等平台开启了分账综艺的探索。

内容的高流量并不代表高转化。以音乐为例，抖音平台成为近年来热门音乐的流行风向标，一大批抖音神曲响彻街头巷尾。这些歌曲大多在很短的时间内获取极大的流量，但是迭代速度快，转化率较低。相对而言，高质量的音乐创作，虽然在短期内不如神曲流行度高，但是有着更加稳健的内容转化率和持久的喜爱度。

（二）内容市场饱和，更替周期逐渐缩短

目前，各平台用户数量基本稳定，但是内容供给者数量不断增加，内容市场已经逐步进入红海。与此相对应的是流量成本增加，内容创作者想要快速积累大量粉丝，或者持续获得高关注度变得更加困难。

新媒体中，变化是永远的常态。用户的注意力有限，且会被"新"的事物所吸引，再加上源源不断的创作者涌入，也让新媒体常有新意。同时，热点周期越来越短，内容创作者迭代较快。一个热点的影响力，可能只有数十天，甚至是数日、数小时。内容市场饱和对于用户而言，意味着内容丰富度的增加；但对于内容经营者而言，需要重新梳理运营方式，确保在常换常新的新媒体中持续性发展。紧追热点、推陈出新、密集发布、深度用户运营等方式是内容生产者较多使用的维持热度的方法。

（三）虚拟与真实并存

新媒体的交流发生在虚拟空间内，让用户难以辨别交流者的身份。人工智能的发展，让机器人具备了模仿人类交流的能力。社交平台机器人应运而生，并不断迭代。

在新媒体中，社交平台机器人大量存在。这种基于人工智能、大数据分析和数据库的自动化程序，能够模仿真人用户行为方式。相较于人力，社交平台机器人发布信息的时间、金钱成本更低，反应速度更快，被大量运用在替代人力进行沟通的新媒体领域。例如，人工智能机器人成为许多公司、店铺的客服主力军，提供全天候在线、及时回应的服务。社交平台机器人还因为快速的信息聚集能力，代替人工进行内容发布，在客观事实领域的运用尤为普遍，如股票、天气等。单人就可以控制大量机器人账号，形成矩阵式的发布，因此具备天然的"水军"基因，能够通过迅速、大量、集中的信息发布产生舆论影响。在数据决定热度的时代，社交平台机器人能够通过转发、评论、点赞等方式迅速制造传播热度。许多博主为了快速形成传播数据，选择购买社交平台机器人服务，于是社交平台机器人服务形成了商业链条。

初代的社交平台机器人，因为模仿能力较弱，通常拥有"奇怪"的名字和"机械"的表达，因此有着"僵尸粉"的称号，较容易被辨别。随着背后的控制者不断更新学习系统，现在的社交平台机器人已经越来越接近真实用户，普通用户很难分辨真伪。对于社交平台而言，社交平台机器人既带来"热闹"的平台互动数据，又带来互动质量减弱、影响舆论、内容推荐机制受损等一系列问题。许多平台开发了自身的"社交平台机器人"辨别系统，为平台清除注水数据，这些算法通常不公开，防止机器人公司进行"反侦查"。2022年，埃隆·马斯克收购国外著名社交平台推特，但是在谈判过程中曾一度暂缓交易，原因是马斯克提出需要进一步了解推特存在的垃圾邮件和虚假账号的问题。社交平台机器人的社会影响力不断扩大，在2016年的美国总统大选中，根据《纽约时报》报道，双方的网络支持者中有不少都是机器人。[1]《独立报》则认为社交平台机器人在英国脱欧公投的社交平台讨论中，扮演了重要的角色。[2]

社交平台机器人是一把"双刃剑"：一方面，它代替人力进行许多基础的、烦琐的沟通；另一方面，它以大量统一发布的信息快速制造舆论，影响新媒体环境，甚至通过技术优势和虚拟的身份，发布网络诈骗等违法信息。

---

[1] MARKOFF J. Automated pro-trump bots overwhelmed pro-clinton messages, researchers-say[EB/OL]. (2016-11-17) [2022-08-29].https: //www.nytimes.com/2016/11/18/technology/automated-pro-trump-bots-overwhelmed-pro-clinton-messages-researchers-say.html.

[2] SULLEYMAN A. Brexit: pro-leave twitter bots played 'strategic role' in EU referendum result, says Oxford University study[EB/OL] (2017-07-27) [2022-08-29]. https: //www.independent.co.uk/life-style/gadgets-and-tech/news/brexit-twitter-bots-pro-leave-eu-referendum-result-oxford-university-study-a7800786.html.

技术的背后均是人类的操控。社交平台机器人的作用积极与否，与背后的控制者息息相关。尽管各个平台均在提升用户准入机制，压缩机器人的生存空间。但是，以数据判别商业利益的底层逻辑，仍然驱动着社交平台机器人产业链的发展。

社交平台机器人正在通过各种形态寻找合理的存在，例如，"虚拟人"的流行。"虚拟人"包括以卡通人物为主的二次元形象、高仿真的数字人，以及真人的数字孪生形象等。许多媒体推出虚拟主播，社交平台上出现大量虚拟博主。一些公司推出虚拟员工，例如，央视网的小C、国家航天局火星车数字人祝融号。"虚拟人"在直播领域颇为流行，很多品牌设有虚拟主播进行直播带货，例如，淘宝虚拟员工冬冬，在淘宝直播间负责奥运特许商品的售卖，与冰墩墩、雪容融的IP形象遥相呼应。许多头部主播纷纷推出孪生复刻，共同进入直播间，例如，百度推出的AI数字人在直播带货实验中，销售了租金30万元一年的元宇宙虚拟地皮和价值20万元的无人挖掘机系统。

虚拟人的流行，与虚拟人用工风险低、表现稳定、工作时长不受限制等特征相关。在一些特殊领域，如假发等需要多元化适配场景的商品，虚拟人也有着巨大的需求。但是由于目前"虚拟人"开发产业链条较长，涉及模型、动力学、语音、视觉、集成等多个工种，成本较高，因此并未形成规模化生产。虚拟人有真人驱动和AI驱动两种方式，这两种方式都基于对真人形象的捕捉。一些国内的技术平台已经在研制开发面向公众的平价虚拟人生产软件。虚拟人正在通过技术补足"情绪性"和"陪伴感"方面的缺失，越来越向真实人靠近。这些虚拟人的背后既有类似社交平台机器人的算法支撑，也有人的操纵。新媒体已经形成了真实与虚拟共存的格局，同时虚拟正在越来越接近真实。

（四）新媒体平台的短视频化

短视频培养了用户的信息接收习惯。受抖音等软件的影响，很多老牌社交平台和新兴社交平台均开始调整运营策略。2021年，很多软件放宽了对于用户创作视频的要求。例如，微信推出了视频号，朋友圈如果分享9图以上可自动生成短视频；抖音国际版将用户创作视频的时长延长到3分钟。

除了加入短视频功能外，还要推进用户体验的改革。很多社交平台开始在有限的打开时间内，推送更具丰富视觉性和娱乐性多信息抢夺瞬时注意力，以海量内容不断唤起用户好奇。社交平台降低用户参与门槛，增加智能编辑功能，增强互动感，鼓励用户分享，同时以不断更新的智能推送机制推测用户喜好。

视频与不同属性的平台叠加时，会产生完全不同的效果。例如，微信推出了视频号直播，对标抖音、淘宝等直播带货方式。但三者的基础属性不同，微信的本质是私人社交，属于私域流量，以此为基础的视频直播，用户对主播会有着更强的信任。在一些品牌的数据中，其客单价远高于其他平台的数据，而且退货量较低。但是淘宝、抖音等已经形成购物的氛围，而微信依然偏重社交工具的角色，因此前二者在整体转化方面依然有优势。

（五）基于新媒体的衍生概念层出不穷

1.元宇宙

元宇宙成为2022年的热门词汇。元宇宙的基础就是新媒体，本质是讨论新媒体与人类生存空间的关系，是Web2.0向Web3.0发展的创新品。尽管元宇宙依然有模糊性和争论性，但是基于新媒体的变体概念会越来越受到人们的关注。

国外有脸书（Facebook）更名为元宇宙（Meta），国内有映客更名为映宇宙，均是瞄准元宇宙市场的探索。2022年，主打元宇宙社交的App"啫喱"上市，连续三天登顶App Store免费榜，但是3天后宣布下架，暂停新用户进入。这一系列操作也说明用户对于未来新趋势的关注，以及元宇宙仍然处于襁褓期。

从目前的元宇宙探索中能够看出，它具有身份、社交、沉浸、多元、时空穿梭、经济系统、文明基础等特点。元宇宙的这些特征与"游戏"最为相似。拥有虚拟身份的人，在一个具有文明基础、经济系统的虚拟世界中，沉浸式地完成多元任务，可以是真实世界的镜像，也可以是真实世界中无法完成的行为。

2.NFT

NFT（Non-Fungible Token），是指有唯一加密货币令牌的数字资产，是基于Web3.0发展的新探索，已经成为政府及企业的重点关注领域。《上海市数字经济发展"十四五"规划》提出，支持龙头企业探索NFT（非同质化代币）交易平台建设，研究推动NFT等资产数字化、数字IP全球化流通、数字确权保护等相关业态在上海先行先试。

数字藏品在确认版权方面存在优势，成为目前这一新兴概念与大众交流的主要形式。平台、发行方、IP方均不断发展迭代。目前，国内已经上线多个

NFT数字藏品交易平台。多地的文化产权交易所正在探索将数字藏品的交易纳入业务范畴。不过，数字藏品市场尚未建立健全的法规体系，为了保护消费者利益，出台了一系列严格的监管政策，防止虚拟货币炒作交易风险，严格管控数字藏品的交易和多级市场交易。

因此，一些数字交易平台经历了在国内火热开启，又暂停服务的情况，部分企业开始在海外进行NFT探索。视觉中国于2022年5月推出海外数字艺术平台，带动股价大幅提升。抖音国际版推出了NFT"TikTok Top Moments"（TikTok巅峰时刻），每周发布一位平台达人和知名NFT艺术家的合作视频NFT。驱动NFT发展的核心是版权的影响力，用户愿意为特定货品支付相应的价格。因此，自有版权的开发，数字藏品的文化、审美价值，以及价格制定策略，是NFT数字藏品竞争的关键。

四、反思：把握新媒体与用户的"距离"

（一）如何让用户获得健康、全面的信息

如今的新媒体环境中，信息越来越多，真相与虚假信息交织。有学者认为，社交平台有控制力强、虚假信息多、社交过度三重属性[①]。许多平台使用的算法机制，是由资本驱动的技术，通过推送形成用户的高黏性。高互动带来高收益，这是流量思维的基础。为了产生高流量，推送机制会与人类大脑中控制归属感和社会认同的部分相互作用，奖励多巴胺系统，鼓励人们通过在线联系、参与和分享来寻求获得更多这种形式的奖励，不可避免地激发情绪性、片面性传播等行为。

如何让用户获得健康、全面的信息，是新媒体需要自我革新的重点。任何技术的使用都不是中立的，都是有其内设价值观的，这种价值观要符合国家与社会的基本道德规范。新平台需承担社会责任，其重要目标就是通过平台对信息的管理，维系社会团结、引领社会向上，采取措施完善新媒体平台的运营机制，建立以健康内容为目标的商业激励体系。

除了引导信息发布之外，建立健康的网络交流环境也是必须面对的课题。

---

① 锡南·阿拉尔.炒作机器：社交时代的群体盲区[M].周海云，译.北京：中信出版集团，2022.

2022年2月，中央网信办转载了一篇《半月谈》的文章，称"新型网络暴力形成一门黑产生意"，新型网络暴力花样翻新，已从过去狭义的语言暴力，发展为文、图、视频等全方位攻击。网络平台针对不实信息对真实用户造成伤害的问题做出反应，出台了一系列措施，规范网络行为，减少网络暴力。

（二）如何发挥新闻媒体的引导作用

新闻媒体需要厘清到底是高级的引导还是低级的跟随。一些媒体陷入流量思维当中，一味追求高点赞、高观看。例如，在报道3·21东航客机坠毁事故时，有媒体发布家属情绪崩溃的视频，收获大量观看的同时，也引发了关于媒体责任与道德的激烈讨论。由于一些媒体以新媒体平台的播放量、互动量等数据作为主要评价依据，所以会根据平台算法机制发布新闻。这就导致媒体失去自身个性，成为算法机制的众多生产者之一。如果一味地追求数据量，新闻媒体机构将难以提供优质、严肃、真实的媒体报道。

如何发挥新闻媒体的引导作用，摆脱数据绑架，仍然是新媒体面对的难点。在新媒体的环境下，真假信息交融，普通用户难以识别。新闻媒体应当践行社会责任，引导用户建立理性思维和辩证思维，同时发布全面、理性、权威的高质量作品，帮助用户厘清真相。

（三）如何打造内容精品

内容精品意味着需要较多的先期投入，但是很多媒体平台由于追求长期、海量的内容更新，将更多的精力投入日常产品。相对于产品式内容的伴随式消费和轻记忆度，精品在传播中有着"火箭式"的突破效果和更加强烈的情感影响力，尤其在国际传播中，有着巨大的优势。

在海外市场，尽管以抖音国际版为代表的短视频平台风靡全球，但是坚持精品路线的网飞、迪士尼仍然有重要的影响力，并在长视频领域维持着较为健康的经济运转能力。

（四）如何推动当代民众的"技术反思"

互联网重构了人们的生活，用户花在互联网上的时间越来越长。伴随着新媒体与生活的深度相融，以及未成年人触网率的增加，新媒体已经不仅仅是工具，而是生活的必要组成部分。越来越多的民众意识到"互联网""算法"等对于生活的重构，试图回到"少控制"的网络生活，例如，训练算法、减少互联网使用时长等。

在互联网带来效率提升的年代，人们也感受到信息过载带来的困扰。在信息匮乏的时代，人们专注于吸收和同化；而在信息过剩的时代，人们面临的问题是如何排斥和拒绝。普遍的交流和信息过剩正在威胁全体人类的免疫机制。[①]一部分用户开始回归慢节奏剧集，由此带来"种田剧""治愈剧"的亮眼表现。当人们充分熟悉某一媒体特性后，便会产生对于媒介和生活关系的反思，逐步回归健康、平衡的生活节奏。

作为人类社会的一分子，我们需要理性地看待新媒体的繁荣，看待媒介技术带来的两面性影响。每一种新技术都既是压力又是恩赐，不是非此即彼的结果，而是利弊同在的产物。[②]面对新技术、新应用，要以审慎的而不是无条件接受的态度来对待。只要人类推动，技术会永远向前，但是选择让技术走哪一条路，是人类可控，并应深度思索的。在前进的同时永怀初心——技术是为了消除过去社会中的问题，让人类生活更美好。

五、结语

新媒体带来许多新问题，但是没有无中生有的"新"，所有的"新"都是在"旧"的基础上重塑而来。短视频大行其道，其上下滑动的动作是电视机换台动作的变体；社交平台盛行，从历史的角度思考，也是茶馆、咖啡厅等公共聚集场合的网络变体；过滤气泡问题，也是代沟的新表现形式。社会需要"过去"，因为社会要借此来进行自我定义。[③]新媒体发展中遇到的问题，在传统媒体中均有所体现，只是有所变化或者放大。因此，我们不必过于夸大新媒体发展中的问题，但必须杜绝过度依赖传统的解决方法。在传统经验的基础上，带着自我批判的眼光不断调整，应对新媒体带来的新问题。

① 韩炳哲.倦怠社会[M].王一力，译.北京：中信出版集团，2019.

② 尼尔·波兹曼.技术垄断：文化向技术投降[M].何道宽，译.北京：北京大学出版社，2007.

③ 扬·阿斯曼.文化记忆[M].金寿福 晓晨，译.北京：北京大学出版社，2015.

2022年度关注·我国媒体融合发展的十大创新探索

曾祥敏[①]

党的十八大以来，以习近平同志为核心的党中央高度重视新闻舆论工作，作出推动媒体融合发展的重大决策部署，引领我国媒体融合发展走过变革、转型、创新的非凡历程。

在党中央的坚强领导和中宣部的有力推动下，党的十八大以来，我国各级主流媒体奋发图强、攻坚克难、勇于创新，协同推进媒体融合向纵深发展；媒体融合发展围绕内容建设这一根本，经历了从技术先手突破到管理创新一体，从现代传播体到全媒体传播体系建设的过程；媒体融合的方向路径日益清晰，媒体融合的脚步日益坚定，媒体融合的成效日益显著。在媒体环境和传播格局深刻变革的浪潮中，中国记协积极发挥引导与服务的职能作用，组织课题组每年推出《中国新媒体研究报告》，并连续调研我国媒体融合发展的现状、问题，提出前瞻性思考。回顾总结十八大以来我国媒体融合发展之路，有以下十方面改革创新的探索。

一、战略战术创新：顶层擘画蓝图，系统纵深推进

党中央举旗定向，从战略、体系、路径和生态对媒体融合纵深推进作出决策部署，不仅体现改革的决心与信心，也体现创新设计的系统性与连贯性。

战略布局擘画蓝图，习近平总书记高度重视媒体融合发展，发表了一系列

---

① 曾祥敏，中国传媒大学电视学院教授、博士生导师。

重要讲话，作出了一系列重要指示。这些系统论述和精辟论断，成为指导媒体融合发展的重要遵循。党中央有关部门的文件与决策具体指导媒体融合发展的路径，系统回答了全媒体传播体系建成什么样、如何实现的重要议题，为主流媒体融合转型实践明确了具体路径、发力重点与目标任务。在中宣部指导下，中国记协与时俱进，创新思路理念，成立新媒体专业委员会，积极落实中央决策部署，以评奖评优、业务培训、报告发布、平台搭建等加强新媒体引导、服务与交流，助力媒体融合发展。

在发展重点上，从中央媒体和县级媒体，向中央、省、市、县四级媒体融合发展布局的全媒体传播体系拓展。

在发展路径上，形成统筹推进、差异发展、协同高效的探索之路，注重标准化规范和差异化创新的协调。中央媒体率先引领，省级、市级媒体优势点发力、关键处聚焦，县级融媒体标准化布局、差异化建设，旨在立足本土、因地制宜地创新发展。

在发展模式上，已逐步实现由散点化、试验性的"技术驱动型"创新，向一体化、全局性的"生态建构型"融合迈进，构建服务于国家治理的多功能生态级平台。

二、体制机制创新：制度设计、组织重塑、流程再造

传统媒体改革体制机制、重塑组织架构、再造生产流程，陆续向"融为一体、合而为一"的目标转型。

体制机制成为新型主流媒体深度融合发展转向的重中之重。在调研中，许多融媒体中心出台了管理办法、内容把关制度、评估督察制度、工作流程规范，量身制定体制机制。此外，采编流程融合创新、组织架构一体化、内容生产体系和传播链条建设，分列体制机制创新前三。融媒体中心的制度保障逐渐完善，全媒体采编量化考核普遍实行，量化考核指标以采编发数量和优稿数量为主，受众参与度、外推效果、平台频道运营情况、粉丝变化量等也计入考核指标。

融合工作室、融媒体中心、新创平台发挥先锋队作用，具备孵化机制潜力。基于专业化、垂直化的用户细分市场设立的工作室，成为生产融合创新的最小单位。融媒体中心建成生产流程再造、全媒体人才建设的集中之地。调研显示，

94.26%的被调研单位都已设立融媒体中心。新创平台成为综合性的体制机制创新平台，通过融媒体客户端业务带动队伍发展建设。

主流媒体从"策、采、编、审、发"等流程再造入手，积极探索适应融合生产要求的新流程，以构建集中指挥、高效协调、整合资源、一体调度、全媒生产与传播的新型运行机制。在常规新闻生产中，融合生产平台更适合作为优选机制，以互联网思维优化内容、人员、绩效等资源配置和分工，提升记者的采编自主性，变物理空间为扁平灵活的调度机制。

三、内容生产创新：作品融合破界、渠道多元拓维、自主平台建设

内容创新是媒体融合发展的起点，更是媒体融合发展需要着力把握的根本。党的十八大以来，融合创新的重点从作品创新延伸至渠道拓维，进而到自主平台建设。

主流媒体推出大批融合精品、爆款之作。2018年，中国新闻奖增设媒体融合奖项，多年来评选出一批彰显新媒体时代记者职业精神和职业素养的全媒体现场报道、一批代表媒体融合新进展新水平的创新创意成果，充分体现我国媒体融合发展方向和探索进路。2022年，中国记协进一步对中国新闻奖的奖项设置进行调整，打破长期以来主要按媒体介质设立奖项的做法，各个奖项各类媒体均可参评，同时新设"融合报道"和"应用创新"两个专门奖项，引导媒体提高融合生产能力、探索"新闻+服务"新业态，加快建设全媒体传播体系。

移动优先策略是主流媒体融合变革一直以来的转型重点，通过全程伴随、广泛连接与融合拓界，创新多平台、多终端的多元分发和矩阵传播系统。调研显示，"1+N+N"的全媒体发布矩阵已成为当前新型主流媒体的标配。

"两微多端"是融合1.0阶段普遍采取的"借船出海"策略，在深度融合的2.0阶段，"造船出海"建强移动端自有平台成为主流媒体发力的重点方向。今年，主流媒体明确选择将深耕自建新媒体平台作为发展方向。

四、技术应用创新：科技赋能、智媒创新、一体驱动

主流媒体以先进技术赋能，积极探索全媒体技术开发和智媒技术创新之路。全息影像、人工智能等技术赋能内容生产，5G、算法、区块链等技术赋能

传播分发。调研发现，大数据、人工智能被认为是主流媒体最需要的智媒技术。其中，采编报道和政务合作是技术应用满意度最高的2项。

在技术认知中，智媒意识较为普及，可视化技术受重视。大数据、人工智能、云计算、物联网、区块链等5项智媒技术，正逐渐应用于主流媒体的融合建设中。

调研显示，自主开发智媒技术成为主流媒体优选方向，搭建技术中台、业务中台、数据中台、AI中台等的中台"新基建"成为管理创新的热门探索，以技术创新带动管理机制和管理思维的创新，构建全媒体驱动的中台战略。

五、队伍建设创新：一专与多能并重，激励与培养并举

主流媒体在全媒体人才建设方面不断深入探索。调研发现，"一专多能，团队协作"的融合内容生产模式得到媒体人的普遍认可；在移动优先的具体体现上，全媒体人才数量多、绩效考核侧重，排在发稿优先之前。

新媒体端的绩效考核与人才晋升机制优化，是激励效果最直接的管理机制变革。在人才培养方面，主力军重点打造媒体内部的年轻化队伍，向自主培养、多元引进融合的模式和全方位提升的人才保障机制发展；在内容生产方面，升级内部采编队伍，是比引进外部人才更迅速、有效的全媒体人才建设方案。加强全媒体高端人才和高校人才的引进与交流，以此满足深度融合发展需求。

六、用户连接创新：增强黏性、突圈破壁、开门办媒

主流媒体推动技术、内容融合创新，增强用户体验的场景感、交互感和沉浸感，受到网络用户的关注，增强用户黏性。

创新作品转变语态、创新形态，把宏大的理论、深刻的思想和严肃的话题，转变为生动、易于传播的大众话语，做到深入浅出、通俗易懂，增强信息的鲜活性和亲近性，实现话语融通，突圈破壁。

实施"开门办报""开门办台"，吸纳用户共同参与信息生产传播和社会治理。调研显示，大部分主流媒体客户端都开通了可供用户上传内容的渠道。"经常和总是采用用户上传内容"的主流媒体约占33.43%。在采用内容的形式偏好方面，视频、图片位居喜好榜前两名。

七、服务模式创新：参与社会治理、强化应用创新、拓维媒体智库

主流媒体不断拓展信息服务领域，在深度融合发展中，更以应用创新为导向，研发"新闻+服务"创新信息服务产品，积极尝试将海量信息、群众需求和解决路径高效对接，实现一站式便民服务。

"新闻+服务"，内容是核心。调研显示，资讯辟谣成为主流媒体自建新媒体平台的首席服务产品。

政务类信息和应用，是主流媒体自建新媒体平台的重要内容支撑。调研显示，新媒体的政务功能主要为政务公开、设置专栏、建言献策、提供入口、数据收集等。

在商务应用方面，部分媒体尝试电商直播，利用本地特色资源，采取"线上+线下"相结合的方式，探索出有效的营利途径。

媒体智库是以智媒技术促进自身转型，同时发挥在解读公共政策、研判舆情、引导社会热点、疏导公共情绪等方面的优势，有利于加强基层治理体系和治理能力现代化建设，推进国家治理体系和治理能力现代化。

八、运营方式创新：拓展多维运营，完善造血功能

主流媒体由创新团队打造爆款单品、特别策划创意作品，转向体制机制引领下的全媒体作品制作，进而深挖传统品牌价值，向垂直化领域品牌矩阵发展，形成作品创新、质量把控、评估监测、传播效果跟踪的一体化作品体系。在深度融合发展中，打造主流媒体的全新媒体品牌，带动整体融合转型，提升用户的整体品牌认知。

打造专业、垂直的工作室品牌，是顺应用户圈层化生存习惯的有益实践。同时，将优势资源输出商业传播平台和渠道，建设自有品牌、尝试MCN运维，进一步探索新的运营模式。

在深度融合中，各级媒体通过激发制度优势、挖掘特色资源，形成具有竞争力的自有品牌，实现文化价值和商业价值突破，提升自我造血能力。

九、网络治理创新：加强网络引导、营造清朗空间、规范版权保护

主流媒体坚持守正创新，牢牢把握舆论引导和价值引领的主动权，不断推出融合精品、壮大主流声音；更加积极调动青年用户在强化正向舆论引导中的巨大潜能，提升年轻用户的情感认同，开辟和巩固新的传播阵地。

各级媒体自觉维护互联网空间的健康清朗，以正能量驾驭大流量，坚决抵御资本操纵舆论，勇于抵制"饭圈"乱象，积极引领社会价值与风气；积极探索人工智能和平台化时代的视听作品著作权、算法生成新闻作品的版权等研究领域，不断探索互联网语境下，传媒产业与其他产业主体如何形成相对稳定的合作共赢机制。

十、国际传播创新：打造旗舰媒体、培育外宣网红、传播中华文化

在习近平总书记关于国际传播重要讲话精神的指引下，主流媒体持续加强并推进国际传播能力建设，积极打造国际传播融合平台和国际传播矩阵，努力探索平台化、节点化的新型传播模式。

主流媒体不断创新国际传播方式，培育外宣网红，回应热点话题，运用在地化的叙事、语态进行事实澄清，展开跨国媒体合作。这些探索突出新媒体特性，调动多元传播节点，压实传播效果；利用重大主题提升国家形象，推动国内重大议题进入国际视野，涌现出一批精品力作，形成传播中华文化、打破圈层的共情传播。

十一、结语

课题组于2020—2022年连续3年所作的全国主流媒体融合发展调研数据显示，主流媒体在融合发展中面临的首要问题和发展路径，从最初的解决人才、技术、资金的多方短缺，到融合思维的更新、深化，继而让位于创新人才培养激励、大力发展自建新媒体平台，以及探索新的营利模式。这些变化反映了媒体融合纵深推进的历程。总体而言，主流媒体融合发展需要持续抓住人才、平台建设和营利模式创新这三个重点。

新时代、新征程，主流媒体的深度融合始终和国家发展、社会变迁和人民

需求同频共振、同向同行。新型主流媒体要努力实现自身公信力的柔性强化和用户注意力的刚性影响，通过做强多元化、分层级、跨地域的新型主流媒体，进而融入网上网下各领域。作为这项伟大事业的见证者、亲历者与积极建设者，我们切身可感地体察着媒体融合发展的每一次变迁，并努力应对新形势、新挑战，坚持不懈地对发展方向、实践规律进行审视与总结。

第二章

重点聚焦

厚积薄发　融通中外：
融媒时代国际传播的新转向、新突破、新进路

张　悦　周念希①

摘要： 媒体融合发展战略为我国国际传播能力的全面提升构筑了新台阶，厚积薄发之下，过去的一年里不少媒体融合作品在国际传播领域获得新突破，集中表现为选题密切关注焦点，利用重大主题提升国家形象；拓展合作范畴，以趣缘为要素实现影响力破圈；提升媒体形象，让报道实践本身成为国际传播的案例样板；坚持表达创新，凭技术与叙事寻求双重突围。现有的突破集中在内容生产领域，在全球网络传播智能化、平台化，参与主体多元化的大趋势下，我国媒体国际传播能力建设还存在诸多短板，需逐步在全球化平台搭建、人工智能嵌入，以及融合语态创新等方面继续深耕细作。

关键词： 国际传播；主流媒体；平台建设；智能化

国际传播是我国对外交流的重要途径，国际传播的理念、目标和方法也随着我国综合国力的变化不断衍生出时代特征。当今国际社会政治风云波诡，经济形势云谲，面对层出不穷的各种危机，中国提出的构建人类命运共同体理念是应对挑战的全新解决方案。然而，中国主张、中国智慧的全球共享还存在诸多阻碍，例如，中国声音在极度受限的话语空间中难以传扬，中国主张在西方

---

① 张悦，四川大学新闻学院副教授、博士生导师，传播学与新媒体教研室主任；周念希，四川大学新闻学院硕士研究生。

主导的全球价值体系中不被理解。因此，当前我国媒体在国际传播领域的时代使命就是解决上述难题，为国家发展争取最大的话语空间。近十年紧锣密鼓展开的媒体融合战略为国际传播的创新打下基础，在技术变革、内容创新、平台建设等方面的改革成效，让媒体更有底气、更有能力去扩大国际传播声量，积极应对国际政治经济环境和国际传播格局新变化引发的挑战。

一、国际环境突变中的国际传播转向

在后疫情时代遽变的国际环境中，只有顺应时代需求的国际传播新实践才能为不同国家、不同文明之间的相互理解搭建桥梁，为合作交流奠定基石。智能技术发展与数字经济爆发的双重叠加形成国际传播智能化、平台化，以及传播主体多元化的转向。

（一）新闻传播全流程的智能化趋势显著

新闻业的革新已然从比特形式走向更为高级的人工智能（Artificial Intelligence，AI）阶段。[①]算法、大数据等技术重塑了智能生产、智能分发、智能监测等新型新闻业务流程，一方面极大地提高工作效率，人与机器相辅相成、互相配合，推动快速、准确、全面又有深度价值的新闻产品出世，将新闻工作者从难度低但耗费精力的重复性劳动中解放出来；另一方面又将传播的个性化、精准度提高到前所未有的程度，将价值输出和商业变现效力发挥到极致。人工智能可以迅速捕捉全球热点，甚至发现隐藏在数据下的不同事实的内在联系，预判最具新闻价值的线索，为媒体参与全球角逐提供以报道速度制胜、以挖掘热点见长的专业竞争力；通过深度学习，算法持续优化，能够精确捕捉用户喜好，让媒体最大限度地稳固用户群体；以实时抓取、动态分析的监测系统聚焦特定内容、特定区域、特定人群的传播效果反馈，媒体能够精准掌握传播效果，及时调整传播策略。智能技术的嵌入让新闻业的业务内容、作业方式以及传播关系发生根本性变革，甚至迫使人们重启从本体论角度对媒介的思考。

借助智能技术采取人机协同的方式进行新闻生产称为新闻产业的智能化发展的趋势。根据伦敦政治经济学院2019年发布的关于人工智能与新闻业的智库

---

① 张超，钟新.从比特到人工智能：数字新闻生产的算法转向[J].编辑之友，2017（11）：61-66.

报告，已有37%的媒体将人工智能技术纳入编辑流程，其中新闻采集、智能写作和个性化分发是最常用的三类技术，[①]也是发展势头最好的方向。全球新闻业对于智能技术的态度是积极与谨慎并存，在多年的讨论与探索中迈过了技术崇拜的陷阱，走向对智能技术的理性应用。早在2016年，人民日报就引导大众思考算法的社会价值，辩证地看待算法"工具理性"与"价值理性"并存的双重特性。2021年，瑞典广播公司的新闻价值系统（News Value System）获得欧洲广播联盟科技创新奖（EBU Technology & Innovation Award），因其采用的算法兼顾满足用户个性化需求和提高公共新闻价值两方面的要求。西方学者已经提出将算法视为一种权力的观点，这种隐形的权力影响着人们的态度和行为选择。[②]在国际传播场景中，以算法为代表的人工智能所引发的变革，不亚于电波媒体第一次跨越国境的影响，它们重新塑造了用户通过媒介能知道什么、关注什么、认同什么。早在2012年，就有学者关注到搜索引擎采用算法进行意识形态渗透的问题，[③]随着技术的飞速进步，这一现象已更为普遍。基于算法的社交平台机器人能够操控公众舆论和宣传信息，2018年的"剑桥分析数据泄露事件"让人们看到脸书等大型互联网平台被用于影响选举结果，而社交平台机器人被西方社交平台用于主导反华话语更是日常操作。[④]无论从认知还是应用层面，智能化是信息传播无可回避的趋势，于国际传播而言，顺势则化为机遇，无视则陷于被动。

（二）传播场域平台化特点突出

网络传播呈现出以平台为中心的新特点，中国如此，全球亦如此。平台不

① Beckett C. New Powers, New Responsibilities: A Global Survey of Journalism and Artificial Intelligence[R/OL].（2019-11-18）[2022-07-19].https://drive.google.com/file/d/1utmAMCmd4rfJHrUfLLfSJ-clpFTjyef1/view.

② David B. The Social Power of Algorithms[J].Information, Communication & Society, 2016（20）: 1-13.

③ Mager A. Algorithmic Ideology: How Capitalist Society Shapes Search Engines[J].Information communication and society, 2012, 15（5）: 769-787.

④ Bolsover G, Howard P. Chinese computational propaganda: Automation, algorithms and the manipulation of information about Chinese politics on Twitter and Weibo[J]. Information, communication & society, 2019, 22（14）: 2063-2080.

仅是新闻等信息发布的渠道，更被视为制作、发布内容的数字基础设施。[①]其中，尤以社交平台为甚。社交平台是创造议题、发布新闻、舆论发酵的主要阵地，在跨国信息流动、关系和社群重塑、"信息疫情"生成中都扮演主导性角色，继而形成多边主义国际关系逐渐让位于大国数字地缘博弈，以及超级数字平台对国际传播的新型宰制格局。[②]国际传播的竞争核心从内容转向平台是对原有传播态势的颠覆，这也是全球专业媒体机构共同面对的挑战。

传播主体和用户在以社交平台为代表的各种信息平台短兵相接，形成谁占领平台谁就有发言权的态势。全球有近50亿社交平台用户，日均使用时长约2.5个小时，[③]海量的注意力都汇集在平台上。在全球舆论空间中具有关注度的话题几乎都源于大平台的影响力。例如，网飞上播出的电视剧《鱿鱼游戏》由全韩国团队制作，上线后大量相关的视频模仿秀在抖音国际版、推特等社交平台上呈病毒式传播。于是，《鱿鱼游戏》快速在互联网世界破圈，成为全球热议话题，成为网飞史上收视最高的非英语原创剧。反之，无法在全球化平台上产生流量的话题，其国际影响力也非常有限。网络中的注意力争夺表现为话语权之争，实际是国家利益和意识形态的较量。得益于近20年来国内网信事业的蓬勃发展，中国的互联网企业在全球的影响力日盛，甚至已经有观点将互联网世界分为中国和美国各自5家互联网企业主导的两大系统，[④]但鉴于大部分的网络基础性设施源自美国，故当前具有全球影响力的大部分网络平台的内核仍是美国的文化标准，[⑤]天然地适应西方意识形态。这是我国媒体国际传播放大声量、扩大影响必须面对的难题。

① Ekström M, Westlund O. The dislocation of news journalism: A conceptual framework for the study of epistemologies of digital journalism[J].Media and Communication，2019，7（1）：259-270.

② 姬德强.平台化突围：我国国际媒体提升传播效能的路径选择[J].中国出版，2021（16）：8-11.

③ Kemp S. Digital 2022: Global Overview Report[R/OL].（2022-01-26）[2022-07-19].https://datareportal.com/reports/digital-2022-global-overview-report.

④ Van Dijck J. The geopolitics of platforms: lessons for Europe[C].7th European Communication Conference，Lugano，2018.

⑤ 沈国麟.全球平台传播：分发、把关和规制[J].现代传播（中国传媒大学学报），2021，43（01）：7-12.

全球新闻业在平台化变革中面临的一个共同难题是逐渐失去信息传播的主导权。平台作为一种新型的信息传递的复合中介：一方面，平台是用户接触信息世界的接入口，尤其在移动互联网时代，寥寥数个大平台就能形成用户了解世界的巨大回音室；另一方面，平台是内容生产者的活动阵地，内容生产者通过平台接触用户、影响用户、掌握用户数据，继而进一步多维开发内容及服务，反过来牢牢把握住用户，形成稳固的传播闭环。平台和智能技术的叠加基本把控了上网人群认知世界、接触外部环境的媒介通路，如此重要的社会整合职能目前掌握在少数全球化商业互联网公司手中，将与人类生活密不可分的网络割裂在现实社会的治理体系之外，形成独立疆域，这对于全球政治、经济安全都构成潜在威胁。作为对数字化生存预言的最新回应，平台与人工智能的结合完全重塑了传播规则，新的规则既是挑战也是机遇，对于在国际传播中长期受制于西方强势媒介的中国传播业界而言，借力全球领先的互联网产业，发挥自身优势，或许能在国际话语权争取中取得突破。

（三）多元主体参与国际话语角力

尽管在新媒体时代以国家机器为主要行动者的国际传播依然是全球传播的基本面，[①]个人、群体和组织等社会主体通过互联网平台在塑造国家形象、传递文化观念中显露出强大的传播力。互联网平台的协议、规制、价值取向也构成一极力量。多元参与主体使国与国之间关于价值、态度、观念的信息交流变得更加复杂。

个人作为传播基本节点，因其庞大的数量成为当前国际传播最具影响力的一股力量。据统计，在全球社交平台照片墙、脸书、推特和抖音国际版上，各平台影响力排名前20的账号，分别有17、10、15、18个属于个人用户，[②]个人用户影响力可见一斑。个人用户是海量网络内容的主要生产者，也是信息传播的连接动力。以个人和团体为代表的非官方国际传播活动在互联网平台无处不在，用户在社交平台呈现的态度、观点和行为，实际上是国家意识形态在个人层面的具体表现，潜在地传递了国家民族的文化价值观念。来自不同国家、拥有不

---

① 姬德强，朱泓宇.“网红外宣”：中国国际传播的创新悖论[J].对外传播，2022（02）：54-58.

② 根据第三方数据挖掘网站Social Blade实时抓取的数据整理，数据取自2022年7月22日。

同背景的用户因趣缘聚集在网络平台上直接对话交流，共通的互联网思维能抵消文化障碍，彼此间更易达成认同。但在一般性的新闻话语中，社交平台中的个人传播者却是专业媒体的竞争对手，突发事件的第一报道者从媒体易位到正在现场的亲历者或旁观者。个人传播者熟稔网络热点，创造的内容更易产生流量，但却不受专业信息生产流程的束缚，他们抢夺原本集中于媒体的公众注意力，分散媒体力量，甚至解构舆论场中的媒体权力。

更令人担忧的是，各平台为抢夺内容资源，依仗强大资本推出广告分账计划、原创奖励计划等刺激用户生产；为了获取更多平台奖励，原创用户会依据平台定位及偏好进行自我规训，制作相应内容。在这种内容生产链条下，社交平台上的内容导向被牢牢掌握在平台手中。而专业媒体必须遵从既定的传播流程规范，受本国传播体制规制，作为专业内容的提供者还遭受平台的约束、管控，甚至限制。曾经国际传播是官方媒体单声道，现在媒体既要协调多声道同频共振，还要警惕不和谐声音对主流传播话语的抵消。

在公开的国际场域，意见观点的争夺从以政治因素为主导转向更复杂的政治、经济、趣缘多因素复合影响，为国际传播的有效到达提出更大难题。

二、我国主流媒体国际传播新突破

过去很长一段时间内，我国的国际传播都存在自说自话、价值连接无效等问题，"墙内开花墙外不香"，总体传播效果不尽如人意。

2021年5月，习近平总书记在主持十九届中央政治局第三十次集体学习时强调，讲好中国故事，传播好中国声音，展示真实、立体、全面的中国，是加强我国国际传播能力建设的重要任务。[①]在习近平总书记重要讲话精神指引下，我国主流媒体持续加强并推进国际传播能力建设，过去的一年中，不少媒体融合作品在国际传播领域获得新成就、新进步，扩大了部分国内议题的海外传播声量，推动一系列新理念、新主张的全球传播。

（一）密切关注焦点，利用重大主题提升国家形象

国际话语空间的关注焦点并不总与国内宣传报道一致。明晰选题的第一要

---

① 加强和改进国际传播工作 展示真实立体全面的中国[N].人民日报，2021-06-02（01）.

义就是依托我国发展的生动实践，立足五千多年中华文明，向国际社会全面阐述我国的发展观、文明观、安全观、人权观、生态观、国际秩序观和全球治理观等重要理念，将中国声音同全球视野接轨，在中外不同视角中寻求话语共同点、情感共鸣点和利益交汇点。

1.聚焦世界对中国的关切

党的十八大以来，我国各方面建设成就斐然，在新闻报道的国际话语空间中，科技、生态、人文等议题因其表面去政治化的特性在国际传播中的阻力较小，此类软性题材能从不同角度讲述完整的、发展中的中国故事，因此最具传播力。近年来，我国航天事业进入高速发展轨道，载人航天工程硕果累累、举世瞩目，仅2021年就有神舟十二、十三号载人飞船相继搭载航天员进入太空、天和核心舱在轨运行、天问一号探测器在火星成功着陆等重要航天标志性成就，是体现我国科技硬实力、对外建立航天强国国家形象的绝佳案例。我国媒体围绕航天大事件打造的中国太空故事，站在人类命运共同体的角度满足国外受众探索未知宇宙的求知欲，将科技与人文交织，通过航天事业演绎中国对世界的贡献。

中国航天事业的国际传播主要集中在具体航天任务、航天员太空生活、航天科学技术、中国航天事业贡献等不同角度。我国媒体以神舟十三号发射、天和空间站建设等特定航天任务为报道主线，新华社、CGTN等媒体在神舟十三号出征、首次太空站出舱任务等关键事件节点进行全球直播。2013年，神舟十号航天员乘组进行第一次太空授课，2021年和2022年，"天宫课堂"连续开课，中央广播电视总台多个频道和数个新媒体平台全球直播，同时全方位报道开课时地面课堂的互动教学过程，彰显中国航天事业和教育事业发展的新高度。突出我国航天成就是这一系列报道的共同特征，但这些成就不只是中国发展的符号。以环球时报为例，其英文客户端发布的报道作品《'Absolutely yes': vice chief designer on whether China's Tiangong can become space post house for mankind》（中国空间站能否成为太空新驿站？空间站副总设计师：当然！）从现实角度分析了在国际空间站退役之际中国空间站的使命与担当，以及中国航天对国际合作的期待及准备。不仅海外媒体竞相转载我国媒体的航天报道外，海外网民也毫不吝啬地发表对我国航天事业的花式夸赞，油管等网络平台充斥着外国网友发布的"awesome""admirable""brilliant"等留言。

面对高度专业的航天话题,主流媒体寻求科学传播与国际传播相结合的有效方法,保留科学严谨的逻辑,用通俗易懂的表现形式向国际受众科普航天内容。新华社三维动画视频《China's first Mars mission: Animation video of Zhurong rover working on Mars》(激动!期待已久的完整版天问一号着陆火星动画视频来了)运用三维动画详细演示了天问一号着陆火星的过程和祝融号火星车的工作内容,帮助用户认识祝融号的工作原理,运用直观的视觉画面让观众理解深奥的航天技术。航天报道以创新取胜,形式丰富,作品新奇感及趣味性强。环球日报制作的视频《Sounds archive:3 taikonauts' 6-month stay in Tiangong Space Station》(再听一次神舟十三号乘组在轨道的声音档案)将宇航员的太空录音作为素材,汇集宇航员在进驻、出、朗读、互动、过除夕等重要环节的音频,以档案形式记录宇航员在太空站的难忘时刻,在以视觉传播为主流的媒体之中,该作品诉诸受众的听觉审美体验,声音符号的时间线刚好契合了档案记录的特点。

2.推动国内重大议题进入国际视野

中国议题的全球表达一直是我国媒体国际传播致力解决的难题。在多年的国际平台账号运营经验的支撑下,我国媒体已经在中国议题和全球表达之间调试出一条卓有成效的报道路径。2021年恰逢中国共产党百年华诞,在回顾百年光辉历程中呈现中国共产党带领下中国人民的伟大奋斗成就,是展示真实、全面、立体的中国,可信、可爱、可敬的中国人民的报道良机。多家媒体都开设建党百年专题,从各个角度勾勒百年征程、展示时代风貌,其中涌现了一些融合特色鲜明,传播效果突出的作品。

新华社国际传播融合平台出品的8分钟微电影《The Red Star-China's journey over 100 years in foreign eyes》(红星闪耀中国)跨越百年历史,浓缩中国共产党领导人民从浴血奋战、百折不挠,到自信自强、守正创新不同历史阶段的奋斗历程,作品用3D建模、动画、特效等融合技术表达方式,从外国人视角切入,清晰地阐释了百年大党的历史作为及当代成就。CGTN刊发的动画短视频《Animation: CPC in 100 years》(动画:中国共产党百年征程)重温中国共产党从成立、斗争、胜利到蓬勃发展的历程,卡通人物形象和场景相较影像记录在色彩上对比强烈，画面活泼生动，动画利用夸张的颜色刻画枪战、爆炸等战争画面，凸显中国共产党革命、改革和建设的艰辛，减少平铺直叙的单调乏味，以再现中国关键历史时刻的方式加强观众对中国共产党的正确认知。CGTN法语频道制作的H5作品《CHINE: 100 ANS DANS LE RÉTRO》（数说中国百年——南湖启航 百年跨越）则用动态数据更加直观地呈现党员队伍发展，以及我国在外交、外贸、教育、减贫方面取得的成就。报道数据量大、信息量足、交互性强，在介绍深圳40年的经济发展时，作品引用《全球城市竞争力报告（2020—2021）》的数据，按照经济竞争力高低，将排名前25的城市按顺序排列在页面中，在城市图标的上方和下方放置两条平行坐标轴，用户滑动城市图标，就能看到每个城市在坐标轴上对应的经济竞争力和可持续竞争力排名。

（二）拓展合作范畴，以趣缘为要素实现影响力破圈

主流媒体在运营实践中不仅逐渐把握住国内用户的心理，也找到契合不同文化背景的用户的流量密码，通过境外媒体、桥接社群等传播渠道的创新合作，壮大知华友华的国际舆论朋友圈，将更广泛的国际人群纳入传播分享节点。

1.跨国媒体合作突出新媒体特性

近年来，跨国媒体合作也越来越突出新媒体特性，凸显网络风格，以期扩大触达面，辐射更广群体。中央广播电视总台欧洲总站策划出品的《Walking China's red footsteps in Europe》（100年前的启航）系列融媒体报道在欧洲上线，以H5、视频、图片展、文字报道等多种媒体形式系统介绍了邓小平、周恩来、朱德等中国共产党早期领导人在欧洲留学期间积极投身革命的故事，精准辐射共产党故事的发生地，贴近欧洲受众，在海外唱响中国共产党建党百年纪念主题。H5作品发挥超文本标记语言的链接特点，提高作品的互动性，用户任意选择"昂特莱蓬"号、"波尔多斯"号、"安吉尔斯"号即可起航，可分别开启不同的故事线。该系列融媒体作品访问量超过1000万，[①]其传播的成功与欧洲媒体的合作密不可分，德国主流报刊《青年世界报》等合作媒体不仅让作品在传统渠道多语种落地，上线官方网站，还策划了法国巴黎中国文化中心开放图片展

---

① 姜秋镝等.英德两国报纸刊登总台记者文章《100年前的启航》[Z/OL].（2021-07-02）[2022-07-19].http://m.news.cctv.com/2021/07/02/ARTIQQq1KKic94sUP9ZghYFa210702.shtml.

览，进一步扩大影响。在推特、抖音国际版等社交平台，我国主流媒体在发布建党百年相关报道时会打上#CPC100#话题标签，增加建党百年话题的显示度及热度。

与此同时，省级媒体也拉开跨国媒体合作的新一轮探索，在创设新话题、扩大阅读量、发掘更多潜在用户方面显示出"成团出海"的优势，在海外平台上相互呼应。2021月12日，海南、云南和重庆三省（市）在中缅媒体双城论坛上达成国际传播合作关系，共同努力筹划下一步区域性国际传播中心运行战略，进一步发掘国际媒体合作模式。

2.调动多元传播节点压实传播效果

新媒体时代是流量时代，如何吸引用户注意力和成功出圈、破圈，也是主流媒体的国际传播实践需应对的现实问题。拥有庞大粉丝基数和极高关注度的民间主体（大V、网红、KOL）的品牌效应突出，不但为主流媒体提供破圈策略，而且为主流媒体指明贴合不同趣缘群体兴趣的传播方向。同时，个体本身在性格、知识水平、文化背景等方面的特殊差别也可以转换为主流媒体的差异化传播策略，帮助主流媒体塑造多维、立体的中国形象。

他者的视角更有助于增进国际受众对中国的理解，主流媒体一直注重借助外眼、外嘴、外笔，为世界打开了解中国的窗口。长期在中国生活的外国人自然成为打通文化壁垒的桥接群体，他们的全球化视角为本土化内容传播降低文化折扣。吸纳外籍人员参与主流媒体新闻生产不仅能提升外语表达的专业度，更能从外国人视角展开叙事，拉近与国际受众之间的心理距离。中国日报的新媒体作品《Dive into the world of virtual reality with us to discover more about the CPC》（老外沉迷党史VR博物馆）设定了一个现实场景，让外籍记者作为叙事推动线，开启外国人视角，从零开始了解中国共产党。具备双重文化背景的国际网红能聚集流量，在国际传播实践中同样获得高度关注。CGTN与在中国长期生活的视频博主英国人杰森（Jason Lightfoot）合作"环游中国"系列视频，利用网红的名人效应扩大传播。面对"新疆棉"等国际舆论问题，CGTN邀请杰森以个体视角在官方媒体发表评论，一针见血地回应国际对中国的质疑，他作为西方"局内人"的身份增加了内容的可信度，更容易获得外国语境用户的接受、理解与认同。

（三）坚持表达创新，凭技术与叙事寻求双重突围

智能化、平台化的整体趋势下，国际传播的技术应用实践应顺应趋势，凸显优势。当前的国际报道在创新表达上可圈可点，融合呈现技术的应用面越来越广，传统中国符号的现代演绎更有力度，流行文化符号也日渐成为中国叙事的新符号。

1.拓展融合呈现技术的应用面

面向国际受众制作的新闻产品技术特性明显，经过多年的融合实践，媒体内容从策划到实施创意满满，自有一派风格。VR、AR、MR、XR、CG三维动画等融合呈现技术增加了视觉的想象可供性，弥补现场画面的缺失，将抽象画面具象化表达。融入信息科技成分的视觉表达有利于突破语言语境的壁垒，既能有效吸引用户，更能提高信息理解效率。在CGTN短视频报道《How drones help improve agricultural productivity in poverty-stricken areas》（无人机如何提升贫困地区的农业生产力？）中，增强现实技术的应用简洁明了地演示了无人机的行进路线、播洒农药范围，生动注解了我国如何利用科技提升农业生产效率。随着融合的深度推进，具备创新表达技术的作品越来越多，已经从点状的特殊企划推至更广泛的应用面。

强烈的忧患意识、追求发展的紧迫感让我国主流媒体对未来导向的新概念、新技术充满兴趣，积极尝试。"元宇宙"概念甫一出现，不少媒体就开始探索起虚拟现实在新闻行业的升级应用。CGTN联合中俄两国科技企业打造的虚拟数字人"娜娜"在"魅力北京"实景动画创意视频《Когда «Лебединое озеро» встретилось с зимней Олимпиадой в Пекине》（当天鹅湖遇上北京冬奥）是元宇宙概念在国际传播语境的新发展。虚拟人"娜娜"走入现实，与冬奥冠军普鲁申科、中央广播电视总台记者交流对话，科技与科幻的结合使冬奥元素更具未来感，让观看之旅更具新奇感。

2.兼顾中国符号的传统与现代

国家外文局当代中国与世界研究院联合相关单位发布的《中国故事国际传播指数报告》显示，关于传统文化、流行文化、体育文化、美食文化的中国故

事享有的国际美誉度最高。①源远流长的中华文化是我国对外交流中最受欢迎、内涵最丰富的资源宝库，是中国的魅力所在，也是理解中国的基础。主流媒体在国际传播中既要注意对传统文化符号的创新演绎，又要注重开掘现代文化新标识。

福建广播电视台2022年4月在新媒体平台增设国际传播专栏"MoliMoli"（茉莉茉莉），每周更新两期全英文短视频。专栏打中国传统文化牌，看似轻松却并不简单，如果创意不足很容易落入俗套而无法实现预想的传播效果。MoliMoli系列报道的内容创新在于叙述结构和话语表达充满新鲜感与时代感。主创团队30余人，大多是95后，最理解成长于Z世代的年轻人认知世界的关注点，以年轻人的视角实拍镜头。每期节目时长2—4分钟，由4—5人负责创作，结构紧凑、画面丰富、节奏明快，内容亮点突出。在传播手段方面，专栏从选题策划阶段就注重用户心理，观照当下社会热点，例如，结合热播电视剧制作"茶百戏""南音"为主题的短视频。团队采用国内媒体常用的多平台账号矩阵分发，在国内外主流平台上均有推送。团队尤其注意在国际传播中尝试规避平台的技术偏见，采用非官方账号，不寻求媒体认证，尽力避开算法的标签，努力在境外平台的意识形态压制中拓展表达空间。专栏上线不足四个月，已出品30多篇作品，积累了不少国际传播的创新实践体悟，一改人们以往对国际传播内容体量大、任务多、头绪复杂的认知。

相比传统文化，媒体对流行文化领域的开发相对不足，中国的流行文化多囿于亚洲华人圈，较少进入西方文化视野，实际上，这是最易突破传播圈层的领域。流行文化深受年轻人喜爱，这恰好是网络最活跃的用户所在的年龄群体。利用用户偏好打通圈层，可拓展国际传播大有可为的新空间。2022年，来自中国香港的王嘉尔成为首位登上科切拉音乐节主舞台演出的中国歌手。在美国加州举办的科切拉音乐节是全球最负盛名的音乐节之一，吸引了全球最具影响力的音乐人参加。王嘉尔的表演让现场观众沸腾，也在国际网络上掀起热潮，#JacksonWangCoachella# 话题迅速登上推特世界趋势第一的位置，中国日报趁

---

① 中国故事创意传播研究院.中国故事国际传播指数发布（2021—2022）[C].2022"中国故事国际传播"高峰论坛，武汉，2022.

热打铁，在推特发布首登科切拉音乐节的中国艺人是王嘉尔这一新闻资讯，凭借趣缘群体的传播力与生产力，将其纳入传播扩散策略，圈层的参与式文化也能提高中国流行文化叙事的国际显现度，让世界见识中国的多元魅力。

（四）媒体的报道实践本身成为国际传播的案例样板

由于过去长期与西方世界话语脱节，加上西方政治团体的刻意营造，我国媒体在西方公众眼中以说教、偏颇、落后等刻板印象存在。信源的权威度受限导致媒体内容的吸引力、传播效果一直难以有效提升。加强我国国际传播能力建设，应构建专业、权威、开放的媒体形象，以信源强度的提高增加传播内容的信度，讲述新闻故事之时亦构建中国媒体的崭新形象。

2021年春末夏初，一群亚洲象离开了位于西双版纳的国家自然保护区，一路向北迁徙，一度接近昆明郊区。经媒体披露后，象群引来全球媒体及网友的关注。中国日报开设专栏《Elephants' wonderland》（大象奇妙乐园）按时间序列集纳关于象群行动进展的报道，全程追踪象群迁徙。新华社英文客户端也大量发稿，进行信息图、漫画、视频、无人机巡航画面直播的融合报道。CGTN组织多场直播，使用全息技术将大象"带到"直播间，还将大象行动的慢直播搬上油管。追象报道开播后十多天，仅中央广播电视总台推出的多语种多样态报道就被75个国家和地区的803家海外主流媒体转发播出近6000次。[①]覆盖世界主要媒体、刷屏全球社交网络的大象影像基本来自中国媒体，这也是一次中国媒体报道力量的全方位展示。

西方惯用生态环境等软性议题向不同阵营的国家发难，此次关于大象迁徙的战役式报道，不仅用丰富的现场视觉满足了全球动物爱好者，还巧妙设置议题，用深度、严谨的报道阐释长期以来中国在生态环境保护方面的努力及成效。少数国外媒体依然戴着有色眼镜看中国，罔顾事实、肆意猜测，我国媒体在追象报道中多次予以有理有据的回击。例如，外媒指出中国的300头野生大象数量少，欲借此指责中国野生动物保护不力，CGTN直接回应希望对方媒体注意背

---

① 中央广播电视总台央视新闻.中央广播电视总台通报表扬云南大象迁徙报道团队[EB/OL].(2021-10-12)[2022-07-19].https://www.cctv.com/2021/10/12/ARTILcoxICF38Dg6t0z7zAaP211012.shtml.

景事实，300头的数量是在全球野生大象数量总体下降的趋势下，经过多年不懈努力从不到200头增长而来的，是我国生态文明建设取得显著成效的有力证明。在一路"象"北系列报道中，中国媒体敢讲、能讲、会讲，让全世界看到自信、专业的中国媒体形象，成为真实、全面、立体中国的生动注脚。

三、国际传播能力跃升的问题与探讨

无论是故事思维的转向还是价值交汇的寻求，我国媒体的国际传播实践逐渐找到用全球话语讲述中国故事的方法，努力打造融通中外的新概念、新范畴、新表述。虽有厚积薄发，但我国媒体国际传播的突破仍集中在内容生产环节，技术基础浇筑不牢和生态系统设置缺失，短期内变迁跃升的困难很大。关于当前我国媒体在国际传播中仍存在的不足之处，专家学者们多有著述直中肯綮，本文则聚焦平台生态构建一隅，着力探讨智能平台建设的短板所在及改善新进路。

（一）平台建设的智能化支撑不足是关键症结

借力商业平台构建新媒体矩阵，深化自有平台建设，是我国主流媒体传播渠道建设两手紧抓的工作。中国记协2022年发布的《中国新闻事业发展报告》显示，截至2021年11月30日，人民日报英文客户端累计下载量超500万，海外用户占比达71%，新华社海外社交平台总粉丝量达到2.4亿，中国日报的脸书账号粉丝数超过1亿，粉丝数位居全球媒体账号第二位。[①]这些数据看似不错，但仍与我国的国际地位、国际传播目标不匹配，还有宽量提升空间。关键制约因素就在于平台建设的智能化支撑不足，未形成完整技术生态系统。

我国媒体的英文客户端是生产、编辑、分发的一体化终端，集视频内容、文字报道、融媒体产品于一身，是国际用户接触中国的第一端口。我国几大主流媒体的英文客户端经过近几年的大力发展，已具特色，但智能化应用场景却仍显单一。CGTN客户端的智能化应用主要体现在"ASK PANDA"熊猫智能助手和AR体验，其中，AR航天员体验需借助移动终端搭载的摄像头，实现虚拟航

---

① 中华全国新闻工作者协会.中国新闻事业发展报告（2022年发布）[R/OL].（2022-05-16）[2022-07-19].http://www.zgjx.cn/2022-05/16/c_1310592108.htm.

天员与现实场景中的人、事、物自主互动的效果，让用户体验虚拟与现实交融的趣味。新华社英文客户端最突出的智能应用是语音搜索，中国日报客户端智能应用也主要体现为内容智能推荐助手"iSmart"。

因内容总量未达到一定规模，尚无法使用算法推荐为用户提供海量沉浸式的偏好内容，英文客户端主页的内容排布多采用时间瀑布流形式。客户端的升级优化不足，无法持续为用户提供最优的使用体验，尤其习惯了商业传播平台及聚合新闻平台后，专业媒体客户端的体验感差距就更加明显。表2-1-1显示国内外9家专业媒体及聚合新闻客户端版本迭代的信息，从最近一年（2021年7月至2022年7月）的版本更新次数来看，国内两家主流媒体英文客户端的系统维护频率不仅远低于国际同类媒体和国内聚合新闻平台，也明显低于自家中文客户端。比CGTN客户端晚上线2年的今日头条客户端已经更新到8.8.7，而CGTN还停留在5.7.8，说明CGTN的重大优化升级少。客户端研发不足，迭代缓慢，就存在版本稳定性、兼容性差等问题，易发程序运行错误，无法持续提供新功能嵌入，最终导致用户体验差，留存困难。整体来看，我国主流媒体的英文客户端还仅处于内容供给阶段，尚缺乏搭建生态系统的平台理念。

表2-1-1　新闻客户端版本迭代对比表[①]

客户端名称	一年内迭代次数（次）	最新版本上线距今天数（天）	现有版本号	最初版本上线日期
新华社	15	24	9.0.6	2014.8.15
XINHUA news	8	19	3.0.4	2017.12.31
央视频	11	38	2.4.3	2019.11.19
CGTN	2	244	5.7.8	2014.11.5
China Daily	6	15	7.6.9	2009.9.18
今日头条	44	5	8.8.7	2012.8.1
CNN	18	4	7.5	2009.9.29
The New York Times	29	7	9.80.0	2008.7.11
Reddit	51	6	2022.26.0	2016.4.7

---

① 数据取自Apple App Store，截至2022年7月19日。

智能化与平台化的耦合不足让话语叙事革新和融合技术创新成效大打折扣，若不有效解决这一问题，我国媒体的国际传播能力将继续囿于策略技巧的增强，而无法打破现有的国际传播秩序，难以跻身国际话语主导者之列。国际话语秩序新格局重组的窗口期有限，知晓问题所在，就应把握时机，抓住机遇，一面继续推进国际传播叙事的时代重塑，一面以技术驱动的新一代传播基础设施开辟国际传播新空间。

（二）保持大国媒体底色，以积极姿态介入全球话语空间

国家间话语权较量的背后是综合国力和既往传播权力的较量，当一国的综合国力呼唤与之匹配的传播权力时，其在国际传播秩序中就会受到更加强烈的压制。即便如此，我国媒体也应争取在有限的话语空间中说得出、传得开、叫得响。当国际传播的参与主体越发复杂、参与形式越发多样时，媒体更要发挥举旗定向的作用，以积极姿态参与全球话语空间，为多元主体、多种声音的同频共振立下基调。

坚持以新媒体矩阵保持在国际话语中的可见度。在媒体维度，除个别承担主要外宣任务的央媒运营了英文客户端，绝大多数媒体开展对外传播的方式为在全球热门社交平台上开设官方账号，或者借助去官方化的账号以避开平台限制，百舸争流、千舰齐发，在国际舆论场为中国观点、中国态度发声。在我国媒体自有平台国际影响力尚且有限的情况下，经营好全球社交平台上的账号，保证中国媒体在国际大事上的声量，维持中国故事的日常可见度，这是主流媒体国际传播矩阵当前要继续保持的基本功。在协作维度，与多元传播主体协作，拓展国际传播主体范畴，最大范围连接中外。鉴于目前的国际话语局势，西方社会自然对抗不同意识形态的官方话语，缺少共同文化背景的国际受众难免与我国主流媒体的传播内容对接不畅。以民间机构、网红博主、普通个人组成的更广泛的参与主体在全球社交平台空间形成协同效应，助力中国故事有效传播。特别是数量庞大的个体参与者，他们多有境外生活经历，更熟悉西方的社会文化，因个人喜好进入网络，深入各种趣缘群体，深谙国际网络社会的规则，是将中国故事落地发散的基础节点。

中国媒体走向世界并发挥国际影响力，需要构建融通中外的叙事体系和话语表达，不仅考虑中国"想讲的"，还要考虑世界"想听的"。这关键在于关注人类共同的审美与情感取向，寻找其中的价值连接点。国际传播议题有广阔的可为空间，现阶段我国媒体在国际传播报道中选取最大公约数的做法确有成效。在聚焦国内议题时，媒体要发掘中国与世界的共鸣，将中国故事放置在世界语境下寻求理解与认同，并从人类共通的价值观入手，根据目标用户、特定议题有的放矢地更新传播的语态、形态、样态，提升国际传播影响力。在关注全球议题时，适时勇敢发声，保持与世界的交流与沟通，传递中国态度与中国主张，体现大国媒体的责任与担当，从根本上提升国际传播权威度。

（三）搭建智能化平台，将国家的发展优势转化为话语优势

上述融通中外的传播路径和叙事策略如果在绝对开放、公平的国际网络空间中肯定行之有效，但现实却是曾经人们所以为的平等交流、自由沟通的网络空间已经存在诸多不平等。传统媒体时代，我国国际传播面临的主要问题是"走出国门"，网络媒体时代我们要解决的是"被倾听、被理解"，面对智能化、平台化的国际传播转向，致力于搭建技术生态系统的传播平台建设是增强传播力的关键。

从"网络虚拟世界"到"网络化社会"再到"元宇宙"，网络空间和人类的现实社会越来越紧密地交缠在一起，对网络平台的认知也不能停留在接触用户的媒介中介工具层面。平台是新媒体时代的传播媒介基础设施，这意味着媒体积极进入商业平台合作博弈的同时，还要加强自有平台建设以求获得自主的治理疆域。鉴于既有的国际形势，我国媒体的国际传播平台渠道先天优势不足，目前采用的"借船出海"策略虽是一条快速提高影响力的路径，却遭到双重挤压：一是商业平台与媒体间基于市场竞争的挤压，二是不同国家平台与媒体间基于意识形态的压制。国际传播研究中，我们总是很关心"说什么""怎么说"，鲜谈"如何听得到"。事实上，无论多好的传播内容，一旦在渠道上被人"卡脖子"，便无法发挥真正的传播效力。因此，在国际网络空间构建系统化的媒体平台势必是迫切需要达成的目标。

全球网络平台的影响力层级中，商业社交平台、新闻聚合平台高于媒体平台，西方强势媒体高于我国媒体，我国媒体现有的国际传播平台处于明显劣势。规则掌握在他人手中，便只能受制于人。我国媒体现行平台建设集中于应用层面，如信息采集平台、数据处理平台、分发转化平台等，直接服务内容生产和流程管理效率的提升。更深远的战略布局是要建立自主自控的全球化信息服务平台，以此为基础才可谈智能应用的嵌入和用户价值的开发，并完成生态闭环。

网络平台是未来信息传播、人际交往、公共服务等重要社会活动的依托空间，拥有自主、可控的网络平台才算在国际网络空间稳固一定的治理疆域，才会争取到更大的话语空间，构建一套完整的国际传播生态系统才有对抗平台垄断的可能。既有完整的技术架构，又有丰富的端口内容，供给用户完善的使用体验，如此才能尽可能多地吸纳全球用户使用，以平台为基础构筑以中国为中心的网络话语空间，服务以中国为主导的人类命运共同体构建。

四、结语

过去一年，我国主流媒体国际传播实践取得突破，得益于媒体融合发展战略为讲好中国故事构筑了坚实基础，传播的格局、视野、策略及方式都随着传播语境的变化发生质的蜕变。练"内功"，夯实以全球表达讲中国故事的能力；借"外力"，巧用多元参与主体壮大中国声音。在国际话语权受限的困局之中，我国媒体在网络空间中从容自信，大方表达，智慧演绎，向国际社会展示焕然一新的中国媒体新面貌，以新闻报道和传播活动践行连接中外、沟通世界的使命。在突破之中，我们也应看到我国媒体的国际传播尚未跟上智能化、平台化的发展步伐，传播通路随时可能受到挤轧。目前，这种挤轧更日常化地嵌入以算法为代表的平台智能技术，随时都在发挥效力，对我国的传播内容形成合围。因此，建设具有全球竞争力、带有媒体底色的智能化传播平台，完善平台生态系统建设，增强平台技术对传播效果的支撑力，是我国媒体下一步应对国际传播环境转向应有的主动作为。

用短视频讲好中国故事的新特征与新路径

张　辰　王晓红[①]

摘要： 随着中国日益走近世界舞台中央，向世界宣介中国主张、传递中国智慧、讲述中国故事成为主流媒体必须承担的责任和使命。在数字化、智能化的媒介转型浪潮中，"讲好中国故事"的方式和含义都发生新的变化。本研究对2021年国际传播中的典型案例进行透视和分析，发现用短视频讲好中国故事具有以下三大特征：多元主体的原创叙事，聚力IP的文化策略，打破圈层的共情传播。通过对"讲好中国故事"的反身性思考，我们进一步探索未来中国故事的发展路径，即针对热点议题的积极回应与在地表达，大数据赋能精准传播，以及搭建Z世代的国际交流平台。于此挑战与机遇并存之际，应多措并举，构建具有引领示范价值的国际传播新路径与新范式。

关键词： 短视频；讲好中国故事；国际传播；社交平台

讲好中国故事，传播好中国声音，展示真实、立体、全面的中国，是新时代我国加强国际传播能力建设的重要任务。党的十八大以来，习近平总书记就国际传播能力建设多次发表重要讲话。2021年5月，习近平总书记在中共中央政

① 王晓红，中国传媒大学教授、博士生导师；张辰，中国传媒大学2021级互联网信息专业博士研究生。本文系北京市宣传文化高层次人才培养资助项目"社交媒体的国际传播研究"（项目编号：SGYP202103）的阶段性研究成果，中国传媒大学中央高校基本科研业务费专项资金资助项目"中国故事短视频国际传播的新挑战与新路径研究"（项目编号：CUC220D020）的阶段性研究成果。

治局第三十次集体学习时强调，要加快构建中国话语和中国叙事体系，用中国理论阐释中国实践，用中国实践升华中国理论，打造融通中外的新概念、新范畴、新表述，更加充分、更加鲜明地展现中国故事及其背后的思想力量和精神力量。[①]当中国日益走近世界舞台中央，构建好具有鲜明中国特色的战略传播体系，全面提升国际传播效能，向世界宣介好中国主张、中国智慧、中国方案是中国主流媒体必须承担的责任和使命。

　　新时代的国际传播已经进入数字媒体和智能传播的新阶段。在这一转型时期，"讲好中国故事"的方式和含义都在发生新的变化。本文通过对2021年国际传播中的典型案例进行透视和分析，重新思考讲好中国故事的思路和模式，以及如何提升讲故事的水平与质感，从而更加自信地还原真实、立体、全面的中国。这种对国际传播"故事观"的反身性思考与再造，是时代使然，亦是现实之必然。

一、从"讲故事"到"讲好中国故事"

（一）中国故事讲述的社交转向

　　2021年，《国际传播中的效能评估与关系转向：2021全球媒体网络传播力评估》报告发布。该报告基于98家全球媒体账号于2021年发布的全部推文数据，对其影响力进行综合评估。数据指出，国际话语权分配在网络空间还存在不平衡的现象。通过脸书、维基百科、照片墙和推特等社交网络的全球拓展，美国牢牢掌握了新媒体时代的全球话语权，[②]这种格局正悄然间对世界信息传播和舆论产生着重要影响。[③]以美国为代表的西方国家打着信息自由流通的旗号，通过跨国媒介大集团全力维护信息由美国等西方国家向发展中国家流动的旧格局，[④]这使信息传播看似更加去中心化、更加自由，实则更加具有垄断色彩，并以更

---

① 加强和改进国际传播工作 展示真实立体全面的中国[N].人民日报，2021-06-02（01）．

② 相德宝.从微信国际化看社会资本参与对外传播[J].对外传播，2017（05）：22-23.

③ 来向武，赵战花.国际社交媒体传播：基于使用率的信息控制与舆论影响[J].国际新闻界，2019，41（12）：154-172.

④ 徐培喜.全球传播政策：从传统媒介到互联网[M].北京：清华大学出版社，2018：07.

为隐匿的方式维系着西方的霸权地位。

随着社交平台网络空间与国家安全、国家利益和价值观之间的联系日益深化，社交平台逐步成为一种重要的战略资源。美国国务院《2011—2013财年信息技术战略规划》提出，国务院将利用社交平台、信息分析和知识管理工具，推进现代外交和对外关系的目标。①除了在全球主要社交平台上开设账户之外，美国国务院及驻外使团也非常注意在驻在国最流行的社交平台网站上开设账户，作为公共外交在网络空间的扩展。②美国政府各机构和驻外使团还在各国流行的社交平台上与公众积极互动。对此，历任外交部新闻发言人的华春莹、赵立坚也在推特平台开通账号，粉丝量级均达到140万。作为中国外交的代言人，他们借助推特这一国际主流的社交平台回应争议话题，维护中国形象与利益，扩大中国在国际传播上的影响力。

与此同时，面对紧张的国际传播环境，中国媒体挺进"主战场"，在国际舆论平台上积极发声，在曝光量、扩散量、互动量和认可度等指标上表现可圈可点，也推出不少具有影响力的经典故事IP，着力打造海媒矩阵，依据不同的"人设"形成海外传播账号体系。例如，通过拟人化叙事打造"熊猫"系列人格化账号。通过对大熊猫的自动追踪、拍摄、实时剪辑以及后期故事改编，创作出大熊猫"吃播"、对饲养员"撒娇""求抱"的短视频作品，塑造了大熊猫爱吃爱玩、随地发呆的形象，以大熊猫这一符号在社交平台提升故事感染力。账号主体积极回应外籍用户给予的反馈，并根据反馈意见进行产品生产、运营和维护，这种社交化转向带来传受双方的深度互动，也是新媒体时代完善国际传播策略的重要举措。

（二）讲好中国故事的外部挑战

随着全球政治格局的变化与信息技术发展的日新月异，国际传播的观念、方法与手段也在同步变革。在这样的时代背景下，我国的国际传播工作存在外

---

① U. S. State Department Bureau of Information Resource Management, "U. S. Department of State IT Strategic Plan, Fiscal Years 2011-2013"［EB/OL］.（2010-10）［2020-07-15］. Http: //www.state.gov/documents/organization/147678.pdf.

② 汪晓风.社交媒体在美国外交中的战略定位与政策运用[J].美国问题研究，2012（02）：75-92，217，222.

部与内部的双重挑战，亟须以新思路适应时代新要求。

由于意识形态的差异，中国与西方国家媒体认识之间差距越来越大，西方媒体对中国的解读常带有意识形态偏见和文化歧视。自19世纪以来，中国就不断被西方国家当作诋毁与嘲讽的对象，尤其是两次鸦片战争以后，歧视黄种人特别是中国人的"黄祸论"一度在西方社会甚嚣尘上，排华、辱华与仇华是当时西方国家关于中国的主流舆论。新中国成立后，由于冷战的特殊时代背景，中国依然是英美等西方国家抹黑与污蔑的对象。随着中国不断探索具有自己特色、符合自身实际的发展道路，从积贫积弱走向繁荣富强，西方敌对势力逐渐显现焦虑和挫败心理。西方媒体开始大肆渲染"中国威胁论"和"中国崩溃论"，"唱衰"中国发展的论调在西方主要媒体频频出现，而西方社会的主要媒体目前仍在国际舆论场中掌握着话语权，处于强势的地位。与此同时，在传播路径上，信息的传播方式正在由传统媒体向互联网倾斜，基于移动互联网的社交平台已经成为今天国际传播格局的"关键节点"与国际舆论斗争的重要阵地。许多西方媒体和反华政客纷纷通过互联网和社交平台不断制造反华言论，甚至通过伪造、炮制耸人听闻的新闻和故事，持续诋毁中国形象。另外，一些拥有庞大粉丝数量的外国"网红"也在利益的诱使下，罔顾事实，在网络发布恶意评论，制作颠倒是非黑白的图文和短视频内容，污蔑、造谣、抹黑中国，误导广大国际受众。以上种种现象说明，在当前的国际传播环境中，打破西方话语霸权，牢牢掌握塑造国家形象的主导权，让世界不再"误读"中国，让各国人民更加客观地认识中国、了解中国，提升我国的国际话语权和国际传播力、影响力，既是一个长期存在的历史问题，更是一个迫在眉睫的现实问题。

（三）讲好中国故事的民间声音

中国对世界的经济影响力不断增强，在国际政治舞台中也扮演越来越重要的角色，如何在国际传播过程中讲述中国故事、讲好中国故事，便成为中国这个拥有五千年历史的文明古国与坚持和平发展的世界大国所必然思考的问题——中国该以何种姿态立足于世界？中华民族该以何种姿态屹立于世界民族之林？

事实上，讲好中国故事，不仅关系到能否打破西方长期扭曲中国形象的困局，更关乎着我们如何认知自身的存在与价值。只有发现、发掘、讲好中国故事，我们才能更好地理解中国历史、中国文化、中国道路，才能自信地向世界传播中国，才能让世界更好地了解中国。近年来，党中央、国务院高度重视文化工作，强调内容建设和体制改革并举的方法指导，围绕舆论工作、文艺作品创作、中国特色哲学社会科学、文化软实力、现代传播体系、文化对外开放水平、文化治理能力现代化等多维度展开工作。文化强国建设初具成效，文明交流互鉴也逐渐深入。改革开放以来，我国文化对外传播的方针政策不断调整和完善，如今文化"走出去"已经成为我国文化强国建设的重要内容。我国已与全球157个国家签署了文化交流合作协定，执行了800多个文化交流计划。我国深入推进"一带一路"沿线国家文化交流，与60多个国家签订政府间的文化交流协定。①

借由这股"中国热"，讲述中国故事的主体不再局限于主流媒体和政府机构，而延伸到民间团体与个人，传受双方的界限被彻底打破。在官方主流的话语之外，多元主体参与，共同构建更加多面、真实、亲切、可爱的中国形象。例如，中国古典舞教师马蛟龙以一条名为"当中国红扇飞舞在伦敦塔桥"的短视频走红网络，通过精湛的舞步展现东方古典艺术的力与美；中国湖南姑娘彭静旋在法国波尔多大剧院外的一角弹奏古筝，其别出心裁的汉服装扮与行云流水的演绎在油管平台收获76万粉丝和破千万次的播放量，用中国艺术的动人故事架起国际传播的桥梁。无论是专注木工技术的"阿木爷爷"对传统技艺的创新演绎，还是UP主"才疏学浅的才浅"手工复原"三星堆"，这些取之不尽的传统文化符号打造了中国故事跨越千年的共振。基于短视频这一载体，这些被赋予了时间属性的视听叙事超越了文字和图片，打破国际传播的语言障碍，在社交平台获得出乎意料的情感共鸣与意义建构效果。

二、短视频讲述中国故事的三大特征

（一）多元主体的原创叙事

无论是文学、绘画、歌曲、舞蹈等多种艺术形态中承载的文化符号，还是纵贯五千年浩瀚文明历程中的历史记忆，他们都共同汇聚成经纬交织的中华文

---

① 刘雨菲.新时代中国共产党对外"讲好中国故事"研究[D].杭州：浙江大学，2021.

化，这些故事超越了其本身的"只言片语"，反映了各自所处时代的生活方式与精神风貌，也让今天的中国人重识传统文化，重塑集体记忆，重聚情感认同。从过去传统、单一的宣教内容与宏大叙事，到今天融合、丰富的叙事视角与多点布局，中国故事的内容设置方式与时俱进。讲好中国故事，我们既要在宏观层面上全面展现、深刻描摹中华文明、伟大实践、社会主义核心价值观，又要聚焦个体命运，提炼浓缩普通人的日常故事，从而实现情感共振。

中国叙事的原创价值是基础。讲好中国故事的前提是汇聚来自方方面面的原创中国故事，尤其是基于具有原创价值的中华优秀文化，由此展现丰富多彩、生动立体的中国形象。党的十八大以来，习近平总书记多次提到文化自信。2016年7月1日，在庆祝中国共产党成立95周年大会上，习近平总书记提出全党要坚定道路自信、理论自信、制度自信、文化自信，并强调，文化自信，是更基础、更广泛、更深厚的自信。在国际传播中，体现"文化自信"意味着要在西方文化霸权的围猎之下，客观理性地认识到本民族文化的价值，对其产生强烈的认同感，并对文化的未来发展持有坚定的信心，突出重围，另辟蹊径，走出一条属于自己的中华文化之路。在增强国际传播能力时不能忽视"讲好中国故事"的原创价值，要求我们不仅要从主流媒体的传统内容设置中寻找讲述的新方式，也要从民间声音中发掘文化接近性的新路径，通过多元主体参与原创叙事，更好地掌握文化主导权，重塑中华文化自信，唤起世界对中华文化的情感认同。

第一，重塑国际传播工作者的专业身份是适应新媒体传播规律的关键一招。在国际传播中，主流媒体的"两微一端"账号发挥主导引领的作用，将主编、记者、评论员等专业角色重塑为适应新形势的KOL传播主体。[1]疫情初期，央视希伯来语部主播奚啸琪（小溪）面向以色列民众，以Vlog的形式记录疫情期间身边日常，与当地主流媒体合作传播中国声音，被称为"中国奚"，成为广受欢迎的网红。[2]以中央广播电视总台为首的主流媒体正积极培育各类新媒体平台网

---

① 史安斌，童桐.世界主义视域下的平台化思维：后疫情时代外宣媒体的纾困与升维[J].对外传播，2020（09）：4-7，1.

② 奚啸琪，杨扬.论网红在抗疫国际传播中的作用——以中央广播电视总台"小溪工作室"报道为例[J].国际传播，2020（02）：15-21.

红，打造国际传播矩阵，努力探索平台化、节点化的新型传播模式。

第二，具有文化接近性的民间声音成为主流传播方式的有力补充。2021年，新华社油管频道开设《建党百年》专栏，邀请跨文化领域具有影响力的专家学者、政党领袖现身说法，生动、形象地阐述了中国共产党历史和现实的价值与内涵，将"中国共产党的执政合法性来自历史和人民的选择"这一相对抽象的核心主张转译为适配不同文化语境受众的本土化、具象化表达。[①]与此同时，面向中国观众的"洋网红"也依托诸多海外抗疫纪实视频完成一次次跨文化传播。例如，"我是郭杰瑞"在海外抗疫的系列视频中，表达了"只有全世界控制好疫情，才是真的控制好疫情""只要引起大家重视，疫情可以控制"的观点；"阿福 Thomas"在采访完德国顶尖的病毒专家后，呼吁大家做好疫情的防护措施，并传达了"病毒不应阻隔爱"的观点。"洋网红"作为一种民间声音，通过短视频的方式建构的仪式文化场能够强化、促进、扩大、加速文化价值在这一场域内的传播。

（二）聚力IP的文化策略

IP，即知识产权（Intellectual Property）。在文化产品领域，"IP化"的过程即突出产品或形象的个性特质，将其具象化甚至人格化，提升知名度与感染力，以心理亲近感与低认知门槛打造高黏性用户群体。基于IP运营策略生产的中国故事产品，满足了沉浸圈层、热衷理想人设与文化跨界的Z世代的内容需求，同时扩大了内容产品的传播力和影响力。

新时代有新特点，新时代有新任务。努力讲好新时代的中国故事，是国际传播工作者的重要任务。然而，主流话语和宏大叙事如何讲述得更亲切、更生动，如何从"宣教"意识形态转变为"宣介"中国智慧，是当前国际传播内容生产中首要面临的转型问题。"IP化"凭借着独有的亲和力与生动性，形成更灵活的中国故事海外传播产品生产策略。通过共情、距离拉近、"软化"硬核内容等方式，"动画里的中国"系列IP成功跃出，展现了"IP化"作为国际传播宏观策略的重要价值。

---

① 史安斌，刘长宇.建党百年国际传播的理论重构与实践创新——基于策略性叙事视域[J].电视研究，2021（11）：63-66.

第一，打造桥接文化的共通符号。在爆款视频《一杯咖啡里的脱贫故事》中，"中外文化的对接与比较"这一思路被具象化，体现为镜头语言的拼接与融合。在虚实方面，将实景拍摄与手绘动画结合，由现实中出现咖啡的生活场景过渡到咖啡前世今生的历史叙事，既强化了西方人喝咖啡的场景代入感，又以高亲和度的动画展开较大时空跨度的故事讲述。在绘画技法方面，用水墨淡彩表现中国场景，用后印象派变体（梵高作品色彩和笔触的借鉴）表现西方场景，强化了咖啡符号联结中外文化的属性，提升了这一符号的美学格调。在色彩方面，整部动画以咖啡豆的棕咖色为主色调，尤其在中国水墨画中没有采用黑墨而是采用了淡棕的墨色，体现着线条与色彩的中外融合。在叙事方式上，通过左右分屏互动，将咖啡杯与咖啡田、咖啡师与咖农的联动共享关系以更直观、更具趣味性的方式呈现出来。在修辞方面，咖啡时而被比喻为咖农通过种植而获得的金钱，时而被拟人化为围绕篝火跳舞的形象，即通过咖啡符号的软化与人格化，讲述咖啡扶贫为中国社会带来的改变。

第二，寻找不同文化的精神同源。视频《一杯咖啡里的脱贫故事》除了呈现方式上体现咖啡符号的桥接角色，在呈现理念上，该作品将中华文化中深层次的中国古代哲学思想"阴阳"作为表达文化融合观念背后的逻辑，提升了咖啡符号的文化厚度。云南咖啡作为承载西方咖啡文化基因的东方作物，正体现着"阴阳"背后的哲学道理，即看似对立的东方与西方，看似难以融合的中外文化，其实是互补且能够互相转化的。这为咖啡这一文化符号融入深层次文化内涵，一方面为故事的成立提供哲学理论支撑，另一方面通过咖啡桥接中外文化的叙述，帮助海外受众更好地了解中国文化发展演变之根基、内核与中国人的世界观。这一呈现理念也为未来的中国故事内容生产指出方向，即回归中华优秀传统文化，尝试寻找文化根源的原理与思路作为故事展开的底层逻辑。

（三）打破圈层的共情传播

德国社会学家格奥尔格·齐美尔曾提出"陌生人理论"，指出对于大多数社会成员而言，"陌生人"的行为是不确定、无法预测的，本地人对于陌生人会存在心理上的威胁感。如果怀疑得不到消除，人们便会对"陌生人"产生恐惧心理，继而发展到仇视，引发种种非理性的"排外行为"。①消除"陌生人"理论中的恐惧心理和排外行为，意味着软化跨文化传播中自我和他者的隔阂，透过拓展国际传播中的情感空间与共同价值，实现打破圈层的共情传播。

第一，聚焦日常生活，拓宽情感空间。从反映脱贫攻坚巨变的电视剧《山海情》，到记录抗美援朝战争的电影《长津湖》，这些获得广泛好评的主旋律作品并未一味说教，而是通过聚焦一个个普通人改变命运的故事，以及奋斗历程中的人情味和烟火气，交换共通情感，传递中国温情。这种故事观对短视频的日常化、情感化转向带来启发，也为面向国际传播的短视频讲述提供借鉴。香港英文报纸《南华早报》等媒体在油管平台发布短视频产品时，经常选择"我"视角来让用户更好地产生共情。与之类似，纪录短片《中国脱贫故事》也使用了代入感强的第一人称叙事角度，邀请外籍记者深入脱贫一线进行体验式拍摄，讲述他们眼中的中国，打造"外眼看中国"系列作品，进一步拉近海外受众与中国故事的距离。追求美好与善良的情感是人类共通的需求，也是提升国际传播力的流量密码。讲好中国故事，就是要讲好人的故事，讲好中国人大爱与大美的故事，反映出时代的精气神。从普通人、小切口、微叙事入手，塑造鲜活人物，表达共通情感，从个人窥见群体，以个性彰显共性，开创官方、精英、民间多层次话语圈同频共振、复调传播的新局面，向世界展示真实、立体、全面的中国，塑造"可信、可爱、可敬"的国家形象。

第二，秉持共通价值，降低文化折扣。2021年，由南华早报发布的《China's Wandering Elephants Need a Nap Amid 500km Trek》（在中国迁移的大象需要休息）视频时长2分钟左右。该视频获得408万次播放量，4.4万次点赞，3099条评论。该视频主要介绍了中国大象对农田、城镇的破坏，并展示了大象在一处森林中一起甜甜休息的动人片段。CGTN报道的《Migrating Wild Elephants Found Sleeping in a Forest》（迁移的大象在森林里睡觉）在油管平台获得124万次的播放量，让"人与自然的和谐之美"成为中国形象的一张全新名片。在该报道视频下方的评论区中，不少网友对照料大象的中国居民表示

---

① 陈力丹."一带一路"下跨文化传播研究的几个面向[J].江西师范大学学报（哲学社会科学版），2016，49（01）：69-73.

认同与感谢，并指出这一视频给他们提供了了解中国的新视角。网友Glenda Tucker表示："Seeing how the Chinese are protecting these elephants and providing them without nutritious food has altered my view of China.（看见中国人民如何保护大象、给它们提供食物，我改变了对中国的看法。）"网友Miron Swyst则表示："It's so good to see the open mindedness of local people, farmers to accept the elephants.（看到当地居民以如此友好开放的态度接受大象真是太好了。）"网友Nicola Rollinson则从视频中建立了对中国民众的认知，指出："This has not only given me an insight into the lives and mentality of these intelligent and magnificent creatures, but it also given me a rare glimpse into the lives of ordinary Chinese citizens; incredible patience and kindness.（这些视频不仅让我看到了这些聪明而壮丽的动物的生活，还让我看见普通中国人的生活，他们耐心又善良。）"对于海外受众来说，野生大象的迁移过程属于较为陌生的题材，能够引起海外受众的好奇心；而报道中所呈现的人类对野象迁移的"不打扰"和"悉心保护"则体现了人类共通的价值观——保护野生动物，爱护自然。[①]视频通过塑造中国人民与野生大象共同生活的自然、朴素之美，传递了热爱自然、保护环境的共通价值，让中国故事、中国人民的形象和符号更有温度，更容易在世界范围内获得情感共鸣。

三、短视频讲好中国故事的未来路径

（一）议题选择：积极回应，在地表达

中国真实形象与西方主观印象存在"反差"，以及"自塑"与"他塑"之间的"落差"，在积极讲好中国发展故事的同时，有力有效应对西方媒体、智库、政客的污蔑攻击，阐释中国立场，澄清事实真相非常必要。[②]在短视频时代，国际传播中的"注意力"是稀缺资源、核心资源、基础性资源。如何在化压力为

---

① 张凯滨.疫情之下，对人与自然关系的"另类洞察"[EB/OL].（2021-05-25）[2022-07-15]. https：//share.gmw.cn/wenyi/2021-05/25/content_34870399.htm.

② 曲莹璞.连接中外、沟通世界，推动国际传播高质量发展[EB/OL].（2022-06-16）[2022-07-15]. https：//www.163.com/dy/article/HA0F5A7B0530SFP3.html

动力中赢得战略主动，在"注意力"的争夺和较量中实现传播效果最大化，是选择和打造中国故事的选题关键。

以中国日报"新时代斯诺工作室"为先锋的国际传播队伍推出了《起底》系列深度调查纪录片，对西方涉华舆论进行"话语解构"，产生强烈反响。2021年，《起底》系列纪录片共推出30期，总播放量达10亿次。其中，针对外媒污名化新疆的问题，中国日报社外籍记者深入新疆采访，推出系列报道《这里是新疆》，展现了当地现代化的生产、医疗条件和各族人民安居乐业的美好生活，播放量超1000万次。面对反华媒体的舆论围剿，积极主动回应热点话题，运用在地化的叙事、语态进行事实澄清、传受互动与意义建构，是国际传播议题设置中争取主动权的有益尝试。

（二）技术赋能：大数据助推精准传播

"媒介即信息"，媒介的形式就是内容的一部分，而媒介的形式又与其借助的媒介技术密不可分。因此，要让人工智能和大数据技术的新发展为我所用，推动国际传播供给侧结构性改革，在掌握"高像素""受众画像"基础上，实施"高传播性"内容的"高颜值""高精度"定向传播，提升全球化、区域化、分众化、目标化传播实效。[①]

在国际传播媒体资源池和视听数据库的建设常态下，主流媒体需要大力发展平台的技术路线。例如，加强推荐算法的优化，使其能够进行更为精准的检索服务，或者更加智能地辅助故事的生产环节；通过数据分析、自动分析、生成画像等方式，辅助热点项目与定制原创内容的生产。在明确技术提升的路线之后，如何落实规划则涉及具体的技术能力问题，而这需要加大对专业技术人才的关注。首先，加大技术人才的引进，扩充专业的技术团队，吸引成熟的技术专家，同时培养年轻的技术骨干，以"传帮带"的方式，实现技术团队的长效管理机制；其次，鼓励技术团队与行业内的其他团队交流学习，尤其是已经在海外取得一定成果的中国互联网企业、社交平台公司，吸取其相关经验；最后，完善奖励机制，鼓励技术人员申请专利，不断创新、优化产品，为国际传

---

① 中国日报网-周树春在2021中国网络媒体论坛主论坛上的主题演讲[EB/OL].（2021-11-27）[2022-07-15].http：//www.cac.gov.cn/2021-11/27/c_1639614280173357.htm.

播工具持续提供良好的技术支持。

（三）平台搭建：拓宽Z世代国际交流朋友圈

习近平总书记高度重视推动中外青年交流，多次向外籍青年代表回信，对他们积极到中国各地走访、深化对华了解表示赞赏，鼓励他们加强交流互鉴，为推动构建人类命运共同体贡献青春力量。

主流媒体应充分整合国际传播领域的优势和经验，聚焦青年一代的文化需求和消费偏好，打造具有吸引力、竞争力、年轻化的短视频故事产品，迅速占领"Z世代"这一特殊舆论阵地，加快拓展中外青年的"朋友圈"。例如，以国内外青少年听得懂、听得进的方式传播青少年喜闻乐见的中国故事，引导国内青少年建立文化自信、树立家国情怀，激发国外青少年对中国的向往，促进中外青少年交流。同时，主流媒体应积极搭建国际青少年的文化交流平台，让青年人用青春话语讲述青春中国，提升Z世代进行跨文化传播的能力，与世界青年一道畅议古今，书写未来。

四、结语

面对纷繁复杂的国际形势和迫在眉睫的客观需求，讲好中国故事，打造中国故事的"新概念、新范畴、新表述"，是"中国好故事"数据库升级转型、强化国际传播力建设和能力提升的关键任务和使命担当。

作为中国国际传播的先行者和践行者，新华社、中央广播电视总台、中国日报等多家主流媒体已经在持续的探索与实践中摸索出一套特色鲜明的短视频故事模式，即多元主体的原创叙事、聚力IP的文化策略和打破圈层的共情传播。同时，通过对现有案例的分析与研判，我们发现并总结了国际传播中短视频产品现存的不足之处与潜在挑战。

转型升级，挑战与机遇并存。当此之时，国际传播主体应抓住机遇，充分发挥移动互联与智能传播所赋予的数据优势、社交优势和内容宣发优势，以"推进中国故事和中国声音的全球化表达、区域化表达、分众化表达，增强国际传播的亲和力和实效性"为目标，积极探索和实践具有引领性、创新性的外宣公共服务模式，优化融合传播新策略与新技术，加强产学研深度融合，激活国际传播全链条的多种资源，构建具有引领示范价值的国际传播新路径与新范式。

第三章

行业报告

1.1　媒体融合实践中的新闻价值研究：选择、呈现与传播
——基于2021—2022年典型案例的定性比较分析（QCA）

涂凌波　赵奥博　李子昂　计振江[①]

摘要： 数字技术环境正在改变传统的新闻价值观念及其实践，这要求我们超越既有的新闻价值框架，分析其内涵的变迁与发展。过往研究大多从理论思辨角度出发，较为缺乏实证研究。本研究借助定性比较分析（QCA）方法，围绕新闻案例的事件属性、传播属性等8个条件变量，对2021至2022年发生的71个新闻事件展开实证分析。研究发现：第一，数字新闻语境下的新闻选择，往往是多个价值要素共同组合的结果；第二，传统新闻价值要素中的接近性式微，时新性得以强化；第三，在数字技术赋能下，音视频报道的首发形式推动弱公共性、常规性事件得到更多的报道可能性，"自媒体"账号爆料和披露行为也反向建构了媒体的报道日程；第四，在数字新闻学的情感转向中，具有积极性情绪的事件更容易被主流媒体选择与呈现。面对争议性、热点性的高社会语境事

---

①　涂凌波，中国传媒大学电视学院教授、广播电视学系主任，中国传媒大学媒体融合与传播国家重点实验室研究员；赵奥博、李子昂、计振江，中国传媒大学电视学院学生。本文是国家人才支持计划研究项目"当代中国新闻学的思想资源、理论范式与话语体系研究"（项目编号：WRJH202101）的阶段性研究成果。

件，主流媒体往往会直接介入并对其进行事件定性，发挥新闻的社会建构的功能。同时，本文拓展了关于新闻价值这一基础概念的研究。

关键词：新闻价值；融合传播；数字新闻业；fsQCA

一、数字语境下新闻价值的变迁

作为传统新闻学知识体系中的核心概念之一，新闻价值通常是指客观发生的现象如何被认定为新闻事实，以及其被新闻媒体所选择与呈现的核心标准问题。如果从新闻生产的角度来看，新闻价值是"对新近发生的事实（包括观点事实）的一种价值判断"[1]，也是一件事实所具有的足以构成新闻的特殊要素。

早在1911年出版的《新闻业的实践》（The Practice of Journalism, A Treatise on Newspaper Making）中，威廉姆斯和马丁在"新闻及其价值"一章中列举了新闻价值的六个特征（有关人员或地点的突出性，事件与发布地点的接近程度，事件的不寻常性，事件的重要性，所涉及的人类利益，及时性）[2]，这也基本勾勒出现代新闻业的新闻价值标准。但是，传统的新闻价值观念是在职业化、工业化的媒介技术环境和新闻实践理念中产生的，而数字时代的新闻价值却是高度语境化、生态化的，用一种普遍适用的标准去罗列其若干要素，或许不再有效——盖因这种基于工业社会的实践知识，已无法应对网络社会的实践场景[3]。

具体来说，数字技术主导下新闻生态呈现出一种更为混杂（hybrid）的状态：技术思维和平台逻辑深刻嵌入新闻机构之中，从新闻采集、生成、流通到反馈，人类行动者和非人行动者（算法、文本等）的行为相互交织，带来了新闻场域的巨大变化；新闻工作逐渐从线下转移到线上，信息采集和把关更多地交给了算法，而新闻分发则交给了平台。质言之，数字时代新闻价值的要素分类，显然也应该因社群语境的改变而发生变化。而从学界研究现状来看，目前

---

① 陈力丹.新闻理论十讲[M].上海：复旦大学出版社，2008：35.

② Williams W, Martin F L. The Practice of Journalism, a Treatise on Newspaper Making [M].E.W. Stephens publishing Company，1911：213.

③ 涂凌波，虞鑫."新闻价值"学术对谈：数字新闻语境下的变革及其未来[J].青年记者，2022（09）：12-17.

关于新闻价值的讨论多为理论阐释、单样本案例分析，或者对具体事件发生过程的描述性研究，不能很好地解释新闻价值要素的具体变化。

因此，课题组通过分析一手资料，以期作出探索性研究。具体而言：本文选择2021年1月至2022年6月公开报道的71个新闻事件（引起国内外较高关注的新闻事件），尝试采用定性比较研究方法（qualitative comparative analysis，QCA）进行分析，跳出传统的个案研究方式，系统考察数字时代新闻价值要素成因及其内部生成因子互动关系可能性关系组合，试图回答哪些关键因子促成事件被报道和传播、传统新闻价值要素发生了何种变化等问题，进而深化数字语境下对新闻价值概念与实践的理解。

二、新闻价值要素：基于理论与经验材料的假设

（一）数字新闻语境中的新闻价值要素变迁

在过往的新闻学研究中，学界关于新闻价值的研究大多从狭义和广义两个方面展开。前者认为新闻价值是基于职业新闻工作者的视角，体现为新闻职业性规范和专业理念的价值要素[①]；后者则从中介的视角出发，认为新闻价值是新闻或新闻业对于社会不同层面和主体的价值。[②]本文所论述的新闻价值是狭义层面关于事实价值的讨论。

早在1965年，学者加尔通（Galtung）和鲁格（Ruge）两人对四家挪威报纸展开了一项经典研究。在研究中，他们提出了一个"新闻因素"清单，包括"频率（frequency）""消极性（negativity）""接近性（relevance）""意外性（unexpectedness）"和"精英（elite people）"等价值要素，结果发现当"事件越符合上述标准，就越可能被登记为新闻"[③]。然而，这一开创性的研究只是将目光

① Gans H J. Deciding What's News: A Study of CBS Evening News, NBC Nightly News, Newsweek, and Time[M].Northwestern University Press，2004：39.

② 杨保军.论新闻的价值根源、构成序列和实现条件[J].新闻记者，2020（03）：3-10.

③ Galtung J，Ruge M H. The structure of foreign news: The presentation of the Congo, Cuba and Cyprus crises in four Norwegian newspapers[J].Journal of peace research，1965，2（1）：64-90.

聚焦在国际新闻报道上，却忽视了受众更为关切的国内社会新闻。[①]同时，研究仅限于对新闻报道内容进行分析，并未对事件本身所蕴含的价值要素进行深入剖析。[②]

首先，在数字新闻语境下，职业主体性消解和生产方式变革，导致新闻选择、判断与技术的运作逻辑方式紧密联系在一起。换言之，媒体环境不断变化，新闻已经从传统工业生产逻辑转变为数字创新范畴，新闻价值也需要放置在一个更大、更复杂的社会和技术网络中去考量。学者多明戈（Domingo）提出用行动者—网络理论（actor-network theory）来阐释具体新闻实践中的记者、受众以及不同参与者的关系和作用。[③]与此同时，不同的生产环境带来了新闻选择多样化，新闻价值概念也已经被延伸到包括事件的价值、影响新闻实践的外部因素，以及可被视为一般的"新闻写作目标"。[④]

其次，数字技术赋能下，新闻的职业边界也在扩大，新闻价值观念也在发生转变。具体来说，各种智能化的生产设备，已经让新闻超越了传统编辑部的样态和定式的存在，逐渐走向"液态化"和"泛在化"。数字时代的新闻生产打破了传统新闻生产中以人为核心的主体性视角，将作为技术物而参与新闻生产和传播的数码物与基础设施也纳入考量。可以说，数字时代的新闻生产已经实现人与技术的协同运作，人的逻辑和技术的逻辑共同参与新闻价值的判断。[⑤]随着传统的新闻作为认知世界的中介功能减弱，职业新闻工作者的权威消减，人们对新闻的认识也逐渐模糊化，这些最终都导致关于"什么是新闻""什么是好新闻"的观念的转变。

---

①　Harcup T, O'neill D. What is news? Galtung and Ruge revisited[J]. Journalism studies, 2001, 2（2）: 261-280.

②　Staab J F. The role of news factors in news selection: A theoretical reconsideration[J].European Journal of communication, 1990, 5（4）: 423-443.

③　Domingo D. Research that empowers responsibility: Reconciling human agency with materiality[J]. Journalism, 2015, 16（1）: 69-73.

④　Caple H, Bednarek M. Rethinking news values: What a discursive approach can tell us about the construction of news discourse and news photography[J]. Journalism, 2016, 17（4）: 435-455.

⑤　吴璟薇.基础设施与数字时代的新闻价值变迁：对媒介技术、新闻时效性与相关性的考察[J].西北师大学报（社会科学版），2022（04）：94-102.

　　再次，如果说早期新闻价值的研究，只是将技术作为一种生产嵌入物的存在，那么数字时代，研究者则更多地将技术视作新闻产生和传播的主导性因素。例如，科瓦奇和罗森斯蒂尔在2001年正式提出新闻透明性概念[①]，认为新闻工作者应对受众真诚，奉行透明原则，新闻从业者需要"尽可能多地披露信源和方法"。菲利普斯更是直接认为，技术所带来的时间和预算的压力正在把新闻机构推向错误的方向，一个负责任的媒体就应该把"透明度"作为价值追求。[②]而受到积极心理学原则的启发，"建设性"和"解决方案导向"的提出正在试图补救主流新闻对"负面"和"消极"的强调。[③]近年来提出的"慢新闻"观点，则强调用超越新闻周期的"慢新闻价值"来取代其"突发事件"中心和"即时性"的概念。[④]

　　最后，与传统新闻业标榜理性、拒斥情感渗入新闻报道的倾向不同，在融合传播时代，情感转向（emotional turn）成为数字新闻业的一个核心特征，而这为新闻价值的发展提供了新的思考空间。[⑤]兹兹·帕帕克瑞斯（Zizi Papacharissi）更是认为，在数字技术的影响下，公众通过情感表达而被动员或连接，成为一种情感公众（affective public）。[⑥]总的来看，数字语境中，情感已经成为数字时代新闻生产和消费的重要动力，而新闻价值要素也势必需要重新将其纳入考量。

　　可以说，在新媒介技术变革的背景下，新闻媒体"传播什么，怎样传播，

①　Kovach B, Rosenstiel T. The elements of journalism: What newspeople should know and the public should expect (1st ed.) [M].New York: Crown, 2001: 80.

②　Phillips A. Transparency and the new ethics of journalism[J].Journalism Practice, 2010, 4 (3): 373-382.

③　Mast J, Coesemans R, Temmerman M. Constructive journalism: Concepts, practices, and discourses[J].Journalism, 2019, 20 (4): 492-503.

④　Le Masurier M. What is slow journalism?[J].Journalism practice, 2015, 9 (2): 138-152.

⑤　Wahl-Jorgensen K. An emotional turn in journalism studies?[J].Digital Journalism, 2020, 8 (2): 175-194.

⑥　Papacharissi Z. Affective publics and structures of storytelling: Sentiment, events and mediality[J]. Information, communication & society, 2016, 19 (3): 307-324.

为谁传播"，仍然不可避免地会受到新闻价值观念的深刻影响[1]，而互联网技术和新媒体赋权使融合传播时代中的新闻业原有的生产模式、传受者关系、价值体系、形象定位都受到影响[2]。因此，回归新闻事件本身才能更好地追问新闻内容背后的新闻价值观念变化。

基于以上讨论，本文的研究问题如下：第一，数字语境中，事件得以成为新闻的关键构成要素或组合要素有哪些；第二，传统新闻价值要素是否又发生变化；第三，这些影响因素背后的社会原因是什么；第四，数字技术如何重塑新闻生产与传播的新逻辑。

（二）分析框架与指标构建

不难发现，在数字技术的冲击下，新闻生产场域、组织架构和新闻形态甚至收受情境都发生了转变，关于新闻价值组成要素的新讨论也逐步展开。对于数字时代新闻价值的判断标准而言，布赖顿和福伊较早指出，从"话题性"（topicality）、"期望性"（expectation）到"组合性"（composition）"外部影响性"（external influences）等要素，都应成为数字时代新闻价值体系的构成部分。[3]同时，也有学者认为数字时代新闻价值的构成要素因媒介形态而异，包括"人类兴趣"（human interest）"娱乐性"（entertainment）等在内的常见的、宽泛的新闻价值标准应该进行细分和再定义。[4]还有学者认为，数字时代的新闻价值分析可以包括"物质"（material）、"认知"（cognitive）、"社会"（social）和"话语"（discursive）四个方面。[5]其中，物质维度将新闻价值视为事件的内在或固有属性，与记者无关；认知维度则关注新闻工作者和受众对新闻价值的理解和信念；在社会维度中，新闻价值是新闻工作者在日常新闻活动中的标准规范；话语维

---

[1]　杨保军.新闻价值观念与新闻价值创造[J].国际新闻界，2003（03）：45-50.

[2]　王侠.液态社会中新闻生产的变革与延续——基于对新闻客户端M的分层访谈[J].国际新闻界，2019（05）：60-79.

[3]　Brighton P, Foy D. News values[M].Sage，2007：29.

[4]　McIntyre K. What makes "good" news newsworthy?[J].Communication Research Reports，2016，33（3）：223-230.

[5]　Makki M. The role of 'culture' in the construction of news values: a discourse analysis of Iranian hard news reports[J].Journal of Multicultural Discourses，2020，15（3）：308-324.

度则关注语言在新闻价值构建中的作用。

可以说，新闻价值自身的复杂性和语境性使其具体要素的内涵与外延宽泛且复杂。在传统新闻价值研究中，一般认为新闻价值包括五要素，即时新性、重要性、接近性、显著性、趣味性。这五个要素，就是事实本身包含的引起社会各种人群共同兴趣的素质。而目前对数字新闻价值还没有固定的分析框架。课题组参考前人研究，尝试通过构建条件变量和结果变量，用以探索数字新闻价值要素之间的相互关联。其中，条件变量即存在的单个或组合原因，结果变量即产生的结果。

1.条件变量

本文将数字语境中新闻相关要素进行两个维度的提炼，即事件属性和传播属性。[①]事件属性指事件本身的构成要素，主要包括事件指向者、发生地、发生了什么事情。具体来说，事件属性的条件变量可分为四种。第一，事件类型，即判断事件所牵涉的议题的公共性程度，可分为"强公共性"和"弱公共性"。第二，事件常规性，在经典的新闻定义中，"反常性"这一价值要素是新闻的重要存在。因此，在数字新闻价值的研究中，本文按事态变动的情况将事件具体划分为"常规性事件"和"突发性事件"两种。第三，地域指向，即事件在媒体报道中所直接指涉的地区或区域，本文参照中华人民共和国行政区划等相关规定，将事件报道所涉及的地域属性划分为"国家级""省（区、市）级""县（市、区）级"和"乡（镇、街道）级"。第四，情感取向，在数字语境下，情感成为新闻报道中重要价值倾向，而受众本身也会被事件所体现的情感态度所联结起来，根据其情感倾向性，具体划分为"积极""消极"和"中性"。

---

① 在本研究中，所分析的基本单位为具体发生的新闻事件，而非单篇的新闻报道，因此忽略了新闻文本内容这一维度的讨论和分析。

表3-1-1　数字新闻语境下新闻价值的条件变量表（X）

价值维度	解释变量	统计指标	变量说明
事件属性	事件类型	强公共性 弱公共性	事件所指涉话题/人物具备的 公共议题性
	事件常规性	常规性事件 突发性事件	事件是否具有意外性
	地域指向	国家级，省（区、市）级， 县（市、区）级，乡（镇、街 道）级	事件在媒介呈现中所指涉的地域
	情感取向	积极，中性，消极	事件本身所带有的情绪偏向
传播属性	消息信源	传统主流媒体 新型主流媒体（两微一端） 个人社交平台账号（微博、微 信、抖音）	事件发生和传播的最早发出者
	首发形式	图文报道 音视频报道（短视频、直播等）	事件第一时间呈现的媒介形式
	报道间隔	天数（是否大于1天）	事件发生到报道传播的时间间隔
	语境依赖性	强，中，弱	事件得以成为新闻的社会语境

传播属性则是事件传播过程中的渠道、参与者、传播手段、呈现方式等，相关条件变量具体划分为四种。第一，消息信源，即事件发生和传播的最早发出者，本研究将其细分为"传统主流媒体""新型主流媒体"和"个人社交平台账号"。第二，首发形式，即事件第一时间呈现在受众面前的媒介形式。历史地看，媒介技术不仅塑造着新闻业的运作体系，也影响着新闻价值内在逻辑的变迁。受早期"印刷工人—记者"导向影响，西方新闻业所形成的职业术语都来自印刷工作的提炼，如独家新闻、大标题、侧边栏、标题和署名等。[1]后来电报技术的出现，更是直接塑造了5W和倒金字塔等新闻写作观念的出现。本研究结

---

[1]　Mirando J A. Journalism by the book: An interpretive analysis of news writing and reporting textbooks, 1867-1987[J/OL]. (1992) .https: //www.proquest.com/dissertations-theses/journalism-book-interpretive-analysis-news/docview/304021934/se-2?accountid=14426.

合媒介技术发展现状和融合传播时代特点，将其划分为"图文报道"和"音视频报道"。第三，报道间隔，即事件发生到新闻报道呈现所间隔的时长。如前所述，现代新闻业在市场化运作的周期中获得"即时性"这一价值要素，而数字技术的发展更是推动其朝向"及时性"和"实时性"发展。但考虑到部分新闻事件存在时间上的滞后性，因此本研究将1天（24小时）作为分析界限。第四，语境依赖性，即事件得以成为新闻的社会语境。具体来说，作为一种文化形式，新闻的选择和报道往往是社会关注焦点、民众心态的集中反映和呈现。因此，研究对新闻报道的社会语境性依赖高低进行分析讨论。

2.结果变量

就结果变量而言，本研究并不是基于具体新闻报道进行的新闻价值要素的分析，而是从具体的新闻选择和判断的维度出发的探讨。因此，课题组将结果变量从三个维度进行判断，即"国内媒体关注度""国内民众关注度"和"国际总体关注度"，通过加权确定最终的关注度情况并排序，对排序情况进行具体赋值。

其中，"国内媒体关注度"是指该新闻事件受到媒体的关注情况。本研究具体划分为4个等级（不区分媒体形态），媒体等级依次为"《人民日报》、新华社或中央人民广播总台关注报道""其他中央主流媒体及行业媒体关注报道（如《光明日报》《中国日报》和《环球时报》等）"和"地方级媒体关注报道（省市级及以下媒体，如《北京日报》、澎湃新闻等）"。

"国内民众关注度"和"国际总体关注度"是指事件发生和报道后，网民的总体关注情况。结合研究需要，课题组对两者分别采用国内影响较大的三大指数平台（百度指数、360趋势和头条指数）[①]和"谷歌指数"进行事件关键词指数的采集，通过取日平均值来判断事件发生后7天网民搜索情况。

---

① 注："百度指数"是以百度海量网民行为数据为基础的数据分享平台。某个关键词在百度的搜索规模有多大，一段时间内的涨跌态势以及相关的新闻舆论变化。
"360趋势"是以360产品海量用户数据为基础的大数据展示平台，可通过搜索关键词，快速获取热度趋势、理解用户真实需求、了解关键字搜索的人群属性。
"头条指数"是今日头条算数中心推出的一款数据产品。可作为内容生产、传播、营销、舆情监控的重要工具。

表3-1-2　数字新闻语境下新闻价值的结果变量表（Y）

相关维度	统计指标	变量说明
国内媒体关注度	媒体联动（中央/地方）	事件被相关媒体关注的情况，共分为3个等级：人民日报/新华社/中央广播电视总台关注→其他中央主流媒体及行业媒体（如《光明日报》《中国日报》《环球时报》等）→地方级媒体（省市级及以下，如《北京日报》、澎湃新闻等）
国内民众关注度	百度指数360趋势头条指数	事件发生后7天内网民的搜索情况（取平均数）
国际总体关注度	谷歌指数	事件发生后7天内网民的搜索情况（取平均数）

三、研究方法及案例选择

本研究采用定性比较分析法（QCA）来探讨变量之间的关系。具体地说，不完全等同于定量方法追求更多的样本量、更好的显著统计性、更普遍的解释力，也不完全等同于定性方法侧重个案研究、研究者的主观能动性、深入理解研究对象，QCA在诞生之初就在寻找能够超越二者划分局限的第三种研究路径。借助超越传统的个案研究方法，QCA得以系统地考察事件发生的成因以及内部生成因子之间的互动关系、可能性关系组合。该方法从集合论的角度观测条件和结果的关系，并利用布尔代数算法形式化分析问题的逻辑过程，强调通过实证资料与相关理论的不断对话，从小样本数据中建构出研究议题的因果性关系。[①]

另外，QCA不断发展，目前已形成了包括清晰集（Crisp-Sets QCA，csQCA）、模糊集（Fuzzy-Sets QCA，fsQCA）、多值集（Multivalue QCA，mvQCA）、时序性定性比较（Temporal QCA，TQCA）在内的四种具体操作方法。[②]本研究选择fsQCA的原因在于，现实案例的变量赋值很难通过0或1的二分取值进行完全界定；同样，在媒体报道后，事件本身的属性也会发生变化，并在传播属性上产生多种差异，这也是本研究并未选择单一结果变量的原因。选择

---

①　毛湛文.定性比较分析（QCA）与新闻传播学研究[J].国际新闻界，2016，38（04）：6-25.

②　Thomann E，Maggetti M. Designing research with qualitative comparative analysis（QCA）：Approaches，challenges，and tools[J].Sociological Methods & Research，2020，49（2）：356-386.

fsQCA对变量进行更详细的划分，以此探究条件组合情况对结果的解释力度也更加合适。运用fsQCA进行实证分析主要有四个步骤：选取典型案例、设定变量和研究模型、构建真值表及数据处理、结果分析。前文已经阐述过本文的变量建构，不再赘述。接下来对本研究的案例选择、数据赋值与校准过程进行说明。

（一）典型案例选择与说明

在具体应用中，QCA对样本规模要求不高，在15—80个样本规模上都可以运用，并在变量主要由二分形式组成的中小规模样本的研究中具备较大的优势。[1]在以往许多研究中，利用QCA进行问题研究的样本数量一般为20—40个案例[2]，但考虑到本研究涉及的时间脉络、样本范围和案例代表性，最终确定的研究对象为2021年1月至2022年6月发生的71个社会民生新闻事件（表3-1-3）。在案例的选择上，既要考虑样本在质与量上的代表性，又要关注新闻选择要素的时空跨度。在媒介深度融合的当下，媒体形态和新闻呈现样态都发生了巨大变化。因此，本研究所选取的典型案例主要有以下考量。

表3-1-3 社会民生新闻事件库（2021年1月—2022年6月）[3]

分类	名称	报道年	报道日
涉公事件	大连一街道办副主任拒不配合防疫登记	2021年	1月14日
	江苏一女辅警勒索多名公职人员	2021年	3月12日
	西安一的哥车内猝死仍被贴罚单	2021年	5月1日
	甘肃山地马拉松事故21人遇难	2021年	5月22日
	南通一城管拎起老人摔地上	2021年	9月15日
	河南安阳狗咬人事件	2021年	9月29日
	山东单县医保结算造出脑中风村	2021年	10月18日
	江西南昌玛莎拉蒂司机17分钟吹气66次，喊话yuwei	2021年	11月7日

---

① 李蔚，何海兵.定性比较分析方法的研究逻辑及其应用[J].上海行政学院学报，2015（05）：92-100.

② 丁汉青，梁文婕.反性侵网络抗争路径研究——基于33个案例的清晰集定性比较分析（QCA）[J].当代传播，2022（01）：74-81.

③ 数据来源：https://ef.zhiweidata.com/

分类	名称	报道年	报道日
涉公事件	山东平度一官员辱骂威胁上访市民	2021年	12月25日
	上海东方医院回应护士因哮喘离世	2022年	3月25日
	小麦青贮引争议	2022年	5月12日
	深圳一女子称开50辆宾利堵截被占车位	2022年	6月5日
	丹东父女黄码事件	2022年	6月23日
	易烊千玺等人国家话剧院考编，"小镇做题家"争议	2022年	7月8日
文娱体育	觉醒年代成为爆款电视剧，引发网友追捧	2021年	2月1日
	"宇宙中心"曹县走红	2021年	5月17日
	云南大象迁徙	2021年	6月7日
	李子柒停更	2021年	7月14日
	网红直播喝农药去世	2021年	10月15日
	网红、主播（薇娅等）偷漏税被罚款	2021年	12月20日
	冰墩墩"说话"	2022年	2月9日
	台湾微商张庭涉嫌传销	2022年	2月23日
	女足夺冠与冯巩大战	2022年	3月17日
	反诈警官老陈离职：被直播改变的人生	2022年	4月8日
	刘畊宏爆火	2022年	4月22日
	朋友圈明星翻红与怀旧（王心凌）	2022年	5月27日
	"珍宝海鲜舫"离开香港并于南海倾覆	2022年	6月18日
社会冲突	福建猝死公交司机被认定为工伤	2021年	1月27日
	上海一女子给差评遭饿了么外卖员上门威胁	2021年	2月1日
	上海一男子入职2小时，猝死家属索赔140万元	2021年	2月22日
	西安地铁拖拽女子事件	2021年	8月31日
	网传济南一整形机构女老板殴打顾客	2021年	9月7日
	潼关肉夹馍加盟费引争议	2021年	11月21日
	河北一18岁少女被姐夫投毒百草枯	2021年	12月27日

续表

分类	名称	报道年	报道日
社会冲突	北京流调"最苦中国人"，辗转20多地打工寻子	2022年	1月20日
	江苏一男子在柬埔寨被网诈团伙抽血致病危（反转）	2022年	2月14日
	哈尔滨洗车摊一男子烧伤身亡	2022年	5月8日
	河南大学一大三女生脑出血去世	2022年	6月3日
	唐山打人事件	2022年	6月10日
	超星学习通泄露学生个人信息	2022年	6月22日
教育相关	红黄蓝幼儿园幼师发男童闻脚图	2021年	4月13日
	网曝黑龙江一高校学生会干部嚣张查寝	2021年	8月31日
	上海部分中小学问卷涉自杀内容	2021年	11月18日
	赵德馨教授向知网维权获赔70多万	2021年	5月7日
	上海外国语大学男生投放异物案	2022年	6月12日
	北京一研究生网上留言差评遭考研机构起诉	2022年	1月17日
	浙大博士当外卖员引发热议	2022年	4月6日
	中科院一博士论文走红（黄国平博士论文走红）	2022年	4月18日
	人大、南大等中国高校退出国际排名	2022年	5月2日
	劳动课加入义务教育	2022年	5月5日
	西安电子科技大学通报学生毕设涉嫌代做	2022年	5月23日
	网传清华女博士报考长沙协警	2022年	5月24日
	人教社数学教材插图事件	2022年	5月25日
	广东一应届生因毕业年龄超24岁被中国联通解约	2022年	5月26日
	高考雇佣兵三上北大	2022年	6月26日
社会公德	杭州"现实版樊胜美"引发热议	2021年	1月26日
	宁夏一博主称拿不出50万彩礼女友被强行拖走	2021年	2月13日
	河南焦作"17岁男生打伤猥亵少女者"案被打者索赔	2021年	4月24日
	陕西一公司高管因家暴妻子被停职	2021年	1月20日

分类	名称	报道年	报道日
社会公德	南京新街口故意伤人，"胖哥"见义勇为	2021年	5月29日
	网民"辣笔小球"诋毁英烈案宣判	2021年	5月31日
	河南水灾，鸿星尔克破产式捐款引发的野性消费	2021年	7月21日
	昆明一大学生领证1小时就闹离婚	2021年	9月6日
	珠海长隆企鹅酒店一盲人带导盲犬入住遭拒	2021年	9月28日
	秦皇岛少年救助三名落水女子不幸遇难	2021年	8月2日
	安徽消防员为救轻生女子与其一同坠楼	2021年	11月12日
	山东日照中心医院一医生直播妇科手术	2022年	1月18日
	偏向报道导致网暴，刘学州自杀	2022年	1月24日
	湖北女大学生举报公职父亲出轨家暴	2022年	2月2日
	重庆星巴克驱赶投诉执勤民警	2022年	2月14日
	女子卖150碗熟肉被举报三无产品	2022年	4月20日

　　首先，为了确定数字时代新闻价值观念，选择回归定义本源，从宏观的、整体性的新闻事件出发而非具体的、微观的某一篇新闻报道，来看社会事实的变动是如何被选择为新闻的。因此，本文采用立意抽样法，基于知微事见舆情数据库社会民生新闻板块抽样，对在全国范围内引起讨论的中央和地方媒体的报道都进行抽样选取。这既能够跳出某一媒体的一家之言，看到新闻业共性的数字新闻的选择原则，也能够更好地把握不同社会语境新闻选择的时代异同。

　　其次，为了探究传统新闻要素的时代变迁，课题组排除了公认具有新闻价值的硬新闻和非新闻属性的内容，如政治、经济和军事冲突类的事件，而选择具有较大热点性质和争议性的社会民生事件进行分析。在融合传播时代，此类事件的传播声量和影响力往往经过各种媒介放大，对于传统新闻要素的接近性和时新性等内容造成较大挑战，也易受到人们的广泛关注。因此，选择此类事件中的典型案例能够较全面和深入地分析数字语境下新闻要素的发展。

　　最后，正是在报刊的商业化、社会化、大众化的转型过程中，新闻的价值要素得以产生和发展。而数字技术的普及最大限度地缩小了媒介的"接入沟"和"使用沟",也推动现代新闻业运作从职业化转向社会化,传统的新闻受众正成为一种新的"产销者"(pro-sumer),而这不仅推动当下"用户新闻学"的发展[①],也促成数字新闻价值要素的转变。因此,本研究在选择案例时,同时兼顾事件属性和传播属性两方面的考量,前者有助于了解数字时代新闻选择的整体情况,后者则能对"数字技术对于新闻价值要素的影响"做出回答。而通过8个条件变量的组合分析,本文得以探析"新闻从业者的新闻价值观念是否发生变化"的问题。

(二)数据赋值与校准

本研究中,许多条件变量属于定性数据,无法直接进行校准,因此在将定性数据转换成集合隶属度前,需要编码赋值。赋值过程中,本研究对一些难以直接赋值的质性数据采用综合借鉴四值模糊和现有研究的赋值方法,为每个条件赋予0、0.33、0.67、1,或0、0.6/0.5、1等两种类型的值。由于其分类过于繁杂,结果变量很难用某一具体数值进行判断。因此,本研究从国内媒体关注度、国内民众关注度和国际媒体关注度三个维度进行分析。而在结果变量的赋值上,首先将具体案例根据其原始数据在各维度上分别排序,随后计算出各自对应的百分位数进行加和,再将得到的每个案例分别对应的各维度的百分位数之和在所有案例中进行二次排序,最后取其百分位数作为该案例对应的结果变量取值。

在对案例进行赋值之后,需要对数据进行预处理,即模糊集校准。现有研究主要使用两种校准方法。一是间接校准法,研究人员根据判断为每个条件分配多个介于"0"和"1"之间的值。[②]二是直接校准法,研究人员基于理论和实践提出三个定性锚点:完全隶属、完全不隶属和交叉点,然后使用软件提供的算法进行校准。[③]其中,直接校准法运用统计模型,更凸显正式化,是最常用的

① 刘鹏.用户新闻学:新传播格局下新闻学开启的另一扇门[J].新闻与传播研究,2019(02):5-18.

② 郝瑾,王凤彬,王璁.海外子公司角色分类及其与管控方式的匹配效应——一项双层多案例定性比较分析[J].管理世界,2017(10):150-171.

③ Fiss P C. Building better causal theories: A fuzzy set approach to typologies in organization research[J].Academy of management journal, 2011, 54(2): 393-420.

校准方法。[1]要注意的是，锚点的选择应遵循合理性和透明性原则，研究人员可以参考现存的理论或提供理论依据，或参考外部样本进行经验论证，也可基于样本数据的频率分布选择锚点。[2]

借鉴巴苏尔托和施佩尔提供的将质性数据校准为模糊集隶属分数的6个过程[3]，并参考质性数据进行校准的通用隶属评价模板[4]，本研究采取直接校准与间接校准相结合的校准方法。其中，直接校准的校准锚点确定过程如下：首先计算该变量的均值，将其作为最大模糊点；随后计算该变量的标准差，以均值加上一个标准差的值作为完全隶属的锚点，以均值减去一个标准差的值作为完全不隶属的锚点；再通过fsQCA3.0软件来进行校准；最终变量赋值及校准锚点选择情况如表3-1-4所示。

表3-1-4　条件及结果变量的赋值与校准[5]

变量类型	变量名称	统计指标	原始赋值	完全隶属	交叉点	完全不隶属
条件变量	1.事件类型	强公共性	1	二分变量不须校准		
		弱公共性	0			
	2.事件常规性	常规性事件	0	二分变量不须校准		
		突发性事件	1			

① 张明，杜运周.组织与管理研究中QCA方法的应用：定位、策略和方向[J].管理学报，2019（09）：1312-1323.

② Douglas E J, Shepherd D A, Prentice C. Using fuzzy-set qualitative comparative analysis for a finer-grained understanding of entrepreneurship[J]. Journal of Business Venturing, 2020, 35（1）：105970.

③ Basurto X, Speer J. Structuring the calibration of qualitative data as sets for qualitative comparative analysis（QCA）[J].Field Methods, 2012, 24（2）：155-174.

④ Tóth Z, Henneberg S C, Naudé P. Addressing the 'qualitative' in fuzzy set qualitative comparative analysis：The generic membership evaluation template[J].Industrial Marketing Management, 2017, （63）：192-204.

⑤ 本研究中的变量赋值校准只针对非0-1二分类变量的数值。

续表

变量类型	变量名称	统计指标	原始赋值	完全隶属	交叉点	完全不隶属
条件变量	3.地域指向	全国级	1	0.9	0.67	0.45
		省（区、市）级	0.67			
		县（市、区）级	0.33			
		乡（镇、街道）级	0			
	4.情感取向	积极	1	0.73	0.37	0.01
		中性	0.5			
		消极	0			
	5.消息信源	传统主流媒体	1	0.61	0.23	0
		新型主流媒体（两微一端）	0.6			
		个人社交账号（微博、微信、抖音）	0			
	6.首发形式	图文报道	0	二分变量不须校准		
		音视频报道（短视频、直播等）	1			
	7.报道间隔	天数（≤1天）	1	二分变量不须校准		
		天数（≥2天）	0			
	8.语境依赖性	强	1	0.79	0.39	0
		中	0.5			
		弱	0			
结果变量	9.新闻关注度	国内媒体关注度	取三个统计指标百分排位数之和	3.9	2.81	1.71
		国内民众关注度				
		国际总体关注度				

四、数据测量及结果分析

（一）单变量必要性分析

1.一致性指标相关判断

必要性分析主要是探讨结果集合在多大程度上能够构成条件集合的子集。

"如果一个条件总在某个结果存在时出现，那么这个条件就是结果存在的必要条件。换言之，没有该条件，该结果就无法产生。"[①]在常规的QCA运算中，单变量必要性分析是通过一致性指标（consistency）来判断的，将一致性公式简化如下：

$$\text{Consistency}(X_i \leqslant Y_i) = \sum [\min(X_i,\ Y_i)] / \sum X_i$$

条件在一致性指标上也获得较高数值，这说明在条件变量的最初设定上，条件的选择确实能对结果产生较强的解释力。

2.覆盖性公式测定

如果条件X（单个条件或条件组合）是Y的充分条件，则X的模糊集分值应小于等于Y的模糊集分值，且一致性指标大于0.8。同时也可通过一致性指标Consistency（$Y_i \leqslant X_i$）来判断X是否为Y的必要条件，如果大于0.9，则可认为X是Y的必要条件。在完成充分或必要条件判断后，可进一步通过覆盖率指标（Coverage）来判断条件（或组合）X对于结果Y的解释力度，覆盖率公式简化如下：

$$\text{Coverage}(X_i \leqslant Y_i) = \sum [\min(X_i,\ Y_i)] / \sum Y_i$$

该指标描述了条件（或组合）X对结果Y的解释力度。覆盖率指标的数值越大，则说明X在经验上对Y的解释力越大。通过fsQCA软件进行运算后得到单个条件变量的必要性分析结果（表3-1-5）。

[①]　伯努瓦里·豪克斯，[美]查尔斯·C.拉金.QCA设计原理与应用[M].杜运周，等译.北京：机械工业出版社，2017：25.

表3-1-5 单个条件变量的必要性分析结果

条件变量	高事件关注度（y）		低事件关注度（~y）	
	一致性	覆盖度	一致性	覆盖度
强公共性	0.5392	0.5630	0.3946	0.4370
弱公共性	0.4608	0.4179	0.6054	0.5821
突发性	0.6039	0.4840	0.6073	0.5160
常规性	0.3961	0.4875	0.3927	0.5125
全国/省（区、市）级	0.7017	0.6467	0.5657	0.5528
县（市、区）/乡（镇、街道）级	0.5148	0.5278	0.6385	0.6941
积极/中性	0.5627	0.5527	0.5230	0.5448
消极	0.5366	0.5148	0.5706	0.5805
传统/新型主流媒体	0.4022	0.6039	0.3109	0.4950
社交平台	0.6637	0.4760	0.7512	0.5713
音视频形式	0.5871	0.5187	0.5137	0.4813
图文形式	0.4129	0.4447	0.4863	0.5553
1日以内	0.7522	0.5515	0.5769	0.4485
2日及以上	0.2478	0.3558	0.4231	0.6442
强/中语境依赖性	0.3680	0.6308	0.2874	0.5224
弱语境依赖性	0.7214	0.4884	0.7969	0.5721

如上文所述，在QCA的必要性条件分析中，常设定一致性水平0.9作为判断某一条件是否为必要条件的阈值。[1]由表3-1-5可知，没有任何条件变量的一致性大于0.9，即必要条件没有出现。这表明上述8个条件变量均不独立作为必要条件来影响结果，而是在彼此组合的基础上对最终结果产生影响。因此，有必要展开条件组态分析。

---

[1] Ragin C C, Fiss P C. Net effects analysis versus configurational analysis：An empirical demonstration[J].Redesigning social inquiry: Fuzzy sets and beyond，2008（240）：190-212.

（二）条件组态分析

模糊集组态分析需要构建真值表，将模糊值转化为清晰值。[①]本研究首先将案例频数阈值设置为1，再将原始一致性阈值设置为0.8，每个案例各个条件在真值表中编码为"1"或"0"；随后将PRI一致性阈值设置为0.7，以此校正部分矛盾组态的结果变量真值。利用fsQCA 3.0软件进行标准化分析运算后，一般可以得到三种类型的解：复杂解（Complex Solution）、简约解（Parsimonious Solution）和中间解（Intermediate Solution）。其中，复杂解不包含任何逻辑余项；中间解在包含案例频数大于特定阈值的组态的基础上，还包含具有理论或实践知识支撑的逻辑余项；简单解最为宽泛，包含大量反事实组态。由于中间解兼具合理性和灵活性，所以大部分应用fsQCA的研究根据中间解识别条件组态与结果变量的对应关系。本文将真值表导入fsQCA3.0软件后进行标准化分析，得到中间解如表3-1-6所示，简约解如表3-1-7所示。

表3-1-6　条件组态的中间解

条件组态	原始覆盖度	净覆盖度	一致性
弱公共性*突发*全国/省（区、市）*消极*社交平台*音视频*弱语境	0.0694	0.0647	0.9373
强公共性*常规*全国/省（区、市）*社交平台*图文*1日内*弱语境	0.0757	0.018	0.8642
强公共性*常规*全国/省（区、市）*消极*社交平台*1日内*弱语境	0.0949	0.0371	0.8767
突发*全国/省（区、市）*积极/中性*社交平台*音视频*1日内*弱语境	0.0438	0.0342	0.883
强公共性*突发*全国/省（区、市）*积极/中性*主流媒体*音视频*强/中语境	0.0357	0.0148	1
强公共性*突发*全国/省（区、市）*积极/中性*主流媒体*1日内*强/中语境	0.0644	0.0435	0.9867

① 　曲小瑜，赵子煊.中国工业绿色全要素生产率特征要素及多元提升路径研究——基于fsQCA方法[J]. 运筹与管理，2022（06）：154-160.

续表

条件组态	原始覆盖度	净覆盖度	一致性
弱公共性*突发*全国/省（区、市）*积极/中性*主流媒体*图文*2日及以上*强/中语境	0.0206	0.0206	1
弱公共性*常规*全国/省（区、市）*积极/中性*主流媒体*图文*1日内*强/中语境	0.0186	0.0186	0.9143
整体解的覆盖度：0.3349			
整体解的一致性：0.9254			

表3-1-7　条件组态的简约解

条件组态	原始覆盖度	净覆盖度	一致性
强公共性*常规*消极*1日内	0.1384	0.0650	0.7731
强公共性*突发*积极/中性*音视频	0.0659	0.0267	0.9458
弱公共性*突发*全国/省（区、市）*消极*音视频	0.0717	0.0522	0.9015
弱公共性*主流媒体*图文	0.0656	0.0064	0.8863
弱公共性*图文*强/中语境	0.0592	0.0000	0.8908
强公共性*常规*全国/省（区、市）*图文*弱语境	0.0911	0.0000	0.8845
强公共性*常规*全国/省（区、市）*社交平台*图文	0.0760	0.0000	0.8647
强公共性*常规*积极/中性*图文*弱语境	0.0424	0.0000	1.0000
强公共性*常规*积极/中性*社交平台*图文	0.0273	0.0000	1.0000
强公共性*常规*图文*1日内*弱语境	0.0987	0.0000	0.7692
强公共性*常规*社交平台*图文*1日内	0.0836	0.0000	0.7385
强公共性*突发*积极/中性*主流媒体*1日内	0.0786	0.0093	0.9509
强公共性*突发*积极/中性*1日内*强/中语境	0.0694	0.0000	0.9876
弱公共性*突发*全国/省（区、市）*音视频*1日内*弱语境	0.0476	0.0000	0.8913
弱公共性*突发*全国/省（区、市）*社交平台*音视频*1日内	0.0392	0.0000	0.8710

条件组态	原始覆盖度	净覆盖度	一致性
突发*全国/省（区、市）*积极/中性*音视频*1日内*弱语境	0.0528	0.0000	0.9010
突发*全国/省（区、市）*积极/中性*社交平台*音视频*1日内	0.0438	0.0000	0.8830
整体解的覆盖度：0.4489			
整体解的一致性：0.8633			

在组态分析结果上，本文主要中间解、辅之以简约解对案例进行分析。根据中间解与简约解的嵌套关系，识别核心条件与边缘条件：同时出现在中间解和简约解的条件被视为解的核心条件，而仅出现在中间解的条件被视为解的边缘条件。由此绘制得出组态分析结果表，如表3-1-8所示。

表3-1-8　组态分析结果

	组态1	组态2	组态3	组态4	组态5	组态6	组态7	组态8
事件类型	⊙	●	●		●	●	⊙	⊙
事件常规性	●	⊙	⊙	●	●	●	•	◦
地域指向	●	●	•	●	•			•
情感取向	⊙		⊙	●	●	●		
消息信源	◦	⊙	◦	⊙		●	●	●
首发形式	●	⊙		●	●		⊙	⊙
报道间隔		●	●	●		●		
语境依赖性	◦	⊙	◦	⊙	•	●	●	●
总覆盖度：0.334881 总一致性：0.925421	注：●或•表示该条件存在，⊙或◦表示该条件不存在；●和⊙表示核心条件，•和◦表示边缘条件；空白表示该条件可存在也可不存在。							

上述组态证明了数字新闻时代事件关注度的多重因果性。以上分析中的8种组态一致性均达到充分条件一致性的阈值0.8，表明这8种组态对现有案例具有较

强的解释力。其中3种条件组合的覆盖率较高，而这恰好也是原生覆盖率较高的3种典型组态。

典型组态一：弱公共性*突发性*全国/省（区、市）级*消极*社交平台*音视频形式*弱语境。在该种组态中，核心条件为弱公共性、突发性、全国／省（区、市）报道范围、负面情绪和音视频首发形式，边缘条件为社交平台信源和弱语境依赖性。

该组态表明，突发性"爆料"信息若发生于全国／省（区、市）范围内，以音视频内容形式首发，且附带负面情绪属性，则有可能获得较高热度。此类信息多具有社交平台首发、弱语境依赖性等特征，与传统媒体经过策划的专业报道相异，这在一定程度上源于新媒体技术对个体表达的赋权，但并不构成热度产生的核心条件。

音视频形式的负面新闻因其生动性、直观性，在网络空间更易吸引受众眼球。例如，"哈尔滨洗车摊一男子烧伤身亡"，发生于省会城市，其现场视频在社交平台首发，燃烧场景具有视觉冲击力，乃至于在事件信息并不充分、未经权威媒体调查核实的情况下，在短时间内使受众产生高度情感关切，引发媒体报道和舆论关注。

典型组态二：强公共性*常规性*全国/省（区、市）级*社交平台*图文形式*1日以内*弱语境。在该种组态中，各条件均为核心条件，无边缘条件。该组态表明，具有强公共性、常规性的社会新闻若发生于全国／省（区、市）范围内，语境依赖性低，以图文内容形式首发，且在1日内得到媒体报道，则有可能获得较高热度。

例如，"偏向报道导致网暴后，刘学州自杀"，刘学州自述在幼年曾遭拐卖，在网络发布寻亲信息后，成功联系到亲生父母。部分媒体对刘学州个人生活进行偏向报道，引发网民关注，产生针对其个人的网络暴力，乃至成为其自杀的主要诱因之一。拐卖儿童这一议题涉及社会治安、家庭伦理等问题，公共属性强，且该议题长期受到社会关注，大众对此十分熟悉，常规性强。2022年1月24日，刘学州在社交平台公开发表遗书，直指网络暴力对其造成的心灵伤害，并在当天自杀于海南三亚，其死亡信息得到当地警方证实，引发大规模舆情。

典型组态三：强公共性*常规性*全国/省（区、市）级*消极*社交平台*1

日以内*弱语境。在该种组态中，核心条件为强公共性、常规性、负面情绪和一天内报道，边缘条件为全国／省（区、市）报道范围、社交平台信源和弱语境依赖性。该组态表明，具有强公共性、常规性、负面情绪的社会新闻若在一天内得到媒体报道，则有可能获得较高热度；作为边缘条件，全国／省（区、市）报道范围、社交平台信源和弱语境依赖性对其亦有影响，但不能起到核心作用。

例如，"南通一城管拎起老人摔地上"，城管这一职业身份的公共性强，且长期受到社会关注，城管执法是大众十分熟悉的议题，具有常规性。该事件情感偏向负面，在一天内受到报道，受众的情感在短时间内即被调动起来，并进一步发展为对事件责任主体的关注与问责。

四、结语

本研究从新闻事件本身出发，结合数字技术语境下新闻业的变迁发展提炼条件变量，通过模糊集定性比较分析对71个社会民生新闻事件案例进行系统比较分析，旨在发现影响融合传播时代新闻选择的价值条件及组合情况，以寻求新闻价值观念及其组成要素的变化状况。从单个条件变量来看，在选定的8个条件变量中，没有任何一个条件变量的一致性大于0.8。换言之，影响结果变量的必要条件并没有出现，说明这些变量均不是作为必要条件和充分条件来影响结果的，而是在相互组合的基础上对最终结果产生影响。而这也恰恰证明：尽管媒介技术发生较大的变化，但事实变动之所以能够成为新闻，并不单纯地依靠某一种因素，而是需要同其他要素相结合来发挥作用。而从中间解的条件组合的八个主要路径来看，关于条件变量可以得到如下四点结论。

（一）数字语境下新闻"接近性"要素式微，"时新性"要素得以强化

就本研究的案例而言，在任一组态中的新闻价值要素中，"地域指向"是同时存在且作为核心条件的要素。就该条件变量而言，本研究将事件所指涉的地域影响范围分为四级。媒体报道中事件的地域性指向越大，则赋值越高。数据分析则证明，在数字语境中，媒体对于新闻事件的选择和呈现虽然仍受到事件本身的影响，但在报道取向中却更偏向将其地域性放大。换言之，媒体更偏向超越事件本身所属的行政区域，将其作为一种公共性议题进行呈现。因此，在数字技术的影响下，虽然发生在县城或乡村的事件也能被媒体关注，但关注的

焦点却被转移和放大了。可以说，在数字新闻语境中，传统新闻价值要素中的"接近性"式微，媒体更多地关注和呈现可能具备全国性而非区域性议题的新闻事件。

从事件类型而言，强公共性事件和弱公共性事件受到的媒体和社会关注差异较大。从报道时间间隔来看，传统新闻价值要素中的"时新性"得以强化，并朝向"实时性"发展。而弱公共性的事件，即便受到普通网民的关注，如果没有其他变量的配合（事件的突发性、音视频报道等），很难引起媒体的关注和报道。

（二）新闻价值要素的"消极性"仍在，但"积极性"作用更加凸显

"事件的消极性"一直是西方新闻业所追捧的要素，并在商业化、市场化的语境中泛滥成灾，以"揭黑""扒粪"等著称的新闻忽视了新闻的社会建构性功能。而面对失衡的报道取向，诸如建设性新闻、慢新闻等带有积极心理学色彩的研究正在进行。因此，在本研究中，情感指向将"积极情绪"赋值为1（校对后为0.99），以此探讨在数字新闻业中情感转向（emotion turn）的影响。

可以看到，在所选定的新闻事件中，尽管在前三种典型组态中，事件的正面情绪都处于缺失状态，但在其余五种组态中则处于显著活跃状态。结合消息来源来看，积极情绪可能更容易被主流媒体所捕捉放大，而网民则更多依靠社交平台进行爆料和检举等具有负面情绪的活动。但总体来说，数字语境下的新闻选择中，事件"消极性"的影响仍在，但拥有积极情绪指向的事件更容易成为新闻。这是积极性所带来的一种弥合社会裂痕的效果，因此被主流媒体放大和关注，而这也符合我国新闻工作的职责定位，但可能是由于所选定事件占比的结果影响。

（三）数字新闻生产以网络化形式存在，受众"产销者"形象凸显

为了探讨数字技术如何影响和改变媒介组织的新闻选择过程，本研究设置了消息来源、首发形式和语境依赖性三个条件变量进行分析。组态分析结果显示，在前三种典型组态中，不管事件的公共性属性和事件的常规性如何，许多新闻事件最初都是由网民个体社交平台账号发出，进而引起主流媒体的关注和报道。虽然这些事件的语境依赖性并不明显，但在网络化、节点化的传播中，传统意义上的新闻受众成为一种新型的"产销者"。而这也反映出，民众的关注议题成功地反向建构了媒介的报道日程。

而从媒介报道的呈现形式来看，音视频报道有力地放大了事件的"公共性"和"常规性"。具体来说，当事件自身具有突发性和强公共性议题时，事件报道的形式并不会产生较大影响。而当弱公共性和常规性的事件想要进入媒体视野并成为新闻时，音视频这一报道形式则成为有力手段。

（四）数字语境中主流媒体的报道更具语境化与权威性

在组态五至组态八中，本研究结合事件常规性、消息信源和语境依赖性三个条件变量进行分析，可以看到：当消息来源是主流媒体时，新闻事件往往具备某种强烈的社会语境，如对于新闻热点事件的反馈和定性。换言之，尽管数字语境中的新闻选择呈现出一种"社会化"的取向，但在突发性和争议性的社会事件的报道中，主流媒体仍然保有着新闻生产的权威性，通过选择与呈现新闻事件，影响社会舆论，引导公众的预期和情绪。面对具有争议性、热点性的高社会语境事件，主流媒体会更直接地介入，并保持自身权威性。虽然数字技术赋能受众和报道呈现形式，并反向建构和影响着媒体的报道日程。但是作为"把关人"的新闻记者和编辑部并没有消失，依然保持着自身的权威性、发挥着社会建构和舆论导向等作用。

最后，需要说明是，数字时代新闻价值概念、要素及其实践仍然处在变化中，并未完全定型。但无论数字技术如何更迭，新闻价值不能完全孤立存在。面对新闻价值要素的多元化、协商化，并不能简单否认或舍弃传统新闻价值标准，需要用变与不变的思维去审视新的要素变化，新闻价值要素仍然以公共利益为核心，才是新闻之所以是新闻的要义。

1.2 "思想+艺术+技术"

——主流媒体话语体系创新的融合新动向

汪文斌　　马战英[①]

摘要： 主流媒体话语体系创新实践不断深入，不仅促使一批体现主流价值观的优秀节目骈兴错出，更从实践的角度为话语体系的创新赋予了新的特点。本文以中央广播电视总台近年来推出的《国家宝藏》《典籍里的中国》《美术经典中的党史》《艺术里的奥林匹克》《春节联欢晚会》和《"北京冬奥会"报道》等优秀节目为案例，从不同侧重点阐释总台全新的"思想＋艺术＋技术"创作理念及表现方式，为主流媒体的话语体系创新提供值得深入思考和充分借鉴的方法路径。

关键词： 话语体系创新；主流媒体；思想；艺术；技术

近年来，主流媒体持续推进媒体融合创新实践，不断探索新的表达内容和话语方式，发挥媒体传播与引领优势，筑牢文化自信。中央广播电视总台全力贯彻"思想＋艺术＋技术"的融合创新理念，推出了一批优秀节目：从《国家宝藏》到《典籍里的中国》，从《美术经典中的党史》到《艺术里的奥林匹克》，从"春节联欢晚会"到"北京冬奥会"报道，在不断擦亮"总台创造、总台制造、总台出品"这块金字招牌的同时，更从实践的角度推动主流媒体话语体系创新，呈现出"跨时空、跨界、跨域"的新动向、新特点。

[①] 汪文斌，中央广播电视总台融合发展中心主任，高级编辑；马战英，中央广播电视总台视听新媒体中心高级编辑。

一、思想：从《国家宝藏》到《典籍里的中国》，思想跨越时空打造文化爆款

文化节目是最能体现主流媒体责任坚守和价值引领的领域。然而，文化节目自然具备的"高门槛"给其创作和传播带来一定难度，"曲高和寡"成为文化类节目容易落入的尴尬境地。近年来，中央广播电视总台精心打造、连续推出《朗读者》《中国诗词大会》《国家宝藏》等文化类节目，在叫好的同时实现叫座，更成为媒体融合背景下具有代表性的文化爆款，取得明显突破。

其中，《国家宝藏》是一档立足更高视野的大型文博探索节目。文物不仅承载文明，更传承文化，维系民族精神。《国家宝藏》选取"文物"作为表现对象，以文化的内核、综艺的表达、纪录的语言，用现代的话语方式激活深沉古老的历史。国家媒体与八家国家级重点博物馆强强联手，通过对一件件国家宝藏的生动叙述，让观众认识一件件文物背后包含的政治、文化、艺术的内涵，真正"让国宝活起来"。

在表现手法上，节目以"前世传奇"加"今生故事"的戏剧式表演和人物故事贯穿。"前世传奇"通过舞台戏剧的方式完成微型历史剧表演，演绎一段基于大量史料合理猜想的故事，让观众在生动活泼的感受中"触摸"一件件国宝的温度。无论是《千里江山图》与宋徽宗、釉彩大瓶与乾隆，还是石鼓与司马池父子，节目都以戏剧表演的方式娓娓讲述，生动可感，融知识性和趣味性于一体。明星嘉宾演绎国宝的"前世传奇"，而后由他们引出"今生故事"的讲述者，大家共同讲述文物的过去和现在，引出话题，激发思考。在"今生故事"部分，节目多角度选取和国宝产生当下命运关联的现代人物，讲述一个个关于"守护"的故事——历时四年潜心研究《千里江山图》"青绿之色千年不败"之谜的中央美术学院教师，非物质文化遗产名录国画颜料制作技艺传承人，近十位常年在故宫做志愿者的义务讲解员，以及五代人都在守护故宫的家庭……透过这些朴实无华的人和事，观众更加直接地感受到他们用生命守护的中华民族精神财富。

与《国家宝藏》文化叙述一脉相承，2021年伊始，中央广播电视总台又推出大型文化节目《典籍里的中国》。与《国家宝藏》以文物为媒不同的是，《典籍里的中国》以典籍为舟，带领观众畅游上下五千年文明史，令"上古"典籍成为新晋网红。节目开播以来，众多网友在哔哩哔哩、抖音、微博、知乎、小红书等新媒体平台当起"自来水"，两期节目就拿下全网热搜60多个，视频播放量超2.5亿次，节目相关话题阅读量超11亿次，豆瓣开分9.4分。[①]这样一档看似高深晦涩的文化类节目火爆全网，主要得益于"一部书一个人一个故事"这一"爆款"文化节目的创作方法论。节目组致力于中华民族的文化传承，精准选取"思想"作为切入口，本着"能够照亮过去，也能照亮未来"的原则，以典籍为媒介，以人格化叙事，以戏剧舞台构建节目场景，实现了跨越时空的思想碰撞与心灵共鸣。

以"典籍"承载思想。正如中宣部副部长、中央广播电视总台台长兼总编辑慎海雄在《我们为什么要策划<典籍里的中国>》一文中所说："典籍，正是中华文化永不枯竭的源头活水，是永远给中华儿女以精神滋养、提醒我们不断进行精神反刍的范本。""我们坚信，典籍是国之瑰宝，不能只是'活'在藏书馆、'活'在学者的论著中，还应该'活'在年轻人心中。"本着这样的初衷，本着规范和标准的要求，节目组精心策划挑选典籍。比如，《尚书》是"政书之祖，史书之源"，《天工开物》是中国农业和手工业的百科全书。另一大参考标准，是能否"古为今用"。《尚书》重点选取的是"民本思想"；《天工开物》主要体现的是"农本思想"，并弘扬了开拓创新的科学家精神。节目中后续出现的《史记》《孙子兵法》《本草纲目》《论语》等，无不是向中华文化的最深处进行探寻，一次次成就了节目的情感和精神双重燃爆。

以"人格化"诠释典籍。存续前世的典籍对于现代人而言是冰冷的，只有将它变得有情感、有温度，才能被现代人接受和认同。节目中，撒贝宁以"当代读书人"的身份踏入历史长河寻访先贤，带着观众的好奇心进行跨时空的采访，这一切都融入戏剧情节。有网友盛赞："一次回眸，一次握手，这个节目就成了。"不少年轻观众很细致地将节目知识点作了笔记，看了一遍还不够，二刷、三刷仍觉爱不释手的。以现代人向古人发问的方式，既聚焦古老典籍，又

---

① CMG观察.揭秘《典籍里的中国》幕后："央视F4"凭什么啃下硬骨头？[EB/OL].（2021-03-21）[2022-03-01].https：//news.ycwb.com/2021-03/21/content_1545379.htm.

面向未来，充分体现文化类节目追求创新、追求卓越，不断探索优秀文化和普通大众共同成长的过程。

以"戏剧方式"构建全新场景。《典籍里的中国》成功地把古代典籍变成可视化、故事化的作品，在具体呈现方式上采用戏剧演绎，营造挑灯夜读的浓郁氛围，与历史对谈，和先贤交心。而节目刷屏的背后，正是立足中华优秀传统文化，综合运用创新科技手段的结果；是通过话语表达的创新，进一步打破时空间隔引发共鸣，探索传统典籍实现当代化传播的一次有益尝试。

二、艺术：从《美术经典中的党史》到《艺术里的奥林匹克》，视角跨界成就全新表达

不一样的视角往往会令人发现不一样的美，给人不一样的启示。在主流媒体话语体系创新的过程中，尝试从跨界视角观照被表达主体，同样会产生意想不到的良好效果，令受众耳目一新。《美术经典中的党史》和《艺术里的奥林匹克》就是其中的优秀代表。前者从美术作品出发，将载入中国共产党党史的关键人物、关键节点进行充分展示，历史通过这样的表达方式去掉了生硬的模式化描述，直观、生动、鲜活起来；《艺术里的奥林匹克》则尝试用艺术诠释奥林匹克之美，用文化传递奥林匹克精神，艺术与体育完美融合在一起，让受众既感受到艺术之美，也感受到体育的魅力。

为庆祝中国共产党成立100周年，中央广播电视总台推出百集特别节目《美术经典中的党史》。该节目用"以画为体，以史为魂"的结构方式，从中国共产党成立以来各个历史时期，特别是党的十八大以来的美术作品中，遴选出100件最具代表性的美术经典作品，生动再现中国共产党成立100年来波澜壮阔的光辉历程。党史内容和美术经典巧妙结合，融党史题材和艺术之美于一体，重大主题有了全新的表达。通过生动的绘画艺术形式，节目让大众更加深刻地了解党史、新中国史、改革开放史和社会主义发展史，充分发挥美术作品以美育人、以美化人的独特作用。这档节目用100幅震撼心灵的丹青画卷，全面展现百年党史的峥嵘岁月，深刻反映中华民族的沧桑巨变和共产党人可歌可泣的革命精神，引发社会各界广泛热议好评，新媒体端点击量屡创新高，成为现象级的"爆款"产品。中国美术家协会名誉主席、中央美术学院原院长靳尚谊对《美术经典中

的党史》给予极高评价："在我看来就是一种影视艺术上的创新。它将党史的主题和美术内容结合得很好，观众喜闻乐见，这种传播的效果就会好，就好像把观众带进了一座美术馆里，在欣赏经典画作的同时学习党史故事。"

如果说《美术经典中的党史》是从美术到历史实现跨界融合的话，那么《艺术中的奥林匹克》则实现了艺术与体育的完美结合。体育与艺术是全人类共通的语言。奥林匹克从诞生之日起，就与绘画、雕塑、建筑等艺术形态密不可分，这些艺术创作甚至是早期奥林匹克比赛项目之一，艺术与奥林匹克一直有着千丝万缕的联系。《艺术里的奥林匹克》以细致入微的视角，选取与体育相关的艺术作品，既涵盖奥林匹克发展进程中具有代表性的艺术品，也包括中国古代体现运动的经典绘画。节目运用先进技术手段，通过多种影像揭示奥林匹克的"力与美"，深刻体现出奥林匹克的文化内涵；在介绍世界各国有关奥林匹克艺术和文化的同时，更向世界呈现中国体育与艺术的故事。

《艺术里的奥林匹克》每周围绕两件作品，邀请专家深入细致解读，配合纪录片式的高品质内容，更凸显这档节目的文化属性和艺术气息。节目用超乎想象的创造力和敏锐的艺术表现力，借助先进的影像呈现技术还原每一件艺术品。从古希腊雕塑《掷铁饼者》的完美肌肉线条到明代《仕女蹴鞠图》中复活的"女足队员"，从《微笑的顾拜旦》翘起的胡须到《登上慕士塔格峰》上那场让人生畏的暴风雪，节目团队力求将演播室现场与每一件艺术品完美融合在一起。艺术与奥林匹克看似两个平行时空般的存在，却通过作品呈现出的共性给观众带来极大的震撼。

三、技术：从春节联欢晚会到北京冬奥会，新技术跨域赋能文体节目精彩出圈

在媒体融合的背景下，技术逐渐从传统媒体时代的幕后走到令人关注的台前，成为驱动媒体变革的重要动力；而在话语体系的转变与发展进程中，技术不仅是优化话语表达、提升内容传播力、影响力的重要手段，其本身也成为"话语体系"中起关键作用的重要组成部分，成为优秀内容不可忽视的创新亮点。

2022年1月31日晚，中央广播电视总台《2022年春节联欢晚会》在欢乐吉

祥、喜气洋洋的新春氛围里，为观众奉上一台思想性、艺术性、观赏性俱佳的文化大餐。在新技术运用方面，整台晚会巧妙运用720度环形屏幕和XR、AR等技术，音乐短剧、景观太极、创意音舞诗画和原生态情景表演等节目不仅内容新颖，更通过科技与文化深度融合，彰显中华文化底蕴和时代审美追求，虚拟写实中打造出优美、惊艳的视觉效果。例如，舞蹈诗剧《只此青绿》融合XR、全息扫描等前沿科技，用一系列美轮美奂的舞蹈语汇将《千里江山图》这一经典传奇娓娓道来，令观众耳目一新、难以忘怀。

春晚之后，北京2022年冬奥会报道又为全球受众献上一场难忘的冰雪盛宴。惊艳、新颖、自信，充满科技感、未来感，这些都是北京冬奥会留给全世界最深刻和难忘的印记。据统计，北京冬奥会相关报道在总台平台跨媒体总触达受众为628.14亿人次，传播数据远超东京奥运会[1]，实现了"科技冬奥·8K看奥运"的目标。

相比2008年北京奥运会开幕式，2022年北京冬奥会开幕式在不到100分钟的时间里实现了"简约而又精彩"。开闭幕式总导演张艺谋说："大幅度减少演员的数量，用科技的含量让它人少而不空，很饱满，空灵而浪漫。所以，要用科技和新的观念去表演。"[2]

"空灵、浪漫"的审美天花板背后离不开现代科技作为有力支撑。无论是二十四节气的独特倒计时，还是各国名字结合高科技手段组成的大雪花，抑或是最后的小火炬安放，都在传统和现代中融入中国人的浪漫，技术更成为决定性因素。整场开幕式别出心裁地综合运用人工智能、AR、裸眼3D等多种技术，其背后庞大而精密的播控系统、AR系统和渲染系统，都由中央广播电视总台技术局全力保障。整个鸟巢超大地屏首次实现全LED影像，以取代传统的地屏投影，将近16K的超大显示在国内尚属首次。为了更好表现开幕式的绚丽画面，舞台LED图像首次采用每秒50帧播放帧速率技术，由AR系统运用虚拟现实技术实

① 全民关注！央视总台：北京冬奥会总触达人次超484亿 超东京奥运[EB/OL].（2022-02-22）[2022-03-02].https：//www.163.com/dy/article/H0Q5Q9380529818P.html.

② 央视新闻.张艺谋担任北京冬奥会开闭幕式总导演！最新剧透[EB/OL].（2022-1-7）[2022-03-02].https：//new.qq.com/omn/20220107/20220107A0BMGH00.html.

现雪花的构建，科技升级为开幕式营造更强现代感的美学氛围。在新媒体端，总台视听新媒体旗舰平台——央视频同步推出"数字雪花"项目，每一位用户都可以定制一片专属数字雪花，在大屏观看开幕式的同时，小屏上的这片带有唯一身份编号的专属数字雪花还会飘落进开幕式现场，实现大小屏联动的沉浸式互动体验。

转播既是对体育赛事忠实的现场记录，也是再现和扩大的创作过程。为了让全球观众更好地领略北京冬奥会的盛况，北京冬奥会的主转播机构和各个国家的持权转播商都积极探索利用最新的媒体技术与科技手段进行转播。国际奥委会主席巴赫称赞道，中央广播电视总台使用的各种先进技术令人惊喜。新技术是提升体育赛事电视转播水准的有效手段，在北京冬奥会转播实施中，几乎所有项目上都有新技术的应用，这使北京冬奥会成为电视转播收视率最高和数字化互动最广泛的一届奥运会，在转播时长、技术能力、制作方式等多方面都书写了新的纪录。

转播需要画面的欣赏性、视觉的新鲜感和信息的丰富度。冬奥会这样高竞技性和高专业性的比赛呈现，尤其要求电视转播必须让观众看清楚和看明白。北京冬奥会综合运用运动捕捉、时间切片、子弹时间、无人机拍摄、数据跟踪、虚拟分析等制作方式，辅助和扩展转播效果，使观众获得更加丰富的观看方式。

在首钢滑雪大跳台等比赛中，冬奥会转播团队创新将AI时间切片系统应用于8K公共信号制作，运用运动捕捉和时间切片技术，还原和解析运动轨迹和动作细节，完成运动姿态和技术动作的三维定格回放，实时精准还原谷爱凌、苏翊鸣等挑战夺冠选手的高难技术动作；在冬季两项、越野滑雪等项目中，冬奥会基于二维图像跟踪技术为每一名运动员创建"标签"，使用无线定位系统将采集到的数据信息与运动员"标签"相结合，并做成"运动员图钉"在电视画面中逐一标记，提供更多背景数据帮助现场评论员和电视观众了解选手和分析比赛；在跳台滑雪、雪车雪橇、速度滑冰、冰球等10个比赛项目中部署多摄像机位回放系统，并提供多角度的动作回放，观众可以从任何角度近乎实时地观看运动员技术动作和运动细节，以及支持任意运动时刻的随机暂停，以捕捉解读运动过程中的细腻瞬间，营造出非常接近真实环境的沉浸式观赛体验和现场氛围；在冬奥会冰壶比赛项目的转播中，团队基于虚拟图形包装技术进行运动状态的可视化分析和场景化模拟，对比赛场景中的冰壶位置、接触碰点、相互距离、运动轨迹等进行数据比对和识别分析，为竞赛数据分析增加一个新的技术维度；在一些项目中采用虚拟分析和人工智能技术，通过动画合成模拟、增强现实制作等更多虚拟包装呈现方式，在转播中进行比赛场景预期和过程数据展示，通过形象直观的形式帮助观众理解比赛。

四、结语

随着媒体融合逐渐深入资源配置层面，主流媒体话语体系作为直接与用户产生链接的金字塔塔尖，也进一步体现融合创新的新动向，一系列彰显"思想＋艺术＋技术"的融合传播实践就是新动向的优秀代表。事实证明，推动主流媒体话语体系转变，仅仅停留在关注与应用新的表达符号上显然是不足的，必须进一步深挖其内在逻辑；"思想＋艺术＋技术"不仅为各级媒体提供创作的全新思路，还提供一套推动话语体系转变的方法论，即"思想是内核，艺术是形式，技术是支撑"。未来，主流媒体需要继续秉持高度的使命感、责任感和担当意识，从"思想＋艺术＋技术"的综合维度出发，推动主流媒体在话语表达提升、话语体系构建方面更好地完成一系列的命题、破题与解题，切实提升引领力、传播力和影响力。

1.3 2021—2022年度政务新媒体业务形态创新

付晓光　　胡晓颖[①]

摘要： 自2009年我国首个政务微博开通，政务新媒体在国家政策和互联网发展驱动下飞速发展，在信息发布、舆论引导、政务服务等方面发挥的功能和作用都不容小觑，越发成为政府治理的重要手段。本文梳理政务新媒体的发展历程，分析2021—2022年度政务新媒体在业务形态、话语内容、传播叙事等层面的动态变化与发展特征，并从加强专业资质审核，推动跨层级沟通，以及树立边界意识，减少非必要生产等方面提出对策建议。

关键词： 政务新媒体；政务传播；社会治理

党的十八大以来，中国特色社会主义制度更加完善，国家治理体系和治理能力现代化水平明显提高。承担着政务公开、政民互动、政务服务等相关职能的政务新媒体，逐步成为政府治理的重要途径。近年来，随着各类新兴技术的赋能、传播理念不断更新，政务新媒体也在推陈出新中不断优化。本文从政务新媒体的政策指向入手，以政务新媒体的发展脉络为背景，聚焦最近一年的前沿变化，并以此为基础探析政务新媒体的提升空间。

一、政务新媒体发展沿革与政策指向

2009年，湖南桃源县开通官方微博账号@桃源网，政务新媒体正式迈上征

---

①　付晓光，中国传媒大学电视学院教授、博士生导师；胡晓颖，中国传媒大学电视学院2021级硕士研究生。本文系教育部人文社会科学研究一般项目"县级媒体融合与新时代基层社会治理研究"（项目编号：21YJC860006）的阶段性研究成果。

程。此后，在国家的大力推动下，政务新媒体发展迅速，从中央到地方建立起政务新媒体"两微一端"的传播矩阵，国内政务新媒体基本覆盖中央、省、市、县四级，不少基层社区也开设政务微信公众号。

随着"两微一端"成为各级部门的标配，政务新媒体在数量上增长迅速；与此同时，政务新媒体的质量良莠不齐，部分政务新媒体的发布质量、更新频率并不理想，耗费了行政和网络资源。2017年3月，国务院办公厅印发《2017年政务公开工作要点》，在肯定政务新媒体发展的同时，首次提出要"用好管好政务新媒体"。[1]2018年12月，国务院办公厅印发《关于推进政务新媒体健康有序发展的意见》（以下简称《意见》），进一步明确了政务新媒体的职责和功能，政务新媒体在传播属性之外，越发强调其服务属性，对于推进政务信息公开、加强政民互动、发展线上办事服务等方面发挥重要作用。《意见》还提出，到2022年，建立"全国政务新媒体规范发展、创新发展、融合发展新格局"的总体目标。[2]

2019年，《政府网站与政务新媒体检查指标》和《政府网站与政务新媒体监管工作年度考核指标》（以下统称为《指标》）等文件，进一步详细制定了检查和考核指标，力图整治政务新媒体发展不匹配、不规范的现象乱象。从指标要求来看，政务新媒体账号的点赞、转发、粉丝等硬性数据不再是考核重点，内容更新、互动回应成为单项否决的指标。政务新媒体不再以纯互联网化的指标为导向，而是突出政务特色，进入规范运营、提质增效的深耕期。《指标》的发布标志着顶层设计对政务新媒体有了更加适配的、独立的价值判断。这一举措引发了"僵尸"账号、低水平账号的"关停潮"，切实推动了政务新媒体优质发展。

经过不断建设，政务新媒体的职能不限于狭义的新闻信息发布，还在社会

---

[1] 国务院办公厅.国务院办公厅关于印发2017年政务公开工作要点的通知（国办发〔2017〕24号）[A/OL].（2017-03-23）[2022-08-03].http：//www.gov.cn/zhengce/content/2017-03/23/content_5179996.htm.

[2] 国务院办公厅.国务院办公厅关于推进政务新媒体健康有序发展的意见（国办发〔2018〕123号）[A/OL].（2018-12-27）[2022-08-03].http：//www.gov.cn/zhengce/content/2018-12/27/content_5352666.htm.

各个领域的政务服务、舆情引导、凝聚共识等广义的社会治理中发挥积极作用，成为推进国家治理体系和治理能力现代化的重要力量。

2020年初，新冠肺炎疫情对政务新媒体提出极大挑战。面对疫情防控背景下的信息发布和舆论工作，国务院办公厅在《2020年政务公开工作要点》中再次强调，融合各类信息发布渠道，有效运用新闻发布会、政府网站、政务新媒体和各类新闻媒体，全方位解读党中央、国务院重大决策部署和本地区、本部门重要工作举措，为疫情防控工作提供有力支撑。[1]之后，不同政府部门各季度"网站和政务新媒体检查情况通报"中，也频繁提到发挥政务新媒体的平台作用，助力疫情防控工作。

2022年《国务院关于加快推进政务服务标准化规范化便利化的指导意见》中再次对政务服务作出部署，强调各地区各部门要加强政策宣传，通过政府网站、政务新媒体、政务服务平台等向社会及时提供通俗易懂的政策解读，对关联性较强的政策要一并解读。加强对推进政务服务标准化、规范化、便利化进展成效和经验做法的总结和复制推广。[2]此外，环保、旅游、交通运输等多项行业的文件指导意见都提到"政务新媒体"，通过新媒体做好信息公开、加强宣传推广等内容。

与此同时，2020年至2022年各级政府部门积极响应国务院办公厅对于政务新媒体检查工作的要求，以季度为单位对政务新媒体进行检查，排查问题、督促管理。例如，2020年7月至10月，国务院办公厅政府信息与政务公开办公室对各地区、各部门政府网站和政务新媒体及相关监管工作进行检查，并通报指出，政府网站和政务新媒体成为深化政务公开、提升政府治理能力的重要抓手。但一些地方和部门运用政府网站和政务新媒体的能力水平有待提高，体现为内容

---

[1]　国务院办公厅.国务院办公厅关于印发2020年政务公开工作要点的通知（国办发〔2020〕17号）[A/OL].（2020-07-03）[2022-08-03].http：//www.gov.cn/zhengce/content/2020-07-03/content_5523911.htm.

[2]　国务院办公厅.国务院关于加快推进政务服务标准化规范化便利化的指导意见（国发〔2022〕5号）[A/OL].（2022-03-01）[2022-08-03].http：//www.gov.cn/zhengce/content/2022-03-01/content_5676259.htm.

保障机制有待健全，政策解读水平有待提升，以及监督管理责任有待落实。[①]

二、政务新媒体动态变化与发展特征

从整体趋势上看，我国互联网依旧保持较高增速。中国互联网络信息中心（CNNIC）发布的《第50次中国互联网络发展状况统计报告》显示，从2016年6月到2022年6月，我国互联网政务用户规模从1.76亿增长到8.92亿，占整体网民的比例由24.8%提升至84.9%，全国一体化政务服务平台实名用户超过10亿人。[②]与之相对应，互联网技术架构、互联网活跃主体，以及互联网文化形态也在发生改变。2021年度，我国政务新媒体在继承前续探索成果的同时，在业务形态、话语内容等多个方面进行了创新突破。

（一）政务直播和短视频协同发展，可视化趋势显著

近年来，视频社交逐步超越图文社交，成为主要的信息传播方式。2018年，首批官方政务号入驻短视频平台。例如，中央政法委官方新闻网站抖音号@中国长安网已收获3507.5万粉丝，收获11.7亿次点赞[③]。各级政务号把握"视频优先"的传播逻辑，积极入驻短视频平台，形成百花齐放、各具特色的政务短视频阵容：既有因幽默风趣的普法短剧走红的吉林省四平市公安局官方抖音号@四平警事，也有因监狱"宣传"短片和监狱Vlog爆火的@四川监狱，还有着重展示正能量纪实故事的@中国消防，以及因炫酷硬核的特效视频内容被广泛关注的@北京SWAT，等等。

政务新媒体在短视频的基础上尝试与直播相结合，不断将移动直播引入工作中。2020年以来，除了新闻发布、政务宣传等功能，各级政务部门，尤其以县（市、区）长为代表的政府官员，纷纷通过各短视频平台"直播带货"，已成为疫情期间扩大消费、发展经济的新增长点。内蒙古自治区通辽市东萨拉嘎查

---

①　国务院办公厅.2020年政府网站和政务新媒体检查情况通报[A/OL].（2020-12-12）[2022-08-03]. http：//www.gov.cn/zhengce/content/2020-12/16/content_5569781.htm.

②　中国互联网络信息中心.第50次中国互联网络发展现状统计报告[R/OL].（2022-08-31）[2022-08-31].http：//www.cnnic.net.cn/NMediaFile/2022/0926/MAIN1664183425619U2MS433V3V.pdf.

③　数据统计截至2022年9月30日。

党支部书记吴云波不仅通过短视频平台快手直播帮助家乡销售滞销的牛肉，切实为当地民众带来改变和福利，还积累了一百多万粉丝，打通了"短视频+直播"基层治理的路径。政务直播的平台和领域不断拓展，政务直播逐渐成为常态。相较于以往图文或短视频的政务新媒体形态，直播的互动性更强、信息量更大，打破了以往图文短视频的体量和主题的限制。

（二）爆款内容的热点追踪导向，内容辨识度提高

政务部门入驻新媒体平台时，要明晰该平台特点，把握其传播规律，才能增强传播效果、抵达更多受众。在探索网络传播规律初期，不少政务新媒体从网络热点入手，以平台热梗建构内容。例如，在短视频平台跟风发布卡点舞蹈、网红歌曲手势舞等。单纯的"蹭热点"虽然可以在短时间内吸引流量，但浅表化的模仿、趋同的内容对政务号的建设缺少实质意义。在热度消散后，政务新媒体的核心定位发生游移，政务新媒体与普通账号的边界变得模糊。

越来越多的政务新媒体意识到这一问题。在面对热点内容的流量诱惑时，不再是简单地转发或模仿跟拍，而是通过"热点+"的模式，借网络热点进行内容策划、内容创作，紧跟热点的同时强调账号的政务属性。

2022年10月，某咖啡旗舰店因为主播一首"咖啡你冲不冲……"的洗脑神曲火爆网络，成都市场监管官方抖音号借此热门话题，创作一条"冲"去该咖啡店突击检查的抖音视频。该视频获得50w+的点赞，远超该号平时数据。视频顺势科普了市场监管知识，获得大量网友的关注，被喊话"希望这样的突击检查多多安排"。上述案例不仅占据流量优势，而且有效提升发布内容的社会价值，实现价值导向和网络流量的双向赋能。

网络热点是用户注意力的靶心。热点题材的多样性、热点领域的轮动性，让用户的注意力在不同主题间不停跳转。这与政务新媒体题材的单一性、关注领域的恒定性形成明显矛盾。从对热点的简单模仿到"热点+深加工"，政务新媒体展现出对互联网流量价值、网民接受习惯的科学把握，以及对互联网转型定位的更深理解和灵活运用。政务新媒体在新媒体内容竞争的"红海"中形成自身的差异化特征、提高识别度，才能与用户群体建立深度和稳定的连接。

（三）非语言符号频繁应用，话语表达出新

在社交平台语境下，受众包容度高、分布广泛，网友呼唤平民化、个性化的传播。在此背景下，一些政务新媒体主动向移动互联网年轻化转型，积极探索年轻人喜闻乐见的语言方式。"两微一抖"成为政务新媒体运用非语言符号进行话语表达与观点互动的重要阵地。

非语言符号以图像或声音替代文字。在解读专业度较高的信息时，非语言符号可以将"硬核信息"转化为"软性表达"，降低交流门槛、提升趣味性。共青团中央抖音号曾尝试用表情包解说国际形势，受到年轻网民的欢迎。此后，其非语言符号的使用频率直线上升。2022年2月至3月，共青团中央发布的83个视频中，有26个视频是通过表情包的方式解读国家政策法规、国际形势变动，大大简化了复杂的概念。非语言符号也成为部分政务新媒体最重要的标识。深圳卫健委微信公众号自2021年出圈以来，频频推出单篇推文阅读量超过10W+的爆款。每期推文的封面图基本都设计成"纯色背景+表情包+段子"的统一风格，这一略显"土味"的设计也成为该政务新媒体最具识别度的特征之一。封面图与推文标题及导语相辅，起到补充信息、制造反差的效果。深圳卫健委成功诠释了"最靠谱的科普，最有趣的灵魂"的账号定位。

更多非语言符号应用，将政务新媒体从传统新闻报道、专题纪录片的生产惯性中抽离出来。不仅拓展了内容的编创维度，帮助政务新媒体对接年轻群体的语汇，而且搭建了新型对话关系。更丰富的词汇、更灵活的表达，让政务新媒体不再沉闷，以更接地气的平等交流姿态赢得共识。

（四）建立栏目合集，增强内容连续性

2019年9月，抖音首次上线合集功能，和传统"栏目"不同，"合集"可以将已发表的多个视频按照主题重新排序和组合。同时，创建的主题会展现在主页上，用户可以通过主页的合集入口，便捷地查找和观看相关主题视频。在抖音合集上线后，快手、微博、哔哩哔哩等平台在随后两年时间内也陆续上线合集功能。政务新媒体常用栏目策划的方式，在特定的主题下进行定期原创内容创作和更新，设置不同的栏目合集聚类原创内容，极大增强了内容的连续性。

合集将相关短视频集结在一起，体系化地汇集碎片化信息，解决了筛选查找的难题。对账号而言，建立合集有助于解决定位游移问题，在树立栏目品牌的同时，增加网友的持续关注度。例如，国家卫生健康委员会官方微博@健康中国发布的微博视频涵盖"健康发布""健康科普汇"等相关合集。"健康科普汇"

重点汇集与日常生活相关的卫生科普内容；"健康发布"主要针对国务院联防联控机制新闻发布会，传播国家对于防疫工作的建议指示。

尽管政务新媒体面临来自海量"自媒体"账号的内容输出压力，但其优质内容，尤其是独家内容，依旧是稀缺的，各部门拥有得天独厚的新闻资源富矿。政务新媒体发布体量巨大，抖查查数据显示，截至2022年8月8日，中国应急管理部消防救援局抖音号@中国消防月均更新视频222条，中国互联网新闻中心账号@中国网直播月均更新视频757条。[①]面对如此大体量的传播内容，政务新媒体普遍建立栏目合集不仅意味着将同类主题的碎片化内容聚合，增强内容的连续性；也意味着在内容层面加强标签权重与凝聚力，发挥独家政务资源，在垂直领域进一步聚焦，放大政务资源的传播价值；更意味着政务新媒体从账号管理上集约自身资源，提升整体的运营质量。

（五）"后台"前置，创新传播叙事场景

"场景"一词最初单纯指影像或戏剧中的情景，后被引入传播学研究，描述特定情境下的个性化传播和精准服务。既往的政务新媒体叙事场景主要围绕议题本身，展示既定场景。在过去的一年中，政务新媒体开始探索将叙事情景从"前台"转向"后台"，创造更多参与式体验。

警务类政务新媒体在这方面尤为明显。警方具有丰富的警务资源，然而训练、抓捕、审讯等过程都在后台进行，仅少数案件走上"舞台"。政务新媒体将大量后台资源转移到前台，最大化利用警务资源优势。例如，微博账号@中国消防时常发布消防员乘缆外出采购、出警训练、消防员唱歌等队内日常，形成丰富多元化的传播场景。政务短视频和政务直播更强调后台前置的传播叙事。湖北省孝感市公安局抖音号@孝警阿特发布的"孝警阿特"系列视频就是将警察抓捕现场拍摄作为视频内容，从多个角度公开执法记录，展现真实的执法现场，这种纪实传播场景具有强烈的代入感和视觉冲击力。抖音号@长沙交警则在2021年开始直播交警后台的交通实况。

中国海关传媒中心官方抖音号发布海关执法行动的真实记录视频后，吸引

---

① 抖查查. 视频达人数据详情[R/OL]. [2022-08-08].https：//www.douchacha.com/searchdetail？from=DOUSearch&name=%E8%AD%A6%E6%96%B9%E5%9C%A8%E7%BA%BF.

了大量关注。例如，在2021年6月发布的"中国缉毒检查6.7万吨大豆，搜查出215.4公斤可卡因"短视频中，中国海关工作人员大海捞针般地在大豆中搜寻毒品的画面具有强烈的视觉冲击，视频获得37w+的点赞量。

从内容本身来看，幕后工作的实景拍摄把握住了用户"眼见为实"的心理，能够激发用户的好奇心，提供沉浸式体验。与此同时，后台前置向网友展示了政务工作的更多侧面，让网友更加完整地了解相关工作的真实面貌。政务新媒体用过程支撑结果，以论据支撑论点，进而增进理解和认同。

（六）打造政务IP形象，实现人格化的立体传播

"人格化传播"并非新媒体时代的独创，早在广播、电视为主的传统媒体时代，媒体便注重在传播中凸显"人"，即"帮助用户通过个性鲜明、情感饱满的'人'来感知媒体，从而建立用户对媒体的好感和信任"。[①]在新媒体语境下，政务号更需要拉近与用户的距离，增强传播的情感含量，将人格化传播广泛应用到实践中。例如，针对《民法典》自2021年1月1日起施行，中央农办秘书局、农业农村部新闻办公室指导的抖音号@中国三农发布，邀请山西省高院民一庭庭长以专业法官的身份出镜，在抖音平台开设"法官说法典亮乡村"栏目，以个人视角、结合真实案例讲解《民法典》案例，获得良好反馈。

在实践过程中，也有不少政务新媒体的人格化设计停留在缺乏个性的"纸片人"阶段，人物形象通常表现得刻板严肃，虽然可以体现权威性和官方性，但其塑造的公职人员形象过于扁平化、同质化，不容易被互联网时代的年轻人认可接受。针对这一短板，一些政务新媒体设定独特的角色定位，尝试摆脱脸谱化的"人设"，塑造独特的政务IP形象。例如，乌鲁木齐市消防救援支队官方抖音号，选择四位性格各异的消防员固定出镜，全面地展现消防员的日常和工作。同时，该政务号利用所在地新疆的地域与文化特色，将地域符号深刻再塑，打造了乌鲁木齐消防员自成一格的人物形象。这不仅将公职人员的特色形象与政务账号紧密绑定，更有利于账号与公众之间形成强关联。从理论上看，社交网络本身就是人际关系的数字化，强化人格化传播有助于政务新媒体激活社交

---

① 王婷. 副刊人格化发展策略与模型构建——以人民日报微信公众号"夜读"栏目为例[J]. 青年记者，2018（32）：43-44.

网络的底层逻辑。

三、政务新媒体的提升空间与未来展望

《关于推进政务新媒体健康有序发展的意见》提出建立"全国政务新媒体规范发展、创新发展、融合发展新格局"的总体目标。[①]从构成上看，政务新媒体存在"头重脚轻"的情况。少量头部账号引领政务新媒体的突破式发展，与此同时，大量基层账号的实际困难、客观问题也逐步显现。政务新媒体的运营思维、内容生产的边界意识、生产效率等问题亟待思考和妥善应对。

（一）加强专业资质审核，推动跨层级沟通

在实践中，个别政务新媒体，特别是基层政务新媒体，因管理不规范、层级审核机制不完善，内容缺乏新闻基本要素、文字差错、题文不符等错误偶有发生。有的政务新媒体为了及时跟进新闻热点，追求时效性，弱化内容的溯源把关。政务新媒体需要特别关注外包团队的运营模式。外包机构拥有专业技术优势，善于把握互联网传播规律，但对政治素养、政治敏锐性、政府业务、政府职能等方面的理解不深刻，存在一定风险。

第一，政务新媒体无论是外包还是本单位运营，都需要加强内容生产基本功的建设。加强政务新媒体运营人员及团队的资质审核，专人专岗、责任到人。政务新媒体的第一要务不是获取流量，要以所发布内容的权威性为生命线，精确还原新闻微观真实和整体真实。传统媒体在这一方面有着丰富的经验，可以向专业媒体学习，用科学、专业的方式来进行内容审核，有效杜绝发布内容失真、失准，规避错字、漏字、标点不准、病句、表述偏差等问题。

第二，政务新媒体要有大局观，把握议题的统一性。习近平总书记强调，新闻舆论工作各个方面、各个环节都要坚持正确舆论导向。[②]实际工作中，各级政务新媒体不仅要独立执行，也要协同执行。建设横向纵向的协调沟通机制，

---

① 国务院办公厅.国务院办公厅关于推进政务新媒体健康有序发展的意见（国办发〔2018〕123号）[A/OL].（2018-12-27）[2022-08-08].http：//www.gov.cn/zhengce/content/2018-12/27/content_5352666.htm.

② 习近平.习近平谈治国理政：第2卷[M].北京：外文出版社，2017：332.

避免发生两种情况：一是不同部门对同一政策的解读角度不同，引发误读；二是同一系统内部，各级政务新媒体的侧重点没有彼此呼应，引发网友困惑。

（二）树立政务新媒体边界意识

《关于推进政务新媒体健康有序发展的意见》指出，政务新媒体的建设方向是"建设更加权威的信息发布和解读回应平台、更加便捷的政民服务和办事服务平台"。政务属性决定了政务新媒体是其行政职能的互联网延伸、转化，强调在政务公开、政民互动、公共服务等社会治理方面的责任，从本质上有别于"自媒体"意义上的新媒体。然而落实到实践层面，尚有部分政务新媒体仍在"做新媒体"还是"做政务服务"之间摇摆，甚至照搬"自媒体"账号的运维模式，偏离了政务定位。

政务新媒体应有清晰的边界意识。互联网风格是开启与网民对话的新语态，是灵活运用的外在形式，但不是政务新媒体的内在追求。政务新媒体积极把握用户喜好，以通俗易懂、用户喜闻乐见的形式发布信息。这种创新尝试值得肯定。然而在信息过载的网络空间中，政务新媒体的权威才是稀缺资源。个别政务新媒体内容欠缺尺度，无差别地频繁援引各种网络流行语和网络热梗，试图通过年轻化的表达来拉近与公众的距离，导致内容与账号调性不和，缺少了应有的专业姿态。例如，面对灾难性事件话题或重大议题的宣传报道时，网络语言一定程度上消解议题的严肃性，太过"新潮"的热梗致使部分人无法抓住重点，等等。基层政务新媒体还需进一步破除流量桎梏，突出专业性判断。有所为、有所不为，在内容生产时合理把握尺度，更好地发挥连接政府和公众的桥梁作用。

（三）减少非必要生产

个别政务新媒体内容缺乏深度，发布大量与自身职能定位不符的泛娱乐类内容，更有甚者变成内容搬运工，不加辨别地转发类型繁杂的网络热帖、心灵鸡汤、养生健康、搞笑段子等。此类生产并未体现政务新媒体的核心职能，更难对社会发展起到助推作用，亟须改进工作模式，破解背后的难题。

第一，一些部门缺少专职运维人员，且兼职人员运维能力有限。如果岗位设置上难以做到专人专岗，就需要调动非本专业的人员兼顾非本岗位的职责。这就容易出现简单转发和低级模仿的内容，或者停留在拍摄电视专题片的思维模式。

第二，政务新媒体需要持续内容输出，而各部门的实际情况差异较大。与日常生活更相关的气象、公安等部门，相对更容易做好政务新媒体；而缺少可呈现内容的部门，难度就大得多，政务新媒体团队很难运营，甚至专业的新媒体团队也很难操作。然而，对政务新媒体的探索需要持续投入，从投入产出比来看，一些内容策划已经构成非必要生产。

在不具备条件的基层部门，政务新媒体可以考虑集约化运营——保留核心业务，缩减编创内容。虽然探索互联网的初衷勇气可嘉，但限于客观情况，持续的高投入低产出确实无法缩小一些单位的目标与完成目标条件的实际差距。建议对此类情况一事一议，对基层账号设立科学、专业的评议机制。经评估后，不具备有效开展政务新媒体运营条件、且核心业务有必要网络入口的单位，可以考虑为其建立相应的准入或退出机制，以期优化人力物力等资源配置。

四、结语

政务新媒体在发展实践的过程中不断显现出新变化和新特征。政务新媒体普遍采用政务直播和政务短视频等传播方式，以"热点+"的形式进行内容策划与创作，既保留政务属性，又获得更大的流量；尝试运用非语言符号等贴近用户的表达方式，利用平台栏目合集和人物形象，树立自身品牌形象。目前，政务新媒体处在深度发展中，既要保证发布内容的权威性和议题统一性，又要坚守政务属性，维护政务新媒体的边界。这是加强政务新媒体建设，全面提升政务新媒体传播力、引导力、影响力、公信力的题中之义。

1.4　视频化融合：新闻媒体视频号的发展分析

周葆华　刘恩泽　胡　菁　陆盈盈①

摘要：人类生存进入短视频时代，视频化成为媒体融合不容忽视的趋势。基于视频号独特的媒介逻辑，新闻媒体的视频号发展嵌入微信整体生态体系，嵌入公众日常生活，推动新闻流动的社交化、视觉化、日常生活化。本文总结了新闻媒体视频号发展的主要模式，并基于100个网络热点事件的数据分析，初步总结出新闻媒体视频号传播力的影响因素，主要包括内容（题材、简介）、账号和发布时间等。未来，自有视频平台和账号相得益彰，或可成为新闻媒体高品质融媒体产品生产和融入国家治理的新力量。

关键词：媒体融合；短视频；视频号

一、视频化融合：新闻媒体视频号的发展背景

随着短视频、直播等视频化技术的快速发展、用户规模的不断扩大、平台的不断扩张，以及产业的持续兴旺，当下的媒体融合正呈现"视频化融合"的特征。短视频与直播是数字时代以人与空间的具身在场相互嵌入为基本特征，

① 周葆华，复旦大学新闻学院教授、副院长，信息与传播研究中心研究员，复旦大学国家发展与智能治理综合实验室研究员；刘恩泽，复旦大学新闻学院博士研究生；陆盈盈，复旦大学新闻学院博士研究生；胡菁，复旦大学新闻学院硕士研究生。本文为国家社科基金重大项目"智能时代重大舆情和突发事件舆论规律及治理研究"（项目编号：20ZDA060），以及复旦大学新闻学院部校共建上海新媒体实验中心项目的阶段性研究成果，同时受到高大为、李星怡、周博云、潘宇峰、戎飞腾、张斌、一琳等的资料协助，在此一并致谢。

带来高度流动的影像实践与感官体验。运用德布雷①的数字"媒介圈"思想，短视频不是简单的大众化的视频，而是一种身体在场、感官复合、流动穿梭的新型数字实践与体验②；它也超越了传统特定的时空区隔的功能性媒介，而基于移动性、渗透性等特征，成为嵌入日常生活的新存在方式。第50次《中国互联网络发展状况统计报告》显示，截至2022年6月，我国短视频用户规模达9.62亿，占网民整体的91.5%，在主要网络应用中的渗透比例仅次于即时通信；网络直播用户规模为7.16亿，占网民整体的68.1%。③

短视频呈现出丰富的"前台"与"后台"媒介逻辑。其中，"前台"呈现逻辑主要包括两种：一种为单列设计、上下滑动、自动播放，打造出"沉浸式"体验；另一种则呈现双列信息流（瀑布流），信息多元、容错率高，给予用户自主选择的逻辑。"后台"分发逻辑，则包括中心化算法推荐、去中心化算法推荐，以及"社交推荐+算法推荐"三种主要模式。随着短视频浪潮兴起，新闻媒体积极布局短视频，纷纷入驻抖音、快手、微信等商业传播平台。例如，2018年抖音上经过认证的媒体账号就超过1340个，累计发布短视频超过15万条，累计播放量超过775.6亿次，累计获得点赞超过26.3亿次④；2021年快手平台上"有一万多个媒体号，其中300多个账号粉丝量过百万个，日均播放量超过30亿次"⑤。其中，微信视频号因其深度嵌入当前最普及的社交平台——微信，对于理解新闻媒体的视频化融合具有重要意义。本研究将以微信"视频号"为中心，具体分析当下新闻媒体的视频化融合逻辑。

---

① 德布雷，媒介学引论[M].刘文玲，译.北京：中国传媒大学出版社，2014.

② 孙玮.我拍故我在 我们打卡故城市在——短视频：赛博城市的大众影像实践[J]. 国际新闻界，2021（2020-6）：6-22.

③ 中国互联网络信息中心.《第50次中国互联网络发展状况统计报告》[EB/OL].（2022-08-31）[2022-08-31]. http：//www.cnnic.net.cn/gywm/xwzx/rdxw/20172017_7086/202208/t20220831_71823. htm.

④ 新浪网. 2018年抖音大数据报告. [EB/OL].(2019-2-16)[2022-08-03].http://k.sina.com.cn/article_16 51700972_6272f4ec01900fab3.html.

⑤ 澎湃新闻. 快UP·融媒大会南京开讲，快手与媒体大咖共话融合与转型创新路径[EB/OL].(2021-5-16)[2022-08-03]. http：//www.cnnic.net.cn/NMediaFile/2022/0926/ MAIN1664183425619U2MS433V3V.pdf.

　　视频号是微信2020年上线的短视频与直播平台，内嵌于微信生态体系，依托超级平台庞大的日活用户数量和"熟人社交+算法推荐"双重模式快速发展。2020年视频号上线时，其定位为"一个人人可以记录和创作的平台"；同年8—9月视频号接通"搜一搜"，10月上线直播功能，公众号也可插入视频号卡片，12月打通微信红包封面。2021年微信公开课PRO中指出，视频号是"结构化的视频内容的载体"；同年1月公众号推送中插入视频号直播预约卡片，3月与公众号主页绑定，4—5月公众号打通视频号直播，7—8月小程序打通视频号直播，9—10月视频号直播间展示公众号关注按钮，公众号主页则展示视频号内容。2022年微信公开课PRO进一步指出，视频号是"原子化的内容组件"。

　　本研究之所以选择"视频号"为分析重点，正是基于视频号在诸类短视频直播中独特的媒介逻辑。相较于其他平台，视频号的独特逻辑体现为：深度嵌套、多重入口、社交基因、视觉组件、嵌入生活。第一，它深度嵌入微信平台生态体系，勾连多重传播、社交、娱乐与生活空间；第二，它通过不同的视觉屏、框、窗入口，通向不同空间的数字交互界面，呈现为便捷的穿梭、游走，是独特的"可导航空间"[①]；第三，它具有强社会属性，连接熟人与陌生人，强社交性也促进了新闻社交化，使新闻传播与社交紧密勾连；第四，它包括画面、配乐、音效、字幕等数字多模态模块元素，便于选择、分割、去语境、重组，具有多变性、灵活性、拼贴性；第五，它连接个体、群体与社会嵌入生活，生成新的数字文化。

　　新闻媒体视频号的融合发展，意味着新闻媒体可以利用微信平台原有功能和视频号更紧密地与用户连接，在社交化、日常化的逻辑中传播新闻，发挥新闻媒体影响力。一方面，微信平台在技术上提供新闻媒体认证推荐支持，包括官方媒体入驻认证、运营编辑内容指引、曝光推荐等，例如，"新闻媒体成长计划"，媒体发布实时热点和新闻资讯，在视频号可获得算法的优先推广曝光。[②]另一方面，新闻媒体早期的视频化试水、公众号建设等为新闻媒体视频号的内容

---

①　马诺维奇.新媒体的语言[M].车琳，译.贵阳：贵州人民出版社，2020.

②　《中国日报》百家号官方账号.全国媒体融合工作交流坊正式启动[Z/OL].（2021-04-29）[2022-07-31].https：//baijiahao.baidu.com/s?id=1698345945802866093&wfr=spider&for=pc.

生产与传播打下基础，其专业化能力，包括专业采编播团队和专业设备参与等，也是新闻媒体在视频号平台进行新闻传播的相对优势。因此，各级新闻媒体摸索媒体融合的形态边界，纷纷入驻视频号平台，发布时事新闻、民生生活等，视频号正成为新闻媒体账号的重要界面之一。友望数据显示，点赞10W+作品数量排名前15位的视频号中，新闻媒体账号占四位。蓝V视频号内容创作者的创作积极性高于黄V，蓝V视频号（以新闻媒体、企业机构及品牌为主）占比19.45%，尽管数量少于黄V视频号，但发布作品数多，占比高达31.20%，创作积极性高。①百准数据的报告显示，2022年春节期间，排名前5000位的视频号创作者中，新闻媒体机构占比10.6%。②新闻媒体视频号成为视频号创作者中活跃而重要的部分。

二、新闻媒体视频号发展的主要模式

新闻媒体的视频号发展的主要模式可总结为：重大新闻的快速传播、新闻现场的片段传播、媒介事件与突发事件的视频号直播、视频号的民生化模式，以及面向重要公共议题的纪实性传播。

（一）模式一：第一时间的重大新闻传播

人民日报、新华社、央视新闻等中央主流媒体的视频号第一时间报道重大新闻。例如，2022年7月，上述中央媒体的视频号均重点报道了习近平总书记在新疆考察、香港回归25周年、问天实验舱发射、跳远世界冠军王嘉男等。这些短视频制作精良，通常由专业新闻机构制作，从电视台或其他新闻媒体的视频中剪辑片段，采用主持人口播、现场同期声、采访嘉宾原声、发言人的言论等方式传播重大新闻时事。这一类模式制作出的短视频可长可短，可单集可分集。许多短视频只取新闻活动现场、发布会、演讲、采访、重大体育赛事等的最核心内容，造成强大的视觉、听觉冲击力。其主要价值在于将国家大事、重要新闻第一时间通过嵌入微信生态体系的视频号传播到千家万户，促进重大题材在

---

① 友望数据.2021年微信视频号半年度生态趋势调查报告|友望数据[R/OL].（2021-07-28）[2022-07-31].https：//baijiahao.baidu.com/s?id=1706494213744052319&wfr=spider&for=pc.

② 百准数据.视频号春节洞察：流量猛涨，内容供给不足，这些创作者成了大赢家[R/OL].（2022-02-11）[2022-07-31].https：//baijiahao.baidu.com/s?id=1724458357081925528&wfr=spider&for=pc.

社交关系、朋友圈的传播，发挥重要的舆论导向功能。

（二）模式二：新闻现场的核心片段

这一模式与上一类有关，但又存在差异。它特指时长10—30秒的短视频，以新闻现场和同期声为主导，直接输出核心信息，营造现场感与情感联结。这一类型的短视频新闻现场，既有来自主流媒体的现场视频剪辑（成为第一种模式的特定形态），也有来自监控摄像头、网友手机抓拍等用户生产内容。其中，来自监控摄像头、网友手机镜头的短视频体现了视觉媒介深入社会生活的媒介性。专业媒体团队无法在第一时间捕捉的许多突发事件、民生日常，在这种模式下显现在前台。此类短视频一般注重配乐，或情绪激昂，或紧张急促，或高燃，或悲壮，能在短时间内通过情感共鸣拉近距离。新闻媒体从业者在获得网络素材后，可能联系当事人或相关领域专家帮助还原或深入解读新闻事发逻辑，体现出信息增量。

（三）模式三：重大新闻和突发事件的直播

视频号融合的一种特殊模式是直播。借助视频号直播，新闻事件大规模地在每个人掌心展开，又在朋友圈展开。我们总结发现了四种类型的视频号直播，以前三类为主：第一，常规品牌节目的直播，例如《新闻联播》《夜线约见》等节目，每晚在电视播出的同时，在视频号直播，使受众可以便捷地在掌心收看；第二，预先策划的媒体事件直播，例如香港回归25周年、航天发射、疫情新闻发布会、文化活动等；第三，打破常规的突发事件直播，例如飞机失事、水灾等；第四，少数媒体尝试的慢直播，采用固定机位，画面极少变化，如日落日出、城市交通直播等。2020年10月，视频号直播功能上线后，微信团队不断开设直播新功能，如附近的直播、打赏、连麦、预约直播间等，视频号直播也快速打通、嵌入微信的多元入口。新闻媒体纷纷开设官方视频号，对重大新闻、突发事件进行直播报道。据统计，截至2022年7月22日，中央媒体中，"央视新闻"直播最多，达到1673场，"中国网直播"1298场，"新华网"1006场，"新华社"657场，"央视网"640场，"人民网"352场，"人民日报"262场；部分省级媒体中，"看看新闻Knews"直播2360场，"话匣子"753场，"澎湃新闻"737场，"封面新闻"719场，"极目新闻"703场，"第一财经"610场，"上海时刻"397场，"上观新闻"209场，"天目直播"906场。对于新闻媒体来说，视频号直播拓展了传统直播方式，是抢占时效、渗透用户的重要路径。

（四）模式四：民生软性题材的报道

这种模式主要集中于省级、市级新闻媒体的视频号，主要新闻题材包括：社会风尚、好人好事，都市奇闻逸事，家庭伦理、百姓生活，明星、名人、娱乐，动物、萌宠，网络语言（梗），地方服务资讯等。此类新闻短视频常由"视频/图片+配乐"两大要素构成。视频/图片不少来自网友创作，记录世间百态，连接本地服务。例如，"四川观察"视频号的"消防员趴在水中，让被困者踩肩膀撤离"，"民生大参考""都市快报"视频号的"男子徒手接住六楼坠下儿童"，等等。一些地方新闻媒体视频号采用新闻视频、网友评论截图等图片制作"PPT模式"，时长多在15秒内，甚至无人声，仅凭图片中的醒目花字和配乐音效提供信息，这种新闻短视频生产模式制作快捷，生产流程简单，用于传递本地民生服务信息（如疫情管控信息）。

（五）模式五：公共议题的纪实报道

面对疫情等重大社会公共议题，新闻媒体视频号同样不回避、不失语，其中一些可贵的探索与个体创作"共舞"、呼应、共鸣，同时更专业、更深入、更节制、更从容。对于公共议题的报道，尤其强调真实性、现场感、细节感、情感度。借助视频号独特的媒介逻辑，新闻媒体的专业纪实报道"随风潜入夜"，润湿了人间。例如，上海疫情期间"话匣子"视频号的报道《深夜对话：在桥洞下打地铺的小哥们》，记者抵达现场关注疫情期间在桥洞下打地铺的外卖快递小哥，与他们深入对话，记录真实生活，呈现生存状态，展现骑手的艰辛与不易，引发社会广泛关注，很多人热情地伸出援手，切实帮助外卖小哥解决实际问题；"上海日报SHINE"的视频号系列报道《AWAY FROM HOME》将镜头对准城市中归家的人们，记录他们的回乡之旅，引发全城对于滞留车站的异乡人的关心与温暖；"澎湃美数课"视频号的报道《50万份流调信息背后的上海疫情》则另辟蹊径，通过数据可视化的方式立体、形象地展现上海疫情地图，给受众直观的信息传达、视觉冲击和数据解读；"韶关发布"视频号的《韶关日报记者现场直击曲江救援工作》通过镜头将受众带到救灾现场，给予受众一手、直观的信息。这些新闻媒体视频号纪实报道的探索，或聚焦现场，或记录日常，或释疑解惑，或扶助弱小，报道事实，呈现真相，连接社会，发挥了重要作用。

三、网络热点事件中的新闻媒体视频号：传播影响力的大数据分析

为具体分析新闻媒体视频号传播力的影响因素，本研究团队采集了2021年1月至2022年5月100个网络热点事件的新闻媒体视频号的视频数据（N=25221），进行大数据分析。所采集的数据主要包括视频的时长、文字简介、账号信息（层级、来源媒体属性）、发布时间，以及传播影响力的两个主要指标——点赞量、转发量。根据以往研究[1][2]，课题组提出3C传播影响力解释模型，即内容特征（content）、账号特征（communicator）和情境特征（context）对视频号内容的传播力具有显著影响。

（一）内容特征的影响

内容特征主要包括事件类型、视频时长、简介长度、情感（正负面情感程度）、文本中包含的标点符号，以及第一人称比例等。

表3-1-9　新闻媒体视频号事件类型基本描述及其影响力

事件类型	包含事件数	包含视频数	点赞量均值（标准差）	转发量均值（标准差）
新闻时事	15	5680	1243.78（7978.62）	384.03（4263.85）
疫情防控	17	8214	411.97（3847.53）	258.53（2873.15）
文化娱乐	10	1298	490.02（3545.70）	152.33（1752.53）
体育运动	10	4120	1543.77（8240.50）	340.66（3825.04）

① Zhang L, Peng T Q, Zhang Y P , et al. Content or context: Which matters more in information processing on microblogging sites[J]. Computers in Human Behavior, 2014, 31（feb.）: 242-249.

② Zhou B, Miao R, Jiang D, & Zhang L. Can people hear others' crying?: A computational analysis of help-seeking on Weibo during COVID-19 outbreak in China[J]. Information Processing & Management, 2022, 59（5）: 102997.

续表

事件类型	包含事件数	包含视频数	点赞量均值 （标准差）	转发量均值 （标准差）
自然灾难	12	2128	444.65 （3207.53）	176.02 （1104.92）
公共安全	17	1856	797.48 （5393.84）	169.57 （2272.37）
中外关系	7	1217	931.66 （6253.26）	103.89 （622.74）
舆论监督	4	116	1529.93 （7189.04）	769.99 （4126.18）
权益保障	4	191	366.00 （1695.48）	83.10 （502.27）
文明风尚	4	401	284.48 （1173.41）	75.85 （378.11）
合计	100	25221	847.03 （6022.54）	271.83 （3149.96）
K－W检验结果			p<.001	p<.001

　　不同事件类型中，体育运动类事件相关视频的点赞量均值最高，为1543.77，之后是舆论监督类（点赞量均值为1529.93）和中外关系类（点赞量均值为931.66）；舆论监督类视频的转发量均值最高，为769.99，新闻时事、体育运动类事件相关视频的转发量均值位列第二、第三，分别为384.03、340.66。对不同事件类型的视频传播影响力指标进行克鲁斯卡尔—沃利斯检验（K－W检验），发现不同事件类型下的点赞量、转发量指标具有显著差异（p<.001）。进行变量相互控制后的回归分析，以"文化娱乐"类为参照组，就点赞量而言，体育运动类和舆论监督类视频的点赞量显著更高；就转发量而言，舆论监督类和新闻时事类视频的转发量显著更高。

表3-1-10和表3-1-11显示了新闻媒体视频号的视频在简介特征上的基本描述。其中，新闻媒体视频号的平均视频时长为42.94秒，短于1分钟。视频简介的文本长度平均为59.22字。简介中第一人称比例均值为0.002，正向情绪词比例均值0.02，负向情绪词比例均值0.01。统计检验发现，视频时长与点赞量、转发量之间存在正相关关系，但这种关系具有非线性，即时长一旦超过特定范围，其对转发量的影响就转为负向。简介文本长度对点赞量、转发量的影响也具有此种倒U型特征——影响先正向，后负向。视频简介中使用的第一人称比例越高、正面情绪词比例越高，对点赞量、转发量均具有显著正向影响。

表3-1-10 新闻媒体视频号简介特征描述及其影响（连续性变量）

类别	均值 （标准差）	与点赞量关系 （斯皮尔曼相关系数）	与转发量关系 （斯皮尔曼相关系数）	说明
视频时长 （秒）	42.94 （84.74）	0.009	0.103**	视频时长与转发量存在倒U型非线性关系
简介文本 长度	59.22 （57.85）	0.044**	0.084**	简介长度与点赞、转发量存在倒U型非线性关系
第一人称 比例	0.002 （0.01）	0.061**	0.039**	回归分析发现依然具有显著正向影响
正面情绪词 比例	0.02 （0.04）	0.104**	0.042**	回归分析发现依然具有显著正向影响
负面情绪词 比例	0.01 （0.02）	0.022**	0.005	回归分析发现仅对点赞具有显著影响

注：因为样本量大，所以这里采取的显著度标准为**$p < .001$。

新闻媒体视频号的视频简介含有不同标点符号的比例及其对传播力指标的影响如表3-1-11所示。回归分析结果显示，简介中含有感叹号，对视频的点赞量、转发量均有显著正向影响；含有破折号对视频的转发量有显著正向影响。

表3-1-11　新闻媒体视频号简介特征描述及其影响（分类变量）

类别	比例（%）	比较	点赞量均值（标准差）	转发量均值（标准差）	统计检验（曼-惠特尼 U）
包含感叹号	38.7	否	600.89（4545.44）	195.46（2198.64）	均为p<.001（回归分析结果显著）
		是	1238.11（7793.48）	393.15（4237.28）	
包含问号	9.30	否	849.72（6065.8）	271.68（3088.34）	无显著差异
		是	826.78（5584.57）	275.02（3697.83）	
包含冒号	22.9	否	825.56（6023.81）	277.19（3198.48）	无显著差异
		是	921.56（6018.2）	254.51（2981.39）	
包含引号	22.2	否	772.49（5462.79）	238.98（2718.87）	无显著差异
		是	1126.28（7748.79）	394.51（4392.76）	
包含破折号	3.0	否	853.66（6046.79）	270.91（3152.88）	对转发量的影响：p<.001（回归分析结果显著）
		是	650.43（5173.83）	307.03（3055.4）	
包含标签（##）	66.3	否	1110.74（7154.56）	325.59（3510.34）	无显著差异
		是	714.05（5352.69）	244.79（2950.03）	

（二）账号特征的影响

账号特征主要包括所属层级和来源媒体属性。

如表3-1-12所示，中央媒体视频号内容的平均点赞量、转发量均为第一，远超其他类型，随后依次为省级、市级和县级、全国性行业媒体。K-W检验和控制变量后的回归分析结果也证实了中央媒体在传播影响力上的显著领先性。就来源媒体属性来看，广播电视类媒体视频号的平均点赞量、平均转发量最高；互联网类平均点赞量次之，平均转发量最少；报刊类平均转发量位居第二，平均点赞量相对最少。但值得注意的是，广播电视类媒体视频号影响力的均值可能源自少部分头部视频高点赞、转发量的拉动，因此在回归分析结果中，其领先优势并未得到支持，即不能简单地认为广电媒体视频号的传播力一定优于报刊和互联网媒体的视频号。

表3-1-12　新闻媒体视频号账号特征对传播力的影响

	类别	媒体数	视频数	点赞量均值（标准差）	转发量均值（标准差）	统计检验（K-W检验）
所属层级	中央级	24	1568	4920.01（15788.62）	1731.65（9320.24）	p<.001（回归分析结果显著）
	全国性行业媒体	20	374	136.37（458.674）	39.25（153.25）	
	省级	159	15798	618.93（4793.79）	195.10（2412.85）	
	市级和县级	179	7481	511.40（4219.44）	139.79（1575.06）	
来源媒体属性	广播电视	123	10792	941.28（7032.85）	340.24（4031.19）	p<.001（但回归分析结果不显著）
	互联网	57	3439	851.73（5237.05）	201.13（2106.96）	
	报纸杂志	202	10990	753.58（5106.35）	226.94（2327.43）	

（三）情境特征的影响

情景特征的影响主要包括发布的具体时间段以及是否周末。

表3-1-13　新闻媒体视频号视频发布时间特征对传播力的影响

类别		视频数	点赞量均值 （标准差）	转发量均值 （标准差）	统计检验 （K-W检验）
发布 时段	0：00-5：59	433	626.72（4930.35）	191.49（1306.765）	p<.001（但回归分析结果不显著）
	6：00-7：59	346	821.03（5167.82）	241.00（1474.18）	
	8：00-10：59	5179	609.28（4192.41）	200.24（2084.57）	
	11：00-12：59	3683	856.45（6031.16）	222.15（2144.21）	
	13：00-15：59	4625	943.37（6728.55）	276.35（3384.25）	
	16：00-18：59	5480	887.37（6534.96）	300.51（3587.25）	
	19：00-23：59	5474	964.87（6430.64）	349.56（3958.96）	
是否 周末	平时	18767	732.57（5416.65）	239.29（2936.60）	p<.001（回归分析结果显著）
	周末	6454	1181.33（7502.13）	366.44（3699.75）	

分时间段来看，新闻媒体视频号在19:00—23:59发布的视频点赞、转发平均值均最高，分别为964.87、349.56，但这一均值同样可能源自部分高影响力视频的拉动，因此这一时间段发布对传播力的影响结果在回归分析中并未得到支持，即其他时段发布的视频同样可能获得高点赞和转发。在周末发布的视频获得的点赞、转发量均值都显著高于平时发布的视频，K-W检验和控制变量后的回归分析结果也都支持了点赞、转发量周末大于平时的结论。

四、新闻媒体视频号的直播案例分析

如前所述，新闻媒体视频号的发展中，重大新闻事件和突发事件的直播是一种重要的新闻形态。我们选择两个代表性案例进行分析，它们都是高影响力新闻，都引起了广泛（空间）而集中（时间）的关注，成为朋友圈、推荐页、搜一搜等多个视频号端口的"爆点"。案例一是重大新闻时事"香港回归祖国25周年"，庆祝活动经统筹安排直播，仪式地点位于典礼现场，以及剪辑多地预录

视频等，经中央一级为代表的广播电视媒体视频号首发直播，多地省级、市级、县级媒体转播；案例二是突发性空难事故"MU5735坠机"事件，事发地位于广西山林，网民现场手机拍摄的坠机现场首先引起关注，紧接着由中央、广西当地电视媒体视频号现场直播，其他省级、市级、县级媒体快速转播。

（一）案例一：香港回归祖国25周年庆祝活动

在香港回归祖国25周年的纪念活动中，中央级新闻媒体将"现场+台+网"合一，利用视频号进行多场直播，地方媒体多平台联动展播，以灵活多样的形式丰富了这一重大历史事件的线上线下庆祝。

在微信生态的朋友圈中，庆祝香港回归的相关短视频与直播被纷纷刷屏。"人民日报""新华社""央视新闻"等主流新闻媒体的视频号，在7月1日香港回归祖国25周年纪念日当天直播"香港回归祖国25周年大会暨香港特别行政区第六届政府就职典礼"，微信视频号创造营的官方数据显示，"央视新闻"视频号直播间共收获618万次观看，点赞超766万次。"央视军事"视频号联合腾讯多媒体实验室的"智能影像修复"技术，推出香港回归三分钟高清历史影像《1997那一刻》，展播修复后的交接仪式等超清晰历史影像，转发、点赞均超过6万次，并被多家媒体转载。此前，中央媒体通过多种形式预热。6月20日至30日，中央广播电视总台与粤港澳大湾区各城市媒体合作推出融媒体连续报道《直播大湾区》，"每天聚焦大湾区一座城市""1小时电视+12小时新媒体直播"。电视端在CCTV-4（央视中文国际频道）播出；新媒体端则联合中央广播电视台官方视频号（"新闻联播""CCTV-4"）与多家地方媒体视频号（"江门发布""佛山电视台"等），以及包括央视频在内的多家融媒体平台，结合直播和短视频等报道城市主题日。地方层面，广东综艺4K频道7月1日晚8点推出"庆祝香港回归祖国25周年·金曲展播"，联动电视"大屏"与视频号等四家新媒体"小屏"，"先网后台"，当晚8点"小屏"播出，收获全网百万级播放量；当晚22:10"大屏"播出，广东地方多家电视台等同步直播。[①]在回归纪念活动中，中央媒体与地方媒体的多地联动，现场仪式与线上的多媒体体验，从提前预热到7月1日的盛典

---

① 广东综艺4K频道官方公众号.【回顾】新纪录！昨晚的这场直播观看人数超260W![Z/OL].（2022-07-02）[2022-07-31].https：//mp.weixin.qq.com/s/3kMNdxvyGBD3AnuxMmbDZg.

直播，再到连接历史记忆的专题报道，跨地域、跨平台、跨时间共振共鸣。

（二）案例二：MU5735坠机事件

2022年3月21日，昆明飞往广州的东航客机MU5735，于广西梧州市藤县附近山林坠机，乘客和机组人员132人全部遇难，是近12年中国民航最严重的坠机事件。突如其来的惨烈空难消息迅速传开，各级媒体视频号对坠机事故进行特别报道。事发当日，视频号界面推荐页出现大量空难直播。中央媒体有"新华社""央视财经"，事发当地媒体有"广西新闻"，其他地方媒体有"山东财报""东南早报"，纷纷出现在视频号直播推荐页面。从直播内容的转播来看，新闻媒体视频号重点转播主流电视新闻频道。中央媒体（央视、新华社）和广西当地媒体为主要视频内容源头，被其他地方媒体视频号援引视频素材或直接同步转播，提供空难现场救援、遇难者搜救、黑盒子搜寻、场外专家连线等受众关心的新闻细节。3月21日晚10时左右，"新华社"直播间主题为"藤县空难救援已经开始"的直播备受关注；22日晚8时左右，"央视新闻"视频号直播连线总台记者在搜寻黑盒子核心现场的画面，吸引了大量关注。与在此次空难后引发争议的"自媒体"公众号或视频号相比，新闻媒体视频号大多能以事实为中心，直面新闻现场，提供一手信息，增强专业解读，体现了新闻媒体在重大灾难事件发生后不可替代的角色。

除了第一时间报道灾难信息，新闻媒体视频号还连接线下与线上的哀悼与纪念仪式，联结受众，抚慰人心。3月27日是遇难者"头七"，新闻媒体视频号直播间举行了线下线上同步哀悼活动。从凌晨到仪式开始前，中央媒体"新华社"等，地方级媒体"广西卫视""沸点视频"等出现在视频号直播间推荐页。直播内容主要包括哀悼遇难者，回放此前人民日报、新华社、中央广播电视总台等中央媒体的事发现场报道。例如，"都视频原创"（北京日报）视频号直播画面包含来自人民日报客户端的3月26日第六天搜寻现场视频。2022年3月27日下午，哀悼仪式在飞机遇难现场举行。多家新闻媒体视频号直播现场仪式。当日16:38左右，"人民日报"视频号直播间画面显示，大批救援人员有秩序地在现场为事故遇难者哀悼。网友也纷纷在直播间留言区域表达对逝者的哀悼。地方媒体视频号同步转播或回放中央媒体或广西当地媒体的新闻内容。如"沸点视频"等地方媒体直播"人民日报"的内容，"南方都市报"同步直播"新华社"的内容，"新闻在线"重播"广西广播电视台"的早前画面。面对突发灾难事故，平台通过推荐页面集中曝光，变更直播间界面的互动符号，如视频号直播间右下角常规心形按钮变灰白哀悼保佑按钮等，为网友提供了一个跨越线下与线上空间追悼哀思的场所。

五、结语

人类生存进入短视频直播时代，视频化成为媒体融合不可或缺的组成部分。基于视频号独特的媒介逻辑，新闻媒体的视频号发展嵌入微信整体生态体系，嵌入公众日常生活，推动新闻流动的社交化、视觉化、日常生活化。新闻媒体的视频号发展呈现如下模式：重大新闻的快速传播、新闻现场的片段传播、媒介事件与突发事件的视频号直播、视频号的民生化模式，以及面向重要公共议题的纪实性传播。中央媒体和省级媒体、市县级媒体都在探索自身视频号的发展模式，在报道重大新闻时事、展现突发事件新闻现场、报道社会民生、提供本地服务等方面展现出不同特色。

本研究基于大数据分析，初步总结出影响新闻媒体视频号传播力的影响因素，主要包括内容（题材、简介）、账号、发布时间等因素。研究发现：新闻时事、体育运动、舆论监督类内容在新闻媒体视频号中获得较高的关注度；视频时长对转发量具有先升后降的倒U型影响，简介文本长度对点赞、转发量均具有先升后降的倒U型影响，简介中使用感叹号、第一人称和正面情绪词，均对点赞、转发量具有显著正向影响；中央媒体视频号的点赞、转发量显著更高；周末发布的视频点赞、转发量相比平时显著更高。这些发现可以为新闻媒体视频化融合发展提供参考。

人民日报社推出视频聚合平台"视界"，中央广播电视总台推出视频社交平台"央视频"，湖南广电集团开设短视频平台"风芒"……除在社交平台开设视频账号外，新闻媒体搭建自有视频平台等更深一步的视频化融合发展，还为媒体融合进一步发挥核心价值提供契机。直面重大社会现实与公共议题，是新闻媒体的核心使命。中国媒体融合的真正成功，就在于媒体能够切入中国社会发展的历史现实，针对重大问题进行报道和发声，而不是被边缘化或简单地流量化。我们期待自有视频平台和账号相得益彰，成为新闻媒体高品质融媒体产品生产和融入国家治理的新力量。

1.5　重建"地方感":区域性媒体的"本地新闻"生产

王佳航　杨一凡　任　颖[①]

摘要: 数字技术对传统新闻业的影响从冲击走向重塑, 数字新闻学正在成为新闻学的重要范畴。以"关系—互动"为轴的数字新闻生产范式令研究者不得不重新思考原有的新闻生产常规与数字新闻业的契合度。新闻生产与新闻消费双向社交化, 本文以"四川观察""海淀融媒"的微博、抖音账号为例, 探讨互联网媒介情境下地域界限的突破对区域性媒体本地新闻生产策略的挑战, 并针对区域性媒体在社交平台上的"地方感"如何重建提出建议。

关键词: 地方; 区域性媒体; 新闻生产

区域性媒体, 泛指报道范围立足一定区域的媒体。本文中, 除中央媒体以外的省级媒体、市级媒体、县级媒体统称为区域性媒体。

优秀区域性媒体应当是当地优质新闻的提供者[②]。在线下空间, 省级媒体、市级媒体、县级媒体是按照地域边界来划分的, 例如, 陕西省级媒体以报道陕西省当地新闻为主, 县级媒体以报道县(市、区)当地新闻为主。然而, 信息技术变革给区域性媒体的本地化新闻生产策略带来挑战。互联网上地域的边界被突破, 每一个用户不仅可以看到本地新闻, 而且可以看到全国乃至全球的新闻, 这不仅意味着媒体在新闻供给方面存在同质化竞争, 而且意味着区域性媒

[①]　王佳航, 中国政法大学新闻传播学院教授; 杨一凡、任颖, 中国政法大学新闻传播学院网络与新媒体方向研究生。

[②]　郭全中.区域性媒体的可能出路与破局[J].青年记者, 2021(02): 9-10.

体原本的生存定位不得不做出调整。换言之，为适应互联网用户的需求，区域性媒体面临三种选择：生产更多本地新闻；同时提供本地新闻和全国新闻；减少本地新闻，转向追踪全国性热点新闻。数字新闻业背景下，区域性媒体应该如何调适其本地新闻生产策略？

本文选取省级媒体四川省广播电视台的"四川观察"和北京市海淀区融媒体中心的"海淀融媒"，通过分析其微博和抖音账号发布的内容，观察和探究数字新闻生产环境下区域性媒体本地新闻的生产现状、转向、问题与对策。

一、"地域的消失"与被冲击的"本地新闻"

梅罗维茨在《消失的地域》中论述了电子媒介所构筑的媒介情境对人们社会行为的影响。而互联网形成的媒介情境使"地域消失"更明显。事实上，从互联网诞生之日起，地域界限的突破就被视为其重要特征，早期的乐观主义者曾欢呼，在互联网上世界是个"地球村"。

网络空间中地域界限的突破引发了新闻消费行为的迁移和用户自身的变革。网络人群多重分化，既有因兴趣聚合的趣缘圈层，又有个体的各种现实社会关系在网络上的延伸。多重圈层交织和重组背景下，用户成为以个体为中心的个人信息门户。一方面，用户在社交平台的新闻消费主体能动性增强；另一方面，媒体在新闻供给方面的吸引力和议程设置面临更多挑战，"偶遇式新闻消费成为年轻群体的重要新闻消费方式，社交平台好友开始充当新闻把关人。"[①]用户新闻消费行为的变化引发的问题之一是媒体新闻供给是否实现了面向互联网用户的调适。相对于区域性媒体，最直观的挑战是，在前互联网时期，地域是新闻消费的主要区隔，如辽宁的读者几乎不会购买宁夏的报纸。而数字新闻时代，新闻抵达不受地域界限和传递的困扰，区域性媒体的本地新闻生产策略势必受到冲击。如何理解和应对这一冲击是一个复杂的议题。本文拟从"媒体—用户""地方用户—地方用户"的视角观察和阐释。

---

① 李彪，张雪，高琳轩.从管理新闻到回避新闻：社交分发环境下新闻消费方式的转向[J].新闻与传播研究，2021（09）：23-38.

（一）区域性媒体本地化策略的沿革

区域性媒体的建制始于新中国成立的1949年，本地化策略的普遍深化则肇兴于媒体产业化进程。新中国成立初期即形成以中央媒体为龙头的四级媒体，四级媒体的划分基本以地域为依据。20世纪90年代，伴随着传媒业产业化，机构媒体产出新闻的数量和质量提高，受众分众化趋势加深，区域性媒体纷纷提出重视新闻生产本地化的观点。一定意义上说，本地化策略的提出是在传媒业市场竞争激烈的情形下，区域性媒体以受众为中心的差异化定位。

本地化策略使区域性媒体实现了新闻生产、发行、经营全链条的良性循环。传统媒体时期，区域性媒体的本地化策略体现在两个方面：一是新闻生产的本地化，媒体在报道范围、报道重点、新闻选择等各个方面以本地新闻为主；二是为本地受众服务，媒体与受众之间建立了密切的联系。例如，北京青年报的新闻报道以北京35岁左右青年一代感兴趣的内容为中心，并且尝试开辟社区版，经常面向读者进行市场调查，获得极大的影响力。在发行方面，北京青年报放弃邮政发行，自建小红帽发行队伍，不仅进入社区及时送报，还利用运力配送牛奶、直邮广告等。新闻生产的本地化与受众本地服务的深耕互相联系、互为助力。本地新闻因接近性更易获得本地受众的关注，从而提升媒体社会效益与经济效益。事实上，不仅在中国，全球媒体都很重视本地化新闻生产，"所有的新闻都是地方新闻"，为了吸引市民，美国社区媒体开辟了讣告式新闻，日本社区性媒体开辟了豆新闻（家长里短的新闻），两者都以普通读者为报道对象，贴近性很强，获得了强烈的社区认同感。

进入新媒体时代，本地化策略因其显在的优势被媒体机构延续下来。媒体在融合转型进程中，坚持本地化策略。例如，《浙江日报》新闻客户端"浙江新闻"就定位于本土化、可视化、工具化，为浙江政经人士提供热点新闻、政策解读、工作信息查询等服务。2022年，中共中央、国务院发布《关于做好2022年全面推进乡村振兴重点工作的意见》，提出依托新时代文明实践中心、县级融媒体中心等平台开展对象化分众化宣传教育，弘扬和践行社会主义核心价值观。

从区域性媒体本地化策略的发展沿革来看，本地化新闻生产与本地化服务始终联系在一起。从关系的视角来看，区域性媒体的本地化策略建立了其与地方用户的深度连接，区域性媒体成为本地用户之间地缘关系的传播中介，用户与用户也借由区域性媒体形成共同的舆论场域。

（二）"地域的消失"和被冲击的"地方感"

"地域的消失"究竟给区域性媒体的本地化策略带来何种变化？基于关系的视角，问题的核心是：存在于多重圈层交织的网络共同体之中的用户，并没有隔断其与区域性媒体的连接，但是因为连接关系的不唯一性，用户有可能不再选择区域性媒体的本地新闻。理解这一变化的内在原因以及这一变化带来的影响，有利于区域性媒体调适其数字新闻生产常规。

首先，"地域的消失"冲击依托本地新闻形成的地缘群体之间的连接关系和"媒体—用户"关系。学界对"地域的消失"进行多维度的研究。早期乐观主义研究者曾欢呼"地球村"的到来，但是，后来的研究者很快对这一问题有了更深刻的理解。卡斯特在《网络社会的崛起》一书中提出"流动的空间"这一概念，"我们的社会是环绕着流动而建立起来的：资本流动，信息流动，技术流动，组织性互动的流动，影像、声音和象征的流动"[①]。而在流动的空间中，"地域"并没有真正消失，"地方"在它们所属的网络中获得节点的角色。网络的拓扑结构使节点之间存在并不均衡的结构关系。一定意义上说，在传统社会，区域性媒体作为传播中介，聚合了阅读本地新闻的本地用户。作为信息聚合节点的区域性媒体的角色带有稀缺性和垄断性。进入网络空间的拓扑结构中，虽然也有节点大小和节点之间不同距离的区分，但是本地用户有多重选择，用户可以看到更多机构媒体生产的新闻和其他主体生产的内容。因此，媒体与用户、用户与用户之间需要新的有黏性的方式来重建密切的连接关系，即区域性媒体需要创新本地新闻生产与传播的方式来吸引用户。

其次，重新理解区域性媒体中介化的"空间"与"地方"，"地域的消失"冲击用户与"地方"的关系——"地方感"。一定意义上，"地域的消失"促使我们更深入地思考用户在新闻生产本地化策略中的使用与满足。区域媒体不再是用户获取新闻的唯一渠道，但是事实上用户依然需要本地新闻。那么，本地用户因何需要本地新闻？人文地理学家段义孚认为"空间"和"地方"是两个需要区分的概念，我们都生活在空间之中，但是"空间获得界定和意义"才变成

---

① 卡斯特.网络社会的崛起[M].夏铸九，王志弘，译.社会科学文献出版社，2006：383.

地方。[1]"在地理学家眼中,大多数地方和景观文本既有高度的政治性,又渗透着情感和情绪。"[2]本地用户与全网用户有共通的话题、情绪,但是他们需要本地新闻参与本地化的公共生活。他们也对可以称为"本地"的"地方"有亲切安全的感觉。"地方感"形成某种身份认同。区域性媒体传播本地内容过程中所形成的本地用户的"地方感"也是其被需求的重要原因。一定意义上说,"地域的消失"是网络空间中本地用户"地方感"的消失。媒体融合转型过程中,区域性媒体线下内容转移到线上空间,是否营造了"地方感"是本地化策略能否延续的重要因素。

二、本地新闻生产的偏向:区域性媒体的应对现状分析

数字新闻生态环境下,区域性媒体如何应对上述问题,如何面向互联网用户实施其本地化策略?

本文以四川广播电视台的"四川观察"和北京市海淀区融媒体中心的"海淀融媒"为例,对其微博和抖音账号进行内容分析,从分析结果来看,目前区域性媒体在社会化媒体平台上的本地新闻生产存在差异性,但是都有可提升空间。

本文选取"四川观察"和"海淀融媒"为研究样本,考虑了如下因素。第一,覆盖区域范围。省级媒体规模较大,覆盖区域广;县域融媒体中心打通最后一公里,覆盖范围不大,但是要求媒体与用户关系联结密切。两个样本均运营较好,反映了不同层级的区域性媒体的特征。第二,不同类型区域性媒体融合转型战略的差异。省级区域性媒体则更多考虑区域性媒体平台的发展模式。县域融媒体中心的功能是深度联结基层,深度赋能县域社会治理。第三,两个媒体采取了不同的本地新闻生产和传播策略。

在研究过程中,考虑到样本获取的准确性和便利性,本文对抖音号2022年6月15日至6月30日的内容进行了为期半个月的观察分析;对微博号2021年6月至2022年6月全年内容进行等距抽样,以2021年6月1日为起点,每隔30天抽取入样,共抽取14天组成两个构造周。

---

① 段义孚.空间与地方:经验的视角[M].北京:中国人民大学出版社,2021:2.

② 保罗·亚当斯.媒介与传播地理学[M].北京:中国传媒大学出版社,2021:137.

表3-1-14　微博样本的抽取日期

序号	构成 日期	构成 日期	构成 日期	构成 日期	构成 日期	构成 日期	构成 日期
第一周	2021 0601	2021 0701	2021 0731	2021 0830	2021 0930	2021 1031	2021 1201
第二周	2021 1231	2022 0130	2022 0302	2022 0401	2022 0501	2022 0531	2022 0630

综合相关研究文献，本文在内容分析时将区域性媒体的功能设定为：本地新闻的生产与传播、地方意象的建构、本地舆论引导、本地用户连接。在考察本地新闻的生产传播时，新闻发生地、题材、新闻来源、体裁、互动方式、传播效果等被纳入分析范围。地方意象是指作为表征的"地方"。"不论你曾周游世界还是一个'沙发土豆'，你都可以在脑海中勾勒出（埃菲尔铁塔、中国长城等）图景。个人的亲身游历和来自电视节目、杂志、报纸、电影的媒介化经验共同帮助我们获得这些'个性化地方意象'。"①区域性媒体在构建地方意象方面有着不可或缺的作用。本地用户的连接，通过区域性媒体与本地用户的互动情况来研究其用户关系。

经内容分析，两家区域性媒体面向互联网用户的本地化新闻生产策略呈现出如下特征。

第一，数字新闻生产的本地化策略呈现出多种模式。"海淀融媒"与"四川观察"采取不同的本地新闻生产与策略。"海淀融媒"以本地新闻自采为主。"四川观察"则采取聚合式的新闻生产方式。"海淀融媒"抖音号2022年6月共发布69条短视频，其中62条为自采，占比89.86%。在样本期间共发布微博73条，除去活动、早晚安帖等非新闻内容，其中49条为自采的本地新闻，占比67.1%；"四川观察"抖音号2022年6月共发布短视频235条，其中四川本地新闻为30条，占比12.7%；在30条本地新闻中，其中有高考专辑15条。样本期间共发布微博585条，其中本地新闻210条，占比35.9%。因报道范围广，有网友调侃，"四川

---

① 保罗·亚当斯.媒介与传播地理学[M].北京：中国传媒大学出版社，2021：139.

观察"应改名叫"四处观察"。两种区域性媒体新媒体生产模式效果不同，虽然不具备绝对的可比性，但是"四川观察"模式更受网络用户喜欢。截至2022年8月15日，"四川观察"抖音号粉丝已达4671.4万，点赞量达33亿。

第二，本地新闻生产呈现出较成熟的数字新闻样态。两个区域性媒体的账号均处于新闻生产面向互联网用户转向的探索期，从案例来看，已经初步掌握了数字新闻生产的基本规律：互动、情感引导、融合新闻等已经纳入区域性媒体的日常新闻生产中。首先，从作品来看，"四川观察"和"海淀融媒"具备使用多种手段生产融合新闻的能力，在常规报道之余，两者均可以制作短视频、动画视频。例如，海淀融媒体中心制作了疫情防控小贴士系列短视频。"四川观察"很擅长组织用户互动，2022年5月31日，策划了六一儿童节的微博专题——《#童年回忆突然攻击我#你玩过哪几样？》，融入图文、短视频等多种表现形式，收获评论近1300条。其次，两个区域性媒体的微博、微信定位清晰，语言风格轻松活泼，适合网络用户的阅读和视听习惯。

从案例分析的结果来看，两家区域性媒体面向互联网用户的本地化新闻生产策略亦存在一些问题。

第一，本地新闻数量、多样性和公共性不足。整体而言，区域性媒体本地新闻的数量不多。以内容分发平台为代表性形态的新闻机构的数字化新闻实践应该能满足在平台上获取新闻的网络用户的需求。换言之，区域性媒体的本地新闻供给能为用户描绘该区域完整的拟态环境。网络用户应能从该账号获得该区域重要公共事件，掌握完整样貌的环境动态、意见生态。两家媒体均未能实现这一目标。首先，本地新闻的数量不多，系统性不足，未能完全覆盖本地重要事件。在两家区域性媒体的微博上本地新闻数量均不充足。"海淀融媒"虽然本地新闻占比很高，但是总数很少，每天仅仅几条。"四川观察"内容发布总量不低，本地新闻的数量和对本地事件的覆盖度不够高。其次，两家区域性媒体的本地新闻题材呈现出生活化、社会化特征，公共性不足。以"四川观察"微博的内容为例，题材分布不均衡，排名居前三名的主题是旅游类30条，社会类25条，天气类23条，共计78条，占比37.2%。"四川观察"每期会有一个重大主题类专题，例如，春节、建党周年纪念，专题报道的新闻数量在本地新闻中的比例为30%—80%。重要主题的专题策划提升了本地新闻质量，但是整体来看，

"四川观察"时政新闻数量很少，微博内容涉及重要政治、经济等事件不足。"海淀融媒"亦有类似问题，本地新闻题材碎片化、随意化。

第二，本地舆论引导不充分。网络用户群体意见的自然形态带有较强的自发性和盲目性。围观、偶遇、戏谑、情绪极化成为网络舆论常态。区域性媒体应针对区域内热点问题进行疏导，以引导地方舆论，化解社会矛盾。区域性媒体在舆论引导方面可以采取如下策略：及时发布权威信息，选择时机澄清事实，发表权威评论建构正面舆论，对错误社会思潮或观点进行批驳，引导公众在互联网空间进行公开对话或讨论等。在样本期内，两家区域性媒体在这方面作为不充分，意见表达、热点解读不多。"四川观察"的抖音号上虽然有大量舆论监督类报道、各地热点事件的视频，但是未对这些视频作充分解读和意见疏导。

第三，地方意象的构建方式简单化。媒介化经验和个体的直接经验结合会产生地方意象。媒介对于地方意象的建构往往会令文本阅读者产生"地方感"。一定意义上说，网络用户借由媒介传播的地方性知识，不断凝视、参与、获得对地方的亲切感——形成用户对区域环境的"地方感"。积极的地方意象也是区域媒体所希望达成的目标。但是，实践中区域性媒体在这一方面缺少主观能动性。例如，"四川观察"的微博有很多地方性景观的内容，虽然不是新闻报道，但是有助于形成网络用户对四川的认知，九寨沟美景、阿坝地区风土人情等令人心驰神往。在本地新闻的选题中，"四川观察"对作为文旅大使的丁真的报道、对冬奥会上四川籍贯的运动员的报道，亦选择了地方性视角。但是，这些本地新闻、本地知识对于地方意象的建构方式还不够精细。从本地新闻评论帖的IP来看，虽然四川用户居多，但是媒体对这些用户未作进一步管理和反馈。

必须指出的是，四川观察与海淀融媒都只是两个媒体机构新媒体矩阵的一部分。本文将其作为案例阐释地方新闻生产实践中的挑战，并非两个媒体机构新媒体生产全景的评估。相对于传统媒体时期的本地化策略，数字新闻生态环境下部分区域性媒体的本地新闻策略未能形成本地新闻报道、本地舆论引导、本地服务一体化的效果，亦未能实现区域性媒体与本地用户的黏性、强需求关系。

三、"地方感"如何重建：区域性媒体本地新闻生产策略优化

在数字新闻生态环境下，区域性媒体融合转型，延续其本地化新闻生产与

传播的优势，应更加注重专业生产者定位，提高专业化程度。

第一，围绕重建本地用户的"地方感"，完善本地内容生产的顶层设计。区域性媒体应该定位为网络结构中的强节点，成为本地用户与用户之间连接的平台，成为本地用户对"地方"感知的渠道。一定意义上说，区域性媒体应从转型期的零散的本地新闻生产与传播规律中走出来，形成围绕重建本地用户"地方感"的一揽子方案。数字化的本地新闻生产实践与传统媒体时期相比，专业化程度尚有很大距离。区域性媒体远未实现以平台为代表性形态的数字新闻的专业化生产。区域性媒体应当作为本地用户地缘关系、区域性媒体与本地用户、本地用户与环境三对连接关系的连接节点，借由其本地化内容服务的优势，完善生产和传播方式，成为本地用户在网络上本地新闻获取、本地话题讨论、本地活动参与、本地意象建构和增强的重要渠道。

第二，探索加强用户"地方感"的情感联结方式。互联网"地域的消失"，一定意义上是互联网用户圈层重构、获取本地新闻途径多元化、媒体数字化转型迟滞所导致的"地方感"的消失，其实质是区域性媒体与用户强连接关系消解。而关系的重建不仅仅需要优化本地化内容生产，亦需要探索创新数字交往方式，强化用户对"地方"的情感联结。"地方感"在互联网空间如何维系？区域性媒体如何唤醒"地方感"？这就需要进一步研究新媒体为中介的数字交往方式，增加地方用户的"卷入"感。尽管以往区域性媒体关于用户如何"卷入"新闻生产有很多探讨，但是随着新技术手段涌现，对新媒体的认知深化，区域性媒体应尝试更多的创新。

第三，优化区域性媒体的组织与流程。一定意义上说，"地方感"重建是以"关系—互动"为轴的全组织重构，是区域性媒体的本地关系再造。区域性媒体完成整体优化，需要从用户需求出发，重构媒体组织与生产流程，即区域性媒体需要优化突出专业性的数字新闻实践，再造能实现用户需求、用户关系数据化管理的组织架构，改进有精细化用户关系的本地化新闻生产流程和本地信息服务流程。然而，绝大多数区域性媒体目前正处在艰难转型期，缺少足够的技术、资源和资金支持，实现本地新闻生产的数据化转型应探索更多元的协作模式。当前，在融合新闻作品的生产中，协作模式较为多见。例如，新华智云AI平台为各地媒体提供技术支持。未来，区域性媒体应尝试更大范围的探索。世界各国的地方性新闻都出现萎缩状况，涌现了很多新的协作模式。例如，2017年，英国成立"地方新闻局"，"参与该机构平台协作计划的包括地方新闻媒体的记者和编辑、自由撰稿人、学者、数据工程师以及各类初创新闻机构的负责人等"[1]，实现了800多家地方新闻媒体的信息和资源共享，这些创新形式为我国区域性媒体的本地新闻数字化转型实践提供一定程度的参考。

四、结语

本文的研究尚有不及之处，虽然尽可能观照不同类型区域性媒体本地新闻生产的数字化转型现状，但是因为区域性媒体因地制宜，形成了极其丰富的模式，在归因总结展望讨论时，本文未能具体区分不同类型的区域性媒体的内部差异性。本地新闻生产实践创新优化这一议题仍有广阔的进一步讨论空间。作为数字新闻生产的一种主张，本文期待能为媒体深度融合转型提供些许参考。技术驱动下新闻生产正在面向互联网用户迁移，从业者对于数字新闻生产规律的认知，对于互联网用户需求和新闻消费行为的理解还需进一步深化。数字新闻生产传播实践日益显露出这一领域强烈的探索性，用户成长、关系重构之后，新闻生产的理念和规范、新闻生产传播的方法策略亦迫切需要重新审视和创新调适。

---

[1]　史安斌，戴润韬.智媒时代重振地方新闻：路径与模式[J].青年记者，2020（04）：82-85.

第二节　技术篇

2.1　数字新闻业中的人机关系

彭　兰[①]

摘要：今天机器既作为工具、渠道，也作为行动主体参与数字新闻系统中，成为其关键要素。在数字新闻生产中，机器思维开始普及，但它们不能替代人的思维，而是需要与人的思维相互补充、协同作用。在新闻价值的评价与赋予机制中，人—机互动日益深化。而从用户角度看，他们正在走向人—机一体化，这也会在多个方面对新闻系统产生作用。从多种层面看，机器在数字新闻业中获得重要权力，也影响着各种人类主体的权力，以及各种主体间的权力互动。

关键词：数字新闻业；人机关系；机器思维；算法；机器权力

对于今天的新闻业来说，数字化是其主要特征之一。数字化不仅促成媒体转型，也造就全新的新闻业。

数字时代的新闻业，既包含由职业新闻生产者构成的作为社会守望者的新闻业，又包含由无数个体、组织乃至机器共同构成的泛新闻生态系统，这种系统是有序与无序的混杂、专业与业余的并存，是公共生活与私人生活的互动，

---

① 彭兰，中国人民大学新闻与社会发展研究中心研究员，中国人民大学新闻学院教授、博士生导师，研究方向为新媒体传播、智能传播。

也是媒介景观与社会景观的共融。

数字新闻业的发展，离不开各种机器，技术的变革也使与新闻业相关的机器不断扩展，从专门的计算机设备，到手机、智能家居设备、传感器等智能终端，再到各类应用软件、算法等软性"机器"。机器既存在于内容生产端，也存在于内容传播的路径，还广泛存在于用户端。机器既是工具与渠道，也是新闻系统中的行动主体。它作为一种关键要素深度参与并影响新闻生产、传播、消费等各个环节，也影响着新闻生产系统中各类主体的权力。研究数字新闻系统中人与机器的多种关系，是理解数字新闻业的机制及影响的一个重要视角。

一、新闻生产中机器思维与人的思维的互补与协同

计算机等机器以工具或主体的方式直接参与新闻的生产中，这不仅带来新闻采集、加工等各环节的数字化，更带来新闻生产起点的变化，即认识世界、呈现世界的思维方式的改变，具体表现为数据思维、算法思维、计算思维。

（一）数据思维

机器带来的一个重要影响是数据思维（或称量化思维）的普及与强化，也就是将万物映射为数据，通过数据来揭示事物的某些状态或特质。数据思维在人类思维中一直存在，只是过去它适应的对象有限。今天，计算机数据分析能力增强，使数据思维应用到更广泛的层面。数据思维因机器而强化，也成为机器思维的一种代表。

在新闻生产中，数据一直被作为新闻事实的呈现方式或观点的论据，在各类新闻中被引用。而建立在计算机技术基础上的数据新闻则将数据的作用上升为驱动力，即以数据为出发点，来发现与揭示新闻事实。因此，数据新闻常常也被称为数据驱动新闻。数据新闻可以通过对状态、特征、冲突、异变、规律、关系、原因、趋势等的分析与揭示，来呈现新闻主题或事件。

今天的技术为新闻生产所需的数据提供了更多采集与加工手段，从大数据技术、人工智能，到物联网技术，再到移动终端与可穿戴设备等。这也意味着，过去很多不能量化的对象，今天可以变成数据加以呈现。

数据思维的一个重要目标是以数据达到"客观"呈现。对于新闻生产而言，数据可以超越记者的个体视角和人的感官局限，提供新的认识事物的线索，丰

富人们对于新闻对象的认识。大数据更是可以反映事物的宏观与总体状况。某些时候，客观的数据也可以证实或证伪人的主观判断，为报道提供更准确的依据。但是，数据能否真正达到"客观"这一目标，却要受到很多条件的制约，数据应用本身有一整套规范，如果不遵循这些规范，或者在数据应用中出现漏洞而未能察觉，所谓客观数据也会出现大的偏差，貌似客观、准确但实际传达的是假象。从数据采集中的样本偏差、脏数据的污染、分析模型的错误、分析能力的局限，到数据解读中的失误，数据应用的每一个相关的步骤，都存在导致假象的因素。其中的每一个环节，也都存在人工干扰、干预的可能。即使数据是准确的，只有数据这一维度的新闻呈现也是单调的。因此，我们仍然需要新闻表达中来自记者的主观观察、主观体验，有时也需要他们的主观评价与个人化的观点。

（二）算法思维

除了数据思维，当前算法思维也成为新闻业采用得越来越多的一种思维。以算法进行关系的匹配与调节（如内容与用户之间的匹配、平台上的内容流量调节），以算法进行批量化内容生产（如用算法来写作新闻稿件、用算法来进行视频剪辑），以算法进行决策（如计算广告、基于算法的策划等），已越来越常见。算法等人工智能技术在新闻业的普遍应用，会使某些内容生产效率大大提升，例如，体育、财经等新闻领域可程式化写作的新闻类型。过去，由于人力的限制，媒体主要关注那些公共价值高的新闻，而在机器提供大规模生产力后，小众的、个性化的事件或话题也可以被机器"报道"。但这会使信息超载这一问题变得更为突出。算法解决了信息与人匹配的效率问题，它对信息环境的影响，无论是个体视野中的还是公共平台中的，会越来越突出。对于决策而言，算法既可能提高某些方面决策的精准性，也可能使决策陷入机械化、套路化的误区。

（三）计算思维

算法本质上也是一种计算思维，即通过约简、嵌入、转化和仿真等方法，把一个困难的问题阐释为求解方案[1]，算法将模糊的对象变成明晰、精确的数据，将主观的感受变成客观的信息，将抽象的原则变成具体模型和可执行的过程。

---

[1] 陈国良，董荣胜.计算思维与大学计算机基础教育[J].中国大学教学，2011（1）：7-11，32.

但这种思维也会简化原来复杂多面的世界的某些维度，算法模型、算法相关的数据采集与计算环节等，同样可能存在失误与偏差。

可以预计的是，智能化时代，新闻生产中的数据思维、计算思维、算法思维等机器思维会越来越多地进入新闻业，这些机器思维在某些方向打开人们的想象力，打开认识世界的新窗口，但我们也要警惕它们变成对人的思维的禁锢。在智能技术发展的过程中，看上去是机器在不断模仿人类思维，实际上人类思维也可能越来越多地受到机器思维的影响。过度依赖机器可能导致我们原有的一些认识方向与通道被阻塞甚至关闭，我们对世界的认识趋向单调——将一切建立在数据及其计算基础上。

数字新闻业，既不能是对人的旧有思维的固守，也不能是对机器思维的盲目崇拜，需要打破两种思维的对立，更需要两种思维的结合、互补。机器强化的客观、程式化、模型化思维与人类特有的主观、直觉思维，两者相互映照、相互补充，通过它们的结合更完整地认识与反映世界、更好地进行决策。未来的数字新闻生产机制也应该促成人与机器思维的协同：机器的客观呈现与人的主观观察、描述的协同，机器的信息筛选与人的价值判断的协同，机器的信息加工与人的观点表达的协同，机器的知识生产与人的意义创造的协同，机器的精准指导与人的经验、直觉判断的协同，等等。但实现这样的结合与协同仍有很多障碍。现实中，控制机器的多是拥有技术的组织或个人，他们多存在于媒体外部，而媒体内部仍主要是传统新闻生产模式训练出来的媒体人，他们对于机器思维的接受、理解与应用能力有限。即使有些媒体内部有具备数据新闻生产或其他数据处理能力的人员，但他们如何与擅长传统生产思维的人合作，也是一个挑战。传统媒体与外部技术力量的合作，需要跨越很多障碍。

二、新闻价值的评价与赋予机制中的人机共动

在数字化新闻业的语境下，我们有必要重新认识新闻价值及其生成、评价机制。

（一）新闻价值评价与用户的价值赋予

以往，新闻价值衡量主要依据媒体单方面制定的静态指标，沿用一些传统标准。

但数字传播环境下，一条新闻的价值大小，并不完全由媒体或首发者预设，而是由传播网络的节点，特别是为数众多的个体用户节点，共同决定的。每个参与传播的用户节点都基于自己的需求来进行内容的选择与解读，而这是在公共性与私人性需求叠加的坐标体系下进行的。用户的选择不仅决定他们自身看什么内容，也决定哪些内容可以在社交网络中得到广泛传播，哪些内容传播会受阻。这样的传播过程可能是对价值的唤起、增强与再定义，也可能是对价值的抑制与削弱。每个用户都以意义生产、建构的方式参与新闻价值的赋予过程。这意味着，今天对内容的新闻价值的考量，还需要关注它们作用于用户时产生的意义。

虽然在传统时代，用户也存在私人化的信息选择与解读，但由于传统时代人们的社交网络规模有限，社交网络在公共信息传播中的作用有限，所以，人们的私人化行为难以被连接起来，也难以产生持续的公共性影响。数字时代，由于机器的作用，无数个体的社交网络被连接成一个巨大的公共网络，这个公共网络又成为公共信息传播的常态性"基础设施"时，个体行为就很容易集合成大规模的群体性行为，大大增强了用户在新闻价值判断与赋予中的"权重"。

用户的"价值赋予"之所以能被"看到"，也是因为机器可以对用户阅读、分享、评论等数据进行直接统计，甚至可以根据某种算法生成排行榜。媒体人可以通过这些数据来审视自己的专业判断与用户评价是否一致。为了市场影响力，媒体也会越来越多地参与数据的竞争，追求"10W+"等"好看"的数据。这也意味着在机器统计的数据推动下，媒体人某些时候会向用户的价值判断靠拢。

（二）人机共动的价值评判

机器提供的数据反馈越来越精准且实时，它们对媒体产生的压力也就会越来越大。而整个平台也可能会形成"马太效应"，那些拥有"10W+"数据的内容成为生产者追捧的目标，越来越多类似风格的内容被生产出来。媒体人以往的经验性判断，受到来自机器的数据性评价体系的冲击，媒体也会越来越多地向数据体系倾斜。但过分倚重数据和算法评价系统，会削弱媒体的专业性。

在传播网络中，机器还会以推荐算法的方式进入新闻价值的评判体系。目前的算法主要以个体的兴趣、行为为依据进行信息推荐，虽然算法的依据是人的既往行为，是对用户某一段时期惯性的揭示，但如果这种惯性被算法固化为长期行为"规程"，就会使用户面临的信息环境日益封闭与趋同，不断抑制人们在新闻选择、解读与利用方面的主动性。当人们被动接受来自机器推荐的内容时，也失去了自主选择中的价值判断与价值赋予机会。

当然，这样的算法并不代表全部，这只是分发算法的"1.0"版。今天的内容推荐算法在向其他思路延伸，例如，对用户流动的需求的关照，对公共性内容的推荐，对平台内容的平衡性调节。可以期待，未来的推荐算法还会有更多元的推荐模式。好的算法，需要为平台提供更优的内容生态，也需要在为用户减少内容选择、获取成本的同时，为他们保留开放性与自主性。但无论是什么样的模式，算法对内容流向与流量的调节结果，都会以数据指标的方式体现出来，这些指标会成为内容价值评判体系的一类参数。而在更高的层面，这些数据指标会影响整个平台的内容生态，平台内容生产者越来越多地以数据为导向。如果一些数据存在人为的操纵，对内容生产者的干扰或误导会更大。

智能化媒体时代，机器对于用户反馈的揭示还不限于上述表层的行为数据，而是可以深入生理层面的数据，例如，脑电波数据、眼动数据等。这些数据会将内容对用户产生作用的过程揭示得更精准，甚至可以呈现出动态的作用过程，例如，某个时间点的状态、某个微观的信息单元产生的效果。

在这样的数据支持下，对一条新闻的价值判断，将不再停留在一个整体作品层面，而是深入具体的时间、微观的信息单元层面。这会反过来促成媒体在微观层面作更多的精细调整，以提升内容的新闻价值或满足用户的需求。但是这种在机器指导下的精准生产，究竟是会起到有效优化的作用，还是使内容生产陷入机械化的、零件式加工的思路，甚至使创作者失去自主判断与自主决定权，我们需要在未来作更深入的研究。

三、人—机一体的用户

从用户端看，随着智能终端的发展，人与机器正在走向同一化，人—机一体的赛博格也在变成现实。

（一）人的赛博格化

赛博格（cyborg）这个词起源于20世纪60年代。1960年，美国航天医学空军学校的曼弗雷德·克林斯（M. E. Clynes）和内森·克兰（N. S. Kline）在《赛博与空间》一文中首次提出赛博格这一概念。[①]这两位学者从 "cybernetic"（控制论的）和 "organism"（有机体）两个词中各取前三个字母构造了一个新词 "cyborg"，两位学者提出为了解决人类在未来星际旅行中面临的呼吸、新陈代谢、失重以及辐射效应等问题，需要向人类身体移植辅助的神经控制装置以增强人类适应外部空间的生存能力，由此带来赛博格这个概念。"赛博格"后来被定义为人的身体性能经由机械拓展进而超越人体限制的新身体，也有人将其简称为电子人。虽然，赛博格的概念存在了几十年，但是，过去很多构想只能存在于影视、文学作品等方式中。今天，随着越来越多的智能设备（如智能手机、可穿戴设备等）的普及，人的赛博格化已经全面开始，虽然这些设备并没有植入身体，但人与这些设备的关系已经不可分离，人—机一体在一定意义上已经变成现实。

（二）用户的新行为特质

在数字新闻业中，人—机一体的用户也会出现新的行为特质，这些新特质会对系统产生新的作用。

赛博格用户的各类信息消费行为可以通过智能终端量化，这些数据成为传播效果的重要衡量依据。与传统时代整体性的传播效果衡量数据（如收视率）不同的是，人—机一体的情况下，传播效果的测量可以精确到个体，并且与用户行为惯性、手机品牌、所在区域，甚至精准位置等个人信息结合在一起，因此能使传播效果分析深入用户背景等层面。

人—机一体的用户不仅为传播效果的测量带来新的可能，也推动面向个体的精准传播的深化。这种个性化传播不仅仅是基于算法对用户行为的简单分析，而是纳入用户身体相关的物理性变量（如空间位置）、生理性变量（如视线、大脑的兴奋程度等），将物理空间、体验环境、社会情境、用户实时状态、用户生活惯性、社交氛围等多种要素共同组成的传播场景作为个性化传播的依据。

人—机一体的用户也意味着"自我传播"的变化。以往在人体内部进行的传播，因为身体上的各种智能设备在一定程度上被外化。人们的身体指标、情

---

① 冉聃，蔡仲. 赛博与后人类主义[J]. 自然辩证法研究，2012（10）：72-76.

绪、注意力等可以被量化，被自己和他人看到。人们通过监测这些数据进行自我评价，并试图进行更精准的自我控制。可预期的是，可穿戴设备和传感器的进一步应用，人的自我传播的外化也会更为频繁。

自我传播外化的同时，它与人际互动、群体互动，甚至公共信息传播之间的相互渗透也会加深，自我传播这一新的"变量"的加入，会如何影响数字新闻生产、传播与消费，也是亟待研究的新问题。

在VR/AR营造的空间里，人会有类似现实空间的身体在场和感知，包括方位、距离等。从对现场还原和人的在场感营造的角度看，VR/AR空间里，"第一人称视角"被交还给用户，人们可以根据自己的需要改变视角与观察对象，这也意味着身体的运动。物理空间中的具身认知模式，也会在虚拟空间中体现。而对于新闻体验来说，这会使以往由摄像、导播决定的现场，变成用户自己探索的现场，他们对新闻的解读，在很大程度基于自己对现场的认知，新闻现场因此会变得"千人千面"，这也对新闻的客观性形成挑战。

四、权力关系下的机器与人

在以上的分析中，我们时时可以感受到，机器在数字新闻业中获得种种新的权力，机器权力也会对不同人类主体产生不同的作用。

（一）数字新闻业的机器权力

对于数字新闻业中机器权力的认识，以下一些线索尤其值得关注，当然它们之间会存在一定的交叉。

1.作为基础设施的权力

没有机器及其网络，就没有今天的数字新闻业。无论是作为新闻生产的工具或主体，还是新闻传播的渠道，机器都在极大地影响着新闻业整体。而每一个具体的媒体机构、商业传播平台所拥有、掌控的机器资源，也是决定它们的生产能力、影响能力的重要因素。这些基础设施层面的机器权力，还直接影响着数据资源，无论是数据量，还是算力、算法。创新型互联网应用的开发者，也可营造具有巨大话语权的平台，一些平台也成为用户眼里不可或缺的互联网基础设施。一旦基础设施出了问题，主流媒体在商业传播平台上的新媒体账号就难以发挥作用。

2.作为"可供性"展示的权力

近年来，"可供性"（affordance）成为国内新媒体研究的一种新视角。美国学者吉布森最早提出"affordance"这一概念以讨论环境与动物之间的关系，这一概念指的是环境所能给予动物的相对于其行为机会的信息[①]，可供性是既指向环境又指向动物的，它指出动物与环境之间的互补状态。[②]因此，对可供性的理解，不仅需要理解环境的特征与潜能，也需要分析动物对这些特征的认识与利用情况。

尽管这一概念自提出后就存在很大的争议，但仍被很多学科所借鉴。传播学领域近年也引入这一概念，尽管研究者对它的认识与解读各不相同。有学者用可供性来衡量媒体的"新""旧"，并提出可供性的三个维度，即信息生产的可供性（production affordances，包含可编辑、可审阅、可复制、可伸缩、可关联）、社交可供性（social affordances，包含可致意、可传情、可协调、可连接）和移动可供性（mobile affordances，包含可携带、可获取、可定位、可兼容），在三种可供性上水平越高的媒体，往往就是越"新"的媒体。[③]

除了以上的认识视角外，我们还可以从空间、时间、资源、关系、体验等维度来认识新媒体的可供性，同样，这也体现为各种新机器、新技术展现的新特性，以及人对这些特性的把握能力两个方面。从空间维度看，新媒体带来的可供性包括信息消费空间的全覆盖与流动性，信息消费空间从"共享空间"向"私人空间"的转换，信息生产空间的平民可达性，以及机器开辟的新信息生产空间等。时间维度的新可供性则体现为：信息采集与发布时间的缩短，用户在新媒体使用中的"多线程"行为并行、实时与延时行为交错，以及私人化媒介时间与公共性媒体时间的对抗等。从资源维度看，对于普通个体来说，资源可供性首先体现在内容生产设备的"可得性"。

---

① 王义，李兆友，曹东溟.可供性测量蕴含的"尺度转换"及其科学意义评析[J].自然辩证法研究，2018（7）：96-101.

② 孟伟.涉身与认知：探索人类心智的新路径[M].北京：中国科学技术出版社，2020：22.

③ 潘忠党，刘于思.以何为"新"？"新媒体"话语中的权力陷阱与研究者的理论自省——潘忠党教授访谈录[J].新闻与传播评论，2017（1）:2-19.

个人化的、移动化的便捷设备，为用户参与内容生产提供了基础。而在媒体内部，不断更新的数字化设备，作为新的生产资源，促进内容生产的全面数字化，包括内容产品形态的数字化，这也是媒介融合的前提。对用户而言，内容资源的可供性发生极大变化，内容资源，不再只是简单的阅读、观看对象，而是评论、转发甚至再生产的对象，内容也成为人们建构自己与他人及社会环境的关系的重要方式。

个性化的内容获取成为可能。在新媒体中，各种技术提供了多种方向的关系连接可能，这不仅仅指人与人之间的关系，也包括内容之间、内容与人之间、人与资源及服务之间等其他关系。这些都是关系维度可供性的新体现。用户体验维度的可供性变化，得益于人机交互设备与技术的发展，从纯文本的环境，到多媒体环境，再到未来元宇宙下的三维立体的沉浸式环境，体验的提升，不仅会影响人们对内容的感知，也会使体验本身成为一种传播目的，而不仅是手段。

无论从哪个角度去认识可供性，我们都会意识到，在数字新闻时代，机器向我们展示了其作为一种基础要素甚至主体参与、影响甚至改变新闻业的多种机会与可能。无论是对于机构还是个人而言，对这些可能性的理解与运用能力，决定了其在全新的新闻业格局中的位置。技术本身的特性决定了人对其应用的边界，人的应用能力总会受到技术特性的约束，这也是机器权力的体现。

3.对数字新闻业基础结构的影响权力

机器不仅作为行动者网络中的行动者展示其潜能，还直接影响行动者网络本身，而这是通过对基础结构的影响体现的。加载在机器上的应用技术的更新，会带来传播网络的变化，不同的传播网络对应不同的传播主体、传播模式与传播结构，节点间关系、不同类型节点的地位与作用会随之发生变化。因此，不同阶段的技术会构建不同性质的行动者网络。拥有不同技术能力的人类行动者，在网络中扮演的角色和权力大小也不尽相同。

4.对人的认知、行为与思维的形塑权力

机器权力对用户的作用，最终会体现在信息获取及认知、态度，以及人的行为与思维模式等层面。这也是以往传播效果研究所关注的层面。例如，人们的认识、思维越来越碎片化，与今天的传播模式、传播终端的变化有着一定的

关系。人们在数字环境中的信息视野与平台结构、传播机制、算法等相关，人们的态度、立场受到数字环境的影响也越来越大，而这背后，也有机器的因素。人—机交互界面本身也是一种权力，它会驯化、固化人们的行为模式，甚至思维方式。

5.对社会关系与社会互动的影响权力

今天，新闻生产、传播、消费很多时候是在某些关系结构下（包括私人关系与群体关系等）的互动中进行的。同样，机器在这方面也具有一定的影响权力。机器可以带来以往没有的关系连接并强化这些关系,带来人的社交网络拓展。但同时，也可能带来一些关系的疏离甚至断绝，使社会结构呈现分化、断裂的特征。数字环境下的人群分化，虽然很多时候缘于人为因素，但也并非与机器无关。

技术平台特性，会影响人们的公共互动模式。虽然在互联网兴起之初，人们对它寄予了哈贝马斯所言的"公共领域"的期待，但是，目前互联网中各种类型的平台，似乎都难以达到那种公共领域所需要的理性商谈环境。这虽然与时代背景、人性的弱点等不无关系，但也与技术平台的影响相关。看上去开放的平台，实质上容易产生权力分化，因此，并不能完全提供充分、均衡的信息与意见。今天平台提供的互动模式，也容易产生抱团取暖的意见"同温层"或同质人群的"回声室"，从而使人们强化自己的态度。哈贝马斯指出，平等与没有制约两个特征使新媒体下的交往变得碎片化，并形成一个个圈地自萌的小圈子。①未来的技术是继续顺应甚至强化人性的弱点，还是克服人的弱点促成理性交流，目前我们还不能简单下定论，当然我们更希望看到的是后者。

（二）机器影响下不同主体的权力演变与权力互动

拥有多种权力的机器，对人的权力带来的影响也是多种方向的，有些方面是增强，有些方面则是挑战、削弱甚至剥夺。但人的权力并非对应一个抽象的"人"，而是对应着很多类型的人类主体，从新闻生态角度看，主要包括普通用

---

① 现代性哲学+.重磅首发！哈贝马斯2021年最新文章：重思数字化时代中公共领域的转型"矫正错误的媒介结构是宪法的要求"[EB/OL].(2021-11-26)[2022-07-08]. https://mp.weixin.qq.com/s/KdnGf3oVzSlGoTju6UFa6A.

户、职业内容生产者、非媒体性质的机构、机器拥有者（包括平台）以及管理机构等。不同主体与机器权力的关系及反应模式不尽相同，这些主体之间会有权力的博弈，这些博弈的中介往往也是机器。

在普通用户层面，机器赋予他们在公共信息环境中的表达权利与参与权利，并使表达与参与的门槛不断降低，一些个体也将这些基本权利转化为公共话语权力。一方面，无数个体的权利集合起来后会成为一种权力并对媒体的权力产生冲击。机器也给用户提供更广泛的信息渠道，加大他们在信息选择方面的权力。另一方面，机器赋予平台更大的权力。个体用户权力在平台权力面前会受到压抑，个体很多时候只能受制于平台，或者为了兑换自己的权力不得不让渡某些权利甚至隐私。在软件与算法面前，个体用户常常是十分无力的。表面上看，今天的用户有足够广泛的选择空间，但很多时候用户的选择却变成机器的选择。面对机器的权力，用户某些时候试图表现出对抗，但对抗的方式及其效果也是有限的。

数字时代的职业内容生产者既包括媒体，也包括一些以内容生产为职业的个体或团队。机器为非媒体背景的生产者赋权，使他们拥有职业化地参与新闻生产的可能。而在各类平台中，在机器因素的作用下，职业内容生产者的权力也可能出现再分配。特别是在基于机器统计数据的量化评价体系下，那些遵循传统新闻业生产思维与法则的媒体并不能天然处于优势，有时反而处于劣势。一些新闻生产任务需要技术力量的加入，内容生产者也会受到技术权力的制约。更大的技术权力约束，则来自平台。

非媒体性质的机构，在数字时代成为新闻系统的参与者。以往它们需要借助媒体进行宣传、公关，但今天机器给予它们自主进行信息发布的可能，这也是一种赋权。但是，如果不能理解公共信息环境、公众心理以及相关传播规律，这种权力可能变成一种负担，甚至变得"烫手"。机器对公众的赋权会使这些机构处于更多的被监督的风险中。当然也有些机构试图借助平台、管理机构的权力来控制风险，但这种方式并非总能奏效。

数字新闻系统中的机器拥有者，包括计算与算法能力的拥有者、应用的开发者和平台运营者等，他们的权力在很大程度上由机器赋予，当然，这也来自其对机器的理解与应用能力。他们在应用中会放大机器赋予的权力，也可能通过应用规则的制定、资源的垄断或交易、界面的强制（如内容的捆绑、广告的强制推送）等进行权力的再生产，这会带来对公共传播秩序与信息环境的影响、对个体主动性的压制、对用户隐私权的侵犯等种种问题。虽然平台也会考虑多方权力、利益的平衡，但其自身利益必然是首位。对其权力的约束，变得越来越重要。

对于管理机构来说，机器权力是对其权力的一种挑战，为此，它们会通过行政手段从底层结构上干预机器权力，例如，对建设或不建设哪些基础设施的决策、对某些节点的屏蔽等。对机器权力的继承者或代理者，特别是平台，它们也会进行监督与制约，这也会影响到平台上包括个体、职业内容生产者和各类机构等主体的权力。对于数字新闻业来说，管理者的权力仍是至关重要的影响因素。

无论怎样，机器权力的加入，改变了新闻业中传统的权力格局。不同主体之间的权力博弈，今天在很多时候仍需要借助机器来完成，因此，对机器能力及权力的认识能力，也在一定程度上影响着不同主体的权力大小。

五、结语

虽然机器并不能决定一切，但它的确在很大程度上影响着今天新闻业的基础结构、生产思维与模式、价值评价体系，也影响着新闻系统中的各类主体，特别是用户，新闻业的权力格局也因为机器这一因素发生了极大改变。在未来的智能时代，机器对新闻业还会有更多的作用方式。数字新闻业也是在各种人—机关系模式下，在各种人—机互动以及以机器为中介的人类主体的互动中，不断向前运动。

2.2　智能传播技术应用与互联网生态变革报告（2021—2022年度）

王竞一　张尔坤　陈　肯　张洪忠①

摘要：本报告聚焦全球智能传播技术新应用、社会治理和国际政治博弈中的智能传播技术、我国媒体融合中的智能传播技术应用，以及智能传播技术应用对互联网生态的影响等四个方面，具体分析智能传播技术对传受双方主体、传播渠道、传播内容、互联网产业等领域的影响，梳理2021—2022年度智能传播技术应用的新发展和由此引发的互联网生态变革情况，同时提出应以理性态度看待智能传播技术的角色与功能，采用交叉学科视角和方法来应对智能传播技术应用带来的问题，从而促进智能传播领域向更良性的方向发展。

关键词：智能传播技术；应用；媒体融合；互联网生态变革

一、全球智能传播技术新应用特点

人工智能是"基于大数据、算法和云计算三项技术基础，开发用于模拟、延伸和扩展人的智能的理论和方法的新技术"②。广义的智能传播技术指将人工智能技术应用于传播活动，能辅助或增益完成人类传播活动的特定智能技术③；

---

①　王竞一、张尔坤，北京师范大学新闻传播学院博士研究生；陈肯，北京师范大学新闻传播学院硕士研究生；张洪忠，北京师范大学新闻传播学院教授。

②　张洪忠，石韦颖，刘力铭.如何从技术逻辑认识人工智能对传媒业的影响[J].新闻界，2018（02）：17-22.

③　周葆华，苗榕.智能传播研究的知识地图：主要领域、核心概念与知识基础[J].现代传播（中国传媒大学学报），2021，43（12）：25-34.

狭义的智能传播技术则包括社交平台机器人、模式识别、智能语音、机器写作、深度伪造、计算机视觉等具体技术。

2021—2022年度，智能传播技术在全球范围内的下游应用场景增多。例如，机器在传播活动中的主体功用被进一步拓展，社交平台机器人和虚拟数字人继续在传播活动中扮演着重要的传播者角色；智能推荐算法、VR、AR等技术推动场景传播向更精准、更真实和更沉浸的方向发展；自然语言处理、计算机视觉和智能语音技术的应用颠覆了原有的信息加工逻辑，使人类可以借助机器高效地处理非结构化、多模态数据；智能传播技术还广泛参与社会治理、国际政治博弈等社会活动。本文将具体介绍上述典型智能传播技术近一年来的应用新情况。

（一）发挥传播主体作用的智能传播技术：社交平台机器人与虚拟数字人

1.社交平台机器人

"社交平台机器人是在社交网络中扮演人的身份、拥有不同程度人格属性、与人进行互动的虚拟AI形象"[1]，它们可以模仿人类在社交平台上的大部分行动，如关注、转发、评论等。相关研究表明，如今社交平台机器人已经广泛介入公共话题讨论[2]，并逐渐成为网络传播中重要的参与者和传播者。2021年以来，社交平台机器人依然活跃在各大网络议题中，如在2021年推特平台上关于气候变迁议题的讨论中，社交平台机器人发布了近15.4%的内容[3]；在关于国外COVID-19的线上讨论中，社交平台机器人有选择性地宣传、扩散针对国外不同党派的特定议题，加深了党派信息之间的两极分化[4]；还有学者发现，目前"一些西方反华势力通过操纵社交平台机器人在推特、脸书等海外社交平台上瞄

① 张洪忠，段泽宁，韩秀. 异类还是共生：社交媒体中的社交平台机器人研究路径探讨[J]. 新闻界，2019（02）：10-17.

② Subrahmanian V S, Azaria A, Durst S, et al. The DARPA Twitter bot challenge[J]. Computer, 2016, 49(6): 38-46.

③ Chen C F, Shi W, Yang J, et al. Social bots' role in climate change discussion on Twitter: Measuring standpoints, topics, and interaction strategies[J]. Advances in Climate Change Research, 2021, 12(6): 913-923.

④ Duan Z, Li J, Lukito J, et al. Algorithmic Agents in the Hybrid Media System: Social Bots, Selective Amplification, and Partisan News about COVID-19[J]. Human Communication Research, 2022（5）.

准有争议性的涉华议题，制造、散播涉华虚假舆论信息，并广泛转发具有煽动性的反华内容"。[①]

2.虚拟数字人

虚拟数字人是"存在于非物理世界中，由计算机图形学、图形渲染、动作捕捉、深度学习、语音合成等计算机手段创造及使用，并具有多重人类特征（外貌特征、人类表演能力、人类交互能力等）的综合产物"[②]。当前，虚拟数字人可分为服务型虚拟数字人和身份型虚拟数字人两类[③]，前者多用于新闻传播、影视、文旅等领域，如AI主播、虚拟偶像和虚拟导游等；后者则多用于线上办公和社交场景。

2021年11月，央视新闻联合百度智能云推出一款AI手语主播，其不仅能语音播报冬奥新闻，还能进行准确及时的赛事手语直播。[④]同年，美国AI虚拟偶像FN Meka在抖音国际版发布新单曲《Speed Demon》，创造了千万级的观看量，FN Meka被赋予个性、独立、平权等嘻哈文化特征，吸引大量真人粉丝[⑤]；类似的还有洛天依、哔哩哔哩的嘉然小姐、日本的初音未来等，这些虚拟偶像应用正朝着产业化和规模化发展。2021年之前，虚拟数字人产业多以服务型虚拟人为发展重心，随着"元宇宙"概念的出圈，身份型虚拟数字人吸引大量关注。例如，2021年中国移动咪咕视频为谷爱凌打造了Meet Gu数字分身，其不仅可以代表谷爱凌录制节目、接受采访，还可以完成赛事解说以及和观众的虚拟互动[⑥]；

---

① 蔡文成，牟琛.西方对华的智能污化与我国的应对策略论析[J].思想教育研究，2021（06）：148-153.

② 艾媒咨询.2022年虚拟人行业发展研究报告[R/OL].（2022-01-25）[2022-08-03].https://m.ofweek.com/ai/2022-01/ART-201721-8420-30547523.html.

③ 封面新闻.虚拟人半年报丨虚拟人破圈加速遍地生花，正逐渐显现巨大商业价值[EB/OL].（2022-07-12）[2022-07-29].https://baijiahao.baidu.com/s?id=1738114432709713525&wfr=spider&for=pc.

④ 人民网.央视AI手语主播亮相，将进行冬奥手语直播[EB/OL].（2021-11-25）[2022-08-03].http://ent.people.com.cn/n1/2021/1125/c1012-32291593.html.

⑤ 何苑，张洪忠，张尔坤.基于自然语言技术的智能传播应用与风控分析[J].传媒，2022（05）：48-51.

⑥ 新浪财经.这届冬奥会，虚拟人含量有点高[EB/OL].（2022-02-09）[2022-08-02].https://finance.sina.cn/tech/csj/2022-02-09/detail-ikyakumy4978617.d.html?fromtech=1&from=wap.

来自美国亚特兰大市的Knox Frost在照片墙上利用自己的数字分身进行线上直播和互动，收获了72万粉丝。[①]

此外，得益于基础技术的进步，虚拟数字人已不仅是科技公司橱窗内的"展品"，普通民众也能以低廉的成本创建自己的数字分身。2022年，杭州优链发布优链3D云阵相机，它可以在5分钟内完成3D人体建模，成本仅需100元人民币，用户可以利用自己的3D数字分身参与多种线上生活场景，包括购物、游戏、会议、体育运动等。[②]

（二）推动场景传播发展的基础技术：智能推荐算法、VR和AR

智能传播时代，"场景成为继内容、形式、社交之外媒体的另一个核心要素"[③]，智能推荐算法、VR和AR技术是推动场景传播发展的三大基础技术。

1.智能推荐算法

智能推荐算法本质上是数据过滤机制，主要包括基于内容的推荐、基于关联规则的推荐、协同过滤推荐等，目的是根据数据分析向用户推荐产品、服务和信息。[④]2021年，智能推荐算法进一步拓展其下游应用场景，从满足人获取信息的需求延展至基于个性化场景的全方位服务。例如，Spotify开发的"每周发现"（Discover Weekly）App，其可以通过三种不同类型的推荐算法每周为用户生成独特的音乐播放列表[⑤]；阿里云开发了名为AIRec的资源聚合器，基于不同场景为企业提供包括在线推理、行为预测和用户画像等个性化解决方案。[⑥]智能推荐

---

① Barnett D.10 Virtual Influencers You Should Follow[EB/OL].[2022-08-01]. https://www.influencerintelligence.com/blog/TZr/10-virtual-influencers-you-should-follow.

② 中国日报网. 3D云阵相机面世，一秒拍摄创建元宇宙数字人，成本只要数百元[EB/OL].(2022-04-14)[2022-08-01]. https://tech.chinadaily.com.cn/a/202204/14/WS62578545a3101c3ee7ad0686.html.

③ 彭兰. 场景：移动时代媒体的新要素[J]. 新闻记者，2015（03）：20-27.

④ 刘君良，李晓光. 个性化推荐系统技术进展[J]. 计算机科学，2020, 47（7）：47-55.

⑤ The Economic Times. Discover Weekly-one of the most popular playlists from Spotify is now open for sponsorship in India[EB/OL].(2021-06-16)[2022-08-01]. https://brandequity.economictimes.indiatimes.com/news/industry/discover-weekly-one-of-the-most-popular-playlists-from-spotify-is-now-open-for-sponsorship-in-india/83563730.

⑥ 阿里云. 智能推荐AIRec[EB/OL]. [2022-07-31]. https://www.aliyun.com/product/bigdata/airec.

算法在应用层面的新实践反映出其强大的适应力和服务力，在场景传播环境下，它是实现资源协调和触达的关键手段。

2.VR和AR技术

受益于"元宇宙"概念的出圈，2021年以来，VR和AR技术均获得大量关注，并在下游应用场景中持续赋能。VR技术利用计算机生成一种虚拟空间，实现"多源信息融合的交互式三维动态视景和实体行为的系统仿真"[1]。AR技术透过摄影机影像的位置及角度精算并加上图像分析技术，让计算机生成的虚拟对象与现实世界场景进行结合与交互。[2]从技术发展角度来看，现阶段VR和AR技术的主要发展和应用方向主要包括以下三种。

第一，继续深化独立IP的虚拟体验[3]。例如，英伟达公司在虚拟3D仿真及渲染等基础技术上持续深耕，在2021年发布新一代的"Omniverse"实时3D设计协作和仿真平台，Omniverse将图形、AI、仿真和可扩展性计算整合到一个平台中，帮助用户创作高质量的3D素材和场景[4]；2022年，该公司又公布最新的渲染工具Instant NeRF，该工具可以映射不同2D镜头的颜色和光强度，然后从不同位置连接图像并完成3D渲染，进一步降低3D素材的制作时间和成本。[5]此外，元宇宙（原脸书）、高通、杜比、微软、华为、阿里巴巴等厂商也在积极布局XR（扩展现实）业务，以进一步提升用户虚拟体验的"在场感"。

第二，不断开发、优化连接物理和虚拟世界的硬件设备。[6]硬件设备是链接

① 邹湘军，孙健，何汉武，郑德涛，陈新. 虚拟现实技术的演变发展与展望[J]. 系统仿真学报，2004（09）：1905-1909.

② 杨青，钟书华. 国外"虚拟现实技术发展及演化趋势"研究综述[J]. 自然辩证法通讯，2021，43（03）：97-106.

③ 北京青年报官网. 科技巨头纷纷布局 元宇宙今年进入"起步期"[EB/OL]. (2021-12-15)[2022-08-01]. https://view.inews.qq.com/a/20211215A00DXP00.

④ 澎湃新闻. 从技术原理看元宇宙的可能性：Omniverse如何"造"火星[EB/OL]. (2022-07-25)[2022-08-01]. https://www.thepaper.cn/newsDetail_forward_19168659.

⑤ 腾讯网. 英伟达展示了将几十张快照变成3D渲染场景的人工智能模型[EB/OL]. (2022-03-07)[2022-08-01]. https://new.qq.com/omn/20220327/20220327A00F7Z00.html.

⑥ 北京青年报官网.科技巨头纷纷布局 元宇宙今年进入"起步期"[EB/OL]. (2021-12-15)[2022-08-01]. https://view.inews.qq.com/a/20211215A00DXP00.

虚拟和物理世界的接口，在XR产业发展中扮演着关键角色。近年来，头部厂商在硬件设备的研发过程中引入诸如菲涅尔透视镜、Fast LCD、VR专用芯片等新技术，推出一批高性能的VR终端设备。[①]例如，2021年1月，索尼公司在CES2022新闻发布会上公布新一代VR头显 PlayStation VR 2（PSVR 2），PlayStation VR 2 结合眼球追踪、耳机反馈、3D音频和创新的PS VR2 Sense控制器，支持4K HDR、110度视场和凹型渲染，给用户营造深度沉浸感[②]；2021年5月，国内领先VR厂商Pico发布最新款VR头显Pico Neo3，对标海外先进VR设备Oculus quest2，填补了国内消费级VR设备的空白。[③]在AR领域，AR设备的技术成熟度稍落后于VR，但经行业预测，苹果公司可能于2023年左右推出AR眼镜，这或将像智能手机一样引爆人工智能时代的C端消费级市场。[④]硬件设备在目前阶段仍以初级可穿戴产品为主，如VR头显、AR眼镜等，但是，未来还会进一步推出脑机接口等深度连接设备，从而真正打通人机融合的技术通路。[⑤]

　　第三，逐步搭建虚拟社会体系[⑥]。目前领先的VR、AR厂商已经开始试水仿真场景，甚至虚拟社会体系的搭建，早期应用包括美国Osso VR公司开发的用以

---

① 濮清璐，庞瑜萍，彭搏，等.元宇宙系列白皮书—未来已至[R/OL].中国德勤.（2021-12-15）[2022-07-30]. https://www2.deloitte.com/content/dam/Deloitte/cn/Documents/technology-media-telecommunications/deloitte-cn-tmt-xr-zh-211202.pdf.

② 新浪财经. PSVR 2新功能：透视视图、画中画视频录制、定制游玩区域、VR模式和影院模式[EB/OL].（2022-07-27）[2022-08-01]. https://t.cj.sina.com.cn/articles/view/5110121775/13096452f0200128zw?finpagefr=p_104.

③ 新浪VR. Pico Neo 3正式发布，售价2499元起惊爆上市[EB/OL].（2021-05-10）[2022-07-27]. http://vr.sina.com.cn/news/hz/2021-05-10/doc-ikmyaawc4515602.shtml.

④ 濮清璐，庞瑜萍，彭搏，等.元宇宙系列白皮书——未来已至[R/OL]. 中国德勤.（2021-12-15）[2022-07-30]. https://www2.deloitte.com/content/dam/Deloitte/cn/Documents/technology-media-telecommunications/deloitte-cn-tmt-xr-zh-211202.pdf.

⑤ 敬宜. 脑机接口难题不少（科技大观）[EB/OL].人民网.（2020-10-23）[2022-07-26].http://hb.people.com.cn/n2/2020/1023/c194063-34368134.html.

⑥ 北京青年报官网.科技巨头纷纷布局 元宇宙今年进入"起步期"[EB/OL].（2021-12-15）[2022-08-01]. https://view.inews.qq.com/a/20211215A00DXP00.

培训医生的虚拟手术室、日本人工智能株式会社开发的流水线仿真软件RaLC[①]等。近年来，继元宇宙发布Horizon Worlds后，元宇宙游戏鼻祖Roblox逐步实现VR游戏跨平台、跨设备适配，同时打通虚拟和物理世界的经济联系，并在此基础上提供多元的社交形式，为用户提供在线互动和社会性互动融合的虚拟社会体系。[②]总的来说，VR和AR在上游技术和下游应用中均呈现出"多点开花"的盛况，得益于这些亮眼突破，信息传播也正朝着多模态方向发展。

（三）多模态信息的底层技术：自然语言处理、计算机视觉和智能语音。

1.自然语言处理

自然语言处理（Natural Language Processing，NLP）是"研究如何用计算机来理解人类语言的各种理论和方法"[③]。NLP技术拥有广泛的应用场景，包括语义分析、知识图谱、机器翻译、信息检索和过滤、对话系统、命名实体识别、词性标注、语音识别和情感分析，等等。[④]

2021年以来，NLP在深度学习算法和AI大模型的加持下，极大提升了传播活动中信息处理和加工的效率。例如，谷歌发布了更加适用于开放对话情境的语言模型LaMDA（LanguageModel for Dialogue Applications），该模型可以通过阅读句子或段落来更好地理解对话语境，并在未经训练的情况下进入一段新的对话，突破了以往AI应用无法理解语境、情感且内容重复率高等局限[⑤]；《华盛顿邮报》使用知识图谱技术将信息快速有效地关联，以提升机器从大量复杂文档中

①　濮清璐，庞瑜萍，彭博，等.元宇宙系列白皮书——未来已至[R/OL].中国德勤.（2021-12-15）[2022-07-30]. https://www2.deloitte.com/content/dam/Deloitte/cn/Documents/technology-media-telecommunications/deloitte-cn-tmt-xr-zh-211202.pdf.

②　Rodriguez S. Facebook takes a step toward building the metaverse，opens virtual world app to everyone in U.S. [EB/OL]. CNBC. （2021-12-09）[2022-08-01]. https://www.cnbc.com/2021/12/09/facebook-opens-horizon-worlds-vr-metaverse-app-.html.

③　Gupta V. A survey of natural language processing techniques[J]. International Journal of Computer Science & Engineering Technology，2014，5（1）：14-16.

④　吴小坤，赵甜芳.自然语言处理技术在社会传播学中的应用研究和前景展望[J].计算机科，2020，47（06）：184-193.

⑤　腾讯研究院.谷歌最新黑科技LaMDA，能让你的语音助手不再智障吗？[EB/OL].（2021-5-21）[2022-07-29]. https://xw.qq.com/amphtml/20210521A0AQ7L00.

获取和分析新闻线索的能力[①]；英国新闻协会与URBS媒体公司联合推出"雷达"软件，它会自动将本地报道与来自政府机构或当地警方的大型公共数据库相匹配，每月为英国新闻协会收集和撰写近三万篇地方新闻。[②]NLP在智能传播领域的应用呈现出多技术融合和集成化创新发展的特征，有利于全方位推动信息加工和处理的数字化和智能化转型。[③]

2.计算机视觉

计算机视觉是"使用计算机模仿人类视觉系统的科学，它让计算机拥有类似人类提取、处理、理解和分析图像以及图像序列的能力"[④]。计算机视觉技术有助于提升机器对多模态信息的认识和理解，拓展了机器处理在真实信息环境中的适用范围。2021年以来，计算机视觉发展迅速，逐步聚合大量优质的下游应用。

在新闻传播领域，计算机视觉可用于新闻采编、图像识别与加工以及内容监管等场景。例如，《纽约时报》开发的机器人编辑Blossom借助CV和NLP技术对脸书、推特中海量多模态信息进行大数据分析，有效预测更具推广价值的内容，从而帮助编辑挑选出适合推送的文章或图片等。[⑤]计算机视觉技术的发展赋予机器"视觉"，使之能将事物的二维或三维形态纳入数据分析和计算，加深机器对环境、场景、视频、图片的理解，从而弥合信息加工在图像处理方面的局限性。

3.智能语音

智能语音技术的目标是实现人类和计算机之间的语音交互[⑥]，简单来说，就

---

① 邱凌.加速与重塑：国际新闻业对人工智能的创新应用及未来趋势[J].中国出版，2021（05）：51-55.

② 界面新闻.外媒：微软拟用AI取代英国网站新闻编辑队伍[EB/OL].（2020-05-30）[2022-07-25].https://baijiahao.baidu.com/s？id=1668099798235617987&wfr=spider&for=pc.

③ 何苑，张洪忠，张尔坤.基于自然语言技术的智能传播应用与风控分析[J].传媒，2022（05）：48-51.

④ 中国电子技术标准化研究院.人工智能标准化白皮书（2018版）[R/OL].（2018-01-24）[2022-07-30].http://www.cesi.cn/images/editor/20210719/20210719180918587.pdf.

⑤ 孙振虎，张馨亚.机器人新闻的发展与反思[J].电视研究，2016（06）：64-66.

⑥ 胡郁，袁春杰，王玮.人工智能技术在传媒领域的应用——以智能语音技术为例[J].新闻与写作，2016（11）：15-17.

是让机器能够识别、理解人类的话语，同时能基于机器"自己"的判断给予反馈。智能语音的应用场景也很丰富，最常见的便是结合NLP技术解决语言翻译中准确率低、速度慢等问题，典型产品包括Google Neural Machine Translation、讯飞翻译机、腾讯翻译君等。以2022年发布的讯飞翻译机4.0为例，通过强大的ASR和丰富的语料库，讯飞翻译机可以在毫秒级的时间内完成一次实时互译。①

其他主要应用场景则在人机交互领域，包括智能语音助手、智能可穿戴设备、智能家居等。2021年以来，这些应用方向皆有不同程度的发展。例如，在智能可穿戴设备方面，美国麻省理工学院团队在Nature杂志上发文表示，已成功研制出一款搭载智能语音系统的智能衣服，该衣服既可以将外界的振动信号（如声音等）转化为电信号，又可以将输入的电信号（如音频信号）转化为声音信号输出，同时实现麦克风与扬声器的双重功能②；在智能家居方面，2022年百度世界大会发布了三款智能家居应用，分别为智能健身镜M30、小度语音智能闹钟和大屏护眼学习机P20，并展示了"未来的家"雏形；等等。③这些基于智能语音技术的新应用对声音信息的加工和处理能力是传统信息加工流程无法比拟的，它们在用户端极大地提升了人机交互、人和信息交互的体验感和信任感。

二、智能传播技术融入社会治理和国际政治博弈

（一）智能传播技术用于社会治理

2021年以来，智能传播技术"被广泛应用于智慧城市、公共事务管理等社会治理领域中，加速了社会治理的数字化转型进程"④。例如，2021年，韩国政府推出一款公众的虚拟助理程序Goodpy，它可以提前告知公众需要了解和执行的

---

① DoNews. 科大讯飞翻译机4.0、无线麦克风C1、智能助听器消博会首发首秀[EB/OL].（2022-07-28）[2022-08-01]. https://www.donews.com/news/detail/1/3213742.html.

② Yan W，Noel G，Loke G，et al. Single fibre enables acoustic fabrics via nanometre-scale vibrations[J]. Nature，2022，603（7902）：616-623.

③ 人民资讯. 2022百度世界大会：人均一个数字人时代已经到来[EB/OL].（2022-07-21）[2022-08-01]. https://baijiahao.baidu.com/s? id=1738947362701884506&wfr=spider&for=pc.

④ 贵州省大数据发展管理局. 数字化治理：大数据时代的社会治理之道[EB/OL].[2022-08-01]. http://dsj.guizhou.gov.cn/xwzx/gnyw/202009/t20200903_62859765.html.

政务信息，并基于人工智能进行行为管控和信息交互①；科索沃政府推出"公众参与和协商平台"，公众不仅可以通过平台发布问题和倡议，还能直接参与社区服务和政策制定。②在我国，湖南省的5G智慧电台将人工智能技术融合应急广播系统，高效实现关键信息的"上传下达"③；浙江省嘉兴市秀洲区利用基于人工智能的App解决建筑垃圾循环利用和监管问题。④

智能化疫情防控也是近两年数字化治理的重点应用。例如，基于计算机视觉的人脸识别、疫情地图和病例检测；基于语音识别和自然语言处理，负责人群排查和疫情信息通知的AI机器人；基于机器学习算法搭建的物资调配系统；等等。⑤总体而言，目前人工智能技术在社会治理中扮演着越来越重要的角色，不仅有利于提升社会治理的及时性和灵活性，而且有利于形成高效、科学的社会治理长效机制，推进社会"智治"体系的建设进程。

（二）智能传播技术卷入国际政治博弈

随着媒介技术的日益成熟，以社交平台为代表的新媒体正凭借其传播速度快、信息含量大、受众平民化等渗透式传播特质与优势，加速推动社会媒介化进程，深化媒介与社会事实之间的渗透与融合，从而进一步强化媒介的社会化"权力"⑥。荆学民指出，这种新兴权力形式已被广泛认识并应用到政治斗争、意

---

① The World Bank. Digital, the Door to a Better World: Digital Government Strategy and Cases in Korea[EB/OL].[2022-07-26]. https://www.worldbank.org/en/events/2022/02/09/digital-the-door-to-a-better-world-digital-government-strategy-and-cases-in-korea.

② HELVETAS.21 Examples of Digital Government Best Practices in the Western Balkans[EB/OL]. [2022-08-03].https://www.helvetas.org/en/eastern-europe/about-us/follow-us/helvetas-mosaic/article/December2021/21-Examples-of-Digital-Government-Best-Practices-in-the-Western-Balkans.

③ 湖南省广播电视局.湖南第一个广电行业地方标准《5G智慧电台系统技术要求》获专家组审查通过[EB/OL].（2022-04-19）[2022-08-03]. https://gbdsj.hunan.gov.cn/gbdsj/xxgk/gzdt/sjxx/202204/t20220419_22740774.html.

④ 嘉兴市政府.秀洲区"三优化"助力建筑垃圾全流程数字化管理平台2.0迭代再升级[EB/OL].（2022-06-17）[2022-08-01]. https://www.jiaxing.gov.cn/art/2022/6/17/art_1578779_59538144.html.

⑤ 人民网.用大数据和人工智能推动打赢疫情防控阻击战[EB/OL].（2020-02-04）[2022-08-01]. https://www.cn-healthcare.com/article/20200204/content-529877.html.

⑥ Hjarvard S. The mediatization of culture and society[M]. London: Routledge, 2013.

识形态输出等国际博弈具体实践之中。[①]在此意义上，能够聚合公共信息、孵化公众意见的社交平台可以被认为是国际博弈和意识形态角力的"新战场"[②]，而人工智能则作为"改变游戏规则"的颠覆性技术，逐步成为大国间争相布局和抢占的战略高地。

以社交平台机器人、深度伪造为代表的智能传播技术，已成为国际博弈中的"行动域"。2021年3月，路透社发表报道称俄罗斯企图引导民意，干预美国2020年大选。[③]该信息一经公布，立即引爆国际舆论。后续跟进报道指出，俄罗斯利用社交平台机器人、深度伪造等人工智能技术对候选人进行有目的性的"技术性污化"。2022年2月发生的俄乌冲突也进一步体现了智能传播技术在信息战中所蕴含的能量。例如，3月12日前后，一则"巴黎遭遇空袭"的视频在推特、抖音国际版等社交平台广泛传播。推特平台中的视频最早由乌克兰国防部官方账号@DefenceU发布，主要展现法国巴黎遭遇"空袭"的画面，并配文称："#ifwefallyoufall@NATO close the sky over Ukraine！"该视频发布后不久，便被多方证实为基于深度伪造技术的伪造视频，但其仍在俄乌冲突网络舆论中表现出较强的干预效果，进一步影响一部分网络用户对冲突事件的认知与态度。[④]种种证据表明，在国际政治中，社交平台机器人和深度伪造技术已经被大量使用，甚至国家机构也开始下场参与基于智能传播技术的信息博弈。

三、我国媒体融合中的智能传播技术应用

2021年以来我国运用智能技术进行媒体融合的实践取得一系列新进展和新

①　荆学民. 论中国特色政治传播战略研究的时代背景与现实意义[J]. 现代传播（中国传媒大学学报），2012，34（2）：62-66.

②　Orabi M，Mouheb D，Al Aghbari Z，et al.Detection of bots in social media: a systematic review[J]. Information Processing & Management，2020，57（4）：102250.

③　路透社. 美国情报机构称俄罗斯而非中国试图干预美国2020年总统选举[EB/OL]. （2021-03-17）[2022-08-01]. https://www.reuters.com/article/usa-russia-china-0316-tues-idCNKBS2B902E.

④　Forbes.Ukraine' Promotion Of Fake Paris Bombing Video Highlights Risks Of Misinformation[EB/OL]. [2022-07-29]. https://www.forbes.com/sites/alexandralevine/2022/03/17/ukraines-promotion-of-fake-paris-bombing-video-highlights-risks-of-misinformation/?　sh=337885851e9b.

成就，主要体现在以下两个方面。

（一）内容生产、分发与审核：智能传播技术参与全流程

在内容生产方面，人工智能主要用于内容创作方式创新。人工智能技术的参与减少了内容生产基础环节对人的依赖，丰富了内容生产的辅助方式和呈现方式。近年来，以主流媒体为代表的媒体融合主体在技术接入、生产流程等方面的创新实践过程中不断积极探索人工智能应用的可能性。[①]在新闻生产创新方面，上海广播电视台研发了基于人工智能技术的EmpowerMedia赋能媒体平台，提供"策、采、编、存、发、数据"的一站式融合媒体内容生产解决方案，还推出基于AI和AR的国际性综合赛事敏感信息监测与播控平台，综合应用AI图像识别、人脸识别、OCR识别、场景识别等技术，实现AI智能识别与虚拟AR实时跟踪遮挡相结合，对体育赛事转播画面进行智能识别、实时遮罩和实时播出。[②]

在内容分发方面，人工智能优化分发机制。融媒体时代，内容分发推荐更加追求多元高效，技术接入内容分发过程对信息精准抵达具有重要作用。新华社智能化编辑部研发的智能分发系统能够实现"稿件内容的一次采集、N次加工、多元发布，将新闻信息产品分送至新华社新媒体专线（媒体用户）、新华社客户端（终端用户）、社交平台（微博、微信、小程序、短视频平台）等端口"[③]。

在内容审核方面，人工智能结合算法技术保障信息传播安全。作为平台主动参与互联网内容治理的突破口，算法嵌入内容审核成为回应当下数字公共空间品质降级的一种技术方案。[④]合理运用人工智能和算法技术，有助于过滤信息杂质，提升人工审核质量。新华社智能化编辑部在审核环节加大了对非结构化数据的识别，通过敏感词过滤、智能校验、关键人物识别等技术辅助人工审核

① 人民网.虚拟数字人、人工智能编辑部……媒体探索移动互联网前沿技术创新应用[EB/OL].（2022-06-29）[2022-08-01].http://finance.people.com.cn/n1/2022/0629/c1004-32460709.html.

② 陆趣，倪明昊，李洋，吴佳俊.人工智能技术赋能媒体融合[J].新闻战线，2022（08）：100-103.

③ 何慧媛.抢占智能变革先机 驱动深度融合发展——新华社智能化编辑部的融合探索[J].新闻战线，2021（22）：19-22.

④ 李鲤，余威健.平台"自我治理"：算法内容审核的技术逻辑及其伦理规约[J].当代传播，2022（03）：80-84.

工作，极大地提升审核效率、减少内容差错。①人工智能技术的介入将影响未来内容审核工作的发展趋势，但需要注意，人工智能不能完全取代人工，内容审核过程中的价值把关始终需要人的参与。

（二）内容呈现："超高清+智能"不断普及

自2021年来，4K、8K超高清显示技术被运用于各种类型媒介作品，其中，直播是重要的运用途径。在重大事件播报方面，超高清显示技术结合基础智能技术，最大限度还原现场实况。"5G+8K+卫星的微延时、超高清实况直播加深了新闻传播产品的沉浸式体验，让用户全方位感知新闻现场的各个环节，有助于用户感受真实立体的新闻事件。"②例如，在北京冬奥会的报道中，中央电视广播总台首次实现奥运会赛事全程4K制播，打造全球首个高铁列车5G超高清移动直播演播室，开播全球首个24小时上星播出的4K和高清同播的专业体育频道③；2022年7月13日，央视网联合博冠举办"超级月亮"8K+5G直播，这是全国首次实现新媒体8K超高清直播。④

四、智能传播技术应用对互联网生态的影响

本节将拆解传播链路上的各个环节，分别分析智能传播技术对不同传播环节的影响，进而探讨其如何改变并重塑互联网生态。

（一）传受双方：人机混合、人机融合

虚拟数字人的身影广泛活跃在活动主持、新闻播报等领域，社交平台机器人频繁参与社会议题讨论和扩散，智能语音在移动通信、家居等不同场景中与人交往……如今，智能传播技术不再仅仅是媒介，而是在扮演一个感性的人、

① 何慧媛. 抢占智能变革先机 驱动深度融合发展——新华社智能化编辑部的融合探索[J]. 新闻战线，2021（22）：19-22.

② 高渊. 传播技术智能化下新闻传播生态的嬗变[J]. 出版广角，2021（17）：76-78.

③ 总台之声. 中央广播电视总台：思想+艺术+技术!打造国际一流新型主流媒体[EB/OL].（2022-07-08）[2022-08-01]. https://mp.weixin.qq.com/s/zBmLBIkblh3H7U4tPVF_OQ.

④ 北京青年报官网. 见证中国视野 8K超高清探索超级月亮[EB/OL].（2022-07-13）[2022-08-01]. https://view.inews.qq.com/a/20220713A045XA00？refer=wx_hot&ft=0.

一个新的传播主体[1]；它们不仅是辅助传播，而且是自动化传播。[2]智能传播技术介入的传播活动中，传受双方均可能由人、机混合构成，人工智能的作用和影响力也比以往更大。俄乌战争中，广泛应用的社交平台机器人、深度伪造、星链卫星等智能传播技术发挥了重要作用。以深度伪造为例，3月中旬，一则"乌克兰总统泽连斯基宣布放下武器投降"的视频在各大社交平台上广泛传播，该视频在早期信源中共获数千次一级转发，触及面巨大，潜在影响难以估量，同一时期，普京也成为类似的深度伪造视频的主角。[3]

有学者指出，"社交平台信息传播的智能化趋势体现为人机协同的信息生产模式、人机共生的信息传播生态和人机交互的内容体验"[4]。如今，人类不再只是单纯地利用智能传播技术，智能传播技术也并非单纯地被人类使用，两者之间是相互影响、相互嵌入和相互改造的关系。以智能语音技术为例，2022年6月，亚马逊公司宣布其智能语音助手Alexa的一项全新功能——快速模仿人声，这能帮助用户在与Alexa的互动中产生更多的想象力和信任感[5]，并使人与机器之间的关系从主体利用客体转为二者深度融合。

（二）传播渠道：自动化、个性化、平台化，且能主动调节内容

一方面，智能传播技术应用于传播渠道，使渠道的传播过程更加自动化[6]，且具备一对一的精准和个性化特征。张洪忠等学者提到，自动化算法程序、社交平台机器人等智能传播技术能够在短时间内生产、发布大量内容，同时能够

---

① 陈卫星. 智能传播的认识论挑战[J]. 国际新闻界，43（9）：6-24.

② 周葆华，苗榕. 智能传播研究的知识地图：主要领域，核心概念与知识基础[J]. 现代传播（中国传媒大学学报），2021，43（12）：10.

③ Rachel Baig. Fact check: The deepfakes in the disinformation war between Russia and Ukraine[EB/OL]. （2022-03-18）[2022-08-01]. https://www.dw.com/en/fact-check-the-deepfakes-in-the-disinformation-war-between-russia-and-ukraine/a-61166433.

④ 郑夏育，王文磊. 从人机关系看社交媒体智能传播风险[J]. 青年记者，2021（7）：2.

⑤ 中国日报网.亚马逊为Alexa语音助手开发新功能 一分钟模仿已故亲人声音[EB/OL]. （2022-06-27）[2022-08-02]. https://baijiahao.baidu.com/s? id=1736743900726319914&wfr=spider&for=pc.

⑥ Reeves J. Automatic for the people: the automation of communicative labor[J]. Communication and critical/cultural studies，2016，13（2）：150-165.

嵌入社交网络中以点对点的社会网络形式进行信息扩散。[1]另一方面，智能传播技术加持下的平台媒体能够收获更多关注。算法社会的运行依赖平台的深度组织能力[2]，平台通过智能计算连接内容、服务与用户，逐渐成为网络社会的"基础设施"。[3]今日头条等通用信息平台、微博等社交平台广泛使用智能推荐算法，以精准、快速、高效的服务聚集大量流量，收益颇多。

越来越多的智能传播渠道正在主动调节和安排传播内容，信息会根据嵌入渠道之中的算法规则被人工智能技术主动修改，不同渠道可能会根据不同特性和利益需求调整内容的形式和重点，例如，就算是同一条假新闻，在不同媒体中也会有不同的表现。[4]

（三）传播内容：呈现多重新特征

智能传播技术深入介入下的传播内容呈现出多重新特征。首先，更具场景化和个性化特性。人工智能的自动化机制"实现从大数据整合和分析、构建用户数据画像到内容产品的个性化生成与精准匹配，并为用户搭建出合适的消费场景"[5]，同时，其"复杂性和计算能力，再加上大数据的可用性，促进通信内容和消息在个人层面上的前所未有的个性化"[6]，这使每个受众接触到的传播内容都是独特而具有适配性的。其次，多模态信息和文化产品显著增多。VR、AR等场景型技术的快速发展，非语言信息在传播活动中崭露头角[7]，多模态信息成为重要的传播内容形式。同时，VR实景、机器人写诗作画等新的产品形态崭露头

① 张洪忠，任吴炯，斗维红.人工智能技术视角下的国际传播新特征分析[J].江西师范大学学报：哲学社会科学版，2022，55（2）：8.

② 方师师.算法：智能传播的技术文化演进与思想范式转型[J].新闻与写作，2021（9）：12-20.

③ 郭小平，潘陈青.智能传播的"新社会能见度"控制：要素，机制及其风险[J].现代传播：（中国传媒大学学报），2021，43（9）：6.

④ Shyam S S. Rise of Machine Agency: A Framework for Studying the Psychology of Human – AI Interaction（HAII）[J]. Journal of Computer Mediated Communication，2020（1）：74-88.

⑤ 杨旦修，王茜芮.人工智能传播自动化问题的机制探究[J].青年记者，2022（14）：92-94.

⑥ Hermann E. Artificial intelligence and mass personalization of communication content—An ethical and literacy perspective:[J]. New Media & Society，2022，24（5）：1258-1277.

⑦ 张洪忠，任吴炯，斗维红.人工智能技术视角下的国际传播新特征分析[J].江西师范大学学报：哲学社会科学版，2022，55（2）：8.

角，各类文化产品层出不穷。^①最后，模式识别、深度伪造等技术的广泛应用使传播内容的可信度明显下降并更加难以验证真伪，受众容易被传播者和传播内容欺骗。例如，深度伪造对文本、声音、图片、视频等多媒体形式进行高度还原再现或伪造篡改，生成不实但逼真可信的媒体内容^②，从而误导受众、造成社会风险。

（四）反馈与传播效果评估：真实且及时

大数据和智能传播技术应用下的受众反馈测量，将不再依赖传统的焦点小组法、深度访谈法或问卷调查法，而可以通过用户的各种网络行为或表现数据直接反映出来，从而让传播者真实、及时、自动地了解到传播效果实际如何。此外，还有一些专门被开发用于智能传播效果评估的系统，例如，央视网发布的覆盖全球的"春晓"，该系统"能够对热点事件的传播强度、趋势、效果进行实时可视化呈现，帮助编辑快速判断选题、紧跟舆论热点"。^③

（五）对互联网产业的影响：模式调整、战略升级

首先，智能传播技术将驱动新的创新模式。互联网产业比其他产业面临着更快的迭代速度和更多元的需求，"创新"是推动互联网产业发展的核心引擎。传统的经验驱动和知识驱动型创新模式已经不再适应互联网企业日益增长的业务需求^④，随着人工智能技术的广泛应用，技术驱动型创新模式将打破这一困境，为企业营造更广阔的发展空间、注入更强大的发展动力。

其次，智能传播技术将显著提升互联网产业的生产效率。智能传播技术的

---

① 张守信. 技术、传播与个体：智能传播的参与风险及调适策略[J]. 中国编辑，2021（12）：16-20，26.

② Mirsky Y, Lee W. The creation and detection of deepfakes: A survey[J]. ACM Computing Surveys (CSUR)，2021，54（1）：1-41.

③ 央广网. 央视网"人工智能编辑部"发布系列创新产品 打造主流媒体"智慧+"引擎[EB/OL].（2019-12-25）[2022-08-01]. https://baijiahao.baidu.com/s?id=1653903130352345947&wfr=spider&for=pc.

④ 新华网. 中国互联网经济迈向技术驱动型创新[EB/OL].（2017-09-15）[2022-07-31]. http://www.xinhuanet.com/politics/2017/09/15/c_129704551.htm.

普适性、自主性和迭代优化等特征①使其能够适用于互联网产业的众多应用场景。尤其在面对更加复杂的数据结构和数据环境时，智能算法可以提供更加严谨和高效的解决方案，这将使互联网企业的生产效率达到一个更高的层次。②

再次，智能传播技术将改变互联网产业的人才结构。机器能在一定程度上代替人工执行一些任务，这必然导致互联网产业对传统人力的依赖程度降低，而数字化转型又会扩大企业在人工智能等领域的人才需求。

最后，智能传播技术将优化互联网产业的管理模式，推动互联网企业的战略升级。互联网行业中，企业的发展通常面临着一个共同的挑战，即如何打破壁垒、实现资源的高效协同。百度、腾讯等头部互联网企业均已开始搭建基于AI的智能管理平台，这将成为行业的另一新动向。③同时，随着消费互联网C端市场日趋饱和，过去拉动互联网产业指数级发展的人口红利逐步褪去④，互联网企业迫切需要寻找新的增长点。智能传播技术赋予互联网企业挖掘长尾市场、利基市场的能力⑤，推动互联网企业迎来新一轮的战略调整升级。

五、结语

不可否认，科技进步对于人类文明的发展具有积极作用。例如，智能传播技术进一步促进媒介生态变革，丰富媒介的功能，从而扩展人类的感官经验；有助于提升信息系统的运行效率、弥补人工缺陷、促进社会经济发展；等等。同时也要看到，智能传播技术深入嵌入传播和社会后带来多重道德伦理上的问题，如算法偏见、算法歧视、隐私侵犯、欺骗受众等。此外，智能传播技术还

---

① 网易新闻.在互联网发展中，人工智能技术的重要影响[EB/OL].（2020-07-02）[2022-07-26]. https://www.163.com/dy/article/FGGPTFC30511BI4N.html.

② 搜狐科技.人工智能技术在移动互联网发展中的应用[EB/OL].（2019-04-18）[2022-07-29]. https://www.infoobs.com/article/20190418/31678.html.

③ 金融界.重磅发布！百度智能云《AI中台白皮书》驱动全行业创新升级[EB/OL].（2021-09-01）[2022-08-01]. http://baijiahao.baidu.com/s? id=1709689809029525946&wfr=spider&for=pc.

④ 新华网.互联网人口红利即将结束，下一个十年创投圈会怎么变化？[EB/OL].（2020-05-25）[2022-07-29]. https://baijiahao.baidu.com/s?id=1667641817465110043&wfr=spider&for=pc.

⑤ 李明娟，余莎.数字化、智能化：助力互联网下半场探索[J].青年记者，2020（08）：95-96.

具有加剧社会舆论分化的能力[1]，它们能自动地、隐蔽地操纵社会舆论并影响社会观念，在某些情况下，还可能受利益驱使成为极具威胁性的"政治武器"[2]。作为一项新事物，智能传播技术应用带来的问题还需要采用交叉学科视角和方法来应对和解决。

---

[1]　郭颖.智能传播中的算法偏见：生成逻辑、危害与治理[J].青年记者，2021（20）：24-25.

[2]　郭小平，潘陈青.智能传播的"新社会能见度"控制：要素、机制及其风险[J].现代传播（中国传媒大学学报），2021，43（09）：1-6.

2.3　5G技术发展推进媒体深度融合创新探究

赵子忠　林芝瑶[①]

摘要： 我国持续推进5G网络的建设，在广覆盖、高质量的5G网络支撑下，边缘计算、网络切片等新技术逐渐显现实力。作为"新基建"之首，5G始终站在新媒体生态前沿，支撑着相关产业的全面发展。在5G引领下的众多快速发展的垂直行业中，媒体传播是5G最先带动的先导领域，直接受到新型技术的深刻影响，在技术应用、内容生产和传播呈现等方面都发生巨大变革，成长为一个全新的媒体融合生态，媒体发展朝着数字化、智能化加速演进。

关键词： 5G；媒体融合；四级媒体

一、技术应用：5G技术大规模建设释放5G应用市场巨大潜力

（一）5G网络建设能力升级，独立组网网络全面覆盖

2021年是我国5G商用取得重要突破的一年，2022年我国持续推进5G网络建设，不断扩大5G网络在全国的覆盖广度和深度，持续提升5G网络建设质量，充分发挥5G驱动全国数字经济发展的重要作用。在媒体融合上升为国家战略并向纵深推进的当下，5G网络的建设能力提升意味着媒体业态获得进一步重构和转型的机会，5G网络的建设范围扩展意味着全媒体生态的构建正在覆盖全国更广阔的地域和场景。

---

① 赵子忠，中国传媒大学新媒体研究院院长，教授、博士生导师；林芝瑶，中国传媒大学媒体融合与传播国家重点实验室硕士研究生。

2021年，《中华人民共和国国民经济和社会发展第十四个五年规划和2035年远景目标纲要》提出，加快5G网络规模化部署，用户普及率提高到56%，并提出构建基于5G的应用场景和产业生态。在多方努力下，截至2022年6月，我国累计建成开通5G基站161.5万个，5G网络覆盖全国所有地市、县城城区和87%的乡镇镇区。①三大运营商在2021年即实现5G独立组网（SA）规模部署，我国建成全球规模最大、技术最先进的5G SA网络。其中，中国移动在端到端5G独立组网关键技术研发等领域实现重大突破；中国电信与中国联通持续推进网络共建共享，国内的5G网络质量在这一年得到进一步提升。在用户层面，截至2022年6月，5G移动电话用户总数超4.13亿户，5G平均下载速率在2021年底就已经达到359.7Mbps，用户体验不断提高。②在产业投资层面，2021年中国移动、中国电信、中国联通和中国铁塔持续增加对5G网络及相关配套设施的投资，共完成1849亿元5G投资，占电信固定资产总投资45.6%③，据测算，2021年5G直接带动经济总产出1.3万亿元，直接带动经济增加值约3000亿元，成为拉动新一轮经济增长的重要引擎。④

总的来说，近两年中国5G网络建设持续加速推进，5G网络建设在全国广泛铺开的同时，其建设质量也得到进一步的提升。在2021年517世界电信日后，我国新进网5G终端默认开启5G独立组网功能。随着网络建设能力的升级，业界逐渐实现从NSA向SA共享的平滑演进，5G网络覆盖日趋完善，5G用户数量也屡创新高。在"移动优先"和"用户思维"主导的新媒体时代，5G网络建设能力的进步给媒体融合的发展带来"移动"和"用户"两个层面的重要助力，为媒体融合向纵深发展提供了新的机遇。

---

① 央视网.数字盘点5G网络建设 中国5G已经进入规模化应用关键期[EB/OL].(2022-06-07)[2022-07-01].http://news.cctv. com/2022/06/07/ARTICTXU24LGfSqooQmBWAKz220607.shtml.

② 中国信通院. 中国信通院发布5G"扬帆"发展指数（2021年）[EB/OL].（2021-12-25）[2022-07-01]，https://mp.weixin.qq.com/s/DHrT9oufsS_SXuKd_IJesw.

③ 人民网. 我国5G基站总量占全球60%以上[EB/OL].（2022-02-08）[2022-07-01]. http://cpc.people.com.cn/n1/2022/0208/c64387-32347451.html.

④ 央视网. 数字盘点5G网络建设 中国5G已经进入规模化应用关键期[EB/OL].（2022-06-07）[2022-07-01].http://news.cctv.com/2022/06/07/ARTICTXU24LGfSqooQmBWAKz220607.shtml.

（二）5G新技术实力显现，媒体传播提质增效

5G网络基础设施的持续推进为5G新技术的发展提供重要支撑，尤其是5G独立组网网络的发展及其带来的独特优势，将推进5G在边缘计算等方面性能的大幅提升，加速网络切片等技术的发展步伐。2021年工信部印发《工业互联网创新发展行动计划（2021—2023年）》，在"完善标准体系""以新技术带动工业短板提升突破""加强对工业互联网与传统技术的融合与带动提升"等多个部分强调5G、边缘计算的重要价值。随着5G的规模商用，5G边缘计算加速发展，许多运营商规模部署5G移动边缘计算专网。Omdia、ABI等咨询机构预测，从2021年到2030年，基于5G移动边缘计算的专网收入的年复合增长率将达到60%。[①]边缘计算作为实现5G网络去中心化的关键，与5G技术协同发展、相互促进，不断在更多行业和领域中开拓发展空间，融入工业、生活全场景。2021年6月，中国移动首个媒体行业边缘计算平台（5G融媒体边缘采编平台）落地中央广播电视总台，为总台边缘云提供部分算力和5G接入的链路资源，并承载总台的移动制作系统、5G+4K传输云系统、5G云切换系统等系统的运行。[②]5G与边缘计算技术融入媒体行业，以更灵活、更快速的方式管理流量、处理数据，极大地提升媒体内容采集、编辑、制作的效率，降低人工成本和网络成本，保障视频等形式的内容流畅传输、高质量呈现。

5G网络切片是5G时代的重要技术之一。5G的三大应用场景eMBB（增强移动宽带）、mMTC（大规模物联网）、uRLLC（超高可靠超低时延通信）分别在功能层面对5G网络提出带宽、时延、连接能力、安全性等不同的需求，而5G网络切片以其功能定制、相对隔离的优势为用户提供个性、可靠、稳定的服务，有助于解放运营商巨大的成本压力，同时提高服务效率、改善用户体验。2021年，各大运营商持续发力5G网络切片，已完成专网部分产品的端到端切片业务流程穿测和业务上线，打通各域网络切片能力，截至2021年底，网络层面初步

[①] 华为云核心网. 华为马亮：MEC点亮边缘，赋能数字化转型[EB/OL].（2022-03-01）[2022-07-01]. https://mp.weixin.qq.com/s/5DrLm4GaiZ-0ZMrZ5IEgtQ.

[②] 雄安新区智能城市创新联合会. 中国移动首个媒体行业边缘计算平台助力总台超高清制播[EB/OL].（2021-07-02）[2022-07-01].http://www.xaicif.org.cn/10683/15243/MemberNewsview.html.

具备商用能力。[1]在5G网络侧，华为和中兴是最大的支持者，已联合运营商在具体项目中进行试点；在终端芯片侧，展锐贡献突出，于2021年12月与中国联通研究院合作研发了全球首例5G模组多切片方案，将原本需要终端侧承担的很多功能，下沉到模组侧，这有望大幅降低5G行业终端的开发投入，从而降低行业用户使用5G切片的门槛。[2]5G切片是5G赋能社会各行各业，拓展5G应用场景的重要技术。在媒体领域，5G的三大应用场景之一eMBB（增强型移动宽带）天然地与媒体业态的性质高度契合，能够有效助力超高清视频、超大型文件数据、VR/AR等内容的快速传输。在这个场景下，5G网络切片能够为媒体定制满足专属需求的网络，在高效传播的同时，极大地降低成本，为媒体融合的发展提供强大的技术服务。

边缘计算和网络切片是5G技术体系的两大标志性支柱，随着边缘计算和网络切片技术的发展和成熟，5G网络加速数字化转型和创新应用服务的步伐，真正意义上全面拓展了5G能力，释放了5G在更多领域和场景中的潜能，建立起5G时代的新连接和新生态。

（三）5G应用场景广泛渗透，5G融媒体壁垒逐渐打破

从媒体融合的视角来看，5G等先进技术的催化作用一方面让媒体本身实现了智能化、数字化的转型升级，另一方面逐渐模糊了媒体行业与其他行业的边界，信息传播行为不再是媒体行业的专属，而是进入全社会的千行百业当中，在社会生活的全行业里展开5G融媒体业务活动。

目前，我国四级媒体全部进入媒体融合发展快车道，中央媒体利用技术和资源优势，运用5G等先进技术展开对智能生产、智能视听等新型媒体形态的研发和实践，5G应用水平走在世界前列；省级主流媒体在5G技术的赋能下，在本省文化品牌树立和宣传、省域内社会治理以及搭建一省范围内数据连通的平台上发挥了重要作用；市县级媒体在资源、技术处于较为劣势的状态下，挖掘5G

① 中国信息通信研究院. 5G端到端网络切片发展研究报告[ER/OL].（2020-09-23）[2022-07-01]. http://www.caict.ac.cn/kxyj/qwfb/ztbg/202009/P020200923439191712103.pdf.

② C114通信网. 2021年终盘点之5G十大动向[EB/OL].（2021-12-21）[2022-07-01]. http://www.c114.com.cn/video/761/a1183417.html.

直播车、5G智慧电台等5G设备和5G消息等新型平台的应用场景，充分发挥5G先进技术在媒体融合中的作用，提升智能生产效率和内容质量，扩大媒体效能，建立起适应全媒体生产传播的组织架构和综合服务发展模式。

在垂直行业领域，5G正在产生革命性的颠覆作用。5G先进技术的应用也加速了传播现象在各行各业的显露，媒体融合的枝叶从新闻媒体单位生长出来，蔓延至社会的千行百业当中。2021年7月，工信部等十部门联合印发的《5G应用"扬帆"行动计划（2021—2023年）》提出，垂直行业领域，大型工业企业的5G应用渗透率超过35%，电力、采矿等领域5G应用实现规模化复制推广，5G+车联网试点范围进一步扩大，促进农业水利等传统行业数字化转型升级。社会民生领域，打造一批5G+智慧教育、5G+智慧医疗、5G+文化旅游样板项目，5G+智慧城市建设水平进一步提升。每个重点行业打造100个以上5G应用标杆。[1]由此可见5G技术在垂直行业的重要驱动作用，而5G在赋能该行业数字化、信息化转型的同时，带来5G+摄像头、5G+无人机、5G+广播等信息采集或传输方面的5G应用，也带来信息的生产和流动。换言之，信息传播在原本与媒体毫无关联的垂直行业里成为常态，5G融媒体开始在社会各行各业中得到应用。目前，5G全媒体传播大量渗透进文保、旅游、交通、应急、教育、医疗和体育竞赛等行业当中，不仅实现各个行业的数字化转型，也推动建成全行业全媒体生态。

重大事件的专题报道是近年来5G广泛应用的重要场景之一。2021年中国共产党成立100周年、2022年北京冬奥会冬残奥会、全国及地方两会等一系列重要报道，为5G应用的探索创新提供了丰厚的土壤，最终推出许多典型的5G融媒体产品果实，具有巨大的推广价值。5G融媒体应用种类繁多，例如，中央广播电视总台春晚的5G+AI+VR/AR/XR技术应用和"云"传播、"云"互动技术，全国两会期间中央主流媒体对于5G技术和AI技术的双轮驱动，北京冬奥会前夕正式运行的高铁5G超高清演播室，庆祝中国共产党成立100周年大会上总台使用的5G+4K超高清直播技术和"数字采编三件套"等技术应用，全方位展现了5G技

① 中华人民共和国政府网.关于印发《5G应用"扬帆"行动计划（2021-2023年）》的通知[EB/OL].（2021-07-05）[2022-07-01]. http://www.gov.cn/zhengce/zhengceku/2021-07/13/content_5624610.htm.

术在重大事件报道中的重要地位。

二、产业生态：5G聚焦新媒体生态发展前沿

（一）新动向——"元宇宙"加速布局，媒体快速入局

元宇宙元年在2021年开启，虽然目前学界和业界对于元宇宙的定义仍然众说纷纭，但可以确认的是，元宇宙是一个依靠前沿技术而形成的虚拟数字空间。以此为切入点，国内部分媒体机构和运营商相继入局元宇宙，并一致地在5G、AR、VR、人工智能、区块链等方面进行深耕和落地。三大运营商中，中国移动咪咕公司发布元宇宙MIGU演进路线图，聚焦超高清视频、视频彩铃、云游戏、云VR、云AR五大方向布局元宇宙，并推出5G特色应用新品增强现实眼镜Nreal Air，让其成为元宇宙虚拟世界的入口[①]；中国电信旗下上市公司新国脉通过发展5G、AR/VR/XR、人工智能、云计算、区块链等技术，建成5G-XR一体化平台，并发布天翼云图，推出5G-AR云Go、云Mall、云播、云店、云XR娱乐空间等5G新消费产品，打造虚实共生空间互联网信息消费平台[②]；中国联通则聚焦5G网络安全防护、云原生安全防御等科技前沿安全技术，同时推动5G+MR融合应用，打造"产学研用"一体化VR/AR基地，提升"虚实相融"新效能。[③]

而在媒体传播领域，央视网数字虚拟编辑小C、中俄联合研发的虚拟人物娜娜、北京冬奥会手语数字人等虚拟数字人在2021年相继亮相；2022年，央视频推出总台首个拥有超自然语音、超自然表情的超仿真主播"AI王冠"作为央视频的首位"元宇宙特约评论员"；2022年初，浙江温州广电旗下移动5G融媒体+应用实验室技术团队推出元宇宙全景马拉松等活动，推动市民体育活动的数字化转型；2022年4月，新华社与中国作协共同上线5G价值阅读平台"悦读汇"，面

---

① 搜狐网. 行业最轻薄消费级增强现实眼镜Nreal Air重磅发布[EB/OL].（2021-11-03）[2022-07-01]. https://www.sohu.com/a/498866469_120592893.

② 中国信息消费推进联盟. 三化升级 数智赋能 中国电信发布全新渠道运营数字转型策略[EB/OL].（2021-11-11）[2022-07-01]. https://mp.weixin.qq.com/s/ahf-RffreoOoppCtvi9mtw.

③ 人民邮电报. 聚焦2021世界VR产业大会丨中国联通董事长刘烈宏：虚实相融 联通未来[EB/OL].（2021-10-19）[2022-07-01]. https://mp.weixin.qq.com/s/nDuCF1ffSpN1xR_p6IfPKw.

向Z时代打造"元宇宙"阅读、社交新体验[①]；2022年8月，齐鲁壹点自主研发的元宇宙产品"天元发布厅"亮相济南东强战略交通发展论坛，这是齐鲁壹点布局元宇宙赛道的首个阶段性成果，为元宇宙空间中的内容生产传播、业务经营、业态建设带来更多可能。[②]

总体来看，媒体与运营商在元宇宙的布局更多是通过VR、AR、MR等技术打造沉浸式的观看体验，目前的元宇宙尚处于初级探索阶段，它对新媒体产生的影响，一定程度上可以理解为元宇宙背后的5G等先进技术对媒体行业产生的影响。5G、人工智能、区块链等技术是元宇宙建设的核心技术，在"元宇宙"这个概念爆火前就已经给媒体行业带来颠覆性的革命，使传媒业和有意开展内容传播业务的通信业很快就具备了与元宇宙相匹配的体系化能力，从而能够快速入局。这或将打破原先媒体行业相对滞后互联网行业的局面，形成多元主体并跑竞争的态势。近年来，各级媒体一直在推进媒体的深度融合，传统媒体加速转型升级，以在互联网上占据一席之地。在新媒体时代，传媒业甚至整个社会的信息传播都高度依赖互联网这一虚拟空间。元宇宙作为虚实相融的新型场域，媒介边界模糊消融、万物皆媒、万物互联的媒体融合思路仍然适用。在5G的助力下，元宇宙能赋予媒体更多的手段和表现形式，通过调动人们更多感官的三维时空搭建，丰富信息内容、提升交互效率，打造成为网络、媒体、通信三者大融合的媒介融合终极形态。[③]

（二）新终端——5G+VR设备爆发式增长，内容生态起步发展

元宇宙概念的爆火重燃VR赛道，国内5G+VR设备又迎来新发展。自2016年后，全球再度迎来AR/VR头戴设备市场的集中爆发。2021年全球AR/VR头戴设

---

①　中国作家网. 中国作协联手新华社：5G时代赋能阅读新活力[EB/OL].（2022-04-22）[2022-07-01].http://www.chinawriter.com.cn/n1/2022/0422/c403993-32406389.html.

②　齐鲁晚报. 山东首个"传媒+元宇宙"应用案例 齐鲁壹点自有元宇宙平台"壹点天元"上线[EB/OL].（2022-08-13）[2022-07-01]. https://sjb.qlwb.com.cn/qlwb/content/20220813/ArticelA01003FM.htm.

③　许颖. 互动·整合·大融合——媒体融合的三个层次[J]. 国际新闻界, 2006（07）: 32-36.

备市场同比增长92.1%，出货量达到1120万部。①元宇宙的Quest 2在全球范围内出货量更高，大朋的DPVR和字节跳动的Pico VR产品也跻身全球VR头显出货量的第二名和第三名。就国内市场来看，2021年8月，字节跳动收购Pico，加快VR硬件赛道的布局。字节跳动通过在抖音平台投放开屏广告、进行24小时直播、赞助各大视频节目等方式，极大地提升了Pico在国内各个群体内的认知度，大范围打开了Pico的国内市场。9月，爱奇艺奇遇发布第一款主打游戏的产品奇遇3，通过一系列营销手段实现了从专业VR爱好者到更广阔的大众用户的圈层突破。

在5G技术的赋能下，VR/AR头显等终端设备或将替代手机，成为信息传播与接收更常用也更适配的终端载体。对于5G新媒体来讲，一方面，媒体需要把握这个新型终端，5G+VR设备作为元宇宙时代的虚拟社区入口，是继手机后另一大型流量池和重要的内容投放场景；另一方面，VR终端的发展也需要媒体等专业角色加入，打造可持续发展的内容生态，以更优质的内容留存用户。2021年，字节跳动对Pico的收购一定程度上可以证明这一点，作为在短视频内容发展上积累大量资源和经验的企业，字节跳动在抓住短视频风口的同时，全力发展游戏、娱乐等业务，而这些业务恰好就是以Pico为代表的VR终端设备目前最需要的内容。媒体融合战略发展多年，"内容为王"的口号从未变过，只有"内容"和"硬件"的融合与协同发展，才能催生良性循环的发展生态。在中国VR头显市场中，字节跳动的Pico和爱奇艺的奇遇均表现不俗，在2021全年的线上电商渠道中合力瓜分了过半市场份额②，在2022年一季度，Pico Neo3、奇遇Dream、奇遇3也成为消费市场出货前三的产品型号。③

在发展硬件设备的同时，国内VR赛道的玩家也开始注重精良内容的制作和生产。随着5G技术的发展，原本在3G、4G时代受阻于带宽和时延问题的VR市场被注入新的活力，在内容形式上也被开拓出更大的发展空间。相较于被称为

---

① C114通信网.IDC：2021年AR/VR头戴设备市场出货量达到1120万部 同比大增92.1%[EB/OL]. (2022-03-22) [2022-07-01]. http://www.c114.com.cn/topic/38/a1191314.html.

② 映维网.2021全球VR头显出货量超千万台，国产VR双品牌浮出水面[EB/OL].（2022-03-30） [2022-07-01]. https://news.nweon.com/95675.

③ 新浪VR.一季度VR市场报告：Pico Neo3、奇遇Dream、奇遇3夺热卖Top3[EB/OL].（2022-07-01）[2022-07-01]. https://baijiahao.baidu.com/s？id=1737119531823414125&wfr=spider&for=pc.

VR元年的2016年，经过5年的发展积累，VR设备在2021年拥有了更健康稳定的发展环境和产业基础。2022年，在5G技术的支撑下，越来越多的资本涌入VR设备赛道，多样的新型终端开始涌现，丰富的内容开始起步发展。

（三）新业务——5G消息、5G视频彩铃，打造媒体传播新入口

5G技术的发展催生了5G消息、5G视频彩铃等5G时代的新业务。自2020年三大运营商携手11家合作伙伴共同发布《5G消息白皮书》后，5G消息持续受到业界多方的广泛关注，不断吸引更多行业和角色的加入，进而共同推动5G消息的技术演进和应用创新。5G消息继承了短消息业务的多个优点，具备服务覆盖广、用户触达率高、可信度好、稳定性高的天然优势，有效地提升了和用户的沟通效率以及用户的使用体验。虽然5G消息是通信行业推出的业务平台，但它同时也是聚合图文、视频、H5等多种形态的富媒体，其中还置入Chatbot会话式交互服务，具有数字化、融合性、互动性、智能化等新媒体属性，是典型的5G时代的新型媒体。2021年，运营商在金融、媒体、医疗、教育等多个行业实现了5G消息的试点和商用。其中，在媒体领域，人民网、新华报业、川观新闻等从中央到地方的媒体纷纷推出依托5G消息的手机报和专题策划等内容。2022年，5G消息在媒体领域的覆盖范围大幅度提升，越来越多的媒体机构将5G消息作为联系用户的平台，5G消息成为媒体传播信息的新入口和新渠道。

视频彩铃是5G赋能下的又一个新型业务，已经成为5G时代的媒体窗口，2021年至2022年，视频彩铃产品呈井喷式发展。2021年8月，三大运营商实现了视频彩铃的三网互通。12月，视频彩铃用户规模达到2.4亿，通过AI生成的内容超1500万条，合作伙伴达250家，实现三网互通后，每月有超过8亿用户可以看到视频彩铃，月播放量达200亿次。[①]为庆祝建党百年，新华社、人民网、学习强国等各大权威媒体平台与视频彩铃联合打造相关优质内容，实现单月超10亿次的全网传播成绩，宣发覆盖1.4亿用户；2020东京奥运会期间，视频彩铃进行了累计超过27亿次的系列奥运宣发，覆盖用户超1.4亿，实现视频彩铃赛事宣发的

---

① 中国消费网.视频彩铃打造"5G+电影"全场景沉浸体验[EB/OL].(2022-01-04)[2022-07-01].
https://www.ccn.com.cn/Content/2022/01-04/0940432914.html.

出圈效果；[①]2022年北京冬奥会期间，5G视频彩铃"8#红包雨"活动以丰富精彩的短视频内容和新型社交玩法掀起全网热潮，活动参与人数突破6.8亿。[②]在5G大带宽和低时延的网络能力支撑下，视频彩铃不仅实现了从"听"到"看"的多感官调动的升级，还保证了视频高清、流畅的播放质量。在产业生态内多元主体的协力合作下，5G视频彩铃逐渐被挖掘出更大的市场潜力，通过利用通话场景中用户等待的这段空白时刻，视频彩铃在宣发大型活动，传播主流价值，开展政企、文旅、公益宣传等场景中有效发挥了自己的价值。

5G消息和5G视频彩铃一样，虽然由通信行业推出，但是它们能够在移动终端设备上实现信息的传播，能够作为其他行业主体传播信息的平台和入口，本身就是一种新媒体。随着5G消息和5G视频彩铃应用场景的扩大和深化，这些5G新业务的功能价值也将逐渐凸显出来，为媒体融合的发展扩展更大的空间。

三、四级媒体：5G应用深化媒体融合发展布局

（一）"5G+多元技术"模式普及，5G产品应用拓展升级

中央主流媒体打造新型主流媒体"旗舰"，利用5G技术赋能立体、沉浸、个性的信息传播。近年来，中央主流媒体对于"5G+多元技术"的应用模式有了进一步的探索深化和应用普及，相比于之前仅仅尝试将5G技术应用于个别场景，现在的"5G+多元技术"已经被大量运用于各项大型活动中，产生了上佳的传播效果。对于5G创新融媒体产品的发展，中央主流媒体也在不断升级和完善，使其成为全球范围内领先的5G科技应用。

2022年全国两会期间，新华社继2021年推出的全球首个"5G沉浸式跨屏访谈"，又首创推出"全国两会融屏访谈"，完成"同屏"到"跨屏"再到"融屏"的技术升级和创新，实现了异地访谈"裸眼3D"般的"全实景、真融屏"

---

① C114通信网. 5G+视频彩铃产业联盟工作报告发布：用户规模超过2.2亿 支持终端数超5.5亿[EB/OL]. http://www.c114.com.cn/news/16/a1177754.html.

② 环球网. 5G+视频彩铃产业联盟助推 冬奥爆款视频彩铃破圈突围[EB/OL].(2022-02-21)[2022-07-01]. https://5gcenter.huanqiu.com/article/46uKsfAIM5J.

交流。①2022年4月，中央广播电视总台CGTN在数码视讯、中视广信的技术支持下，推出《全球会客厅》"神舟十三返回地球"特别节目新媒体直播。直播利用XR虚拟制作技术结合5G轻量化采集系统，呈现主持人与嘉宾置身太空和天宫空间站等不同场景的超高拟真化效果，通过对虚、实场景的切换结合，为观众带来一场兼具趣味性与科技性的太空主题新媒体直播。②5G+XR技术的应用也由此得到进一步拓展和创新。北京冬奥会期间，在5G+4K/8K+AI的战略布局下，总台以全球领先的8K技术制作公用信号转播报道开闭幕式，并实现奥运会历史上首次赛事全程4K制播。在特定的赛事转播中，总台投入使用了历时5年研发的超高速4K轨道摄像机系统——"猎豹"系统，灵活捕捉比赛画面，打造出更优质的视听体验，③展现了我国超高清视频制作和播放的强劲实力。2022年全国两会期间，人民日报技术部和新媒体中心共同推出两会"AI编辑部"移动版，通过该产品，记者在前线拍摄的视频素材既能由5G网络同步回传后方，又能由记者在前方即时剪辑，在手机端即可使用过去在电脑端才有的AI剪辑辅助功能，实现了内容生产的智能化、轻量化和移动化。该"AI编辑部"系统还具备视频暗水印功能、内容核查辅助功能、热点汇聚捕捉功能等，全面优化了内容生产流程，提高内容生产和传播的效率。④5G技术和AI技术的结合加入，推动中央主流媒体的内容生产数智化升级，激发媒体内容生产新活力。

以人民日报、新华社、中央广播电视总台为代表的中央主流媒体利用5G技术，在内容生产上结合AI技术，以实现全流程的数智化升级；在内容呈现上通过VR、4K/8K技术打造沉浸感和超高清画面，以提升用户的观看体验；在异地

① 新华每日电讯.三位女代表走进"两会融屏访谈"，"代表履职"报道再刷屏[EB/OL].（2022-03-09）[2022-07-01]. http://www.news.cn/mrdx/2022/03/09/c_1310506619.htm.

② 北京中视广信科技有限公司. 中视广信XR虚拟技术为总台CGTN《全球会客厅》新媒体直播提供技术支撑[EB/OL].（2022-04-22）[2022-07-01]. http://www.ctvit.com.cn/2022/04/24/ARTI1650763813398455.shtml.

③ 央视网. 8k看冬奥！总台冬奥转播"黑科技"惊艳亿万观众[EB/OL].（2022-02-09）[2022-07-01]. http://1118.cctv.com/2022/02/09/ARTI9DAPV2MdCGnvW2hUFuIJ220209.shtml.

④ 人民日报客户端.今年两会，人民日报记者手机里装了个"AI编辑部"[EB/OL].（2022-03-10）[2022-07-01]. https://wap.peopleapp.com/article/6563292/6441932.

采访中凭借5G+全息技术进一步拓展异地同框的报道思路，以提高内容制作的效率和质量，进而做大做强中央主流媒体的舆论阵地。完全意义上的5G技术创新是非常困难的，但中央主流媒体聚焦产品应用升级和应用场景拓展，让5G+媒体融合在一年的应用实践里取得较大进步，不断开创先河，领跑世界，推动媒体的数智化革新。

（二）5G技术创新视听传播，推动省域平台建设

省级主流媒体打造区域性传播平台，将5G技术应用于本省文旅、文娱、体育等场景中，以"5G+"为切入点，一方面，结合直播和VR/AR、4K/8K等新型技术赋能省级大型活动，创新视听传播，提升观众的视听体验，打造省域文化品牌；另一方面，结合云计算、人工智能等技术进行探索，利用5G消息平台，实现省域智慧化升级发展。

江苏卫视2022年跨年演唱会利用动作捕捉、虚拟现实、人工智能等技术，让歌手周深与"邓丽君"完成跨时空合唱。5G技术帮助制作方消化处理全息影像产生的庞大数据量，呈现更加逼真且具备情感表现力的虚拟人形象。江苏卫视为观众打造的虚拟融通现实的视听体验顺应文娱品牌创新发展的风潮，发挥并强化了本台文娱优势。重庆卫视与四川卫视的2022川渝春节联欢晚会将5G技术融入节目编创，运用4K直播、XR和VR技术带领观众"穿梭"川渝两地，在社会各界掀起川渝历史文化热潮。

除了视听内容方面的革新之外，5G技术对于省级媒体的另一大重要影响在于其原生业务5G消息为省级媒体提供了新的媒体传播渠道和窗口。自5G消息进入各界视野后，新华报业、大江网、重庆日报、湖南红网、湖北手机报、江西手机报、四川日报全媒体等省级媒体相继推出5G消息业务，业务内容也不断丰富。例如，重庆日报将5G消息产品应用于两会报道，四川日报全媒体运用5G消息向用户推送奥运会相关资讯，江西手机报的5G消息用于党建工作，新华报业用5G消息为用户提供抗疫信息，河南日报社将5G消息用于退役军人事务处理，等等。5G消息为媒体联系用户提供了一个便捷的功能一体化平台，助力省级媒体建构智慧化、平台化、融合化的省域媒体传播和服务生态。

省级媒体与市级、县级媒体相比，具有更大的资源和技术优势，部分省级主流媒体正在展开对5G新技术应用于媒体行业的科技研发和创新探索，上承中央媒体的实践经验，利用5G结合多元综合技术，打造精彩丰富的视听内容形态，树立并推广省域形象品牌。同时，省级媒体利用5G消息业务推动媒体发展平台化、智慧化，省级媒体开始注意到5G消息在传媒业内外的应用场景，推动5G消息在媒体行业更广和更深的运用。

（三）5G拓展媒体业务，技术应用更加因地制宜

市级主流媒体着重深耕本地内容，一方面，通过联动媒体资源和技术资源，引入5G融媒，丰富市域新闻报道的内容和形态；另一方面，通过联动社会各垂直行业，在与多方行业主体的合作中，将5G融媒体传播融入市民群众的日常生活，运用5G技术为市域人民提供周边信息和相关服务。

在融媒报道层面上，2022年，济南日报报业集团推出"5G+AI+AR+MG+融媒大联播"全国两会大型全媒体报道，将5G等新技术融合运用到新闻报道中，为观众提供身临其境的观看体验，实现市级媒体在内容呈现形式上的创新和升级。同年2月，商丘市交通广播开启"广播+5G视频直播"报道，实现广播与视频直播报道的高质量、高效率融合。

在平台服务层面上，徐州报业、长沙晚报、济南报业舜网、苏州日报、扬州报业传媒集团等市级媒体陆续开始运用5G消息，和省级媒体的应用类似，大部分市级媒体将5G消息应用于新闻资讯的推送场景。2022年初，扬州、镇江、苏州等城市相继推出两会版的5G消息刊，通过设立丰富的专题，链接多元内容，为用户推送最新的两会资讯。用户在被动接收5G消息内容的同时，可以主动在页面内进行搜索，以获取需要的内容。在数字技术的驱动下，5G消息推动市级媒体融合，除了常见的新闻报道场景，市级媒体也联动市域多个行业和领域，探索5G消息更多的可能性，使其在市域发挥更大的价值。例如，在应急发布方面，2021年11月，济南日报报业集团向济南市民发出寒潮预警的5G消息，通过推送天气情况信息、应对灾害知识等全方位的资讯，保障市民的出行安全；在疫情防控方面，2022年，济南舜网以5G消息的形式为用户提供疫情、核酸检测、医疗机构等相关信息，及时更新疫情防控板块，为用户提供极大的生活便利。5G消息扩展了市级媒体的发展空间，随着越来越多的媒体应用5G消息推动全媒体体系构建，5G消息的全媒体信息传播价值也将突显出来。

可以预见，即使在资源储备较为缺乏的情况下，市级主流媒体仍然在5G融媒体的发展进程中作出一些探索。相比于之前，近两年的市级媒体对于新技术的应用不再大范围地停留在技术革新上，摒除对技术的盲目引进，而是更加因地制宜。市级媒体聚合本地现有资源，打造专属于本市的5G平台，为用户提供更加明确、适配、有用的服务，有力促进市级媒体的未来发展，推动构建市级媒体的融媒体传播新格局。

（四）5G设备赋能，内容生产集约化、智慧化

县级融媒体中心着重发挥5G智慧电台、5G直播车等5G设备及平台的作用，通过经济、集约的生产方式，制作高质量、有价值的内容。县级媒体积极探索将5G技术融入基层治理和服务的场景，以5G赋能，全面建设成主流舆论阵地、综合服务平台和社区信息枢纽。

在移动优先的战略指导下，一些县级融媒体中心在移动采编方面进行较大的投入，5G直播车以其智能、集约的生产特点在县级融媒体中心引起一股热潮。通过5G直播车，县级融媒体中心能够在资源和技术水平都较为有限的条件下，同样实现户外场景的现场采访、现场发稿和现场高质量直播。2021年，浙江省永嘉县、河南省温县、湖北省团风县等县级融媒体中心纷纷启动5G直播车的应用，开启5G+4K的全媒体直播模式。对于媒体来说，5G直播车为高清流畅的画面提供保障，使媒体有了更高效的生产体系，进而提升媒体的影响力；对于用户来说，5G直播车有助于提高对内容生产的满意度。在5G技术的支撑下，县级媒体的户外内容生产打破了地域、时间等诸多局限，提升媒体的工作效率，满足内容传播的实时性和互动性。除了5G直播车，5G智慧电台也是近年受到县级融媒体中心广泛关注的技术产品。2021年，江苏省高邮人民广播电台调频92.4、甘肃省秦安综合广播FM96.5等县级媒体相继上线5G智慧电台。2022年一二季度，山东省聊城市茌平区、四川省绵竹市、河南省长葛市、湖北省钟祥市、青海省海东市互助土族自治县、湖北省应城市等多地融媒体中心的电台进行5G智慧升级。一方面，5G智慧电台使县级融媒体中心实现了采、编、播一体的自动化内容生产，极大限度降低县级媒体的人力与时间成本，解决了县级融媒体人才资源缺乏的问题；另一方面，AI智能系统实现了内容数据的智能抓取、编排和播放，5G智慧电台突破了传统的人工劳动，在解放人力资源的同时24小时全天候播报高质量节目内容，解决了县级广播节目内容粗糙匮乏的问题，极大地提升县域听众用户的信息获取体验，进而提升县级融媒体中心的影响力和用户黏性，使其更好发挥其引导群众、服务群众的作用。

县级融媒体中心是四级媒体中相对较弱的一环，而先进的5G技术产品能够帮助县级融媒体中心极大地节省人力和资金成本，在最小的技术门槛上发挥出最大的生产效能，进而推动县级融媒体中心的5G建设和发展，建立起四级媒体融合的全媒体传播生态体系。

四、5G新生态对媒体融合的展望

媒体融合的本质是"一次以技术创新为引领的媒体变革"，5G技术以其更快速度、更低时延和更大连接能力，将社会带入万物互联、万物皆媒的时代。5G+媒体融合的发展方向，是从"人"联网向物联网转移，从移动互联网向移动物联网转移，从消费互联网向产业互联网转移。[①]5G带来的海量数据、先进算法、强大算力将驱动媒体融合快速发展，这已成为普遍的认知。需要明确的是，"5G+媒体融合"并不意味着媒体融合的进程里只有5G技术发挥作用，必须有多项技术和产品的相互作用，5G的推动才能成为可能。就目前5G先进技术赋能媒体融合的实践工作来看，5G技术更多是以"5G+"的形式出现，作为VR/AR、全息、8K/4K等前沿科技的底层支撑，合力叠加推进媒体融合进程。近年来，伴随5G发展的边缘计算、5G网络切片等技术都取得较大进步，未来这般多种技术要素相互结合而非彼此孤立的发展也将成为5G在媒体融合领域应用的常态。

近两年5G+媒体融合的应用实践主要还是围绕"5G+4K/8K""5G+VR/AR/MR""5G+AI""5G+全息""5G+物联网"等方式，利用5G传输优势进行多形态媒体信息生产和多元传播方式。用户的体验主要被表述为"真实感""实体感""实时感""临场感""互动感""沉浸感"等。这些媒体融合行为映射着未来媒体生态可见的两大趋势：一是VR、AR视频将逐渐成为媒体传播形态的标配，信息传播的空间隔阂将被进一步打破；二是媒体的内容形态将最终收敛

---

① 卢迪.协同性与连接力：5G推进媒体深度融合的作用机制[J].现代传播（中国传媒大学学报），2021，43（08）：15-18.

到超高清视频形态，传播渠道将收敛于5G，构成新的传播生态。[①]除了媒体内容传播上的变化，5G技术也将进一步带来整个传播行业格局的改变，教育、医疗、交通等各行各业都将长出媒体的触角，参与信息社会的传播，共同构成一个数字化全媒体生态。

① 钟磊. 超高清视频新闻：5G应用背景下媒体融合的趋势——以《人民日报》、中央电视台、新华社为例的实证研究[J]. 新闻界，2021，（05）：33-39，67.

第三节　管理篇

3.1 "深融"背景下媒体经营管理的模式创新与能力提升

支庭荣　高雨宁[①]

摘要： 在深度融合进程中，我国媒体行业正迎接经营管理理念、机制和方式等多方面的机遇和挑战。我国媒体行业在回归事业单位属性的同时，如何实现产业的发展壮大，成为经营管理者面临的紧迫任务。本文提出，在经营模式方面，重点抓五种模式，即内容主导、服务主导、技术驱动、园区运营和多元化；在能力提升方面，重点突出三种能力，即内容建设、技术研发和管理。本文特别强调了深化改革、提质增效和行稳致远对于加强和改进经营管理的重要意义。

关键词： 深度融合；新闻+服务；媒体经营管理

在互联网、4G及5G移动通信、人工智能等新信息传播技术的催化之下，在社交平台崛起的大背景下，我国媒体行业的发展经历了"传统媒体创办新媒体—新媒体带来新突破—传统媒体与新兴媒体相融合—主流媒体行业整体转型与创新"的发展轨迹。在这一过程中，一方面，主流媒体与时代同频共振，此

---

① 支庭荣，暨南大学新闻与传播学院教授，研究方向为马克思主义新闻观、媒体融合；高雨宁，暨南大学新闻与传播学院硕士研究生。

进彼进，此长彼长；另一方面，主流媒体自身不断尝试，寻找转型升级的机会点和突破口。在嬗变中转型，在转型中融合，在融合中创新，在创新中升级，我国媒体行业在经历广告繁荣的黄金时代之后，正在适应新形势，探索出一条经营管理的新路径。

一、媒体深度融合背景下经营管理面临的机遇和挑战

媒体经营管理既是机构的责任，也是行业关注的焦点。虽然不同区域、不同类型媒体所处的政治、经济、社会、文化方面的局部环境有所差异，拿一把尺子去衡量容易偏颇，但是全行业有很多共性的课题值得研究。例如，在互联网的影响下，"新闻内容生产"逐渐有转向"网络内容建设"之势。无论如何，主流媒体在内容生产中的题材、形式、渠道、模式或生态持续地发生种种变化，这意味着挑战在前，机遇亦孕育其中。

（一）媒体深度融合的趋势与进程

2013年以来，全国上下高度重视推进传统媒体与新兴媒体融合发展这一方略。经过数年实践，全行业的媒体融合先后涉过试点阶段、推广阶段，纷纷向深度融合进军。今天，我国媒体行业的全媒体化、自主平台化、局部智能化趋势日益凸显。从专门化、专业化、单一化到雁阵化、矩阵化、全媒体化，从自采自产自销到自采与入驻并行，从人工把关到机器辅助，媒体的业态、生态、语态均在不断地发生细小而聚沙成塔般的变化。

随着媒体融合进程不断加快加深，深度融合体现在多个方面：一是各级各类媒体在打造精品内容的旗帜下聚拢起来，形成向心力。各跑各的车被向主旋律汇流、并流所取代。二是对发展难题的破解和攻坚进入关键阶段。主流媒体致力于解决制约自身如何化解渠道减少、声量减小、影响减弱的瓶颈，以及人才流失、技术薄弱、资金投入不足等问题，打通媒体融合的"最后一公里"。这些问题的解决，必然要依托媒体内外部各种有利因素的配合。三是逐步形成从组织架构、运营模式到体制机制的系统化创新能力，稳定地提升从个体、平台到整个传播体系的传播力与辐射力。媒体深度融合使传统媒体与新兴媒体能够搭乘时代的快车，聚焦主线，攻坚克难，让行业的精神风貌和发展态势焕然一新。

值得一提的是，在媒体深度融合阶段，与不太为局外人所感知的"刀刃向内"的改革相比，主流媒体在技术应用上的亮眼表现往往吸引着行业内外的目光。从中央广播电视总台应用5G技术远程传输8K超高清内容，到人民日报引入"智能创作机器人"；从中新网自动化、云化存取数据资源，到湖北长江云创设区块链新闻编辑部，媒体行业的先锋姿态依然十分精彩。[①]当然，正如"批判的武器不能代替武器的批判"，技术的革新要回归并围绕着"内容为王"这条中轴线展开。

（二）媒体经营管理理念面临的机遇和挑战

媒体融合进入深水区，未必一定意味着前行的道路更艰难，但往往意味着面临的环境和条件更复杂。充分利用好重重挑战中的难得机遇，变被动为主动，化危机为转机，对于媒体经营管理者来说，首先要不断更新经营管理理念，以变坐商为行商的心态，对于经营管理模式的转型升级念兹在兹。

回顾过去，媒体行业一度身处广告营收饫甘餍肥的幸福生活中，导致部分从业人员出现生产重于营销的思维定式。在新的环境下，特别是以全程媒体、全息媒体、全员媒体、全效媒体为主要特征的"四全"媒体发展趋势，要求媒体行业进入总动员、全融通、加速跑的状态，孤立的、点状的、静默式的经营管理自然难以跟上时代的步伐，亟须充实、调整和提高。

思路决定出路。要改进媒体经营管理，起手处可以说就是入脑处、入心处。经营管理者要绷紧的那根弦是一次次地叩问"从哪里来、到哪里去"这个基本问题。放弃"等靠要"，着手"起立行"，经过沙盘推演，拿出行动方案，在试错中探索，并尽量妙用集体智慧，减少错误决策，是许许多多媒体应该确立的基本理念和工作方法。

从宏观上讲，媒体经营管理的理念簇也有不同的层次之分。经营管理不等于"在商言商"。大而言之，媒体经营管理要坚持全行业的指导方针，为全面建设社会主义现代化国家服务，为建设全媒体传播体系服务，把自身定位为行业健康发展的引领者、产业经济循环的护卫者、事业全面进步的支撑者，如此才

---

① 中华全国新闻工作者协会.中国新闻事业发展报告（2022年发布）[R/OL].（2022-05-16）[2022-07-31].http://www.zgjx.cn/2022/05/16/c_1310592108.htm.

能让行业发展动能更足，后劲更悠长。

如此一来，媒体经营管理者与媒体的关系、与用户的关系肯定不是简单的契约关系、交易关系。媒体经营管理者不是职业化的经理人，也不能站在市场的某一端而忽略其他。媒体人要有一颗追求上进的事业心、要有强烈的社会责任感。这是媒体行业的特性所在，也是媒体行业的迷人之处。

从微观上讲，媒体行业的经营管理理念需要汲取各行各业，尤其是互联网业、IT业的各种养分，并加以消化吸收。互联网思维已日益浸润媒体经营管理的血脉，而且不止于此，这种借鉴和交融既不是一时一地的，也不是单向导入的，它是一个绵绵不绝的渗透和扩散的进程。

（三）媒体经营管理机制面临的机遇和挑战

媒体经营管理机制的改革离不开中国改革开放和制度创新的大环境。一般而言，媒体行业不乏对于所谓"体制机制束缚"的抱怨。但是，这些困惑是以现有体制机制提供巨大的资源和能量支持为前提的。媒体行业一方面处于公益性事业单位的"襁褓"之中，先天地获得多方面的政策扶持，相对减弱了市场暴击带来的风险；另一方面，按照分类改革的原则，存在差异化发展的巨大空间。同时，媒体行业自身也需要不断释放发展的潜能，从未来看今天，向改革要效益。在"束缚"中做深呼吸，在实地之上仰望星空，在共性中张扬个性，在小步碎步中奋力快走，通过对体制空间的用足用活与运行机制的改良优化，推进媒体管理的平稳运行，以及经营的发力增长。对于媒体经营管理者来说，把握好动态运行中的协调与平衡非常重要。

就目前而言，在深融进程中的机制创新已浮现出多个发力点。一是前半程，流程再造成为信息传播生产端的枢纽。例如，一体化生产还是分布式生产，平台化生产还是专业化生产，都涉及对于媒体内外部生产类要素资源的优化升级。二是后半程，服务再造成为媒体架构的"造型师"。例如，深耕还是广种，面向大众还是面向机构，都能够左右媒体作为有机体的组织生长过程。

跳出"过程"的概念，也可以用"前端—后台"模型来概括媒体的传动机制。比如，后台怎样支持前端的运作，是大后台、强中台还是微后台，前端与终端的关系搭建，指挥控制中心与后台支持部门的关系搭建，等等，对于机制的打造都有着直接的影响。

仅按"流动"的概念，还可以探讨资源、资金在媒体内部和外部的流转机制。其中最重要的人力资源的进入、流动、退出机制，以及资金的吸纳、投放、损益或增值机制等，都是可以在行进间持续迭代的领域。

媒体经营管理的机制创新，在很大程度上通过组织创新和制度优化来实现。当然，这些实现路径往往绕不开维持常规与突破常规之间的平衡。在守正中创新，由创新而发展，类似的层出不穷的难题以及不断从中获得最优解，始终是真真切切的挑战。

（四）媒体经营管理方式面临的机遇和挑战

媒体经营管理的方式不会一成不变。对于主流媒体来说，深度融合的大道越走越宽广，经营管理方式相应地也要不断探索新手段新路径。

近年来，采编与经营"两分开"制度得到普遍贯彻。对于采编、经营分类管理，实行"两个预算、两本账册、分别独立核算、分别考核和奖励"，采编由内容部门负责，经营由经营部门负责，不得混岗，有效抵制了商业取向，从组织设计上保证新闻报道的公正性，杜绝了腐败。同时，要通过对于整体和局部关系的维护，推动采编、经营工作的协调发展，既做到"两分开"，又实现"两促进"。在这一方面，从中央到地方的各级媒体已经积累许多有益的经验，并且各有各的精彩。

值得注意的是，部分媒体经营管理者存在普遍主义归因的倾向，即将出现的问题和困难归咎于外部不利因素，对于自身的主观能动性进行自我设限。事实上，错综复杂的局面和环境各有各的源头，应具体问题具体分析，不断提高经营管理能力。倘若求诸于己，则经营管理者要进一步增强主体意识，在自己的岗位上自觉发出光和热。

二、充分挖掘资源潜力，建设现代化事业产业体系

"好风凭借力，送我上青云。"媒体经营管理要明确自身边界，或者说可以凭借的资源禀赋。机构的宗旨、业务的范围、经营的底线等，无不与经营管理的方向和重点有关。是面向一般意义上的商业市场，还是侧重"体制内市场"，不同的选择界定了媒体经营管理的经纬。

（一）新闻媒体事业属性的回归与保障

主流媒体的"事业单位"身份是一种体制优势。同时，公益一类、二类、三类的划分也给予各级各类媒体一定的选择空间和经营管理的灵活性。公益属性的回归是对沿袭30多年的"事业单位、企业化管理"范式的一次重构。在各大社交平台海量喧嚣信息纷纷扰扰的当下，主流媒体聚焦舆论阵地建设，起到无可替代的定海神针的作用。具有公共产品特征的新闻类产品，其公益属性必须得到制度化的保障。

目前，作为事业单位的主流媒体，最大的内在困扰是薪酬和激励体系的设计。媒体所拥有的资源禀赋，首推独特的身份和资质，其次是较为丰厚的人力资源储备，最后是采编和经营的经验。就人力资源开发与管理而言，相对于互联网"大厂"的高薪酬高回报，主流媒体存在比较明显的激励"天花板"。我国事业单位实行收支两条线和薪酬总额调控制度，对于编制内人员的奖金和津贴、补贴有着严格的制度规范。这样一来，有两个问题比较突出：一是编制内人员如何激励，如何打破"干多干少一个样"；二是编制外人员的薪酬如何筹措，如何同工同酬等。此外，以往的改革措施，如悬置身份进入档案，如何与退休制度相衔接，许多难题亟待解决。

与事业属性相关联的另一个问题是媒体的市场主体资格问题。在公益二类和三类之下，不乏媒体创办下属企业的种种探索。然而，主流媒体自身，包括过去集团化改革过程中的企业集团角色设定，都在近年来的改革中大大淡化了。从"事业单位、企业化管理"到"公益属性、分类管理"，为新形势下的媒体经营管理确立了基本框架。

（二）新闻媒体经营性领域的产业化发展

新闻媒体虽然具有强意识形态属性的特征，但是其承载的内容信息资源与文化创意产业，乃至整个国民经济都有着千丝万缕的联系，开展经营活动具有独特的便利性。在不会对意识形态产生冲击的前提下，媒体的经营工作在合理合法的范围内有序开展。

从文创的视角看，媒体行业尤其是广电业、音视频业、自媒体业容易"出圈"，与时尚潮流及青年一代的口味相"绑定"，打造媒体类IP及品牌化周边，既带来销售，又维系用户群体，进而构建自身的媒体业务生态。湖南卫视及芒果超媒的探索堪称其中的典型案例。

媒体类IP的运营是媒体经营管理的缩影，涵盖从推到拉，从线下到线上，从免费到付费，从服务到定制服务，从主业到混业等多种层次的跨越。管中窥豹，媒体机构如何选择契合自身资源潜力的经营性领域，并产生"两促进"的正向影响，是媒体经营管理中的关键性的决策。

（三）现代化媒体集团的事业与产业载体建设

作为现代化传媒机构，特别是以集团形态存续和发展的传媒集团，事实上类似事业单位及其关联机构的集群。媒体集团在事业发展、产业拓展及深度融合过程中，需要实现事业与产业载体的建设及交融，进而促进文化产业、互联网+、数字经济等传统与新兴业态的繁荣发展。

媒体集团的事业与产业链条在特定的边界内不断延长，贯穿其间的主要是加法机制，形成人们熟知的"新闻+政务""新闻+服务"或"新闻+政务+服务+商务"等序贯化模式。其中的不同环节，因不同用户类型和市场区隔而依托不同载体，相辅相成，相得益彰。

在巩固壮大主流舆论阵地的旗帜下，媒体集团的建设及发展离不开党委政府及社会的大力支持。媒体市场空间的拓展不可能按照纯粹的商业法则进行。具有公共服务性质的产业领域，应该优先向媒体集团开放。唯有提供更多优质的乃至独家的资源来扶持媒体产业的发展，才能有助于媒体集团承担好职责使命，在共享社会进步和经济发展成果的同时回馈社会，不断通过技术与业务创新提升新闻舆论工作能力和水平。

三、全面深化体制机制改革，创新探索经营模式

媒体的业务链条既要围绕主职主业展开，又要有各自的样式和风格，体现鲜明的路径依赖特征。拥有报纸基因的媒体，拥有广电基因的媒体，以及拥有互联网基因的媒体，各有不同的优势领域。同在广电行业，台网分离进程的快与慢，与运营商的关系紧密程度，是否掌握有线网络和IPTV经营业务的主导权等，对于经营绩效和模式的影响也很显著。与此同时，彼此渗透、交叉进入的趋势也同样明显。本节综合分析行业中存在的五种主要模式。

（一）内容主导模式

资讯和娱乐，向来是大众类媒体内容经营的一体两翼。来自终端领域的深度融合，滑动于掌心指尖的包罗万象的视听声画，让近在咫尺与远在天边的要闻琐屑都能一屏相连，拓宽了人与媒体、人与人之间的连接。"内容为王"始终是媒体行业的基石。

随着疫情的阴霾渐渐消散，人们回归正常的生活状态，依然渴望获取快速有趣多元、有温度、有深度的新闻产品。这不仅仅是媒体对用户开列的菜单的一种挑选，也关联着用户群体价值观的塑造。因此，"内容为王"依然需要兢兢业业地打造，精品化的内容不能流于阳春白雪，曲高和寡，更重要的是把握好市场口味和舆论引导之间的平衡。

当下用户对内容的需求是普遍性与差异性并存，社会热点的漂移流变如迅雷不及掩耳。带货、健身、美食等直播的爆红后浪推前浪。炫富、卖惨、网暴等时时抢夺受众的眼球。内容领域挑战与机遇同在，对媒体的考验几乎以分秒计。其中，也有佼佼者广受好评。例如，以"四处观察"闻名的"四川观察"，因其精于选取独到的视角解读新闻事件，屡次破圈。

在内容主导模式下，媒体纷纷以"主品牌+子品牌矩阵"的方式相应对。子品牌负责将内容进行再次细分，提高用户黏性。例如，中央广播电视总台"玉渊谭天"融媒体、CGTN数据新闻工作室、深圳广播电视集团"直播港澳台"等，创新了主流舆论宣传，推动了内容生产的系列化、专业化。

（二）服务主导模式

服务主导模式是专业类媒体运作的主要形态。在"新闻+服务"的联动模式下，服务性质的业务构成媒体日常运营的重要板块。在服务主导模式下，用户由价值消耗者变成了价值共创者。[①]

依托互联网和各种智能化手段，媒体的服务已逐步实现从线下人工到线上智能方式的升级。通过接入政务类、民生类大数据平台，媒体的客户端、小程序等应用软件可以为用户量身定制服务内容。上海的"一网通办"、江苏的"不

---

① 孙嘉宇，陈堂发. 理解新闻价值的两种逻辑：商品主导与服务主导[J]. 国际新闻界，2022，
（02）：6-11.

见面审批"等政务服务被媒体引入服务项目，吸引用户参与互动，更好地满足用户需求，同时实现引流和增强黏性的目的，充分体现了以服务为主导的理念。

随着应用软件及其技术的不断升级，短视频、直播、AR/VR、全息影像等各种应用场景均能与服务无缝衔接。各类传播方式虽叠床架屋，服务的宗旨和便捷性仍能一以贯之，让用户参与感更强，体验感更佳。以服务为主导，构建服务型媒体，让用户可感、可用和可信，成为广告之外媒体运营的真正法宝。

（三）技术驱动模式

媒体的发展离不开传播技术的进步。一般来说，技术并非媒体的长项，但仍有一部分媒体具有敏锐的技术意识和较好的技术储备，并通过与技术企业深度合作的方式，形成一定的技术能力，获得一定的技术突破。

在智能化的道路上，媒体行业聚焦"中央厨房/数据中台"和"媒体大脑"的建设。人民日报的"中央厨房"掀起了全国性的学习热潮。浙江日报传媒集团以大数据和算法推荐技术为核心，构建了内容要素平台"天枢"、内容生产平台"天目云"、底层中控平台"全媒体智能中台"，形成了"1+6+39+X"能力体系，即1个基础数据能力体系、6类智能体系、39项智能服务能力和X项个性化扩展能力。新华社携手阿里开发媒体大脑（MAGIC），着力提高媒体从线索、策划、采访，到生产、分发、反馈等全流程的智能化指挥控制水平。湖北广播电视台打造"Power融媒大脑"，为融媒体工作室的生产与管理提供一键触发的调控机制。在一站式的智能调度之下，原本复杂的内容编审、全网分发、互动沟通、协同管理、数据分析等工序快速实现同步，节省时间人力，提升工作效率，同时促进各环节深度融合。机器人写稿、智能播报、无人机航拍等技术也为媒体行业增添了几许亮色。湖南广电甚至吹响了搭建芒果元宇宙的号角。元宇宙或成为媒体涅槃的一个新契机。[①]

在技术上有所沉淀的中央、省级媒体，纷纷以云平台为支撑向下介入市级、县级融媒体中心建设。北方网、封面、触电等以技术见长的媒体机构，已将市场的触角伸到区域之外。技术驱动既满足媒体自身提高生产、制作、分发等能力的需要，也为业务链条的延伸打开新的窗口。

---

① 陈刚. 元宇宙背景下媒体如何深度融合[J]. 传媒，2022（14）：15-16.

（四）园区运营模式

园区运营模式最初源于媒体运营所需的楼宇等物理空间的自然延展，后来则得益于媒体对"租金收入"这一营收来源的打造，近期更获得了产业政策的大力引导。或许一部分媒体仍处于逼仄的办公场所之内，抑或短期内未能实现物理空间的融合，应当说，国内相当多具有一定规模的媒体在出租场地方面都有所涉足。

媒体运营园区多以文化创意领域为主。例如，羊城晚报报业集团投资管理的羊城创意产业园除集团自用外，吸引了酷狗音乐、荔枝、滚石中央车站、网易CC直播、西山居游戏等100多家文化科技企业入驻，从旧厂房蝶变成国家文化产业示范基地。园区以"互联网+N"为依托，以"创投+孵化"为平台，蹚出一条可持续发展之路，逐步形成一园多区的格局。

在全国的广播电视行业，中国（北京）星光视听产业基地、中国（上海）网络视听产业基地等20多家由国家广播电视总局批复成立的广电视听产业基地（园区）吸引了近6000家相关企业入驻，年营收超过2000亿元，让数字经济等战略性新产业、新业态有了可供参考的范本。园区模式演进的背后，是媒体行业在能量输出方面作为"创业苗圃—孵化器—加速器"的不断跃迁。

（五）多元化模式

如果说特色化发展往往以清晰的业务模式为主线的话，多元化发展可以视为规模可观、业务庞杂而特色较淡的代名词。

在媒体深融阶段，媒体经营模式已不太可能停留在原本的单一模式上，信息的跨平台、业务的跨界已成为常态。面向不同的用户，采取不同的模式，最终形成的"业务组合包"，进而多元化发展。前述的"新闻+政务+服务+商务"，再加上各个环节的各种混搭，就构成了"1+N"模式。不难发现，多元化模式增加了协调控制的成本，管理的跨度和难度不是下降而是上升了。

多元化模式还包括其他子类型，如以投资为导向的跨区域跨业经营。在国家政策的调控之下，媒体的资本经营总体上仍处于试点和探索阶段。

四、以人力资源管理为抓手，强化经营管理能力

经营管理能力既集中于媒体的管理团队中，也分散在媒体内容的部门、团

队和个体中。管理团队往往也是由普通员工经拔擢或晋升而来的。因此，能力打造应该在突出重点的同时，提升媒体机构整体的人力资源管理水平，宏观上提高队伍凝聚力和向心力，微观上强化业务能力培养。

（一）内容建设能力

在媒体行业，"两分开"是必要的制度安排。但是，岗位和职责的分开并不意味着业务逻辑的割裂。这就对人才建设提出新要求：一方面，采编人员要有用户思维、业务思维、运营思维，要跟踪内容产品的使用效果，为经营部门搭建产品和环境；另一方面，经营人员要有一定的内容能力，通过策划、沟通、提案等方式，与客户进行深度对话，向采编作出及时反馈。只有优质内容和高效运营形成"双轮驱动"，才能产生最大化的传播效应，才能更好地为用户提供有价值的服务。

站在媒体"采编和经营一盘棋"的高度，人力资源建设宜采取多管齐下的策略，全方位培养高素质的全媒型复合型国际化人才，搭建从内容到运营再到技术的人才生态链。在建立健全全媒体人才队伍的过程中，以工作室、网红记者或青年人才计划等方式，注重对"人"和"人格化"新型主流媒体的深层关照。[1]尤其是通过对人才管理的个性化服务、薪酬体系升级、荣誉体系完善等措施，推动优秀拔尖人才不断涌现。

提高内容能力还要重视团队和部门建设。在融媒体生产序列中，虽然采编部门的核心地位不可动摇，但是产品与内容运营、创意设计、视频乃至各类终端等团队或部门的地位也越来越重要。这些团队、部门的优化组合既要推动内容建设，又要增强运营能力，从而为经营构建"接合部"或"缓冲区"。

（二）技术能力

技术能力与经营管理的关系十分密切。拥有一定或较高的技术能力，可以降低采购、外包的成本，更加敏捷地维护处理设备、网络或播控方面的安全。在理想的状况下，当技术不只是采编或经营管理人员省力高效的工具与抓手，而是爆发出经营的能量时，技术能力就成为源头活水。

---

[1] 张璇. 打造高辨识度IP 塑造头部品牌价值——以广东广播电视台推进媒体工作室改革的实践为例[J]. 新闻战线2022，（10）：42.

在媒体行业中，由于内容为王带来的软约束，应用强、开发弱的现象不易破解。特别是在中西部地区的媒体，或者县区、镇街、社区一级的媒体机构，基本上难以做到自主研发。即使大型主流媒体，也未必能依靠市场法则赢得技术优势。这就要求媒体不以技术突破为主要方向，但要时刻保持对于技术的好奇心和敏锐度，始终跟上技术变迁的步伐。

说到底，从技术和场景的角度看待行业，看待用户，有利于提高媒体的市场占有率和竞争力。在"万众皆媒、万物皆媒"的新范式之下，充分地满足不同受众的不同需求，是技术拥有的最大的浪漫。当大多数用户被沉浸式、交互式，多屏、多视角的视听体验所吸引时，相应地在采集、制作、推流等各环节引入革命性的技术，让信息传播更智能互动，就成为经营的必需了。

（三）管理能力

在内容建设及技术赋能的基础上，管理能力也是媒体发展的重要一环。只有通过科学规范严谨的管理，激发媒体工作者的活力与创造力，才能做好做优业务工作。

管理能力贯穿着从计划、组织、配置到指挥、控制的环节。管理能力既要依托经验，反复付诸实践，又要以科学理论作指导。管理要求定期为个人和集体设立目标与上升高度，及时调整运作模式。管理也要充满人情味和灵活性，不断激发从业人员的兴趣值与创新力，在"小我"不断融入"大我"的过程中，用事业、行业和组织文化本身的魅力吸引员工，提升员工的参与感和奉献度。

对于中高层管理者来说，在提升管理水平的同时要注重运营的基本逻辑，时刻注意与行业内外的联结与联系，强化合规经营意识，增强媒体的内生动力、综合实力和可持续发展能力。

五、以改革促发展，破解经营难题，提升管理绩效

我国媒体行业所遇到的问题大多数是前进中的问题，甚至可以说没有不可克服的根本性难题。但是，仍大量地普遍地存在地区差异、队伍老化、技术过时，或者精神状况低迷、运行效益低下、日常的各种羁绊等问题。这就要求全行业放下包袱，轻装前进，以壮士断腕的勇气寻出路、谋发展。

（一）深化改革

媒体经营若想迎来新气象，便离不开改革。在推进媒体深度融合的过程中，无论市场环境发生怎样的变化，深化改革都是必由之路。

深化改革的最终目的是促进发展，媒体深度融合到一定程度，必然会突破旧有模式和惯例。首先，要不忘初心，自觉走出舒适区，重新出发，避免为既往的成绩所累。其次，在改革过程中也要讲究方式方法，瞄准根本性的深层次问题，重点在容易突破的地方发力。不少媒体顺应改革大潮，却没有选准方向，或未能结合自身或地区的优势，缺乏后劲，往往容易在实践中虎头蛇尾。最后，改革不断深化不仅要破更要立。建立起精干高效的管理能力、管理制度和管理体系，打通所在的市场区域与行业领域，实现横向和纵向的整合，才能获得阶段性成果在总效应上不断叠加和成倍放大的效果。

（二）提质增效

深度融合的步子迈得再快，质量和效益得不到保证，也算不得真正的成功。对于提质增效，各级各类媒体机构都有自己的做法。

首先，要出精品。新闻要出精品，服务也要出精品；技术要出精品，运营也要出精品。用工匠精神夯实事业的根基，胜过万语千言。

其次，要补短板。短板往往成为提升综合实力的掣肘。许多媒体可能存在或大或小的不同程度的短板，以较低成本补齐短板不啻为迅速提升效能的不二法门。

最后，要用合力。采编与经营"两促进"，传统板块与新兴板块深融通，上下新老所有从业人员群策群力，才能不断铸就新辉煌。

（三）行稳致远

媒体行业是一个容错率相对较低的行业，行稳方能致远。在媒体智能化、平台矩阵化、人才全媒化、管理法治化以及融合走向深入的过程中，我国媒体行业始终要有坚定的立场、坚强的担当，为满足人民群众日益增长的精神文化需求而不断提高能力与水平。

新闻舆论工作要坚持以人民为中心，在经营管理领域就是以用户为中心。深刻影响着媒体发展态势的，是用户这一不变的主体。了解用户的使用习惯、接受方式和传播途径，可以少走弯路。生产人民群众喜闻乐见的内容，积累深厚的用户基础与口碑，是行稳致远的重要前提。

媒体应该在入驻其他商业平台的同时，致力于打造自主可控的平台或阵地，一方面，吸引多元化主体参与内容生产传播，集纳优质内容，打造内容生态；另一方面，与社会治理深度相融，提高信息流通效率，减少国家治理成本，促进社会发展与人民群众生活水平的提高。平台体系的打造是行稳致远的重要保障。

媒体经营管理的每一个节点都要扎实推进，不断进步。媒体深度融合不会止步于眼前的风景，而是要大踏步地迈向未来。

六、结语

我国媒体深度融合的过程可以说是一节节地校准方向、一次次地重新出发。这一过程既是平滑的，也是峻峭的；既体现了蜿蜒曲折的风致，也蕴含着突入眼帘的葱茏；既处处映衬着晶莹剔透，也时时点缀些珠圆玉润。近处观之，媒体经营管理所展开的，却不尽然是诗意的画卷，或谈笑间的樯橹明灭，它要面对的其实是柴米油盐酱醋茶般的日常。不过两者并不矛盾。如果说媒体深度融合终将取得前无古人的成就，那么它不可能抛开媒体经营管理者的朝乾夕惕、栉风沐雨，必定包含着在这一领域无数次的披荆斩棘、劈波斩浪。幸而媒体行业面临难得的时代机遇，媒体事业有着广袤的转圜空间，媒体产业探索着许多模式和路径。媒体人的心中有事业，媒体人的背后有人民，只要"赶考"的精神不落幕，没有破解不了的难题，没有为山九仞亏一篑的回望。

3.2　合作与重塑：主流媒体与互联网企业的互动实践

叶明睿　　朱雯琪[①]

摘要： 伴随着媒体融合发展不断走向纵深，这一变革进程中的参与主体、融合形态，以及不同主体间的融合方式也逐渐变得更加多元而复杂。对于主流媒体而言，近年来在媒体融合实践中的一个显著特点就是不断突破融合边界，在平台渠道、技术资源等方面探索与互联网技术企业的各种新型合作关系，不断提升自身对于舆论的引导力和影响力。本文正是基于这一背景，尝试梳理成功的合作经验与范式，探析合作过程中存在的问题及其背后的原因，进而提出可供参考的建议。

关键词： 主流媒体；互联网企业；媒体融合；合作关系

从20世纪初开始，伴随着信息与通信技术的发展和互联网的普及，互联网企业以数字化、互联化、个性化的新型信息传播平台介入我国的信息传播领域，在短时间内强力吸纳了海量用户，为传统媒体带来了结构性压力。数据支持下，互联网企业持续布局，提供信息发布和应用平台等互联网信息服务，推进互联网技术与媒体业务快速融合与迭代，包括但不限于互联网新闻信息服务、网络出版服务、搜索引擎、即时通信、交互式信息服务、网络直播、应用软件下载等互联网服务，形塑和开拓了互联网环境下的媒介市场。2014年，媒体融合战略正式上升至国家层面，主流媒体与作为外在参与者的互联网企业展开紧密互动。基于互联网企业在平台、数据、技术、专业人才方面的优势，其在媒体融

---

① 叶明睿，中国传媒大学电视学院教授、博士生导师；朱雯琪，中国传媒大学电视学院研究生。

合纵深发展的过程中发挥了积极作用。

2021年"推进媒体深度融合，做强新型主流媒体"正式写入我国"十四五"规划。党的二十大报告也明确提出，加强全媒体传播体系建设，塑造主流舆论新格局，这意味着媒体深度融合更加急迫，媒体融合发展升级至新阶段。主流媒体可在内容建设、先进技术和创新管理等层面有所突破，其中一条现实路径，就是在把握深度融合主动权和话语权的基础上，用好互联网平台之力，探索形成新的合作共赢模式。

在观测主流媒体与互联网企业的互动行为时，本文并未将二者关系简单归结于传统媒体与新媒体的冲突与融合，而是更全面地从二者作为传媒组织、经营企业、公共平台等复合角色的视角出发，探讨二者的行为逻辑、思维习惯差异以及行动壁垒和困境，试图探索一条合作共赢之路。

一、实践概况：主流媒体与互联网企业的互动框架

随着社会媒介化趋向深度迭代，互联网平台企业已经成为信息社会中的一种社会基础性要素，[①]移动化、平台化、智能化成为推进媒体融合发展的主要思路。经过数年实践，从"两微一端"，到"智能云平台"，再到"媒体MCN"，主流媒体与互联网企业在资源、功能、关系的交流互动中形成了"前台—中台—后台"的发展格局。

（一）前台资源合作：渠道流量与内容生产

权威信息与公信力是主流媒体的独特优势，平台和流量是互联网企业的独特优势，这是二者在媒体融合中实现资源合作的基础。传统媒体时代，管控播出终端是实现传播渠道统一和把控信息生产、分发、消费权力的主要路径。互联网的介入对原有传播格局产生了巨大的冲击和变革，以互联网企业为后台的商业传播平台以精准高效的传播效能占据了信息传播"最后一公里"的位置。[②]作为"后入场者"的主流媒体，虽然拥有权威地位和优质资源优势，但其传播实践行为仍在一定程度上受到已有互联网语境和规则的限制，往往基于现

---

① 李良荣，辛艳艳.论互联网平台公司的双重属性[J].新闻大学，2021（10）：1-15，117.

② 王斌.互联网新闻学：一种对新闻学知识体系的反思[J].编辑之友，2020（08）：63-74.

有的商业传播平台建设媒体矩阵，获取内容输出和流量输入渠道，以实现信息传播、价值宣传、舆论引导的媒体功能。而对于互联网平台来说，主流媒体的入驻不仅可以带来下沉用户的新一轮增长，同时对于丰富平台主流内容、规范平台话语环境、弘扬主旋律也有着不可替代的重要作用。初期"磨合"阶段，由于定位模糊、经验不足，出现模式固化、形式单一、同质化严重、互动缺失等问题，进而导致传播效果不佳、发展积极性削弱。对此，互联网企业采取打通发布体系和内容通道、算法优先推荐、加强流量扶持、商业变现扶持、共享平台数据库、对接平台专业视频制作机构等资源倾斜举措。同时，主流媒体也在积极探索自身优势与商业传播平台的有效互动：一方面，把握独家内容，创新表达形式，通过现场转播、内容再生产等方式借力平台，扩大传播覆盖面；另一方面，结合主流媒体公信力和互联网的传播力，赋能传统领域和线下产业，助力社会公益，弘扬主流价值。央视市场研究股份有限公司监测数据显示，截至2021年底，人民日报、新华社、中央广播电视总台、求是、光明日报、经济日报、中国日报、中新社等8家中央媒体共有近1600个在第三方渠道开设的账号，形成近440个百万级以上粉丝量或季度累计阅读量超百万的头肩部第三方平台账号矩阵。由此可见，在渠道、内容、人才等多方面资源的交流互通中，主流媒体的媒体融合建设能力日益强化。

（二）中台功能拓展：技术研发与媒介场景

当下媒介领域的智能化发展趋势，代表真正的媒体融合不单单是具有技术优势的新兴媒体与具有专业优势的传统媒体之间的竞争合作，而是驱动传统媒体迭代升级为新兴媒体，[①]其中的关键在于技术转型，而互联网企业作为技术平台具有明显的优势，可以为主流媒体的智能化升级提供支持和帮助。2021年，我国进入全媒体传播体系2.0建设时期，打造集合人工智能、大数据、云计算等技术为一体的智能平台等是主流媒体与互联网企业展开合作的主要领域，其技术功能的实现主要在于生产流程再造、业务数智化升级、软硬件设备改造、数据资源保障管理中的技术研发、搭建、运营、维护、更新等工作。从互联网企

---

① 朱鸿军.颠覆性创新:大型传统媒体的融媒转型[J].现代传播（中国传媒大学学报），2019，41（08）：1-6.

业参与的形式与功能来看，二者的共建关系主要可分为深度合作型和互补合作型。深度合作型主要体现在平台的基础建设或者已有技术的应用层面。在从无到有的起步过程中，主流媒体不仅需要搭建对外广泛联系政府、社会、公众等多主体的平台，还要在内部开发联通各部门的信息采集、生产、分发系统。对于一些技术实力有限的媒体单位来说，需要利用互联网企业在技术开发与运维、人才储备等方面的优势，在政策支持和组织协助下，达成深度合作的互动关系。互补合作型则主要体现在新技术的研发和新应用的落实层面，集中于头部梯队的主流媒体和互联网企业之间的合作。一些主流媒体基于智能升级需求，提出新的媒体需求、技术设想和落实方案，并提供可实现的媒介场景和可操作的数据资源。互联网企业基于媒介市场拓展需要，提供媒体垂直领域的技术支持与服务，并在实践中验证和开拓技术在媒介领域的可行空间，从而在互补合作中推动媒体功能的拓展与产业生态的进步。

（三）后台理念革新：互联思维与体制机制

对于主流媒体来说，体制机制改革是媒体深度融合的支撑保障和动力源泉，在确保系统统一性和协调性的同时，充分赋予和凸显各个组成部分的自由度，因此更具有先导性和战略性的决定意义。[①]主流媒体在与互联网企业相互竞争、合作的过程中，不断增强互联网思维，推进自身体制机制的调整与改进，形成多元和谐的传媒业态。在体制层面，一些主流媒体积极改变传统事业单位的运作模式，通过多元手段优化生产关系和资源配置；同时，以技术驱动为重点，与互联网企业联合成立智媒研究院、实验室、技术部，基于互联网企业的核心技术能力，满足媒体工作的操作性需求，共同研发新技术产品，加速媒体智能化升级转型。在机制层面，一些主流媒体通过与互联网企业合作，利用大数据、人工智能、云技术等先进手段搭建高效、合理的内部管理体系；在内部组织和管理设置方面，参照互联网企业在架构上的扁平化特征，合理配置各项资源，打破传统科层制模式，推进模块化分工，实行项目或产品责任制，以工作室、项目组为单位展开与互联网企业的相关合作，实现权力下放，充分激发

---

① 胡正荣，李荃.深化体制机制改革：主流媒体纵深融合的内在动能源泉[J].青年记者，2022（10）：15-17.

与释放内容生产与技术创新活力。

二、互动形态：角色冲突下的交往实践

（一）驱动机制不同：主流媒体的社会效益优先取向与互联网企业的逐利导向

从单位性质来看，主流媒体是具有公益属性的事业单位，互联网企业则是以营利为目的的商业公司，二者在思维理念、顶层建筑、组织架构、决策及管理运维机制上存在显著差异。一方受党和政府、上级管理部门下发的政策方针指导实践，另一方则以商业利益为主要行为导向。二者在驱动机制上的本质差异，使双方合作的可行性、稳定性和深度在不同主体间表现出明显的差异化特征，且具有不确定性。

（二）思维模式偏差：主流媒体的稳中求进与互联网企业的创新激进

现代社会是一个风险社会，随着主流媒体与互联网企业的合作逐步深入，随之而来的有关内容机密、数据安全、技术要领等操作性风险也就越多，这不仅关乎双方的公共形象与社会信任程度，更关乎全社会范围的公共利益。互联网企业作为新兴产业，更偏好风险或持中立态度；而具有国有单位性质的主流媒体，更多坚持"稳中求进"的方针，对于风险的敏感度更高，承受意愿及能力都相对较低。部分主流媒体缺乏设立长期激励机制和明确绩效考核指标的意识和行动，尤其对于技术领域人才来说，相比于互联网企业高薪高职待遇，对于人才吸引力较弱。在一些主流媒体与互联网企业的合作中，反而导致相关人才出于更高的收益或更好的发展承诺等原因向互联网企业转移，进而加重主流媒体的人才短板的负担。

（三）技术合作瓶颈：主流媒体的安全风险与互联网企业的技术强势

部分媒体单位在自研技术团队能力不足或缺位的情况下，需要借助互联网企业或其他外部力量，通过"项目外包"和"服务购买"的方式搭建和运营自有内容生产与平台。由于缺少核心技术、经验，以及相关操作人才，自有平台的个性化功能拓展、常态化运作和可持续产出成为各家媒体面临的新挑战。对于技术团队组建初有成效，自主研发应用能力能够满足平台基础性操作的一些媒体来说，在与互联网企业的技术合作中自主性和积极性都较高，形成互动性更强、更趋深度的合作形态。但在核心技术的权属问题上，一些主流媒体并未

完全掌握先进技术的底层研发逻辑。这也带来更深层次的风险：一是媒体需要提供大量内部数据供互联网企业进行技术融合和场景实践，在海量公共数据的流动中存在数据操作的"黑箱"，隐藏着数据泄漏和滥用的风险；二是在新技术与新产品的创新研发上，相较于技术实力雄厚的互联网企业，主流媒体的自主研发能力仍然较弱；三是头部媒体的系统中台建设体系复杂、模块众多，往往需要多家互联网企业共同负责，企业的逐利和市场竞争思维易导致内部的商业竞争，媒体的协调、监管和风控能力有待提升。

三、融合生态建设：主流媒体与互联网企业共赢发展的实现路径

（一）管理部门：激发治理优势，完善制度通道

媒体融合是一项集合政治逻辑、技术逻辑和商业逻辑的系统性工程，[①]需要党委、政府管理部门、主流媒体及互联网企业等多元主体的积极协同参与才能实现稳定、高效发展。随着媒体融合进程不断向纵深发展，主流媒体与互联网企业的互动实践进入新阶段。党委、政府及相关管理部门应从维护保障意识形态安全、巩固壮大主流思想舆论的高度，对主流媒体与互联网企业的合作加强顶层设计，推动构建二者共赢发展的政策体系、实现路径。同时，以可持续发展的长远视角积极构建完备、系统的推行策略和治理保障体系，立足双方的合作权益和具体实践中发现的现实需要来细化配套的政策举措。既要稳固主流媒体在舆论环境中的主流话语权，又要把控企业逐利行为下的技术失控和治理风险；既要关注过程，也要规划未来目标，进而实现稳中有进的发展。

（二）主流媒体：重塑合作结构，实现收放并举

媒体融合是一项复杂而艰巨的系统性工程，在底层逻辑层面，由于驱动机制和思维模式的差异，主流媒体与互联网企业之间难免出现冲突，难以适配导致互动效率低下。而在行为能力层面，大多数主流媒体在渠道基础、资本持有、技术研发上与互联网企业仍存在差距，主流媒体应把握双方在合作关系中的核心诉求、互补优势，以及未来发展潜力与方向，进而掌握合作的主动权。

---

① 林如鹏，汤景泰.政治逻辑、技术逻辑与市场逻辑：论习近平的媒体融合发展思想[J].新闻与传播研究，2016，23（11）：5-15，126.

第一，强化专业能力、本地优势和社会公信力，稳固主流媒体的话语权，占领舆论阵地。主流媒体是具有功能选择、价值使命及文化调性的价值媒体。主流媒体追求社会利益而非用户规模和营收利润最大化的商业利益。[①]因此，主流媒体应根据媒体级别、地域范围、受众特征明确自身定位和功能，兼顾内容为本与服务制胜的发展要求，做到精准的个性化、差异化信息输出，而非追求流量拥挤的热点话题和大而全普适性服务，造成信息过载的局面。主流媒体应积极培养市场运营思维，提升自我造血能力，创新媒体投融资政策，充分发挥自身独有优势和资源，拓展媒体业务领域与产业布局。针对这一转型需要，积极开展专业人才招聘和员工培训，完善技术团队的基础性建设和内容团队的创造性转化，打造一批针对互联网传播逻辑的全媒体专业队伍。

第二，明确自身定位，利用互补优势，有序推进合作。主流媒体在判断合作领域及程度时需避免跳脱自身实际情况跟风投入的情况，应明确自身功能定位、能力范畴和发展阶段，正确分析资源投入产出比，以履行主流媒体的社会责任为目的，合理做到有所为有所不为。在投入资金人力有限和经验尚浅的情况下，那些处于媒体融合成长期的主流媒体可先合理利用互联网企业的渠道资源积累自身流量、知名度和生产运营经验，并在现成的发展经验上根据自身定位逐步完善技术的基础性建设。而对于那些发展较为成熟、先进的主流媒体来说，技术的研发和应用是与互联网企业深度合作的核心领域。在积极提升自主创新能力的同时，对前沿技术的探索上还可充分利用互联网企业的研发优势、丰富经验和积极意愿，在优势互补的基础上不断开发和提升自身的核心竞争力。

（三）互联网企业：提升责任认知，发挥能动作用

基于功能观视角，在与主流媒体的互动中，互联网企业具有媒介平台、信息平台、技术公司和商业企业等多元复合角色，已经承担了较为重要的社会责任。近年来，国家对于互联网企业的监管力度加大，不少互联网企业为提升企业社会形象，强化身份认可，更好履行平台责任，主动与主流媒体对接合作，但这不意味着可以将主流媒体视为"挡箭牌"，而是赋予了互联网企业参与公共

---

① 喻国明，耿晓梦. "深度媒介化"：媒介业的生态格局、价值重心与核心资源[J]. 新闻与传播研究，2021，28（12）：76-91，127-128.

事务、维护公共利益的社会担当。在与主流媒体的互动过程中，互联网企业需要正确把握和处理好三种关系。

首先，互联网企业需要把握好主流媒体内容和流量效益两者之间的关系。互联网平台在处理主流媒体内容时，需要充分考虑到主流媒体内容生产的社会公益属性，一定程度上弱化流量的导向思维，助力主流媒体内容在用户群体中实现更加广泛的覆盖、更加全方位的到达。

其次，互联网企业需要把握好所供给内容的本地性与一般性之间的关系。网络信息和内容服务作为公共舆论与社会治理中的重要一环，需要考虑到如何更好地服务本地社会的和谐稳定、经济发展和社会治理。互联网企业在为地方社会治理与经济发展作出贡献的同时，也应配合主流媒体，尤其是本地主流媒体更好地服务于当地。

再次，互联网企业要平衡好主流媒体与自身的利益分配关系。主流媒体作为大量优质内容的生产者和权威内容的发布者，互联网信息平台在基于转发转载的更多权重，并以此作为内容资源的主要支撑，但往往在最终利益分配时，主流媒体无法获得与其贡献价值比例相当的利益回报。互联网传播平台的流量收益应当更加积极主动探索与主流媒体共享的路径，与主流媒体一起发掘持续的营利模式，从而形成良性循环，并最终实现真正的双赢。

最后，在认知层面，互联网企业应在建立风清气正的网络生态环境的责任认知下，以端正的态度看待与主流媒体之间的互动关系，这不是单纯以契约链接的商业行为，而是以社会利益为链接的公共行为。互联网企业应在其专业领域，为主流媒体融合发展提供渠道、技术、资源等方面的支持，更好地承担社会责任。在合作的过程中，互联网企业应加强内部自律和自我监管，通过明确规章制度、定岗定人定责、公开工作流程、加强员工教育培训、引进信息安全人才等方式，严肃防控技术风险，严禁利用技术优势盗取、滥用数据的违法行为。在加强自律的同时，协助主流媒体展开对互联网环境的治理，利用平台优势维护主流媒体的舆论主导地位，严格设定内容审核机制和监控机制，共同建设清朗网络空间。

五、结语

当下，主流媒体与互联网企业之间合作关系的建构与调整是推进媒体深度融合的重要现实问题之一。需要指出的是，主流媒体加强与互联网企业的合作，一方面是学习利用借鉴互联网企业在技术开发应用、服务网络用户、内部管理等方面的先进经验，加快自身转型发展、融合发展的步伐；另一方面是借助互联网平台用户量大的优势，更好地传播党和政府的声音，增强媒体的影响力、传播力。对传统主流媒体来说，合作是做大做强建设新型主流媒体的重要途径，但不是全部。打造自主可控的新型传播平台，巩固拓展传播渠道和舆论阵地，始终是主流媒体的核心使命任务。对互联网企业来说，如何携手主流媒体构建共赢共荣的合作发展新模式，助力国家全媒体传播体系建设、塑造主流舆论新格局，也是不容回避的责任。希望本文为主流媒体与互联网企业未来的合作发展提供新的观测视角与有效的行动参考。

4.1　媒体智库参与社会治理的行动路径

罗　昕　张瑾杰①

摘要： 媒体融合的浪潮加速了媒体智库的发展。不同于传统媒体时期新闻报道者、舆论监督者的角色，媒体智库是治理网络的编制者、治理资源的整合者和治理方案的建设者。媒体智库参与社会治理的行动路径包括以调查报道揭示社会问题，以研究报告提供决策参考，以及以活动论坛动员各方协商。媒体智库参与社会治理应当警惕注意力分配、边界跨越以及公共性等问题，通过培育拳头产品、规范协同架构和坚守职业道德等方式，更好地提升参与社会治理的效能。

关键词： 媒体智库；社会治理；协同治理；媒体角色

2013年11月，党的十八届三中全会通过的《中共中央关于全面深化改革若干重大问题的决定》提出，加强中国特色新型智库建设，建立健全决策咨询制度。此后，建设中国特色新型智库的浪潮兴起，越来越多的媒体开始布局智库

---

①　罗昕，暨南大学新闻与传播学院教授、博士生导师；张瑾杰，暨南大学新闻与传播学院博士研究生。本文为国家社科基金重大项目"媒体深度融合发展与新时代社会治理模式创新研究"（项目编号：19ZDA332）阶段性研究成果。

建设。①媒体智库是指由媒体主导发起设立，为政府、社会提供决策咨询和研究服务的研究咨询机构。②媒体智库并不是媒体与智库的简单相加，而是新闻生产和智库生产之间的平衡关系，在新闻的基础之上从事智库研究，在智库研究的成果之中推动新闻的发展。因此，需要明确的是，媒体智库与其他类型智库相比具有突出的媒体属性；智库媒体意味着传统媒体在新闻报道的基础之上延伸出新的功能角色。媒体办智库的浪潮出现之前，具有内参采写职能的媒体已经进入影响决策的治理格局，为媒体与智库的结合奠定了基础。传统媒体时期的调查报道就有着对社会问题进行调查研究的基础，智库报告则意味着在垂直领域中进一步深耕，生产具有影响力的智库报告意味着切中当前时代发展的需求、切入社会治理的需求。通过智库报告回应社会治理问题，有助于协助监管部门形成决策行动，从而使其发挥影响力和传播力。这种影响力的彰显同样能够成为好的新闻素材，在社会治理中引起反响。这种新闻生产与智库运转的双轮驱动模式，也成为媒体智库区别于其他类型智库的独特之处。

一、媒体智库在社会治理中的角色转型

媒体作为多元治理主体中的一员参与社会治理，具有组织性和主体性。组织性是指媒体作为社会网络中的组织，受制于来自政府、市场与社会之间的张力；而主体性则是指媒体作为新闻生产的实践主体，需要并且持有自身的规范与规则。③媒体融合的浪潮带动媒体的结构转型，加速媒体智库的建设步伐，使媒体在社会治理中的功能角色从新闻报道者、舆论监督者，向治理网络的编制者、治理资源的整合者和治理方案的建设者转变。

（一）治理网络的编制者

网络化治理的实质在于打破封闭化的垂直治理结构，建构多元化互动机制，

---

①　蔡雯，蔡秋芃.媒体办智库：转型期的实践探索和理论发展——对2008—2018年媒体智库及相关研究的分析[J].国际新闻界，2019，41（11）：127-141.

②　里昕.中国媒体智库的发展特色及发展建议[J].智库理论与实践，2017，2（05）：42-49.

③　李良荣，方师师.主体性：国家治理体系中的传媒新角色[J].现代传播（中国传媒大学学报），2014，36（09）：32-37.

赋予多元主体参与权利，创造更公平、更富裕的公共价值。[①]媒体智库天然的"连接"属性为打破科层组织限制，广泛连接多元主体提供了可能性。例如，新京报社新京智库与海内外千名专家、几十家学术机构和头部企业建立合作联系；四川日报社川观智库广泛且深入地将信息触角延伸至党政部门、村镇社区、工矿企业和各类智库机构、各领域专家学者，将各方面信息、智慧和力量充分编制到治理网络之中。在这种治理网络之中，多元主体获得连接的权利，相互之间形成横纵交错的连接关系，特别是实现了为曾经常常被排除在治理网络之外的公民个体赋权，使更多的主体加入其中，扩大治理网络的范围，激发治理网络的活力。

（二）治理资源的整合者

在缺乏连接的前提下，治理资源往往分散在不同的治理主体之间，相互之间的流通共享受阻，缺乏有效整合，未能充分发挥治理资源的效用。在编制治理网络的基础之上，媒体智库进一步整合盘活治理资源。也就是说，当各个治理主体所掌握的数据、技术、政策等资源在相互流通存在隔阂时，各方资源集中汇聚在媒体智库搭建起的资源平台进行有效整合，使不同资源之间产生碰撞，相互流通共享，创造出新的价值。公共数据大部分汇聚在政府平台上，商业数据大部分掌握在商业平台中，而媒体智库的智慧数据平台能够在连接政府、市场与公众等多元主体的基础上，汇聚多元的数据资源，打通相互之间的壁垒，探索新的可能性。

（三）治理方案的建设者

媒体智库的重要任务之一是为科学决策提供智力支持、为问题解决提供系统方案。媒体智库的特殊之处在于，能够延续传统媒体敏锐的新闻敏感，捕捉社会变动中的关键议题。此外，不同于高校智库或商业智库强调理论价值或市场效益，媒体智库提供的治理方案更具有可操作性，能够为社会治理提供可供参考的行动指南。当前，建设性新闻成为主流媒体参与社会治理的一种路径。[②]

① 唐亚林，王小芳. 网络化治理范式建构论纲[J]. 行政论坛，2020，27（03）：121-128.

② 罗昕，陈秀慧. 建设性新闻：主流媒体参与社会治理的一种路径[J]. 青年记者，2022（09）：9-11.

媒体智库常常以建设性新闻的形式提供建设性治理方案。建设性新闻的实践要点在于深度关注问题的解决方案以及方案是如何运作的。这并非要求媒体提出解决办法，而是介绍专业人士及利益相关方的方案措施。媒体智库通过建设性新闻，在披露问题的同时向受众传递正面、积极情绪，展示了一种包容与多元的解决方案。

二、媒体智库参与社会治理的行动路径

从传统媒体擅长的调查报道开始，在媒体融合的驱动下向数据监督试水，再到生产智库报告、搭建共治平台，媒体智库在实践探索中逐步形成了参与社会治理的独特路径。

（一）以调查报道揭示社会问题

调查报道是媒体的"老本行"，无论通过转型延伸出多少种新的功能角色，舆论监督自始至终都是媒体参与社会治理的一把利器。凭借新闻敏感，媒体汇聚线索、展开调查，通过调查报道的方式反映和揭露社会问题，目的在于推动监管部门采取行动，促进问题的改善与解决。从政府的视角来看，社会治理领域中存在多种委托代理关系，政府作为委托方所掌握的信息与实际的情况是存在偏差的，需要通过多种手段来掌握真实的社会信息。媒体对社会动态的敏锐把握有助于减少政府的信息不对称。从公众的视角上看，公众个体反映问题的渠道有限，话语的影响力不足。即使是在人人都有麦克风的时代，媒体仍然是新闻传播链条的重要一环。媒体长期以来建构的社会影响力并没有被商业平台和自媒体所取代，调查报道仍具有其特殊的地位。

媒体智库不仅继承了传统媒体调查报道的优良传统，也在媒体融合的浪潮中注入新的动能。如果说传统媒体时期的调查报道重在对个案的深度挖掘，那么媒体智库的实践则是对大样本进行长时间、整体性的观察与测评，通过建立评价指标体系，梳理大数据背后的深层社会问题。例如，"新京智库"通过对热门App评测、舆情数据监测分析和热门应用场景实地调查，推出《人脸识别技术滥用行为报告》，透过53万条数据揭示人脸识别滥用的焦点问题；南都大数据研究院企业声誉研究中心对视频平台进行"限制严格度"测评，发布调查报道《"青少年模式"下，爱奇艺A站波波视频发现软色情内容》，揭露视频网站的问

题：即便开启青少年模式，也有部分内容偏成人化，甚至可搜出软色情内容。这类调查报道基于大数据的挖掘与分析，对数据背后隐藏的内容进行更深层的剖析，让数据发挥出量化、测评和监督的价值作用。

（二）以研究报告提供决策参考

单纯依靠调查报道的路径，在揭示社会问题的基础上难以进一步分析各方价值目标并提供治理方案。即使新闻报道分析原因并提供对策，也往往是转述专业人士的观点，新闻客观性的要求不允许媒体在报道中直接表达价值判断。媒体智库的诞生意味着媒体功能向智库功能延伸，服务对象从一般公众向政府部门等特定群体延伸，成果产出从新闻报道向研究报告延伸。我国主流媒体作为党和人民的耳目喉舌，把握大局、了解基层、贴近实践。相比于高校智库、商业智库，媒体智库编制的研究报告的优势在于更"接地气"。例如，羊城晚报智慧信息研究中心与清远市、揭阳市、梅州市、阳江市海陵岛等地方政府相关部门签约了数据定制报告等传媒智库服务。南方都市报的《广州城市治理榜》通过设定不同榜单，构建评价指标体系，对广州城市的运行进行全方位观照，对广州各职能部门、区街的表现进行评价排名。从落地效果的表现上看，该榜单的评选结果被写入市政协常委会工作报告，广州市多个区在工作报告中也援引榜单数据。

政策系统论将政策过程划分为需求输入、政策制定和政策输出三个阶段。由此来看，治理的过程就是从治理需求输入，到治理政策制定，再到治理效果输出的过程。传统媒体参与社会治理主要在输出的环节发挥作用，在治理行为正在进行时或完成后进行监督。作为"事后"的监督，目的在于评估权力的运行结果，达到对不良现象进行纠偏的效果。虽然媒体介入输出环节产生新形式，也确实能够对治理产生影响，但总体而言仍然是处于外部性的评估观察，参与治理的路径较为单一。如果仅通过这一种方式，那么对治理产生实质性作用所需的周期较长。因此，媒体融合与治理理念要在输出环节的基础上，继续向治理流程的前段延伸。媒体智库通过调查报道的契机，勾连政府部门与媒体之间的合作关系，加深相互的依赖程度，将媒体参与社会治理的程度进一步向前推进。媒体智库将介入的环节前置，参与政策制定的过程，在政策出台之前为决策部门提供参考方案。也就是说，媒体智库参与社会治理的行动已经不只停留在发现问题的阶段，而是走向更深一步的分析问题和提出对策，重在贡献方案。这些对策建议直达决策层，成为政府进行社会治理的重要参考依据。媒体智库基于事实的报道者、传播者的角色，进一步深耕专业领域的权威，向政策的咨询者、建言者发展，从而在治理格局中更深一步融通多元主体。例如，瞭望智库聚焦国家政策、区域发展、行业运行等领域，通过研究报告向中央决策提供参考；人民网新媒体智库形成包括监测、预警、分析、研判、应对、处置、修复、培训在内的舆情服务链条，及时把握社情民意，为政府和企业提供技术平台、智库报告、应急演练、咨询建议等服务。媒体智库的产出从调查报道向研究报告延伸，是基于对社会治理问题的深度探索，是从业人员在垂直领域更加专业的表现。通过深度调研形成的智库报告，不仅看到社会治理的问题表征，还揭示治理难点并提供优化建议。

（三）以活动论坛动员各方协商

多元主体之间沟通渠道的不顺畅使协同治理的效能受阻，如何疏通相互之间的隔阂成为化解僵局的关键。媒体具有"上下接合"的功能，传统媒体时期体现在将党的方针政策传达给人民群众，并将人民群众的呼声传递给党。在这种天然的"连接"属性之下，由媒体智库发动促成的对话平台，有助于打通不同圈层之间的壁垒，构建共商共建共治的格局。多元主体之间的权利与资源并不是平均分配的，处于弱势地位的主体容易受到较强主体的影响。因此，在有效的协同治理格局之中，需要采取积极的策略对弱势群体授权。①媒体智库能够在多种层面搭建多元主体互联互通的桥梁。例如，南方都市报联合广州市天河区住建局发起"桥下空间综合利用方案"有奖征集活动，不设门槛，不限专业，就桥下空间的"微改造"问计于民，要让桥下空间变得"好看好用好管"。征集期间，南方都市报还结合问卷调查、城市实验和大师工作坊等活动，广泛发动公众参与。桥下空间作为城市之中的灰色空间，常常被忽视遗忘。对标国际城市的定位，如何将桥下空间更好地利用起来，更好地服务周边居民的生活，以往可能是政府内部的运作流程，公众不得而知，更无从参与。但是，城市空间

---

① 克里斯·安塞尔，艾莉森·加什．协同治理：理论与实践[M] ∥ 王浦劬，臧雷振，编译．治理理论与实践：经典议题研究新解．北京：中央编译出版社，2017：330-357.

是公众栖息生活的地方，公众有权对桥下空间的改造建言献策。媒体智库在其中发挥了关键的连接作用，通过构建多方沟通交流的平台，促进平台之中信息的流动和观点意见的流动。流动的结果不只是使各方之间相互知晓，更重要的是能赋能社会治理，产生落地成效。活动发布不到一个月，征集到近700份公众意见建言。经过初选、专家评审和公众投票，活动最终评选出8个优秀案例，不少好点子都被设计单位融入改造方案。2021年，广州市向联合国提交《活力 包容 开放 特大城市的绿色发展之路——联合国可持续发展目标广州地方自愿陈述报告》（VLR），联合国网站首次登出中国城市提交的地方自愿陈述报告。其中，天河猎德大桥试点开展桥下空间微改造作为可供借鉴经验被写入报告。

媒体智库参与社会治理的各种行动路径之间不是相互独立割裂的，而是相互融合促进的。新路径的出现并不意味着对旧路径的取代，而是呈现出相辅相成、相互促进的特征。调查报道的路径是媒体最普遍且最为人所知的，这一治理模式作为媒体参与城市治理的基本模式，并没有因为媒体转型或是治理转型而被取代，而是始终贯穿媒体的实践行动之中。在媒体转型的驱动下，延伸出的研究报告和活动论坛是媒体智库探索出的新道路。三者之间相辅相成，一方面，具有影响力的调查报道诞生后，扩大调查范围，进行更加深入的调研与学术性的分析形成研究报告，研究报告的制作与发布能够为凝聚多方共识提供公共平台；另一方面，撰写研究报告所需的研究力又能反哺新闻调查，增强调查报道的深度，同时多方共识所产生的社会效应又能够产生新的调查报道。以政府为代表的治理主体与媒体智库之间的协同关系进一步加深，通过委托项目的方式使媒体智库进入影响治理决策的格局。基于媒体智库连接的多元主体加深了彼此间的依赖程度，多元主体通过共治平台进行协同对话的可能性增强。

三、媒体智库参与社会治理的困境与超越

媒体智库参与社会治理是一项创新议题，治理理念的诞生以及治理实践的发展，使多元主体的协同共治成为内在之义，超越了传统管理格局的限制。应该注意的是，治理并非万能的解药，其自身也存在相应的问题。媒体在履行治理主体职责时，超越了与其社会主体、身份一致的权利、义务，这就意味着

媒体角色的越位。[1]适度的角色跨越有助于延伸媒体的社会功能、激发社会治理的活力，但是超过一定程度的跨越则有可能陷入风险困境。

（一）合理的注意力分配问题

注意力分配理论指出，在一个信息嘈杂或丰富的世界中，注意力会集中于某些方面并忽视另一些方面的信息。[2]也就是说，在面对诸多事务时，由于注意力的限度，不能同时关注所有事务，对于某项特定事务的重视就会导致对其他事务的忽视。媒体功能角色的延伸意味着从事的事务越来越多。例如，在一场活动之中，媒体以往的角色就是一名报道者，将这一活动报道出来，任务也就完成了。但是从媒体智库的实践上看，它还会参与活动组织策划的各个环节。当所有的任务集中到从业者身上时，从业者实际上面临着高强度的工作压力。媒体智库多种功能角色的汇聚实际上是媒体深度融合的要求，但在具体的运作过程中，常会出现二者失衡的情况："重新闻轻智库"会产生新闻媒体的路径依赖；"重智库轻新闻"则会导致媒体本职偏离，可能出现采编经营化的偏向。

新闻生产实际上关注城市之中的各个领域，但是并非城市中每一个变动之处都需要延伸到智库的生产之中。也就是说，从新闻生产延伸到智库生产的应该是当下社会关注的重点议题。因此，面对注意力分配问题，需要通过培育拳头产品的方式，对特定时期社会治理领域的关键问题进行深耕，形成媒体智库在这一领域的优势。培育具有影响力的拳头产品，需要敏锐地把握社会治理问题，关注政策上、市场上的动态变化，抓住合适的发展时机，先发制人，占据该领域的先机；抓大放小，根据不同时期社会治理的核心重点进行调整，适度地放弃过时的、零碎的项目课题，将力量集中在拳头产品上。在把握社会治理重点议题的基础上，要形成可供媒体智库发展的道路，要展现媒体智库参与社会治理的优势。这也是多元治理的协同格局中，媒体智库的特殊功能，是其他治理主体无法替代的特殊优势，体现在媒体的传播力、影响力等媒体深度融合的成果之上。培育具有影响力的拳头产品，目标在于借助优势领域带动整体性

---

① 田琴琴，罗昕. 县级融媒体在基层治理中的角色定位——基于网络化治理视角[J]. 中国出版，2021（06）：31-35.

② 代凯. 注意力分配：研究政府行为的新视角[J]. 理论月刊，2017（03）：107-112.

发展，发挥社会治理作用的同时，进一步助力媒体智库的发展。

（二）适度的边界跨越问题

在媒体智库参与社会治理的行动中，既存在参与度不足的问题，又存在过度参与的风险。一方面，政府的协同治理意愿影响着媒体智库参与度。媒体智库是社会治理的驱动因素之一，但发挥的并不是决定性的作用。并非每一篇调查报道、评价榜单或研究报告都能够引发关注，都能够推动社会治理。创新思维与避责思维相互冲突，媒体智库参与社会治理的创新行为存在缺乏政府部门重视的问题，导致参与度不足、成效甚微。另一方面，媒体智库的过度参与有引发媒体逻辑裹挟治理逻辑的风险。媒体智库更深入地参与治理，意味着参与的领域更加广阔，参与的形式也更加多样，同时存在参与度失衡的风险。在传统媒体时期，媒体过度卷入治理的典型表现是媒介审判，即媒体先于司法，对嫌疑人作出有罪或是无罪的判断，产生舆论裹挟司法的现象，影响司法的独立审判。在目前媒体智库参与治理的实践还未形成较为普遍的模式时，参与度失衡的风险是难以察觉的。媒体智库在一步一步更深入地参与社会治理中时，需要时刻警惕过度介入政策的决定、制定和执行环节，否则可能会产生媒介决定、媒介执行的新形态。

因此，面对边界跨越问题，首先，完善协同治理的保障机制，使媒体智库参与社会治理的行动能够在一定框架内进行，以制度性规范明确参与治理的边界，厘清协同治理格局之中不同治理主体的角色定位。其次，推动协同过程的透明程度，为多元主体的平等协商提供保障。对于政府而言，不仅要按照政策要求向社会公开政府信息，而且应该积极主动地满足社会公众的信息需求。特别是在与公众切身利益密切相关的、公众关心的社会治理领域，应开设多渠道汇聚民意，将政府决议和阶段性进展及时向社会公布。对于媒体智库而言，应该发挥传播力、影响力的优势，更加关注社会中的变动，从公众立场出发，为公众发声。在政府与媒体智库的协同关系之间，除了特殊原因，不向社会大众公开发布的特定信息内容外，媒体智库应更进一步推动协同过程的透明化，包括协同关系的建立、成果的公开发布等。最后，强化共治效能的反馈评估，有效的评估能够总结协同治理的成功与否，其中产生的经验和教训能够帮助下一次的协同治理行为，关注媒体智库对协同治理过程带来的成果以及未来的更多可能性。

（三）第三方公共性问题

新闻事业遵循真实性与客观性的原则，这是新闻的"生命"，服务公共利益。传统媒体时期，新闻与经济关系的错位会出现"新闻寻租"等违背新闻职业道德的伦理问题，使新闻丧失真实性。在互联网的冲击下，传统媒体面临着生存与发展的根本问题，不断探索市场营收的新模式。媒体智库进一步开拓营收空间，不同于传统媒体时期"二次售卖"的经营模式，在媒体融合的时代，媒体的功能角色不断向外延伸，与市场主体的合作方式更加多元。当商业利益遮蔽了公共利益，则会引发公共性失守的风险。媒体智库的从业人员实际上融合多种角色，成为"产品经理人"，既要对智库产品的内容负责，又要关注相应的营收问题。媒体智库的收入结构中，新媒体与新服务的占比更加突出。传统媒体时期的广告业务员转变为媒体智库的产品经理，产品项目的运作与新闻采编、智库研究之间形成更加复杂的互动关系，使采编与经营难以截然分开，由此带来采编是否具有独立性的思考。

因此，媒体智库从业者更应遵循职业道德的基本规范，在职责范围内彰显媒体智库的专业权威。采编与经营之间的合作是针对特定的项目实现高效的沟通与协商，在项目的运作过程之中各司其职，经营人员对接市场的需求并提供整合传播的方案，采编与研究人员对事实的分析与判断应秉持客观公正的态度原则。这种整合协同传播的趋势实际上是媒体智库发展的必然要求，单靠采编与研究人员难以实现业务的精准对接，单靠经营人员难以完成项目产品的深度调研，任何一方的单打独斗都存在局限性，强强联合则有利于实现一加一大于二的效果。无论媒体的功能角色延伸到哪个领域，都应该基于新闻的职业道德规范，延续新闻媒体的公信力。通过媒体的专业权威，将协同治理的理念涵化到多元主体的意识之中，促成协同治理的行动。在媒体智库驱动的协同治理行动中，通过阶段性成果巩固多元主体之间的共识与信任关系，不断提升公共议题的治理效能，实现既定的协同治理目标。

四、结语

媒体融合的发展脚步，几乎伴随着从管理向治理的转变。治理意味着由政府单一主体肩负治理职责的格局被打破，其他社会主体共同参与的格局逐步构建，并在其中发挥重要作用。智库与媒体这两个原本相对独立的机构在媒体融合的浪潮中发生连接，诞生了媒体智库的概念。媒体智库作为社会治理的多元主体之一，能够更深入地参与社会治理，并形成以调查报道揭示社会问题、以研究报告提供决策参考，以及以活动论坛动员各方协商等独特的行动路径。但也应当注意，媒体在布局智库产业向媒体智库转型发展的过程中，自身面临着诸多困境。特别是当媒体智库与政府、市场这两个社会治理的重要主体产生互动时，应避免注意力竞争、参与度失衡和公共性失守等问题，从实践方式、保障机制和共识信任三个层面上超越，从而进一步发挥媒体智库参与社会治理的价值与效能，创造媒体智库更多的可能性。

4.2　平台化语境下互联网信息内容治理的主体责任

——概念内涵与实践外延

顾　洁　谢灵兰[①]

摘要： 平台化已经成为当前新媒体环境下信息内容生产传播的主要特征，由此带来主体责任失范的新问题、新挑战。党和国家高度重视网站平台责任建设，因此亟待从学理层面探讨互联网信息内容治理主体责任的概念内涵与实践外延。本文在对主体责任概念进行辨析和阐释的基础上，沿着"平台—党委政府""平台—社会""平台—网民"三组主体关系，对信息类互联网平台内容生产传播主体责任的实践外延进行初步探析，并指出在平台化语境下应当进一步突出平台履责的主体性、主动性和创新性。

关键词： 主体责任；平台化；互联网治理；社会责任；企业社会责任

一、问题的提出

（一）互联网信息内容生产传播的平台化

互联网信息技术的更新迭代催生大批平台企业的诞生，平台化已经逐渐发展为数字信息时代资源共享、流通和配置的底层逻辑。互联网平台根植开放、共享的平台属性，重构了信息内容生产与传播的模式，并逐渐成为新技术环境

---

① 顾洁，中国传媒大学电视学院教授、博士生导师；谢灵兰，中国传媒大学电视学院2021级硕士研究生。本文系国家社科基金一般项目"协同治理视角下互联网企业信息管理社会责任缺失与重塑研究"（项目编号：20BXW081）的阶段性研究成果。

下信息内容生产传播的流量主阵地。在新闻传媒行业，以抖音、微博、哔哩哔哩等为代表的互联网平台企业纷纷开启"媒体化"发展之路，连接大批网络用户，产生海量信息内容，释放惊人传播效果。《QuestMobile2021中国移动互联网年度大报告》显示，2021年12月抖音的活跃用户达67180万人次，居短视频行业首位，用户单日使用时长超1小时；2021年12月今日头条活跃用户达33259万人次，居新闻资讯行业首位。①为顺应信息平台化传播趋势，主流媒体也开启了"平台化"转型之路，或是入驻互联网平台，或是自建平台，"平台化"已经成为当下互联网时代信息内容生产和传播的关键路径和机制。②

（二）互联网信息内容治理主体责任的政策缘起与解读

平台化的资源配置机制为多边主体的引入和协作，以及信息内容资源的高效生产和配置提供了基础条件。但是，平台型企业对经济利益的过分追逐，以及多边主体之间复杂的博弈竞争关系，给平台时代的信息内容治理以及由之而来的责任归因问题带来严峻挑战。③低俗信息泛滥、网络谣言肆虐、公民隐私泄露等一系列网络信息传播乱象正困扰着互联网平台的健康发展，同时也阻碍了网络空间正能量信息、主流价值声音的有效传播。

党的十八大以来，党中央重视互联网、发展互联网、治理互联网。相关指导精神和管理政策密集出台，并逐渐呈现出两方面特征：一是偏重对信息内容的治理；二是在法律法规等"硬性"手段之外，责任治理作为一种"软性"手段日益受到重视。2016年，习近平总书记在全国网络安全和信息化工作会议上首次提出网站对于信息管理应负主体责任。同时强调，互联网企业既要有经济责任、法律责任，也有社会责任、道德责任。④在2018年的全国网络安全和信息化工作会议上，习近平总书记再次强调，要压实互联网企业的主体责任，决不

---

① QuestMobile研究院. QuestMobile2021中国移动互联网年度大报告[R/OL]. （2022-02-22）[2022-05-29]. https://www.questmobile.com.cn/research/report-new/222.

② 张志安，曾励. 媒体融合再观察：媒体平台化和平台媒体化[J]. 新闻与写作，2018（08）：86-89.

③ 阳镇，许英杰. 平台经济背景下企业社会责任的治理[J]. 企业经济，2018，37（05）：78-86.

④ 人民网. 党的十八大以来习近平总书记关于互联网系列重要讲话精神综述[EB/OL]. （2016-11-14）[2022-06-08]. http://cpc.people.com.cn/n1/2016/1114/c64094-28857046.html.

能让互联网成为传播有害信息、造谣生事的平台；同时，要提高网络综合治理能力，形成党委领导、政府管理、企业履责、社会监督、网民自律等多主体参与，经济、法律、技术等多种手段相结合的综合治网格局。[①]2019年，党的十九届四中全会提出，建立健全网络综合治理体系，加强和创新互联网内容建设，落实互联网企业信息管理主体责任，全面提高网络治理能力，营造清朗的网络空间。[②]同一年，网信办发布《网络信息内容生态治理规定》，强调网络信息内容服务平台应当履行信息内容管理主体责任，加强本平台网络信息内容生态治理。[③]

针对平台化时代互联网信息内容传播的种种乱象，为规范互联网用户公共账号信息服务，维护国家安全和公共利益，保护公民、法人和其他组织的合法权益，国家网信办等部门制定（修订）了一系列加强信息内容责任治理的政策。例如，2021年，《互联网用户公众账号信息服务管理规定》[④]《关于进一步加强"饭圈"乱象治理的通知》[⑤]《关于加强互联网信息服务算法综合治理的指导意见》[⑥]《关于进一步压实网站平台信息内容管理主体责任的意见》[⑦]等文件进一步明确了网站平台履行信息内容管理主体责任的重点领域和主要任务；2022年，《关于进

---

① 中华人民共和国国家互联网信息办公室. 压实互联网企业的主体责任[EB/OL].（2018-11-06）[2022-06-08]. http://www.cac.gov.cn/2018-11/06/c_1123672701.htm.

② 新华网.（受权发布）中共中央关于坚持和完善中国特色社会主义制度推进国家治理体系和治理能力现代化若干重大问题的决定[EB/OL].（2019-11-05）[2022-06-23]. http://www.xinhuanet.com/politics/2019-11/05/c_1125195786.htm.

③ 中华人民共和国国家互联网信息办公室. 网络信息内容生态治理规定[EB/OL].（2019-12-20）[2022-06-23]. http://www.cac.gov.cn/2019-12/20/c_1578375159509309.htm.

④ 中华人民共和国国家互联网信息办公室. 互联网用户公众账号信息服务管理规定[EB/OL].（2021-01-22）[2022-06-23]. http://www.cac.gov.cn/2021-01/22/c_1612887880656609.htm.

⑤ 中华人民共和国国家互联网信息办公室.关于进一步加强"饭圈"乱象治理的通知[EB/OL].（2021-08-27）[2022-06-23]. http://www.cac.gov.cn/2021-08/26/c_1631563902354584.htm.

⑥ 中华人民共和国国家互联网信息办公室. 关于进一步压实网站平台信息内容管理主体责任的意见[EB/OL].（2021-09-15）[2022-06-08]. http://www.cac.gov.cn/2021-09/15/c_1633296790051342.htm.

⑦ 中华人民共和国国家互联网信息办公室. 关于印发《关于加强互联网信息服务算法综合治理的指导意见》的通知[EB/OL].（2021-09-29）[2022-06-08]. http://www.cac.gov.cn/2021-09/29/c_1634507915623047.htm.

一步规范网络直播营利行为促进行业健康发展的意见》①《关于规范网络直播打赏加强未成年人保护的意见》②《移动互联网应用程序信息服务管理规定》③《互联网用户账号信息管理规定》④等相关政策陆续出台，以此加强对移动互联网信息服务的规范管理，推动企业网站平台主动履责，努力营造清朗网络空间。

从已印发的政策文件内容来看，治理对象主要是互联网信息内容，这也说明当前我国互联网治理仍以确保信息内容安全有序为重中之重。政策法规所提及的信息内容涉及范围较广，既包括专业媒体生产的新闻资讯、娱乐节目等，也包括用户生成的跟帖评论等。因此，从履责主体层面来看，主流媒体和互联网平台企业都是责任主体。更进一步，在平台化语境下，当平台成为整个社会信息内容资源配置的主体方式之后，并且在互联网企业与传统主流媒体依托平台进行双向融合之时⑤，平台实际上已经成为履责主体（主流媒体和互联网企业）一种内在的技术制度和外在的行为主体。以微博、抖音、百度、微信等为代表的互联网传播平台连接的是人与信息，其主要功能是面向大众提供新闻资讯、音视频资讯，并主要承担议程设置和筑牢意识形态安全防线的责任。相比于美团、闲鱼等连接人与服务或商品的平台，社交平台可以被归属为信息类互联网平台。⑥⑦依托信息类互联网平台，传统主流媒体和新兴互联网企业对于当前平台

---

① 中华人民共和国国家互联网信息办公室. 三部门联合印发《关于进一步规范网络直播营利行为促进行业健康发展的意见》[EB/OL].（2022-03-30）[2022-07-14].http://www.cac.gov.cn/2022-03/30/c_1650249033102190.htm.

② 中华人民共和国国家互联网信息办公室. 关于规范网络直播打赏 加强未成年人保护的意见[EB/OL].（2022-05-07）[2022-07-14]. http://www.cac.gov.cn/2022-05/07/c_1653537626423773.htm.

③ 中华人民共和国国家互联网信息办公室. 移动互联网应用程序信息服务管理规定[EB/OL].（2022-06-14）[2022-07-14]. http://www.cac.gov.cn/2022-06/14/c_1656821626455324.htm.

④ 中华人民共和国国家互联网信息办公室. 互联网用户账号信息管理规定[EB/OL].（2022-06-27）[2022-07-14]. http://www.cac.gov.cn/2022-06/26/c_1657868775042841.htm.

⑤ 王斌，张雪. 双向融合：互联网环境下平台媒体与传统媒体的关系建构[J]. 中国编辑，2022，（04）：24-28，35.

⑥ 国家市场监督管理总局. 关于对《互联网平台分类分级指南（征求意见稿）》《互联网平台落实主体责任指南（征求意见稿）》公开征求意见的公告[EB/OL].（2021-10-29）[2022-06-08]. https://www.samr.gov.cn/hd/zjdc/202110/t20211027_336137.html.

⑦ 阳镇. 平台型企业社会责任：边界、治理与评价[J]. 经济学家，2018（05）：79-88.

化语境下互联网信息内容治理负有主要责任。

政策话语所指向的"主体责任"到底是什么责任？全国网络安全和信息化工作会议明确指出，社会责任是与经济责任、法律责任和道德责任并行的概念。在其他一些互联网治理的相关政策文件中，社会责任作为独立的概念屡次出现。例如，2021年1月22日印发的《互联网用户公众账号信息服务管理规定》提出，公众账号信息服务平台和公众账号生产运营者应当遵守法律法规，遵循公序良俗，履行社会责任。如果主体责任指的就是社会责任，那么，社会责任与经济、法律和道德责任彼此间又是怎样的关系？"主体责任"这一核心提法在概念内涵和实践外延两个层面亟待予以学理层面的观照，从而与平台化语境下互联网信息息内容责任治理政策、实践展开理论对话，也尝试为推动网站平台积极履行主体责任提供实践指导。

二、概念内涵：责任理论背景与平台化语境发展

对互联网信息内容治理主体责任的理解，首先，需要对责任这一概念从根源上进行阐释；其次，企业社会责任（Corporate Social Responsibility，CSR）研究的相关成果可以进一步帮助厘清责任与社会责任的相互关系；最后，结合平台化语境的特点与要求，从纵向的制度属性角度以及横向的主体关系角度理解信息类互联网平台信息内容治理主体责任的概念内涵。主体关系的视角又进一步指引我们围绕"平台—党委政府""平台—社会""平台—网民"这三组关系去探索互联网信息内容治理主体责任的实践外延。

（一）责任：关系机制与主动意识

"责任"作为一个学术概念最早起源于规范伦理学，其逻辑起点为角色间的关系机制，强调主体因为自身角色的不断转换需要对不同客体负有相应的责任。同时，客体觉醒后也会产生对主体的监督。[①]因此，责任从本质上指向一种强制性与契约精神，而且在东西方文化语境中并无差别。

从对主体行为进行约束的角度出发，责任、伦理与道德在学术研究以及相关政策话语中时常被混用，因为责任本身就是一个伦理与道德的"精神矛盾

---

① 程东峰. 责任伦理导论[M]. 北京：人民出版社，2010：2-26，153-177.

体"①，如图3-4-1所示。

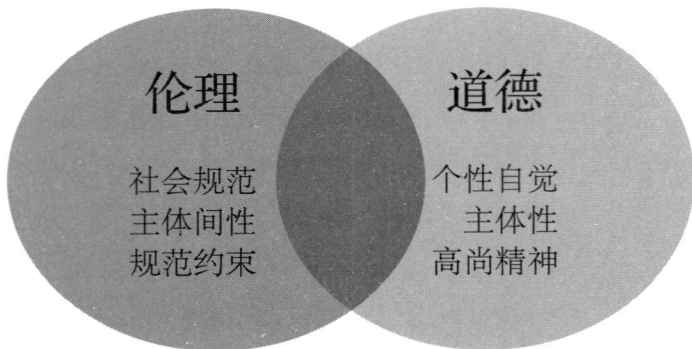

图3-4-1　责任与伦理、道德的关系

　　一般而言，伦理属于社会规范说，从主体间性的角度出发强调通过秩序、制度、法制等对人的行为进行规范约束，是构成道德的基础与保障。②③道德属于个体自觉说，从主体性的角度出发强调通过个体对高尚精神的追求实现人对自身的内在规范。④⑤由此可见，伦理和道德都是责任实现的前提和保障，三者在不同层面、通过不同手段实现主体的行为向善。

　　相较而言，伦理偏向主体被动受到约束，道德则倡导主体的主动作为。但是，既往对责任的理论探索与实践应用更偏向从伦理的角度出发，强调未做好分内之事而应承担的否定性后果或强制性义务。因此，责任伦理学视域下的责任多指向过失责任，或称追溯性责任。这一传统思路在新的技术环境下显得狭隘与消极，根据约纳斯的观点，对技术本质的认识以及对技术的警惕是责任伦理首要的任务。技术文明视角下责任的概念更应在未来的时间维度中进行思

①　樊浩."伦理"—"道德"的历史哲学形态[J].学习与探索，2011（01）：7-13.

②　朱贻庭."伦理"与"道德"之辨——关于"再写中国伦理学"的一点思考[J].华东师范大学学报（哲学社会科学版），2018，50（01）：1-8，177.

③　李泽厚.哲学纲要[M].北京：中华书局，2015：15-46.

④　赵汀阳.伦理的困惑与伦理学的困惑[J].道德与文明，2020（03）：5-16.

⑤　李建华.伦理与道德的互释及其侧向[J].武汉大学学报（哲学社会科学版），2020，73（03）：59-70.

考。①因此，在平台化语境下，我们有必要发展一种新的责任意识，即主动性责任，或称前瞻性责任。

（二）社会责任：社会价值创造与认知责任释放

责任概念进入应用性和实践性更强的其他学科领域后，逐渐衍生出社会责任、经济责任、法律责任、道德责任等细分概念。在管理学领域，以社会责任为核心，逐渐发展形成企业社会责任（Corporate Social Responsibility，CSR）研究。在CSR研究的发展初期，CSR仅包含经济责任，即企业天职论，认为企业的主要责任就是通过有效的资源配置来实现企业利润最大化。②之后，为了充分体现责任的关系机制，将公众、消费者、政府、媒体、雇员等多方利益相关者对于企业的期待纳入考虑范围。因此，法律、伦理、道德等多重责任也开始出现在社会责任话语中。但是，各类责任的内涵边界与相互关系仍不明晰。③④

考虑到平台本质上是一种对外部资源和要素进行创新型生产配置的制度机制，因此，从企业或平台所处的外部环境对企业责任相关概念进行界定更为适宜。按照这一思路，我国学者王秋霞将企业所应当负有的责任首先划分为既对立又统一的社会责任和经济责任，认为企业除了必须在推动经济发展方面具有合法性以外，还必须得到社会的认可、接受与信任。⑤其次，社会责任进一步包含了法律责任、道德责任和认知责任，分别从规制、规范和价值观三个维度对企业与利益相关者的关系互动施以约束，并分别对应硬约束、软约束、零约束三种约束效力。以企业对员工的社会责任为例，如果不能按时支付员工薪酬则要承担法律责任，关心员工身心健康则受道德责任制约，进一步主动地对有需

---

① 张旭. 技术时代的责任伦理学：论汉斯·约纳斯[J]. 中国人民大学学报，2003（02）：66-71.

② Friedman，M.. The Social Responsibility of Business Is to Increase Its Profits[J]. Corporate Ethics and Corporate Governance，2007：173-178.

③ Carroll，A.. A Three-Dimensional Conceptual Model of Corporate Performance[J]. Academy of Management Review，1979（04）：479-505.

④ 崔新健. 企业社会责任概念的辨析[J]. 社会科学，2007（12）：28-33.

⑤ 王秋霞. 企业责任及企业社会责任概念再辨析——基于组织社会学的新制度主义理论[J]. 财会月刊，2019，（13）：152-157.

求的员工家属施以职责范围之外的捐赠或慈善行为，则属于认知责任。①

这一对社会责任的界定方法确立了社会责任与经济责任的对立统一性，与从事大众信息传播活动的媒体或平台具备高度契合性，即强调必须在服务公众利益、担当社会责任的基础上再体现商业属性、追求经济价值，实现了经济价值创造（信息内容生产）与社会价值创造（信息内容治理）的有效统一。②实际上，媒体语境下有关社会责任的讨论实际上也是基于经济责任（商业化）和社会责任（事业化）的对立统一而展开的，主要倡导新闻机构在享有自由权利的同时应当主动承担社会责任。③

从法律、道德和认知三个维度对社会责任进行概念解析，实际上是从纵向的制度属性层面确立互联网信息内容治理主体在践行社会责任时所面临的三重制度约束力。一方面，可以通过多样化的制度约束力最大限度覆盖平台化时代责任主客体间责任权利关系的多样性和复杂性。另一方面，纳入和强调认知责任，也可以进一步引导和激励互联网信息内容治理主体化"被动"履责为"主动"履责，通过充分释放主体履责的能动性和创造性，有效拓展责任客体和范畴。也就是说，可以更多地通过主动性责任充分适应平台以及平台主体关系的多变性、复杂性和不可知性。

（三）主体责任：责任归属与互动关系

在政策话语中，对"主体责任"的反复强调，提醒我们不但要关注"责任"的概念内涵，还必须注重对"主体"的理解。"主体"从字面上可以有两个维度的阐释。第一，当社会责任失范现象在平台化语境中发生时，大部分情况下信息类互联网平台应当承担主要责任；第二，信息类互联网平台应当主动而非消极地承担相关责任。这两个维度的解释都提醒我们，面对平台化语境下互联网社会责任失范的种种乱象，责任的归属实际上牵涉多方主体。与此同时，在多主体履

---

① 王秋霞所定义的法律、道德和认知责任实际上与卡罗尔四层次社会责任模型中的法律、伦理和慈善责任相对应。区别在于卡罗尔认为经济责任也属于社会责任范畴。

② 朱清河.论传媒公共性及其实现途径[J].现代传播（中国传媒大学学报），2008（04）：30-33.

③ 黄旦.负责任的公共传播者：事业化和商业化冲突中的新探索——学习美国新闻传播思想史札记[J].新闻大学，2000（03）：5-11.

责过程中，主动与被动的关系也十分重要。因此，对于平台化语境下互联网信息内容治理的主体责任还应当从横向的主体关系，即主体间性的角度去进行理解。

首先，责任这一概念从本质上就指向一种关于"关系"的建构。从责任的英文单词responsibility的构词法来看，词根response意味着回应或回答，即对利益相关方需求或期待的回应。因此，责任实践本质是一种双向的交流互动。对于责任性质和范围的划分，除了纵向的制度属性路径以外，横向的关系维度也不可忽略。这也在某种程度上解释了为什么利益相关者理论会成为社会责任研究的基础理论。

其次，在平台化语境下，平台本身也是一种对市场内相关利益主体关系的创新型配置机制。因此，对于平台责任的归因和重塑，也必须从协作的角度去理解和实践。例如，有学者认为，平台责任本质就是一种协作责任（Cooperative Responsibility）[1]；还有的学者认为新媒体平台责任是一种复合主体的媒介责任，[2] 也就是说，平台环境下责任失范现象的出现往往是"一个巴掌拍不响"的，而对于问题的解决，也必须践行"众人拾柴火焰高"的原则。这也从理论层面解释了为什么在我国关于企业履责的要求始终被置于网络综合治理体系建设的话语和政策框架之中。在这一体系中，虽然传统主流媒体和新兴互联网企业应当负有主要责任，但是，无论是失范还是重塑，党委政府、社会组织、网民用户等利益相关主体在不同的情境或条件下也可能需要或者应当负有相应责任。

因此，从主体关系角度展开对互联网信息内容主体责任性质、范围的横向讨论，就应当围绕当前平台化语境下信息内容责任治理多方利益主体间的主要关系来建立坐标体系。具体而言，可以围绕"平台—党委政府""平台—社会""平台—网民"这三组关系展开。在这三组关系中，党委和政府主要从宏观层面对平台履责起到领导和管理作用；社会层面主要包括主流媒体和行业组织协会等，在中观层面发挥监督引导和协调沟通作用；网民则从微观层面贡献力量，以自律机制为主，也可以发挥监督举报作用。当然，根据演化博弈对行动

---

[1] Helberger, N., Pierson, J. et Poell, T.. Governing online platforms: From contested to cooperative responsibility[J]. The information society, 2018, 34（1）: 1-14.

[2] 韩立新，张秀丽. 交往视域下的媒介使用责任主体研究[J].编辑之友，2020（05）: 44-51.

者有限理性的基本假设，平台多边主体拥有的信息资源始终处于一种动态不平衡状态，因此，秩序的达成也需要在不断反复的博弈过程中才能逐步形成。[①]同时，平台和网民在信息治理过程中与政府和社会扮演的角色略显不同。政府与社会多以治理主体角色出现，而平台与用户既是治理主体又是治理对象。但是，当平台成为社会信息资源配置最重要、最基础的方式之后，信息类互联网平台作为一种内在的技术制度和外在的行为主体，在信息内容传播乱象治理方面应当承担主要责任。

最后，在主体关系中，除了明确谁承担责任以外，还必须进一步通过优化主体间的互动关系促进责任的共同履行和担当。基于责任内涵中的主动意识以及社会责任框架中的认知责任，作为治理主体关系网络中的枢纽，信息类互联网平台在与多利益主体的互动关系中，不能仅满足于遵循法律约束的和满足道德期盼，而是必须勇于担当、积极作为，不断激发自身的履责主体性，主动创新责任内涵，努力拓展履责边界。也就是说，在平台化语境下，信息类互联网平台引领的责任实践"不再局限于媒体语境下对层出不穷的信息传播失范行为不断进行认定、回应和约束的被动管理逻辑，而是要转向不断引领、培育和创造平台公共价值的主动治理逻辑"。[②]

一方面，这一互动关系的创新转型在责任的制度属性层面强调了认知责任相对于法律和道德的重要性，从而给主体责任赋予一种内生化的生长动力机制，并不断超越传统责任内涵的先验性边界，更好地服务平台规范和秩序不断更新变化的特征与需求；另一方面，对于信息类互联网平台而言，不能固守传统的企业或媒体的角色，被动消极地完成社会公众的底线要求与合理期望，而是应当更好地发挥社会信息资源配置作用，将主体责任的内涵重心转向如何对社会的进步发展作出创造性贡献，即从被动的他治转向主动的自治[③]，从底线要求、

① 孙韶阳. 网络市场平台与政府协同治理的策略选择与模式优化——基于"平台—政府"双层治理模式的演化博弈分析[J]. 企业经济，2021，40（03）：132-141.

② 顾洁，吴雪. 平台语境下社会责任治理的理论与框架重构[J]. 新闻与写作，2021（12）：31-40.

③ 唐更华，麦泓勋，刘香. 互联网平台企业社会责任自治——以腾讯公司为例[J]. 经营与管理，2022（08）：44-48.

合理期望上升到优势贡献。①

　　总之，为了更好地体现平台化社会中互联网平台信息资源配置的运作机制和特点，从而确定责任属性，厘清责任归因，并激发相关利益主体履责担当的动力潜力，应当从主体关系的视角进一步完善对互联网信息内容主体责任概念内涵的理解。唯其如此，才能在实践中更为科学合理地确定互联网信息内容主体责任的外延边界。也就是说，如果制度属性维度回答了履责主体"负责到什么程度"的问题，那么主体关系视角则是解决"负什么责任"的问题。②

三、实践外延：平台主体关系的视角

　　当平台、网民、政府与社会呈现多方博弈、合作的复杂局面时，平台机制很大程度上成为一种关系机制，平台主体责任的实践外延应以矛盾的主要方面为逻辑起点，从"平台—党委政府""平台—社会""平台—网民"三组关系中进行探讨和确定。不但需要厘清信息类互联网平台应当承担什么责任，更需要廓清主体间主动与被动的相互关系，从而寻求平台主体责任实践在优势贡献层面的突破与创新。

（一）平台—党委政府

　　网络文明是新形势下社会文明的重要内容，是建设网络强国的重要领域。各级党委和政府要担当责任，网络平台要发挥积极作用。在平台与党委政府互动关系的视角下，平台必须利用其信息生产传播技术渠道优势，超越新闻宣传和内容生产职能界限，从更宏观、整体和系统的角度参与国家现代化建设进程，在维护国家安全、促进经济发展、推动文化繁荣等方面主动作为，积极履责，创新贡献。

　　在国家发展层面，信息类互联网平台应当积极参与数字中国建设，创新数字信息内容技术，汇聚和挖掘数据资源，开发和释放数据信息价值；努力推动信息内容生产传播从数字化向网络化，再向智能化时代迈进，并加快推动实现信息传播与数字政府、数字经济与数字文化的全面融通和对接。

---

① 肖红军，李平. 平台型企业社会责任的生态化治理[J]. 管理世界，2019，35（04）：120-144，196.

② 周祖城. 走出企业社会责任定义的丛林[J]. 伦理学研究，2011（03）：52-58.

在国家安全层面，信息类互联网平台应当努力保障信息网络安全。平台化时代，算法推荐、人工智能技术广泛运用于信息内容生产传播，但也容易引起网络诈骗、侵犯个人隐私和数字版权侵权等问题。党的十八大以来，习近平总书记高度重视网络安全问题，强调没有网络安全就没有国家安全，就没有经济社会稳定运行，广大人民群众利益也难以得到保障。[①]因此，信息类互联网平台对外应当积极引领多方利益主体，共同维护网络信息安全，对内应着重培养企业员工国家安全意识，完善网络安全管理技术手段和保障机制，绝不能让不法分子利用互联网平台危害国家安全。

在信息内容传播层面，网络信息传播事业作为宣传舆论工作的重要组成部分，承担着传播社会主义核心价值观，弘扬社会主义先进文化，正确有效引导网上舆论，建设清朗网络空间的艰巨任务。平台是网络舆论工作的主阵地，已经成为网络意识形态斗争的主战场。信息类互联网平台应坚持主流价值导向，努力提升传播公信力、影响力，唱响主旋律、传播正能量，不断巩固壮大主流思想阵地。

与此同时，在平台化时代，平台对核心信息技术的垄断，以及政府和用户权利的部分让渡与授权，从社会合法性来源与法律合法性两个层面实现了平台权力的增能，但也极易导致其私权力的膨胀。[②]因此，平台履责仍离不开政府的宏观调控和制度管理。平台企业应坚决服从党的领导，切实把政治标准和政治要求贯穿互联网管理全过程、各环节。此外，要切实履行法律责任，自觉接受党委政府的制度管理与社会监督，坚持依法合规经营，包括但不限于履行经营许可手续，按规定进行安全评估，杜绝恶意垄断和竞争，公平有序进行信息传播等。

（二）平台—社会

在网络综合治理话语体系中，关于社会参与互联网治理的表述是"社会监

---

①　新华社. 习近平出席全国网络安全和信息化工作会议并发表重要讲话[EB/OL]. （2018-04-21）[2022-07-13]. http：//www.gov.cn/xinwen/2018-04/21/content_5284783.htm.

②　孙逸啸. 网络平台自我规制的规制：从权力生成到权力调适——以算法媒体平台为视角[J]. 电子政务，2021（12）：69-79.

督"。如果从狭义的互联网治理视角出发，行使监督职能的社会力量主要是主流媒体、互联网行业组织协会、网民等。但是，当社会开始平台化转型之后，信息类互联网平台已经与社会的运行多维度、深层次相互嵌入。因此，在面向社会的履责过程中，关系对象应当从主流媒体、行业组织等拓展至全社会，互动关系也应当在被动接受社会监督的基础上转向更主动地服务社会，造福社会。

首先，信息类互联网平台应当在社会主流价值观形塑层面主动尽职履责。信息类互联网平台不能仅满足于杜绝和遏制低俗信息，"不能只为满足网民低层次需求服务，更重要的是要对提高人们的高层次需求进行引导并做好服务"。[①]也就是说，要通过信息内容传播的文化教育、价值引导等功能，在社会公序良俗维护、社会共识凝聚、社会情绪抚慰、社会公益助推、优秀文化传承等方面主动履责，积极贡献。[②③]具体而言，随着众多主流媒体、"自媒体"纷纷入驻平台，平台应主动引领，以主流价值观驾驭算法推荐和人工智能等信息传播技术，在众声喧哗的舆论常态下与主流媒体携手共进，通过增加主流媒体信息服务订购数量和比例，评价遴选优质"自媒体"账号、MCN机构等方式，优化信息内容生产供给，保障信息内容健康向上。平台还应最大限度利用自身优势，积极参与社会精神文明和物质文明共建，与社会各界共创美好社会。例如，哔哩哔哩公益平台作为民政部指定的第三批慈善组织互联网募捐信息平台之一，共组织上线教育助学、人文自然、济困救灾类等近50项筹款项目，已有超19万人次参与募捐，充分发挥合理配置社会资源，传递社会真善美的平台作用。[④]此外，平台还应与主流媒体、行业协会等强强联手，通过建立协同对话机制，共同商讨、制定行业标准与规定，积极响应和参与政策制定过程，积极提出反馈意见，切实落实管理规章制度。

其次，信息类互联网平台还应当在社会管理层面主动履职担当。从广义层

---

① 国务院新闻办公室网络局.互联网新闻宣传业务读本[M].北京：五洲传播出版社，2003：215.

② 卢家银.数字化生存中的伦理失范、责任与应对[J].新闻与写作，2020（12）：28-34.

③ 张淑华，员怡寒.新媒体语境下的环境传播与媒体社会责任[J].郑州大学学报（哲学社会科学版），2015，48（05）：175-180.

④ 哔哩哔哩.哔哩哔哩公益[EB/OL].（2022-01-20）[2022-06-22]. https://love.bilibili.com/?navhide=1&spm_id_from=333.337.0.0

面来看，信息类互联网平台可以利用自身丰富的数据资源直接参与社会治理和社会服务工作。例如，在疫情期间，很多平台推出针对疫情防控的数据调查服务，可提供流动人员排查、本地居民排查/回访等服务，有效助力各级政府、卫健委机构、基层社区、疾控中心等相关机构的疫情防控工作。从狭义层面来看，由于互联网治理是社会治理的重要组成部分，平台与主流媒体、行业协会等携手参与互联网治理需要处理好相互协作与博弈的关系，共创清朗网络空间。一方面，平台面对主流媒体、行业协会等需要树立履责的"对象"意识，在信息内容生产传播的过程中履行好对主流媒体、行业协会等应尽的责任，包括自觉自愿接受主流媒体和行业协会组织的监督管理；规范信息内容生产传播机制，平台账号在转载主流媒体信息内容时，不得侵权、抄袭、歪曲或篡改内容原意，避免产生歧义，误导社会情绪和公众心理。另一方面，平台也需要树立履责的主人翁意识，通过加强对自身的严格管理以及积极履责的多方行动，在与主流媒体、行业协会的协同治理过程中起到引领、表率和示范作用。例如，在平台化时代，假新闻的生产流通在某种程度上已经形成产业链，其中的任何一个环节都必须树立主体责任意识、把关意识，从而切断假新闻的传播链。因此，对于平台来说，应在源头上把关，健全内容审核机制，确保信息真实、安全。否则，一旦虚假新闻等被广泛传播，将会产生可怕的扩音效应。[①]

（三）平台—网民

从某种意义上说，网民也是社会的重要组成部分。但是，在互联网治理的视域下，网民作为履责的关系对象，更多的是强调网民作为个体而非集体所应承担的责任和享有的权利。由于网络信息内容生产传播活动的主要对象就是网民，因此，网民可以说是信息类互联网平台最重要的利益相关方。

在平台化语境下，从平台与网民的关系出发，平台首先应当在网民的思想道德和媒介素养等方面做好"加法"，从而培育更多德才兼备、遵纪守法的好公民、好网民。一方面，平台应主动优化沟通能力、更新表达方式、创新技术使用，通过权威客观、专业科学、及时准确、丰富多元，导向性与服务性并重，

---

① 白寅，余俊.危机传播中新闻媒体的放大器效应及行为选择[J].中南大学学报（社会科学版），2011，17（04）：182-186.

知识性与趣味性兼备的信息加强对全体网民思想觉悟、道德水准、文明素养的培育培养，加强爱国主义、集体主义、社会主义教育，深入开展中国特色社会主义和中国梦宣传教育，弘扬民族精神和时代精神，引导网民树立正确的历史观、民族观、国家观、文化观，强化网民的社会责任意识、规则意识、奉献意识。另一方面，平台应进一步推动互联网信息内容的平等使用，助力提升网民的媒介素养，推动网民加强自律。面对全球社会平台化、智能化和数字化发展的挑战，信息类互联网平台应当通过优化技术应用、提供培训辅导、平衡资源分配等方式手段进一步弥合数字鸿沟，降低服务门槛，同时培育网民在平台化时代全新的媒介素养和能力，包括算法素养[1]、数字素养[2]、安全素养、交互素养[3]，以及针对信息内容的政治鉴别能力、事实判断能力、信息整合能力和技术学习能力。

其次，从平台与网民的关系出发，信息类互联网平台在努力做加法的同时，必须做好减法，通过加强对自身以及网民的管理，坚决祛除不良违法信息内容和网民责任失范行为，努力合法化、规范化网络信息内容的生产传播。在信息内容传播层面，应当健全内容审核机制，规范信息内容传播，对虚假有害、低俗媚俗信息进行严厉打击和严格治理，从生产采集到分发传播，实现全链条覆盖、全口径管理，自觉防范和抵制传播不良信息，确保信息内容安全，有效防止有害信息在网民尤其是未成年人群中传播，给网民提供更多健康、有益、向上的信息内容。例如，2021年快手就公布了"快手护苗行动计划"，旨在从产品优化、内容筛选、价值观引导等方面，进一步关爱和守护青少年群体。[4]

最后，平台还应当强化信息稿源管理，严格落实互联网新闻信息服务相关

① 彭兰.如何实现"与算法共存"——算法社会中的算法素养及其两大面向[J].探索与争鸣，2021，（03）：13-15，2.

② 王佑镁，杨晓兰，胡玮，王娟.从数字素养到数字能力：概念流变、构成要素与整合模型[J].远程教育杂志，2013，31（03）：24-29.

③ 卢峰.媒介素养之塔：新媒体技术影响下的媒介素养构成[J].国际新闻界，2015，37（04）：129-141.

④ 央广网.六一新版未成年人保护法施行 快手发布一系列措施致力"护苗"[EB/OL].（2021-06-01）[2022-06-08].http://tech.cnr.cn/techph/20210601/t20210601_525501054.shtml.

法律法规，禁止未经许可的主体提供相关服务，保证信息内容来源可溯、全面客观；积极整改算法不合理应用带来的算法歧视、信息茧房等问题，增进网络信息传播丰富度，合理分配社会信息资源；健全舆情预警机制，重点关注敏感热点舆情，进行科学有效引导，防止误导社会公众。

当然，有"破"也需有"立"，平台也需要通过资金、流量等多种支持方式鼓励、引导用户生产高质量信息内容；畅通网民反馈渠道，积极采纳用户的合理建议并优化平台功能；鼓励网民检举不良信息、违法信息，投身清朗网络空间行动；贡献优势资源，主动寻求并解决用户合理期望之上还可能存在的其他诉求，推动和扩大价值共享，实现互利共赢；承担相应的约定义务（用户协议等）和法定义务（法律法规等），优化用户信息保护及隐私政策，杜绝泄露用户数据。

四、结语

从互联网信息内容生产传播的平台化到互联网信息内容治理主体责任政策话语的诞生，平台被赋予更多权力（利）与更大责任。平台化进程本质是一种对社会关系进行全面对接和社会资源进行重新分配的过程。因此，互联网信息内容传播的责任失范本质也是主体间关系的错位、失位和越位的过程。责任重塑一方面需要厘清主体责任的内涵，另一方面需要在主体关系视角下确定履责主体的责任范畴和主体性边界。

平台已经成为当前互联网信息内容传播的内在技术制度和外在行为主体。依托信息类互联网平台，主流媒体、企业网站等应当承担起信息内容传播的法律责任、道德责任和认知责任。尤其是进入平台化社会以后，履责过程越来越注重主体的主观能动性与主客体间的深度互动。这就意味着，被动、消极履责的时代已经过去，主动、积极、创造性履责是未来的方向。也就是说，在具体的责任治理实践中必须从"规定平台做什么"上升到"平台应该主动做些什么"。[①]

总之，平台化语境下互联网信息内容治理主体责任应当以平台为逻辑起点，

---

① 周祖城. 走出企业社会责任定义的丛林[J]. 伦理学研究，2011（03）：52-58.

连接宏观的党委政府层面、中观的社会层面、微观的网民层面，连点成线，织线成面，叠面成体，构建可自我更新、自我生长的概念内涵与实践外延，不断丰富责任内涵，拓展履责边界，实现服务国家发展战略、造福人类社会的根本责任目标。

4.3　算法生成新闻作品的版权侵权问题

刘学义[①]

摘要： 近年来，人工智能生成新闻作品的蓬勃发展引发了许多争论，提出现有版权框架将如何应用于机器参与创作作品的问题。本文从人工智能输入端，重点阐明使用版权内容作为输入数据来训练人工智能算法，可能侵犯复制权和改编权的版权侵权责任分配，以及未经授权的文本和数据挖掘例外情况的适用性。研究认为，人工智能算法系统的用户、开发者或双方可能根据不同情况对人工智能版权侵权承担责任。

关键词： 算法；新闻作品；训练数据；版权侵权

一、问题的提出

人工智能这一新技术对作者和作品概念的改变，让知识产权的边界问题日益凸显。

"人工智能"一词由计算机科学家约翰·麦卡锡（John McCarthy）、马文·明斯基（Marvin Minsky）、纳撒尼尔·罗切斯特（Nathaniel Rochester）和克劳德·香农（Claude Shannon）在1956年一次会议的研究提案中正式提出。该会议开启了人工智能研究领域的共同努力，至今仍在继续。1990年，美国传奇发

---

① 刘学义，吉林大学新闻与传播学院教授，主要从事网络媒体研究。本文是教育部人文社会科学研究规划基金项目"新闻作品的数字版权保护与运营研究"（项目编号：19YJA860015）的阶段性研究成果。

明家和未来主义者雷·库兹韦尔（Ray Kurzweil）将人工智能定义为"让计算机做需要人类智能的事情的科学"。[①]自此30多年来，计算机正在创造各种类型的作品，包括艺术、文学和音乐作品。

人工智能已牢牢嵌入我们的日常生活，包括媒体产业。计算机科学家吴恩达（Andrew Ng）2017年在AI前沿会议上提出"人工智能是新的电力"[②]，他认为，电力改变了世界的运转方式，颠覆了交通、制造业、农业和医疗保健，人工智能也将产生类似的影响，改变几乎所有行业。

人工智能辅助新闻制作的历史已逾十年。《卫报》于2010年开始使用软件制作一些体育统计和图形新闻，并于2014年使用Guarbot进行了类似的实验，Guarbot是一种制作金融信息新闻的工具。2014年，《洛杉矶时报》记者肯·施文克（Ken Schwencke）设计了一种算法，根据美国地质调查局（United States Geological Survey Service）的数据，制作了当时发生的低强度地震的新闻。2015年，法国日报《世界报》使用一种算法，制作了一些关于选举结果的新闻。2015年，腾讯开发的名为Dreamwriter的人工智能写稿程序上线，并在9月10日正式发布第一篇财经报道《8月CPI同比上涨2.0%创12个月新高》。2017年，西班牙著名杂志《El Confidencial》的创新实验室设计了一个名为AnaFut的软件，该软件可以创建某些类别的足球编年史。《华盛顿邮报》使用类似的系统报道了2016年奥运会。[③]从那时起，许多其他类似的工具出现了，财经新闻、选举结果，尤其是体育报道，已成为使用算法制作新闻的最广泛领域。这些计算机生成新闻作品通常被称为算法新闻、机器人新闻或者自动新闻。

目前，人工智能仍处于初级阶段。然而，随着人工智能程序变得越来越复

① Fitzgerald N, Partner, Eoin Matyn, et al.. An In-depth Analysis of Copyright and the Challenges Presented by Artificial Intelligence [EB/OL]. (2020-03-11) [2022-07-22]. https：//www.ashurst.com/en/news-and-insights/insights/an-indepth-analysis-of-copyright-and-the-challenges-presented-by-artificial-intelligence/.

② Lynch S. Andrew Ng: Why AI Is the New Electricity [EB/OL]. (2017-03-11) [2022-07-22]. https：//www.gsb.stanford.edu/insights/andrew-ng-why-ai-new-electricity.

③ Javier Díaz-Noci. Artificial Intelligence Systems-Aided News and Copyright: Assessing Legal Implications for Journalism Practices [J]. Future Internet, 2020, 12 (5): 85 – 95.

杂，需要的人工干预也越来越少，从而生产越来越多的高质量计算机自主创作作品面世。

人工智能向可以自主创作的技术发展，引发了几个有趣但混乱的版权问题。从版权法的角度来看，人工智能或机器是否可以被视为"作者"，这个问题已经引发了争论和不同观点。与作者身份问题密切相关，不可避免会出现与作品版权期限、作者精神权利以及侵权责任分配有关的其他问题。[①]本文重点讨论人工智能领域的一个具体问题：深度学习系统的学习过程对第三方数据的使用可能产生的法律问题。这涉及人工智能版权侵权或适用法律规定的问题。一般来说，版权法要求所有此类数据都获得权利持有人的许可，或者符合法律规定的合理使用情形。然而，在许多情况下，深度学习服务使用的数据实际上都不可能获得同意。

二、作者身份与不确定性

人工智能通常与一个称为"机器学习"的术语联系在一起。这个术语最早由亚瑟·萨缪尔（Arthur Samuel）使用，指计算机程序可以学习并适应新数据而无须人工干预。今天，人工智能已经发展为深度学习。深度学习是人工智能系统的一种能力，该技术从大量的示例案例中学习，并从中抽象出一般规则，经过一个学习阶段后，这些发现可以应用于其他案例。人工智能程序可以通过两种方法进行学习：监督学习和无监督学习。在监督学习中，人工智能被赋予标记的训练数据，然后构建一个算法，将输入数据精确映射到输出标签。在无监督学习中，人工智能程序在没有明确反馈或标签的情况下观察输入数据中的模式，通过比较其随时间变化的性能来迭代优化其算法。机器学习源于统计学和数学优化，其中计算机"学习"是为了预测、分析和挖掘数据。当人工智能应用于作品创作时，机器学习算法实际上是从程序员提供的输入作品中学习，在整个过程中作出独立的决策，以生成新的作品。这类人工智能的一个重要特征是，虽然程序员可以设置参数，但工作实际上是由计算机程序本身在一个类似

---

① Cheng Peng Sik. Artificial Intelligence and Copyright: The Authors' Conundrum [J]. Artificial intelligence and Copyrigh，2018（1）：173-185.

于人类思维运行的过程中生成的。

人工智能生成新闻作品的行为是否要承担法律责任的问题，应该从谁对人工智能的疏忽或犯罪行为负有法律责任开始：人工智能、算法程序员，或其发明者/所有者。AI能被起诉吗？这个问题的反面是AI是否有权起诉。根据现行版权法，这些问题的答案仍然模棱两可。

考察人工智能系统生成新闻作品可能引发的法律问题，作者身份问题至关重要。在版权框架中，只有在确定一部作品———一种智力创造———可以归属于作者的情况下，才会出现作者身份问题。[①]法律没有明确AI生成作品的作者身份，这导致不确定性的法律障碍。尤其是人工智能变得更加自主，使涉及人工智能的法律规则的应用更具挑战性。例如，人工智能独立创作的作品的版权可保护性，AI侵权的责任分配，等等。[②]

在许多国家，版权仅适用于人类创造者而不适用于计算机软件，有意回避一些与计算机生成作品所有权有关的尚未解决的问题。在欧美法律中，这类作品版权状况仍然不明。这种不确定性在法律界引发辩论，不同学者提出，机器作者、程序员、最终用户或者联合作者应被视为受到版权保护的作者。每项主张都基于传统版权原则的直觉推理，但是仔细观察这些建议都难以符合版权政策。[③]

三、训练数据的版权侵权问题

版权侵权问题是人工智能生成作品的另一个法律不确定性领域。由于人工智能系统可以在不需要人力的情况下"思考"和"输出"，如果这一过程中发生侵害其他作品版权的情形，当前的侵权责任模式可能难以充分解决其中的法律

① Hugenholtz, P.B., Quintais, J.P. Copyright and Artificial Creation: Does EU Copyright Law Protect AI-Assisted Output? [J]. International Review of Intellectual Property and Competition Law, 2021 (52): 1190 – 1216.

② Rafael Dean Brown. Property Ownership and the Legal Personhood of Artificial Intelligence [J]. Information & Communications Technology Law, 2021, 30 (2): 208-234.

③ Robert Yu. The Machine Author: What Level of Copyright Protection Is Appropriate for Fully Independent Computer-Generated Works? [J]. University of Pennsylvania Law Review, 2017 (165): 1245-1270.

问题。

无论人工智能生成的作品是否归因于机器本身或者人类创造者，都会引发版权侵权问题。在作者身份不确定，机器普遍不具有法律人格的情况下，人工智能如果发生版权侵权，谁来负责？如果人工智能软件侵犯其他受版权保护的作品，该机器或其人类创造者将承担责任吗？

人工智能生成新闻作品发生版权侵权的风险，主要存在于人工智能系统的算法训练阶段，因为人工智能技术往往需要大量的训练数据以及提供实时分析的数据中心。随着使用人工智能生成作品的日益普及，更多受版权保护的作品可能被用作训练数据。因此，利用受版权保护的输入数据创建人工智能生成的作品的行为可能遇到版权侵权问题。

现实当中，算法侵犯版权主要有三种情形。第一，算法训练过程中涉及侵犯版权作品。使用训练数据是否构成未经授权的复制，从而导致版权侵权责任。各国法院的判决在这个问题上存在意见分歧，有的国家，在机器学习阶段发生侵权，即使用受版权保护的作品训练AI可能会被"合理使用"原则所原谅。第二，人工智能生成的作品侵犯版权。第三，如果人工智能系统的设计方式有助于侵犯版权，或为侵犯版权而提供（许可或出售），则人工智能系统的开发者应承担任何版权侵权责任。例如，人工智能系统有一个内置的培训库，其中包含侵犯版权的材料，或者有一个绕过保护在线数据库的技术保护措施的机制。除了版权侵权风险，人工智能生成新闻作品还会引发其他侵权问题，如虚假新闻、算法偏见等，不属于本文范畴，此处不赘述。

本文主要讨论上述版权侵权的第一种情形。

（一）训练数据是否受版权保护，使用这些数据是否获得授权

人工智能生成作品虽然是由计算机生产的，但它是由基于数据集的算法系统选择而成的。

1.训练数据涉及版权作品会引发版权侵权风险

人工智能依赖并受益于大量数据。为了开发一个人工智能系统，人类必须提供相关知识的形式化表示，以及利用这些知识进行推理的算法。在机器学习的两种模型中，监督学习是机器学习的基本模型，是基于预定义的训练样本集，从标记的训练数据来推断一个功能的机器学习任务。例如，为了训练人工智能生成新闻作品，人工智能需要从现有的新闻作品中学习，这样的训练过程可能包括大量版权作品的输入；无监督学习，根据类别未知（没有被标记）的训练样本解决模式识别中的各种问题。近年来，机器学习的重点已经转移到将机器学习算法应用于大量数据的可能性上：给定数据集中包含大量正确或有趣行为的示例，系统会根据给出的示例学习处理新案例。[①]

如果训练集涉及受版权保护的作品，人工智能建构的新闻写作算法就会引发版权侵权风险，基于上述算法生成的新闻作品也会面临类似问题。在人类产生的知识表示的背景下，新作品的产生要么充分反映人类的选择（与知识表示或算法有关），要么基于随机变化。只有当要组合或转换的元素与以前受版权保护的作品相关时，才会出现与复制相关的版权问题。也就是说，人工智能生成新闻作品是否侵犯版权，取决于计算机创作对已有作品的依赖程度，以及新创作与这些作品的融合或分离程度。在某些系统中，新作品是以前作品片段的新组合，这些以前作品的作者和公众仍然可以在人工智能生成的作品中识别出原作的一些特色风格、模式和个性，如果可以确定人工智能生成的作品是已有版权作品的全部或部分副本，就会引发版权侵权质疑。在其他基于当代机器学习方法的系统中，可能无法再检测到已有作品中的零散片段，系统无缝地合并其输入，以生成新的输出。考虑到作品识别和侵权取证的困难程度，前一种情形的版权侵权风险显然会比较高。

囿于人工智能发展程度，目前的人工智能系统可能多数还是类似"聚合AI创造力"的情况，即AI系统模仿已有作品以生成新作品的情况。最近的一些应用表明，人工智能有可能进化为"发散AI创造力"，即创建在某种程度上与现有作品不同的新作品。在后一种场景下法律如何面对，将是新的挑战。

另外，人工智能创作的版权侵权风险既取决于所采用的学习算法，也取决于所处理的示例的性质和数量，示例越多，新创作与单个输入作品相对应的可能性越小。

---

① Giovanni Sartor, Francesca Lagioia, Giuseppe Contissae. The Use of Copyrighted Works by AI Systems: Art Works in the Data Mill [J]. European Journal of Risk Regulation, 2018, 11 (1): 51-69.

2.使用版权数据的授权问题

在版权侵权的危害上，人工智能自动化处理产生的风险在数量和质量上都与人类侵权产生的风险不同。事实上，释放人类创造力的自动模拟可能会对通常与版权法相关的目标产生负面影响，作者将失去对其作品的控制，不得不面对廉价人工智能生成作品的竞争，公众可能会适应这些作品。[①]考虑到基于人工智能的新闻创作对媒体和作者的影响，可能会有疑问：将现有作品纳入训练集中是否不仅需要合法权利持有人的同意（因为纳入可能会影响后者的经济权利），还需要这些作品的作者的同意（涉及署名权、作品完整权及改编权）。另外一个问题是，版权持有人或作者的同意是否应该总是可撤销的。就像数据受试者同意根据欧洲《通用数据保护条例》（General Data Protection Regulation，GDPR）处理他们的数据一样：这意味着如果版权持有人或作者撤销同意，他们的作品将不得不从训练集中删除，并且不可再用于训练AI系统生成新的创作。然而，授予版权持有人或作者这种权利是否可被视为对"数据自由"或"计算自由"的限制，即对任何数据应用任何计算的可能性，以产生新的创作、算法和技术。特别是随着数据挖掘与数据分析技术的迅猛发展，这种权利是否仍然有意义。在现有数据挖掘技术的现实下，版权持有人或作者几乎不可能知晓自己的作品是否被别的公司纳入训练人工智能的数据集。而且为了推动本国或区域数据分析相关技术的进步，多数司法管辖区对数据挖掘技术采取相对宽容的态度，只要遵循相关法律，数据挖掘可以成为某种程度上的版权侵权例外。不过，考虑到侵权的具体情形，现在还没有相关法院判例可供参考。笔者认为，未来数年内，基于版权作品训练集的新作品人工智能生成将是一个主要的法律问题。

人工智能生成新闻作品的过程中，如果使用受版权保护的现有新闻作品，可能涉嫌侵犯复制权和改编权——除非有适用的例外情况。人工智能使用的每篇作品都可能受到版权保护。这意味着除非在特定的例外情况下使用或使用无版权作品，否则使用他人作品需要版权所有人的许可，许可证将规定谁可以使用该作品，如何使用，以及为什么使用，否则人工智能将因为复制侵犯版权。另外，

---

① Giovanni Sartor, Francesca Lagioia, Giuseppe Contissae. The Use of Copyrighted Works by AI Systems: Art Works in the Data Mill [J]. European Journal of Risk Regulation，2018，11（1）：51-69.

未经许可从受保护的数据库中提取和重新利用大量数据还可能侵犯数据库权利。

一些人认为，侵犯版权或其他权利的风险会阻止人们充分利用人工智能。也有一些人，版权和相关权利并不是人工智能发展的障碍，许可模式会随着技术的发展而发展，AI开发人员获得许可使用版权作品的机会也越来越多。与其采取措施限制版权保护，不如将重点放在确保版权持有人的作品被人工智能使用时获得报酬上。因此，探索制定灵活的版权限制条款十分必要，以允许未经授权利用作品进行使用大数据的服务，且不会对作品市场产生不利影响。

（二）是否符合版权法的合理使用例外

1.合理使用的判定因素

尽管存在这些争论，但将版权作品数字化以创建机器学习训练数据集，或者在机器学习期间创建中间副本都可能属于合理使用原则的范畴。所谓合理使用，一般是指在法律规定的条件下，不必征得著作权人的同意，基于正当目的而使用他人著作权作品的合法行为。

"合理使用"（Fair Use），最初发端于美国。美国1976 年版权法将普通法中的合理使用原则法典化，第107条"专有权利的限制：合理使用"规定：在确定作品是否"合理使用"时要考虑的四个法定因素：使用的目的和性质（如商业或非营利教育性质），版权作品的性质，所使用工作的范围（是否为实质性部分），以及使用对作品价值的影响。

合理使用因素通常被认为是法院判决中除了获得许可以外最具影响力的抗辩因素。是否属于版权法规定的合理使用例外，通常有两个关键衡量标准：一是传统的"四步检验法"标准，二是所在国是否规定有数据挖掘的例外豁免。

例如，我国现行《著作权法》第二十四条封闭式列举了合理使用的13种情形，《最高人民法院关于审理著作权民事纠纷案件适用法律若干问题的解释》（2020）第二十五条规定："人民法院在确定赔偿数额时，应当考虑作品类型、合理使用费、侵权行为性质、后果等情节综合确定。"

我国版权法框架中的合理使用检验法与国际上通行的三步测试保持兼容。三步测试是指合理使用的三个抽象标准：第一,一般来说，在某些特殊情况下允许对版权法进行限制，该规则由两个后续标准确定；第二，该使用不能与作品的正常使用产生冲突；第三，也不能对作者或权利持有人的合法权益造成不合理损害。国际版权法中的三步测试，不仅体现在《伯尔尼公约》中，也体现在《与贸易有关的知识产权协议》（TRIPS协定）和《WIPO互联网条约》这些国际条约中，其措辞的实质部分保持不变。三步测试是对一般复制权的正式承认的一种制衡，也是一种折中解决方案，三步测试已成为国际层面上几乎所有知识产权例外和限制的基石。

2.各国对文本与数据挖掘的不同立场

由于文本与数据挖掘通常涉及受版权保护的作品，需要注意版权侵权风险，特别是使用已有数据库作为训练数据时更要谨慎。除非数据库为开放获取或获得知识共享许可，否则其他活动很可能受限并需要获得授权。各国对文本与数据挖掘的态度不同，有的国家允许研究人员基于研究或私人学习的目的将文本与数据挖掘用于非商业项目。各国法律所允许的文本与数据挖掘例外豁免范围不同以及跨境使用存在的不确定性，有可能让打算开展这方面项目的开发人员陷入法律困境。

2018年，欧盟《数字化单一市场版权指令》第3、4条为文本与数据挖掘引入一个例外，涵盖了在机器学习中使用受版权保护的内容，该指令明确：科研机构和文化遗产机构为科学研究目的的进行文本和数据挖掘，对其合法获取的作品或其他内容进行复制与提取的行为，属于版权权利的例外。重要的是，指令允许出于商业或非商业目的进行文本与数据挖掘的人员保留为文本与数据挖掘目的制作的副本，此类数据集可以在其他机器学习项目中重复使用，这进一步促进人工智能的发展。如果是商业文本和数据挖掘，则允许权利持有人选择退出上述例外，他们可以以适当的方式禁止将内容用于商业文本和数据挖掘。例如，针对网上公开提供的内容采取机器可读的方式。

关于许可使用，韩国版权法律目前没有关于人工智能学习数据的规定。因此，根据现行法律，当受版权保护的材料被用作人工智能学习数据时，这种使用可能被视为侵犯版权。然而，韩国版权法律又规定，如果一个人没有不合理地损害作者的合法利益，而不与作品的正常使用相冲突，他可以使用这些作品。换句话说，根据韩国法律，合理使用原则也是可行的，并且该条款有可能适用于人工智能学习。因此，由于没有法律规定，也没有相关的先例，这种法律上的不确定性阻碍了韩国人工智能学习的数据使用。然而，韩国文化、体育和旅游部正在修订版权法加入一项条款，如果材料用于人工智能学习和大数据分析，则不需要版权持有人的同意。

综上所述，在分析人工智能生成新闻作品是否属于当前的法律制度的例外时，首先应该评估在人工智能中使用版权作品生成新作品是否得到作者或版权持有人的授权，同时应判断所在司法管辖区是否有文本与数据挖掘的版权例外规定。考虑到人工智能训练中使用的数据量，为使用的版权作品逐一获得许可证显然是一个非常繁重的过程。这一困难，再加上在文本与数据挖掘方面尚不明确的传统版权法律制度，未来人工智能生成作品的训练数据如何划定版权侵权范围，尚待观察。

（三）谁对人工智能引起的侵权负责

由于AI既不是自然人也不是法人，所以没有法人资格，由谁对侵犯版权负责成为难题。最合理的选择似乎是将人工智能引起的侵权责任分配给参与人工智能作品生成过程的人类，遵循与将版权归属分配给人类相同的逻辑。[①]

1.责任应分配给对侵权算法具有决定性影响的人

由于版权侵权可能发生在人工智能生成作品的一个或多个阶段。人工智能系统的输入、配置和输出都可能构成版权侵权。因此，人工智能系统的开发人员、用户或两者都有可能负有责任。就像作者身份最适宜分配给对人工智能生成作品的过程作出重大贡献的人，责任也应分配给对侵权算法具有决定性影响的人。例如，如果侵权受到预编程算法的影响，则责任在于程序员；如果算法在用户使用过程中侵权，则用户将承担责任；在边缘案件中，责任则可能是连带的。

就版权侵权责任而言，有人提出可以适用雇主责任原则（respondeat superior），即雇主应为代理人的行为负责，如果代理人的行为发生在其代理范围内，则委托人应对代理人的行为负责。法院通常也愿意要求委托人对代理人的版权侵权负责。法院分配主要责任的两个考虑因素是控制和直接经济利益。[②]AI

① Alina Škiljić. When Art Meets Technology or Vice Versa: Key Challenges at the Crossroads of AI-Generated Artworks and Copyright Law [J]. International Review of Intellectual Property and Competition Law，2021（52）：1338-1369.

② Zach Naqvi. Artificial Intelligence，Copyright，and Copyright Infringement [J]. Marquette Intellectual Property Law Review，2020，24（1）：15-51.

程序类似于代理，因为AI程序的工作是为委托人完成任务，负责控制人工智能的生产方式和内容。如果AI产生委托人不喜欢的工作，委托人可以修改AI的现有指令，以反映委托人的愿望。归根结底，雇主或委托人是AI创造工作的受益人，因此，雇主或委托人应对人工智能的行为负责。当代理人制作侵犯版权的作品时，委托人应就该侵权行为向受害方承担责任。

2.用户需要对自身的侵权行为承担责任

在用户与委托人角色合一时，用户自身需要对人工智能生成作品过程中的版权侵权承担责任，人工智能生产者不应对消费者的侵权行为承担第二责任，这方面1984年"索尼美国公司诉环球城市影业公司案"是一起最终由美国最高法院判决的版权案件，该判决认定，索尼的Betamax录影机无须承担共同侵权责任。美国最高法院表示，仅仅销售适合于"实质性非侵权目的"的普通商品不构成版权侵权。因此，当一家公司开发人工智能并将其出售给最终用户，而最终用户使用人工智能的方式导致人工智能侵犯版权时，该公司也不必承担责任。这是因为消费者是最终用户，其对输入人工智能的内容具有控制能力，在这一过程中，人工智能只是创作作品的工具。

四、结语

随着媒体对人工智能的使用越来越广泛，以及机器越来越擅长创作，事情可能会变得更加复杂，从而进一步模糊了人类和计算机创作的新闻作品之间的区别。计算技术的巨大进步和可用计算能力的巨大规模很可能使这种区别变得毫无意义。人工智能如果有足够的发展，可能会让人无法区分人工生成的内容和机器生成的内容。虽然目前人工智能还没有发展到高级阶段，但如果真的到了高级阶段，我们将不得不决定应该为智能算法生成的新闻作品提供什么类型的保护，面对非合法使用版权内容作为人工智能训练数据集的问题，人工智能引发的版权侵权责任漏洞问题，以及未来在实践中可能会发生的许多无法预见的不同情况。因此，探讨解决类似问题的框架至关重要。

第四章

专研报告

我国广电媒体融合发展的体制机制困局与突破路径

崔 林 吴 昊[①]

摘要： 体制机制转型升级为广电媒体融合发展提供了关键驱动力。当前，我国广电媒体体制机制改革稳步推进，呈现政策强力推动、机构深化调整、平台建设加快、多元资源聚合的态势。与此同时，广电媒体目前在思维观念、造血功能、人员结构等方面还存在诸多现实问题。基于四级格局，我国各层级广电媒体在融合发展进程中对体制机制的探索各有侧重：中央广播电视总台打造独特的商业运营体系；省级广电着力建设省级云平台；市级广电聚焦融媒产品，探索产业发展创新；县级融媒体拓展服务功能，深度参与基层社会治理。在新形势下，广电媒体需要充分发挥制度、架构、视听等优势，在全国媒体融合的大格局中主动作为。

关键词： 广电媒体；体制机制；媒体融合；困局；路径

在加快推进媒体深度融合发展、构建全媒体传播体系的进程中，广播电视

---

① 崔林，中国传媒大学电视学院教授；吴昊，中国传媒大学电视学院博士研究生。

媒体作为多数区域媒体融合的基础，始终发挥着主力军的作用。广播电视媒体的体制改革与机制创新不仅有助于全媒体传播体系的完善，更成为"十四五"时期我国提升公共文化服务水平的重要抓手。体制关乎媒体属性，机制关乎媒体的组织设置、业务流程和管理体系。在我国，传统广电媒体长期形成的体制机制惯性是其向新媒体转型过程中的结构性障碍。

自2014年媒体融合上升为国家战略以来，我国不断完善政策措施，为媒体的体制框架和机制创新把脉定向、规划发展。2020年9月，中共中央办公厅、国务院办公厅印发《关于加快推进媒体深度融合发展的意见》，提出"推动传统媒体和新兴媒体在体制机制、政策措施、流程管理、人才技术等方面加快融合步伐"，这是党中央为主流媒体跨越体制机制障碍提供的重要政策支持。国家广电总局印发《关于加快推进广播电视媒体深度融合发展的意见》，明确了广电媒体要优化组织架构、用好市场机制、推进管理创新等一系列要求。在2021年10月，国家广电总局发布的《广播电视和网络视听"十四五"发展规划》提出，广电总局各部门、各单位和各地广电部门要紧密围绕国家重大战略、重大任务、重大部署，以破解制约高质量发展的体制性障碍、结构性矛盾、政策性问题为主攻方向，强化改革统筹、政策创新、制度执行，释放政策红利，推动广电工作实现质量变革、效率变革、动力变革，自觉融入党和国家工作大局。在国家的政策安排和行动指南下，我国广电媒体需要进一步确立战略方向、厘清属性结构、定义功能要素、明确角色任务，构建属性清晰、系统合理、运行得当的体制机制。

一、"深度融合"下体制机制变革的新变化与新问题

（一）广电媒体体制机制改革的新变化

在推动媒体深度融合发展的过程中，体制机制管根本、管全局、管长远。体制机制转型为我国广电媒体的融合发展提供关键动力。当前，我国广电媒体在体制机制改革方面稳步推进，呈现出新态势与新特征。

第一，国家层面强力推动，体制机制改革提上日程。自2014年8月媒体融合上升为国家战略以来，国家战略层面的文件多次强调"媒体融合"，从"推动"到"加快推进"，从"融合发展"到"深度融合发展"，体现我国媒体融合政策

布局的延续性和连贯性，从指导到深入，再到未来规划，体制机制改革逐渐成为媒体融合发展中的工作重心。依照国家对于媒体融合发展的战略规划，广播电视行业加强顶层设计，对接国家战略布局。2016年，国家新闻出版广电总局发布《关于进一步加快广播电视媒体与新兴媒体融合发展的意见》，提出要在"十三五"后期基本形成布局合理、竞争有序、特色鲜明、形态多样并具有可持续发展能力的中国广播电视媒体融合新格局。2020年，国家广播电视总局印发《关于加快推进广播电视媒体深度融合发展的意见》，从优化组织架构、用好市场机制、推进管理创新等方面提出更具体、细化的指导意见。2021年发布的《广播电视和网络视听"十四五"发展规划》再次提出，要强化改革统筹和政策创新来破解体制性障碍和结构性矛盾。

第二，深化调整合并，集约发展不断深入。随着媒体融合发展不断向纵深推进，广电媒体不断进行组织调整，通过集约发展提高资源整合力度，实现跨媒体融合与跨地域合作。近年来，我国广电媒体组织体系的整合动作频繁，"广电＋报业"的融合案例频现。无论是省级还是地市级广电媒体，都在努力探索打通广电和报业之间体系壁垒的路径，更好统筹新闻生产，优化媒体产能，重构地市传媒生态。此外，多地广电媒体通过成立合作组织，助力区域协同发展。"十四五"规划《纲要》对区域协同发展作出深远的战略布局，提出"推动城市群一体化发展""深入实施区域重大战略""促进区域间融合互动、融通补充"。国家广播电视总局在《关于加快推进广播电视媒体深度融合发展的意见》中强调，对接国家重大区域战略，构建区域协同发展新格局。为响应国家战略规划，作为支撑城市间信息资源流动的重要连接者，我国多个区域的广电媒体也在强化互通互融，探索中国特色的区域媒体融合实践。例如，成立中国（京津冀）广播电视媒体融合发展创新中心，组建粤港澳大湾区广电联盟，等等。

第三，优化组织架构，创新运营模式。在推进媒体融合发展的进程中，广电媒体也在不断调整组织架构，对内鼓励内部创业、实现生产经营一体化，对外升级经营体系、扩大业务范围。例如，布局MCN，激活流量变现。广电媒体在MCN领域的探索主要有三种形式。一是依托自身资源创办独立的MCN机构，打造人才培训、IP孵化、内容运营的一站式整合营销分发体系，布局短视频、账号运营等领域，比较有代表性的是湖南广电、山东广电等媒体的实践。二是与商业平台合作建设有广电背景的MCN机构，借助商业平台快速开拓MCN市场，加速广电媒体的多元化经营。例如，山西广电与字节跳动合作成立广电MCN机构、江苏广电与快手合作推进MCN建设等。三是借鉴MCN模式组建融媒体工作室，在媒体内部组成小、精、全的创意团队，孵化更加自主灵活的垂直领域新媒体品牌IP，以内部创业的形式实现工作室与广电的双向赢利。各个广电媒体在内部成立融媒体工作室的过程中，也探索出孵化培育机制、容错试错机制、反馈激励机制、推优推星机制等，实现组织架构扁平化、工作高效化，形成从培育到推广的完整闭环。[①]

（二）广电媒体体制机制改革的新问题

在不断推进体制机制改革的过程中，我国广电媒体融合发展取得阶段性、实质性进展，但在观念思维、资源整合、营利能力、人员结构等方面还存在不可回避的问题。

第一，发展定位有待细化，同质竞争引发资源浪费。当前，我国各层级广电媒体在融合进程中依旧面临着由于发展定位不明晰而带来的资源浪费和重复建设问题。在省级媒体的云平台建设过程中，"一省两云"甚至"一省多云"抢占本省融媒体中心建设市场，导致平台同质化，引发竞争内耗，有悖于整合区域资源、协同有效发展的融合要求。在市级层面，一些地市在广电与报业合并重组后，"两张皮"现象依旧显著。这表现为未能突破旧有体制机制惯性，没有实现真正的业务融合与流程再造。县级融媒体中心具备较多国家政策的宏观支持，可以跨过市级媒体与省级乃至中央媒体直接对接，这进一步消解了市级媒体的影响力，使同一地区多家媒体之间的竞争更加激烈。

第二，"双轨制"局面形成，人员活力难以激发。随着广电媒体改革不断深化，如何处理好"人"的问题，成为考验媒体决策者与监管者的一道难题。从课题组调研情况来看，在媒体融合过程中，各级广电媒体在人力资源改革过程中遭遇重重阻力。这主要表现在：人员冗余严重，薪酬绩效管理尚不完善；干部职数大幅压缩，阻碍长期队伍建设；核心人才吸引力不足，员工发展空间有限。面对较为固化的历史遗留问题，一些广电媒体在人才体系上依旧没有摆脱

---

① 程景，周洋.以机制创新牵引广电融合深度发展[J].视听界，2020（04）：81-82，86.

传统行政体制，尚未建立适应融合发展的绩效考核、薪酬激励和人力管理体系。这导致事业编制人员和企业编制人员的工资结构、晋升方式大相径庭，在一定程度上挫伤编外员工的事业心和归属感，也极大影响分配公平。

第三，商业尝试收效有限，营利能力仍需进一步提升。在经营方面，尽管广电媒体通过布局MCN、扩大业务范围等方式盘活自身创造活力，但大部分经营尝试尚未实现盈利，诸多问题亟待解决。究其原因，主要体现在以下几个层面。首先，入局时间晚，配套机制不健全。当前，MCN行业已趋近饱和状态，不少广电媒体在自身风格定位尚不清晰、配套机制尚不健全的情况下匆匆入局，因此竞争力有限。其次，IP资源运营不足，束缚品牌跨界转化。通常而言，广电媒体的主持人和品牌节目资源是其进行跨界转型的重要抓手。然而，除了少数在全国知名的广电IP具备全网的跨界转化能力，绝大多数广电媒体都没有形成强效的品牌吸引力和辨识度。最后，兼顾双重属性，业务逻辑仍待探索。广电媒体具备事业与市场的双重性质，这导致广电媒体在进行商业化探索的同时，必须践行主流媒体责任、发挥公益服务功能。在公共属性与商业属性之间，如何创新广电媒体的业务逻辑，依旧是困扰行业发展的问题。

在互联网环境下，绝大多数广电媒体没有自主可控、内容优质、广泛连接、功能多元的互联网平台，在联系群众、服务群众、引导舆论上存在一定的阻碍。目前，只有持续深化体制机制改革，建设高效运营的用户入口和服务端口，努力嵌入各地的经济发展和社会治理，广电媒体方能找到符合自身发展的转型之路。

二、四级融合的新经验与新路径

我国广播电视事业实行中央、省、市、县四级媒体建制。从"四级办台"到"四级办融媒体"，广电媒体的融合发展是对传统主流媒体的继承、发展、创新与突破。在四级发展格局之下，各层级广电媒体融合发展的体制机制探索，呈现各有侧重、差异发展的特征。各级广电媒体依据自身区位特征与层级优势，在机构整合、流程再造、技术突破、管理创新等层面不断总结新经验，探索新路径。

（一）总台：立足独家资源，创新全媒体运营体系

中央广播电视总台（以下简称"总台"）作为中央媒体和媒体深度融合发展的排头兵，以"打造具有强大引领力、传播力、影响力的国际一流新型主流媒体"为目标定位。自2018年正式挂牌成立以来，中央广播电视总台融合发展的体制机制探索实践不断：调整单位建制与对外呼号、建立区域总部和地方总站、成立总经理室、开播"粤港澳大湾区之声"与"台海之声"等，积极探索社会效益和经济效益相统一之路。

2019年7月17日，中央广播电视总台成立总台总经理室，统筹广告经营、产业战略投资及版权运营。总经理室的成立标志着总台经营工作和产业发展进入新阶段，加快推动总台从传统经营向融媒体经营转型升级。总台总经理室下设战略投资部、运营考核部、市场推广部等13个部门。在经营工作上，总经理室坚持正确政治方向和舆论导向，适配总台建设国际一流新型主流媒体的奋斗目标，构建涵盖广告营销、版权开发、资本运营、安全播出等经营工作的经营体系。总经理室强化"全台一盘棋"的整合经营意识，确立"大屏和小屏联动""广告与版权捆绑"的融合营销思维，明确"向用户要效益"和"数字化营销"的发展方向。广电媒体的经营模式创新，主要从平台化售卖、会员付费服务、内容营销、流量运营等方向寻求突破。通过整合盘活各类资源、充分利用市场化手段，总台加快推进经营工作转型升级，探索出"品牌强国工程""象舞广告营销平台"等产业转型、广告营销升级的新路径。

2019年8月，总台推出"品牌强国工程"全媒体服务方案。"品牌强国工程"紧握总台顶级制播资源，以小屏预热大屏、大小屏双屏同框、大屏引流小屏的形式，将高频次硬广主资源与品牌方内容营销相结合进行传播，产生较好的社会效益和经济效益。2021年7月，总台上线象舞广告营销平台。该平台整合电视、广播、新媒体等各平台资源，借助数字化、智能化平台工具，为广大客户提供一站式营销传播服务。象舞平台的特点和亮点为"客户全覆盖、资源可定制、服务全天候、执行更高效、玩法更灵活"。对总台来说，象舞平台为融媒体营销打造强引擎，进一步拓宽广告经营空间，激发平台经济。广告主可直接进行产品选择和购买，可选择定向投放用户人群、灵活排期，一站式选购广告资源，实现程序化自动投放功能。

体育赛事传播一直是总台的核心业务，也是其全媒体运营拓展的重要组成部分。2020东京奥运会期间，总台总经理室通过央视频会员制，推进平台商业化运营。借助奥运赛事热播之际将差异化资源打包，上线VIP会员服务，变现内容服务价值，央视频成为总台第一个通过会员制向用户收费的新媒体平台。奥运会开幕后，作为央视自家的新媒体平台，央视频的各项数据大增。2021年7月25日，央视频App累计下载量突破3亿次，会员数量在开赛一周内即跨越百万大关。①2022年7月15日，中央广播电视总台发布2022年卡塔尔世界杯融媒体传播服务方案。总台将通过全平台融合、全媒体并发、全流量聚合的传播模式推进这次体育盛会的传播，并在商务拓展层面基于本次世界杯推出涵盖"传奇""大师""殿堂"和"至尊"四大系列的融媒体品牌传播服务方案。②

总体而言，在不断尝试、拓展的过程中，总台的全媒体运营体系探索回答了一系列困扰主流媒体的核心难题，成为近年来中央主流媒体体制机制探索的亮点。主流媒体的经营工作如何讲导向？产业经营思路如何进一步开拓创新？广告经营如何突破？依托自身优势资源，总台整合经营理念，健全市场化经营机制，不断完善其运营体系，为建设国际一流新型主流媒体提供强有力的经济保障。这一实践的成功是以总台作为中央主流媒体的强大资源禀赋为前提的，其他层级的广电媒体在实践过程中，应根据自身特点进行合理借鉴。

（二）省级：建设广电云平台，提供多元化增值服务

我国"一省一平台"的方针是当前省级主流媒体融合发展的政策红利。与省级日报社相比，省级广电媒体具备显著的技术优势，成为我国省级云平台建设的核心力量。近年来，省级广电媒体立足省级云平台建设，探索跨层级、多元化、立体式的媒体服务，不断探索融合体制机制改革的路径和方向。省级广电云平台依托大数据云技术，积极探索体制机制变革新路径，构筑跨层次多功

---

① 央视频. 中国队，加油! 来央视频，和3亿用户一起呐喊奥运后半程! [EB/OL]. （2021-07-31）[2022-06-06]. https：//baijiahao.baidu.com/s?id=1706779803779994288&wfr=spider&for=pc.

② 央视新闻客户端. 中央广播电视总台发布2022年卡塔尔世界杯融媒体传播服务方案[EB/OL]. （2022-07-15）[2022-07-18]. https：//content-static.cctvnews.cctv.com/snow-book/index.html?item_id=4862747269267686223&toc_style_id=feeds_default&share_to=wechat&track_id=48b82120-e342-4395-add2-91a325ef5bf4.

能的区域广电生态系统，成为聚合化生产、协作式运营的基础。通过不断对接区域媒体多元化服务需求，省级广电云平台全面提升省域主流媒体的传播力、影响力、公信力和舆论引导力。

自2015年以来，各省（区、市）逐步搭建立足自身实际的云技术平台。当前，我国省级云平台建设呈现两个特征：第一，各省级云平台并非在数量上呈现"一省一云"的分布，一省"两朵云"甚至"三朵云"的现象并不鲜见；第二，基于技术优势与主流媒体属性，省级广电媒体成为各省云平台建设的最主要参与者。

从现阶段成果来看，我国省级云技术平台的定位日渐清晰，逐渐凸显两个实际功能：

第一，以省级"新闻+政务+服务"为定位，整合媒体资源、产业资源、社会资源、文化资源等，推进地方新闻、政务信息、民生信息的互联互通。例如，江苏广电"荔枝云"采取"三云互联"方式，即"公有云+私有云+专属云"，搭建起满足各类媒体业务需求的统一平台。随着平台建设的完善，"荔枝云"深度挖掘江苏特色产业资源、推动农业品牌宣传营销，如邳州银杏、盱眙龙虾等，共同打造省—市—县产业协作平台，构建"媒体+旅游""媒体+服务""媒体+农业""媒体+文化"等生态产业链，为经济社会发展贡献力量。

第二，支撑带动地方县级融媒体建设。受中宣部委托，国家广播电视总局组织编制并审查了《县级融媒体中心省级技术平台规范要求》（以下简称《要求》），该《要求》于2019年1月正式发布。根据中央对县级融媒体建设提出的"一省一平台"要求，该《要求》明确了省级融媒体的建设要求：省级技术平台应为县级融媒体中心开展媒体服务类、党建服务类、政务服务类、公共服务类、增值服务类等业务提供支撑，支持县级融媒体中心在内容、渠道、平台、管理、运营等方面的深入融合。[1]

总体来看，强化省级云平台建设，提升区域治理与基层赋能能力成为省级广电媒体发展的首要任务，也是省级广电媒体融合发展的体制机制突破的关键

---

[1]　人民网. 县级融媒体中心省级技术平台规范要求[EB/OL]. （2019-01-15）[2021-09-30]. http：//media.people.com.cn/n1/2019/0115/c14677-30541139.html.

着力点。当前，部分省级广电媒体以省级云平台为抓手，探索出特色化的融合发展道路。例如，长江云是湖北广播电视台打造的湖北官方新闻政务客户端，该平台建立全省统一共享的"云稿库"和全媒体"云厨房"，联通省、市、县三级媒体，汇集报纸杂志、广播电视和新媒体资源。该平台实现全省范围内新闻信息的互联共享，为各级各类媒体提供内容服务的保障，也让湖北广电在抗击新冠肺炎疫情、脱贫攻坚等重大报道中脱颖而出。

（三）市级广电："广电＋报业"深度融合，提升自身造血功能

当前，我国市级广电媒体的融合发展仍处于起步阶段。在我国融媒体规划"一盘棋"的分步实施过程中，率先落实的是省级和县级融媒，市级媒体融合发展缺乏总体顶层设计与规划部署，大多数市级广电融媒体中心尚未获得太多的财政支持。从全国范围来看，"报业＋广电"模式成为当前市级媒体融合发展体制机制创新的主要路径。基于自身资源特征，市级广电媒体融合的体制机制探索主要以优化组织架构为前提，以融媒产品创新为突破口，立体布局多层次多频率的复式传播，进而探索地区资源整合模式与产业突破路径。

第一，重组组织架构，提升管理效率。2018年以来，浙江绍兴、广东珠海等市级主流媒体相继进行融合机构改革，采用"广电＋报业"融合模式。通过调整组织架构、实行事业企业分开、再造业务流程，组建市级融媒体中心。以大部制、扁平化改革思路重组组织架构，有助于提升地市级融媒体中心的管理效率。我国传统媒体的科层制组织框架在移动互联网时代难免暴露出灵活性差、协同性差、创新性差等弊端，进一步造成决策混乱、行动迟缓、贻误时机等问题，这恰恰是近年来市级广电媒体在各类新兴媒体和全国性媒体的重重包围之下生存越来越困难的重要原因。市级报台融合后的组织架构按照"事企分开"原则，融媒体中心负责新闻事业，传媒集团经营产业，以事业带动产业，以产业反哺事业；采用三级架构管理，建立党委领导的事业单位与法人治理结构的企业相结合的管理体制，提升管理效率。以浙江绍兴为例，2019年4月，绍兴市委常委会议审议通过绍兴市新闻传媒中心（传媒集团）组建实施方案，明确提出"报台合并"之后的最终架构为"三个条线、五大中心"。"三个条线"分别为行政、采编和经营三条业务线，"五大中心"则是指在采编业务线下设采集中心、编发中心、调度中心、新媒体中心和技术中心五个二级部门。在完成"报台合并"改革之后，两家媒体原有的49个内设机构也被压缩精简为25个，中层职数则由之前的112个核减至75个。

第二，基于全新的组织架构，再造业务流程，赋能融媒体内容生产。市级"广电+报业"融合模式打破原本广电和报业机构的内容创作、生产和分发流程，优化配置传媒机构内部人财物资源，实现业务流程数字化、数据化、融合化、灵活化、移动化和即时化。"报台合并"后，市级融媒体中心组建资源丰富、能力强大、协调便捷的多媒体采编团队，有效实现资源有机整合、报道协同作战、创作优势互补。同时，市级融媒体中心在业务流程再造过程中，将原有文字记者、摄影摄像、电视编导、出镜记者、广播记者等生产创作分工汇聚到同一部门，实现内容采编的全媒体化和内容分发的融媒体化，对于提高融媒体作品质量起到重要作用。2019年9月，淮北日报社和淮北广播电视台实现"报台合并"，新挂牌的淮北市传媒中心在业务融合方面进行有益探索。在内容表现形式和传播渠道上，合并两家机构在移动端的内容发布平台，挂牌当日上线"绿金淮北"App作为淮北市委、市政府唯一官方新闻客户端，以本土化、互动化、可视化为主要特色，将传统的图文新闻、广电新闻与用户喜闻乐见的直播和短视频形态进行融合，不断创新内容产品形式。

（四）县级融媒体：调整管理方式，深度参与基层治理

县级广电媒体是县级融媒体的母体。作为基层社会网络的重要"节点"，县级融媒体在基层社会治理中发挥着强大作用。县级融媒体利用自身特点与优势，通过多举措赋能基层社会治理，有效凝聚基层社会发展共识，促进政府工作有效落实，实现服务供给定向提供，对基层治理体系和治理能力的现代化建设起到关键性作用。同时，在媒体融合进程中，部分县级融媒体进行前瞻性、挑战性尝试，探索县级媒体融合发展新路径。

第一，探索整体转企，激活自身造血能力。当前，广东深圳龙岗区、北京经开区等地的融媒体中心探索转企改制，通过团队重建、流程再造、产品重筑、绩效重构等改革方式，将原本的事业单位转为企业，谋求更好的融合发展。转企改制破解了人才选用屏障、队伍融合壁垒、传播限制层级、评价考核梯次等问题，有助于增强县级融媒体的市场竞争意识和能力。同时，县级融媒体转企改制有助于优化生产关系与资源配置，提高资源利用效率。除此之外，企业运行模式下的县级融媒体，给予人员更大的创新空间，在一定程度上有助于提升自身造血功能。2020年7月30日，北京经开区融媒体中心实行转企改制，采取调整业务结构，重构用人、绩效考核体系等一系列措施。2021年初，北京经开区融媒体中心所有业务开始企业化试运营。仅半年时间，其平均月内容生产量比2019年增长114%，App阅读量比2019年增长251.2%。

然而，从全国范围来看，部分县（市、区）尝试的整体转企改革难以进行全面推广。绝大多数县级融媒体若想离开财政"襁褓"，进行企业化转型，需诸多条件支持。北京经开区的转企实践仅是个例，该区汇聚众多高技术产业和现代制造业，经济基础较好；区内对政令通达、精准传播的服务需求显著，有利于形成事业激活产业、产业反哺事业的双赢局面。就全国范围而言，大多数县级融媒体中心面临地方经济发展水平不一、基础建设不足、人才队伍匮乏、自身体量较小等问题，若盲目进行全面转企改制，风险与挑战也会随之增大。

第二，拓展功能定位，赋能基层治理。作为最靠近群众的主流媒体，县级融媒体的建设重点之一，在于打造基层舆论阵地，凝聚基层群众共识。县级融媒体作为新舆论生态环境下基层新闻舆论工作的主阵地，肩负着维护地方和谐发展的责任。当前，复杂的舆论环境为县级社会治理带来许多不确定因素，加大基层社会治理的难度。县级融媒体是新舆论生态环境下基层新闻舆论工作的主阵地，建设强大的县级融媒体，提升其新闻舆论传播力、引导力、影响力、公信力，能够有效地解决各类舆情事件和政务问题，从而凝聚基层社会发展共识，维护基层社会秩序良性运行。县级融媒体的建设重点之二，在于构建政务监督平台，促进政府工作有效落实。多方参与协商共治是保障社会和谐、稳定发展的重要方式，也是社会治理的主要方向。实现"协商共治"的重点在于激发多主体的参与积极性，搭建起便于沟通交流的"桥梁"。新媒体环境下，县级融媒体能更好地发挥公共政策执行的监督者、评价者、反馈者的角色功能，促进政府工作有效落实。"技术赋权"为基层群众参与公共讨论和监督提供巨大便利，而县级融媒体开展监督更接地气，更有实效，通过网络直播、在线互动等方式使政务更加透明。县级融媒体的建设重点之三，在于搭建地方服务平台，实现服务定向供给。县级融媒体嵌入基层社会治理的重要手段是搭建地方服务平台，解决群众尚未被满足的诉求，实现服务定向供给。融媒体建设要找准当地群众的痛点和需求，针对需求形成有效服务，实现县级融媒体绩效的显著增长，进而实现基层社会治理的功能。

三、"全媒体格局"下体制机制变革的新优势与新动能

在推进媒体深度融合发展、构建全媒体传播体系的进程中，广电媒体作为主力军发挥着独特的作用。在媒体融合国家战略和方针政策的指引下，广电融合媒体的传播力、引导力、影响力与公信力正不断提升。广电媒体在深度融合发展过程中要实现创新突破，还需要进一步发挥自身优势、激发自身活力。如何在新形势下重新认识、厘清自身的优势？如何充分挖掘自身的潜力，在全国媒体融合的大格局中主动作为？广电媒体在"全媒体格局"下需要发挥包括制度、架构、层级和队伍四大优势，进而获得深度融合发展的全新动能，以实际行动和建设成效加快构建新时代中国特色全媒体传播体系。

（一）发挥制度优势，强化行业联动

体制机制创新是进一步推动媒体深度融合发展的突破口。广电媒体应把握好中国主流媒体的属性与功能，探索制度创新，不断调整媒体生产关系要素，推动广电媒体内部机制更加成熟合理，强化同社会各界的联动与协同发展。

在组织改革层面，广电媒体应坚持业务分离、事企联动的改革思路。"事企分开"，即广电媒体在保持公益类事业单位的前提下，整合资源成立台办文化企业。广电机构与文化企业实行平行运营模式，明确广电媒体"宣传"与文化企业"经营"的功能定位。"事企分开"改革有助于理顺人员关系，改善因"双轨制"造成的人员身份问题。基于统一指挥、分级管理、独立经营、差异发展的制度设计思路，支持和鼓励台办文化企业开拓市场，加强行业联动，进而赋能广电机构全媒体平台的发展。

在激发内部创新动能层面，广电媒体应强化多元协同、优质生产的融媒体工作室模式。工作室是由专业权威或业务骨干组建团队，相对独立地开展节目生产、项目运营和营销传播等活动。"用好项目制、工作室等各种内容生产组织和运营方式，实行灵活运行机制，赋予必要的人财物使用支配等自主权"是加

快深化体制机制改革的具体做法。①在具体实践中，各级广电媒体纷纷推出专门指导意见与管理办法，赋予其一定的独立权限。例如，用人自主权、节目时段内广告经营权、相对独立的财务权、激励分配政策、节目自主策划和包装等。广电工作室精深化、垂直化的内容生产模式有利于打出品牌优势，有利于广电资源与社会资源的结合开发，广电媒体可以将工作室作为抓手，以市场化的视野和手段拓展文化创制服务，承接政府、社会的文化项目。

（二）发挥架构优势，赋能社会治理

社会治理是广电媒体融合发展的基本定位和社会功能。广电媒体参与社会治理主要基于其架构优势，包含内容生产架构、全媒体平台架构和公共服务架构。具体而言，广电媒体以新闻宣传和内容建设为根本，以先进技术为支撑，以自有数据资源和政府服务大数据为核心，以服务用户为宗旨，将自身打造成为党和政府的社会治理平台。

第一，广电媒体应坚持内容创新、舆论先导，不断完善内容生产架构。新闻宣传和内容建设是广电媒体融合创新的根本，广电媒体应坚持内容为王，发挥广播电视和网络视听的内容生产核心优势，满足人民高质量、多样性、个性化视听需求；深耕新时代精品工程与重大主题创作，用优质内容传递主流价值；强化内容正向引导，提升舆论引导能力；实施舆论引导能力提升工程，深化广播电视媒体"头条"建设和网络视听媒体"首页首屏首条"建设；在重大舆情出现时，根据实时舆情变化，转变传播策略，把握时机，掌握话语传播的主动权。

第二，广电媒体应坚持统一指挥、组织协调，建好用好全媒体平台架构。当前，我国绝大多数广电媒体正加速建设全媒体传播平台矩阵，在传播力与影响力上努力拓展。在此背景下，进一步用好全媒体采编平台，对不同媒体融合生产发布进行统一指挥和协调，显得尤为重要。要创新性重构"策采编审发"业务流程，将不同媒体平台的新闻选题策划、任务布置、内容采编、稿件发布等新闻生产环节统一到一个技术平台上，降低内部各媒体平台的沟通协调成本。

---

① 中国政府网. 广电总局印发《关于加快推进广播电视媒体深度融合发展的意见》的通知[EB/OL].（2020-11-13）[2022-06-06]. http://www.gov.cn/gongbao/content/2021/content_5582647.htm.

在内容生产中践行"统分结合"的思路，"分"就是按业务领域分设时政、经济、文化、国际等专业编辑部门；"统"就是改变报、台、网分办的做法，让这些按专业划分的编辑部，既内容生产，又管理网站、"两微一端"等渠道的内容。

第三，广电媒体应适当拓展业务边界，坚持开放共享，提升公共服务架构的服务效能。2020年1月，国家广电总局印发《关于加强广播电视公共服务体系建设的指导意见》，这是对广电媒体完善公共服务架构、深度参与社会治理的政策指导。公共服务架构是广电媒体参与社会治理的重要依托。广电媒体以推进"智慧广电+公共服务"为抓手，加快构建现代化广播电视公共服务体系，深度融入网络强国、数字中国、智慧社会建设，不断提升人民的获得感、幸福感和安全感。一方面，拓展功能与服务边界，建构智慧型"新闻+政务服务商务"的新型服务范式，以自主可控的智慧广电网络平台建设为主要载体，发展线上课堂、智慧城市、电视会议、远程医疗、物联网等垂直领域消费性服务和生产性服务。另一方面，要主动对接新时代文明实践中心，聚焦智慧城市建设与乡村振兴，完善产业政策、丰富产业业态、建设产业基地，在大视听产业聚合、大视听产业融合中发挥骨干作用。

（三）发挥视听优势，创新国际传播

2021年5月，中共中央政治局就加强我国国际传播能力建设进行第三十次集体学习，习近平总书记强调，讲好中国故事，传播好中国声音，展示真实、立体、全面的中国，是加强我国国际传播能力建设的重要任务。立足自身视听优势，广电媒体成为国际传播的排头兵和主力军。广播新闻节目与影视作品等是新形势下建构我国国际传播体系、加强我国国际传播能力，展现真实、立体、全面的中国的重要媒介形式。

第一，广电媒体应加强系统观念，创新体制机制，进一步构建多元化、立体式大外宣格局。争夺国际话语权，是提升我国广电媒体国际传播能力、构建外宣格局的重要目标。各级广电媒体应统筹主流媒体和商业平台、生产和传播、业内和业外、内地和边疆、国内和国外的多主体参与，紧密联动、互为补充、打造具有国际影响力的媒体品牌；从法规、标准、技术、版权等多角度协同发力，主动制定和利用好国际规则，合力维护公平市场秩序、营造良好舆论氛围，塑造国际竞争和新媒体发展的广电新优势。例如，中央广播电视总台充分利用国际视频通讯社（国际视通）品牌，主动加强与国外媒体合作，利用国外主流媒体平台阐释我方立场主张，影响对象国主流社会。

第二，广电媒体应通过自建平台、借船出海与多维联动等方式，构筑国家传播新矩阵，输出优质稳定的视听内容。由中国国际电视总公司筹建的长城卫星平台是我国各级电视台海外频道集成播出最重要的渠道。该平台通过国际通信卫星、光缆等传输渠道，将频道信号输送到世界各地。我国多省份广电机构采用联盟、合作等方式建立外宣重要门户，以"共商、共建、共享"的态度寻求合作共赢之路。以"一带一路"报道为例，陕西广播电视台于2016年5月发起组织"丝路卫视联盟"。这些联盟和机构可打造从节目内容制作到联合传播、再到市场运营的产业链，强化国内外媒体间的沟通交流，共同实现创新融合发展。各级广电媒体积极借助海外新兴社交平台开展宣传。例如，浙江卫视、东方卫视等纷纷在油管、脸书、推特等海外主流音视频网站、社交平台上开通账号建立专区。湖南卫视在油管上开设芒果TV官方频道，有效渗透全球241个国家和地区。

第三，广电媒体应提升定制化、精准化与互动化能力，深耕视听产品。各级广电媒体应发挥传播力、亲和力优势，提高视听产品走出去的精准度，推动我国同各国的人文交流和民心相通；在社交平台、网络视听平台等不同国际传播渠道中洞察不同区域、不同国家、不同群体用户的特征信息，综合分析热议话题、对华关切、偏好习惯，以定制化、精准化、互动化进行视听作品的生产和传播，推进中国故事和中国声音的全球化、区域化与分众化表达；以中国理念、中华文化为国际舆论融入更多暖色调、更多文明底色，在潜移默化、以小见大中宣介中国主张、中国智慧、中国方案，塑造可信、可爱、可敬的中国形象；遵循国际商业市场规范，积极拓展海外版权发行，实现社会效益和经济效益双丰收。

网络直播的场景新发展与新规范研究

崔 林 吴 昊①

摘要： 网络直播通过互联网平台将物理空间的场景资源进行线上的数字转化，生成全新的数字资源，并打通内容生产、发布，以及产品的营销宣传、价值变现等全流程渠道。数字资源能够随着时间推移获得积累，并通过时间投入和经济投资转化为其他资本形式，为行动者带来社会收益。随着5G+AI/VR/AR/MR等新型直播模式的开启，网络直播将形成以"网红"为枢纽节点的多元场景汇聚网络，实现网络直播场景的新发展。媒介化的直播盛宴，创建新的生产关系和产业模式，促进人们达成情感认同、实现价值共创、推动文化共建，形成新的网络发展规范。

关键词： 网络直播；场景传播；网络新规范

网络直播的即时连接方式，让多元空间场景实时连接，形成网络直播平台的共时空间场景。随着技术发展，网络直播将形成场景的动态连接，即在直播平台中连接一切空间场景，连接过去、现在与未来的时间场景，连接虚拟和现

---

① 崔林，中国传媒大学电视学院教授；吴昊，中国传媒大学电视学院博士研究生。

实场景，连接公共和私人场景等，实现万物皆可直播、一切场景皆可连接的景象。网络直播的出现，为创意个体的线上发展进一步提供新契机，重构线上的文化消费模式与娱乐形态。从内容视听体验和社交关系，到经济转化与文化互动，直播正在重塑人们的文化生活与商业形态。

一、新媒体场景传播的新特征

在传播学范畴内，网络直播平台的时空场景是通过实时图像、声音、视频、动画等传输，以及现代影音技术的作用而形成的实时传播空间场景，现阶段主要表现为物质性空间再现与技术性虚拟空间的融合。以实时传播为基本特征的网络直播平台，强化视听感知，重塑了场景的空间观念。

第一，网络直播场景连接多重空间视角。一方面，在同一直播平台中，提供多个场景视角。在2019年国庆阅兵仪式直播中，央视新闻新媒体与快手平台合作推出"多链路"网络直播。用户不仅能看到立体高清的现场画面，也能自由选择观看场景，与现场观众一样拥有多视角的场景选择权。用户在场景中重新建构自己的角色，从旁观者到主导者，从单一视角到多维视角，从被动接受到主动选择，在一定程度上摆脱了媒体议程设置的局限。用户的空间边界被极大地拓宽，获得全新的场景体验感。另一方面，综合多用户的空间视角，多维度还原事件全貌。在网络直播平台，不同主播对同一事件进行直播，让用户了解更加全面的信息。2020年4月30日，在珠峰高程测量的直播报道中，不仅有传统主流媒体的直播报道，更有用户在直播平台发布的个人化直播视频。在快手"带着快手登珠峰"活动页中，许多网络大V通过自己的直播账号，从个人视角与大家分享5800米营地的厨房、帐篷，以及攀登者的背包等，构建了独特的叙事空间。其中，快手用户珠峰攀登者汝志刚的视频直播累计约2000万人观看。用户通过汝志刚快手直播的攀登者个人化视角见证了珠峰实况。

第二，网络直播连接跨空间场景体验感。一方面，技术拓展了场景的空间体验。央视频推出的2021年春晚VR直播"VR Family云团圆 全景直播看春晚"，运用VR影像技术和沉浸声技术。观众不仅可以自由操控视频视角，也可以听到来自现场所有方位的声音，为用户带来全场景空间的视听体验。另一方面，网络直播带来新的视频传播形态，即以直播内容空间场景画面为主，消除前期议程设置、视频剪辑、解说词的干预，形成非干预的空间视频文本。在网络直播平台中，"云自习""云旅游""云监工"以及日常生活中萌宠直播等具有场景空间体验感的网络直播，均以空间体验为主要内容，运用非干预的空间视频文本传递信息。

在空间社会学范畴内，空间是一个社会生产的概念。空间既是物质的实体，即人类劳动的物质化外在显现，又是生产的社会关系的抽象体现。空间容纳了各种被生产出来的事物，也包括这些事物之间的相互联系。简而言之，空间既是社会活动的产物，又是社会活动的生产者。网络直播平台的时空场景也将成为新的社会关系的载体。

首先，网络直播平台的时空场景本身作为商品而存在。空间本身可以作为大量生产出来的供人们消费的商品而存在。在城市空间中，迪士尼乐园作为空间商品被生产和消费。同样，网络直播平台中的空间场景也经历了作为产品的生产过程。一方面，网络直播内容本身可作为空间消费品。例如，抗击新冠肺炎疫情期间，旅游类网络主播实时呈现旅游景点信息，作为一种旅游消费品，呈现"云旅游"的状态，与线下的旅游消费品相结合，成为生产出来的虚拟空间商品，带动物理空间商品的消费。另一方面，网络直播将线上的虚拟时空场景向线下的物理空间场景拓展。2020年3月，全国首个"中国青年电商网红村"在杭州未来科技城梦想小镇成立。此类直播场景的线下拓展模式将优质的线上直播资源与线下资源整合，实现了直播从网络空间到物理空间的融合。

其次，网络直播平台的时空场景推动跨领域的资源整合。网络直播平台成为连接物理空间与虚拟空间、生产与消费、产品与营销等环节的"中区"场景。网络直播将不同环节的资源进行整合，极大提升了价值转化率。不论是边远地区种植农产品的农户，还是非物质文化遗产的手工艺人，他们都可以通过网络直播平台直接面向消费者，实现跨区域的资源整合。同时，用户在直播平台中从事着观看、评论、点赞等免费的数字劳动。用户的数字痕迹、基本信息、个人偏好、社交图谱等汇聚成海量的数据资产，实现平台数据资源的汇聚，创造了巨大的商业价值。直播平台不仅根据用户的数据信息和流量走势向直播机构发布网络直播的内容需求，也不断拓展直播领域，包括文旅、教育、公益等，进一步实现跨领域资源整合。总体而言，网络直播构建的时空场景实现了跨领域资源的链接，直播汇聚的庞大流量则提升了资源的价值转化效率，进而形成融合多领域资源网络直播场景。

最后，网络直播平台塑造的新时空场景形成新的生产关系。网络直播的时空场景是新生产关系的产物，新的空间也会推动新的生产关系建立。如上文所述，在网络直播平台的时空场景中，主播、平台、机构等形成新型生产关系。主播从事着数字劳动、情感劳动，通过粉丝用户赠予的数字货币实现价值转化。主播在从事劳动的过程中，受到机构的绩效机制和平台内容生产机制的多重制约。与此同时，网络直播平台也催生了新的生产力，包括作为免费数字劳工的粉丝用户，以及采用新雇佣方式的"签约主播"等。网络直播平台形成的多元时空场景链接，汇聚不同领域的资源，也形成新的生产关系。

二、网络直播场景传播的新发展

网络直播构建的新场景带来新的连接方式和体验价值。这种新的连接方式和体验方式重构着媒介社会的运行逻辑和价值结构。网络直播融合物理空间、虚拟空间和人们的心理空间，生成融合媒介场景和时空场景的新场景形态。用户将在新的场景中，以界面化的形象参与沉浸体验、感受智慧服务，实现多主体的价值共创。

（一）内容：塑造场景媒介化的生活空间

网络直播作为社交场域的媒介平台，正形塑一种全新的生活方式。网络直播平台的"云上招聘会""云旅游""云上自习室""云上博物馆"等将物理空间的现实生活与虚拟世界相融合，打造全新的网络空间生活场景。2020年5月，人民日报新媒体联合教育部共同搭建了"大学生就业云招聘平台"，打造"直播+数字会展+就业"的成功范例。2021年4月，第129届"广交会"继续推出云上直播，并在全球范围开展"云推介、云邀约、云签约"。2022年全国两会期间，中央广播电视总台推出总台首个超仿真主播"AI王冠"，真人王冠与AI主播王冠同屏主持《"冠"察两会》，以虚实结合的形象实现"云报道"。此外，网络直播极大缩短产品供应链，提升产品价值转化率。

在网络直播所创造的共时空间中，场景内容不再拘泥于现有生活和工作，而是无缝对接虚拟世界与现实世界，形成超越平台媒介的虚实共生内容，打造媒介化的生存空间。具体而言，基于通信技术、移动传感技术、人工智能、虚拟现实等新科技，网络直播将进一步打破人与人、物与物、空间与空间的边界，极大拓展网络直播场景内容，建构全方位的场景系统，并实现全新形态的场景价值转化。

1.拓展虚实共生的场景体验

在场景内容方面，拓展网络直播空间边界，形成虚实共生的场景体验。在网络直播建构的场景中，虚拟世界是现实世界的一部分，现实世界也是虚拟世界的一部分。网络直播作为社交场域，超越空间界限，实现人与人、人与物的跨空间实时传播。人们的社交、旅游、购物、工作等场景，将基于网络直播平台，通过虚拟现实、增强现实、人工智能等技术，实现从线下与线上、实体场景与虚拟场景的融合。

以文旅直播为例，网络直播将文化旅游从实景区域旅游拓展到虚拟仿真旅游体验，拓展多维度网络直播空间，打破传统时空边界。一方面，在网络直播场景中，将传统优秀经典文化再现为虚拟空间形态，形成从线下到线上的全面空间拓展，增强场景空间体验。例如，在网络直播平台打造"清明上河图"虚拟游览空间，用户可以将自身虚拟形象置于"清明上河图"的仿真空间场景中，感受虚拟和现实的融合，感受穿越时空的文化之旅。另一方面，在网络直播场景中，进一步打破空间界限、拓展空间资源，探索普通用户在物理空间中难以企及的空间场景，如太空体验场景、空间站场景、月球场景、木星场景等全新的场景空间维度。同时，建构生动的虚拟用户形象，融合探险、角色参与等多元素的未来时光沉浸式直播场景。网络直播平台形成多视角、多渠道的空间呈现，用户可根据自身需求通过网络直播平台链接各类空间场景，随时切换空间体验场景，实现用户多视角的媒介生活体验。

2.打造终端融合的媒介空间

在场景系统方面，整合网络直播终端，打造融合系统，直至媒介终端于无形。当智能媒介终端完全融入日常生活，媒介终端将趋于无形。届时，人们的日常生活将以数据的形态演化成一场实时直播活动并融入大数据系统。有学者提出，人生是一场泛在的直播，每个人都是虚拟主持人。①网络直播作为一种沉浸式的社交场域，人们在直播中将自身数字化，并形成以数据为中心的媒介场景系统。具体而言，网络直播场景系统建构将主要从内容、平台、产品等维度展开。

第一，场景内容体系化发展，通过以点带面的方式，实现多层次直播内容拓展。重点打造特色直播场景，以网络直播的社群传播效力，将优质的直播场景与人们的日常工作、生活、社会服务、城市形象建设、经济发展等现实需求相契合，为用户生活和社会发展提供全方位服务，并逐步形成网络直播场景内容体系，覆盖人们生活的各个场景。

第二，场景平台连接的系统化，将终端设备与日常生活设备相连接，形成"无处不在、无时不在"的沉浸媒介。正如戴维·冈特利特（David Gauntlett）在《网络研究：数字化时代媒介研究的重新定向》（Web Studies: rewiring media studies for the digital age）中所设想的那样，网络会"消失"在各种各样的设备中，网络将与其他家用电器、墙、汽车、衣服，以及很多日常用品连接，这意味着日常生活中网络将更加无处不在。②美国科学家威瑟描述的"泛在时代"，计算机嵌入环境或日常用品里，智能终端遍布四周却无迹可寻。他认为越是看不见的技术越深刻，因为它完全融入日常生活，就像水和空气不可见地为我们服务。学者们描述，未来，媒介与网络"消失"，人与媒介的界限消失，形成万物皆媒、人与媒介融合的景象。网络直播的场景平台也如同那些"消失"的网络与终端，完全融入人们的日常生活和工作设备中，形成场景平台连接系统。不同的直播场景根据用户体验需求随时切换，形成多平台联动的传播模式、消费模式、体验模式。届时，人们的生活也将转化为一场实时直播，这既是一场日常生活的展演，也是一种基于数据算法的实时直播状态。

第三，直播场景产品的系列化，以直播促进场景融合，形成多样态直播场景产品。网络直播连接多类型时空场景，运用网络直播在价值转化中短链化的

---

① 李沁.媒介化生存：沉浸传播的理论与实践[M]. 北京：中国人民大学出版社，2019：257.

② 戴维·冈特利特.网络研究：数字化时代媒介研究的重新定向[M]. 彭兰，等译. 北京：新华出版社，2004：348.

优势，极大缩短了场景产品的供应链，打造不同场景的直播系列体验产品，形成新型网络直播场景产业链。

3.推动短链扁平的价值转化

在场景价值方面，实现网络直播短链式的场景内容价值转化。"科技的力量、创新的力量和想象的力量汇集成传播的力量，而传播的力量只有通过产业化的途径才能真正造福于人类。"[①]网络直播产业化的重要优势在于价值转化中具有短链化的特点，能够直接链接消费者与生产者，极大缩短产品的供应链，有效提高价值转化效率。

第一，网络直播场景的体验价值转化。网络直播平台的场景体验不仅包含直播形塑的工作、学习、生活和娱乐等各类场景，更包含用户在网络虚拟社群中的圈层体验。用户在网络直播平台，基于趣缘链接形成网络直播社群。此类社群中，用户与用户之间、主播与用户之间建立的趣缘链接成为网络社群价值转化的基础。在网络直播社群中，用户或通过虚拟货币，或通过商品链接，实现场景内产品的价值转化。

第二，网络直播场景数据的价值转化。当媒介终端与人们的日常生活设备链接，人们的日常生活被转化为数据，那么日常生活将成为一场泛在的直播。网络直播中的场景内容和用户行为转化为数据，并以数据形式存在于网络大数据中，也以数据形式实现场景价值转化。

（二）用户：体验场景界面化的沉浸互动

网络直播的界面化连接打破了时空界限。用户在网络直播平台通过"界面"实时互动、交流信息，也将日常生活场景以界面的形式呈现出来。网络直播生成的"界面"，是戈夫曼拟剧理论的"中区"在网络平台的表现形态，在这个界面中实现物理空间、用户心理空间，以及虚拟空间的融合。

未来，科技将带领人们从网络直播的虚拟界面到达沉浸式的多维空间场景。VR、AR、MR、AI等技术将进一步推进人类的沉浸感体验。"沉浸"的体验，狭义上是指通过虚拟现实技术达到忘我境界；广义上是指人、媒介、环境的彻

---

① 李沁.媒介化生存：沉浸传播的理论与实践[M].北京：中国人民大学出版社，2019：2.

底融合，达到无时不在、无处不在、无所不能的状态。[①]此类带来沉浸体验的沉浸科技，一是指能让人产生沉浸式感受的技术形式，如VR、AR、MR、AI，以及借助泛在连接和大数据、云计算所实现的VR直播、VR+新闻等；二是指由于沉浸技术而产生的信息形态变革和相应的无限发展的技术可能，使人对自己的生存环境形成沉浸，人类对"沉浸"的感觉和认知也因此不断深入。沉浸传播是以人为中心、以连接所有媒介形态的人类大环境为媒介而实现的无时不在、无处不在、无所不能的传播。[②]沉浸传播所需要达到的媒介整合形态是一切皆是媒介，到处是数据终端，数据的收集、发送与反馈永远即时进行。

我国沉浸技术迎来飞速发展，其场景应用日趋广泛。2021年12月，中央网络安全和信息化委员会印发的《"十四五"国家信息化规划》指出，未来5G渗透率将大幅提升，VR虚拟现实技术被纳入5G创新应用工程。VR与5G的融合创新应用将不断提升VR的体验感、丰富VR的应用场景与内容生态。近年来，国内网站平台纷纷支持全景观看、开通VR直播。2020年，快手支持VR全景直播，与VR相关企业打通平台限制；2021年伊始，快手宣布全面支持VR全景视频的上传及播放；2021年11月，微信平台视频号开通VR全景直播；2022年2月，中央广播电视总台央视频推出"VR看冬奥"产品，支持8K全景赛事直播，用户可以360度感受竞技体育的魅力风采。网络直播平台的用户将实现从界面化的形式参与，到沉浸式的真实体验。

首先，网络直播将逐步实现人工智能与VR、AR、MR技术相结合，形成超强互动感、沉浸感、真实感，具备全方位感官体验。2022年全国两会期间，津云新媒体集团、千龙网、长城新媒体集团策划推出《云瞰京津冀》系列访谈节目，运用"5G+MR+AR"技术，打造一座"协同号"虚拟空间站，三地多位代表委员、专家学者身处异地也能齐聚"协同号"，共同云瞰京津冀协同发展的丰硕成果，形成360度沉浸式全景体验模式。

其次，打造用户界面化形象，沉浸式参与场景互动。2022年全国两会期间，新华社运用虚拟空间、XR等技术打破时空限制，让主持人"来到"浩瀚宇宙的

---

① 李沁.媒介化生存：沉浸传播的理论与实践[M].北京：中国人民大学出版社，2019：7-14.

② 李沁.沉浸传播：第三媒介时代的传播范式[M].北京：清华大学出版社，2013：43.

中国空间站，与在太空履职的代表王亚平异地同屏，展开一场跨越时空的对话。用户以生动的虚拟形象畅游于网络直播营造的虚拟共时空间，以界面的形态打破时空界限。

最后，在超高清沉浸直播场景中，观众自由切换视角，增强用户真实感、互动感、沉浸式体验感。同时，形成以用户为中心的场景体验模式。用户成为场景体验的主导，在宏大场景与细节叙事中自由切换；形成实时互动模式，强化用户的即时参与体验感；打造场景氛围感，构建群体互动仪式链。用户将在沉浸化的自由参与中，增强整体场景沉浸式真实感与体验感。

（三）服务：打造场景全链条智慧服务体验

5G通信技术、人工智能、大数据、传感器等科技将持续赋能网络直播，通过人工智能大数据分析系统，从直播内容、分发渠道、产品服务等多维度的网络直播服务闭环，建立智能化的网络直播服务系统，全面提升直播产业的服务水平，强化用户体验感、提升品牌美誉度，实现消费拓展与文化认同。同时，建构以人为中心的服务价值体系，引领智能技术发展。

第一，在直播内容服务方面，定制网络直播服务。建立连通内外的网络直播用户数据体系，形成定制化的用户服务体系，提供精准的网络直播用户服务。首先，结合遥感卫星、传感器，以及用户自主生成内容，包括评论、点赞、浏览记录、游记、图片等，进行用户行为分析和完成用户精准画像；其次，根据群体用户行为形成大数据分析系统，建立网络直播的大数据智库大脑；最后，根据用户画像和群体行为分析，将用户个性化画像和网络宏观数据相结合，实现个性化、场景化的定制网络直播体验，推动精细化智慧直播。

第二，在渠道分发服务方面，精准进行网络直播营销。通过大数据与用户精准画像，在网络直播产品的不同发展阶段，制定精准化网络直播营销策略，实现直播产品精准投放、监测投放效果、反馈产业数据和直播舆情数据。精准网络直播营销包括文旅活动主题形象定位、优化网络舆情、定位潜在兴趣客户等，根据用户需求及偏好特征，采用不同渠道的精准直播营销策略。

第三，在全流程服务升级方面，提升智能化直播服务。首先，建立基于大数据和人工智能的网络直播内容和直播舆情监测系统，及时呈现对网络直播产品和服务的评价反馈。网络直播评价及舆情监测系统是基于大数据和人工智能技术，针对媒体舆情、用户口碑舆情的全方位监控和数据收集系统。通过人工智能的文本挖掘、情感分析，实现口碑舆情诊断、口碑舆情预警、定期舆情报告、服务提升建议，健全网络直播服务反馈系统，优化直播场景服务。其次，基于口碑舆情监测系统、评价系统及外部数据系统，定期综合考评服务水平，为提升网络直播服务提供科学建议。以优质的网络直播全流程场景服务，为用户提供良好的直播体验和场景体验，从而获得用户的品牌文化认同，完善网络直播产业链，让网络直播通过产业的力量造福人类社会。

三、网络直播场景管理的新规范

网络直播的场景管理是多元主体的协同共治。具体而言，平台强化管理水平，明确主播规范，加强专业培养，履行主体责任；主管部门创新组织架构，建立健全法律法规体系；媒体、网民等多元主体平等协同参与治理，提升媒介素养；发展网络管理新技术，实施智能化治理与内容引导，提升网络直播场景管理效能，形成风清气正的网络直播场景。

（一）主体引导：主播规范与专业培养

主播规范与专业培养是网络直播行业治理的核心内容，主要涉及三个主体，即网络直播平台、网络主播个体和管理网络主播的MCN机构。从整体上讲，主播规范与专业培养是一项系统工程，需要各个组成部分的相互促动、相互制约、相互配套。具体来讲，主要体现在下述六个主要方面。

第一，规范网络主播的资格认证，形成职业化标准，提升主播专业素养。当前，由于缺乏强制性的从业资格认证，网络直播的准入门槛较低，主播专业素养参差，内容良莠不齐。有关部门先后出台的政策文件、法规条例，主要聚焦直播平台的规范管理。例如，《互联网等信息网络传播视听节目管理办法》，对从事互联网信息服务的主体机构性质作出规定，但并没有对网络主播的从业资格进行明确规定。因此，有必要通过完善网络主播的资格认证，提高网络主播的准入门槛。同时，直播平台也应该完善对主播的管理，在知识学历、心理健康、思想品德、无犯罪记录等方面提出基本要求。

第二，强化网红群体自律，遵守道德底线，约束自身言行举止。网红群体作为公众人物，其不良行为不仅影响行业健康发展，而且对用户的价值观、思想行为等产生或大或小的负面影响。网红群体应具有高度的社会责任感，以社会主义核心价值观为标准进行自我约束，树立良好的形象。

第三，网络直播的细分化将进一步驱动网红群体的专业化发展，打造"专业网红""知识网红"成为新的趋势。网红群体必须提高审美追求，增强文化底蕴，培养精神情操，才能适应未来网络主播的职业化发展。当下，优质的直播平台越来越意识到内容生产之于行业发展的根本性作用，通过"直播+教育""直播+文化"等形式，发挥网络直播的社会教育功能。总之，优质内容输出离不开网红群体整体素质的提升，网红群体只有不断学习、不断进取，才能具有持久的生命力。

第四，增强网红群体法律意识，制定平台文明公约。网络直播平台作为"把关人"，应对网红进行网络直播相关的法律教育。此外，平台可依据典型涉法界限制定文明公约，培养文明主播。同时，平台可以聘请法律专家，把控新的法律法规和处罚条例。例如，以生动、有趣的形式加强对主播法律意识的培养，面对经济利益，主播应遵守职业道德，杜绝诈骗行为，推销产品应秉持客观公正的态度。

第五，MCN机构应成为审核主播是否具备基本素养的"把关人"。作为管理网红群体的重要商业机构，MCN机构掌握着旗下签约主播的大量资源。因此，应建立涵盖签约、培训、直播等全流程的审查机制。首先，明晰并不断更新网络直播规范，规定网络主播的行为准则和语言规范，并对其行为进行监督。其次，应注重签约主播的基本素养，重点审核新人主播的道德素养，定期考核主播的能力，针对有不良记录的网络主播要限制其出镜甚至解约。

第六，建立体系化的网络主播从业培训机制，强化网红群体的自律意识。从培训内容来看，MCN机构的专业培训在才艺、语言表达、肢体语言、化妆技巧等外，应加入网络信息管理的培训和考核，增强网红群体的自律意识。在才艺培训方面，避免网络直播表演的同质化，在网络直播平台弘扬主流文化。监管部门可为MCN机构提供支持，鼓励MCN机构为直播签约主播提供传统才艺培训。对于学习传统才艺的主播给予扶持，例如，为非物质文化遗产的表演者提供支持，获得更多的平台推荐机会。与垂直领域的专业机构合作，邀请专业人员入驻直播平台，例如，美食协会成员、电竞游戏专业选手、音乐公司合作音乐人、正规医院从业人员等，为其提供专属的身份认证标志，提升机构旗下网红的专业化水平。

（二）平台自治：组织创新与制度建设

坚持依法治网、依法办网、依法上网，让互联网在法治轨道上健康运行。[①] 政府是网络直播行业监管的"核心领导者、战略规划者、政策指导者和最后的安全保障"。[②] 平台的自我监管是行业发展的必要条件，但面对乱象频出的网络直播行业，需要政府加强对越界者的执法力度和频度，只有严格审查，严厉处罚，才能有效约束不良行为，净化网络空间。网络直播行业迅猛发展，不良问题频现，这要求政府不断健全行业监管体系，提升治理的能力与水平。现代社会各领域的治理往往牵一发而动全身，更需要多部门的复合联动与协同沟通。具体来看，政府层面应针对网络直播行业创新治理组织架构，加强部门联动，健全法律体系，从而提升治理效能。

健全管理机构，创新组织层面的治理架构。行政体系建设是涵盖网络直播行业在内的网络综合治理体系的基础和保障。对网络直播行业开展行政管理，需要扬长避短，建立适应互联网特点的管理体系。当前，政府对网络直播行业的监管主体较为分散：从横向来看，有国家互联网信息办公室、国家新闻出版署、文化和旅游部、工业和信息化部、国家广播电视总局、公安部等中央层级主体；从纵向来看，则是地方各层级的监管部门。[③] 众多监管主体看似"各管一块"，实际存在权责交叉重叠与监管真空现象，因此，整个监管体系仍需进一步协调统一。要解决多头监管带来的效率低下问题，需要优化顶层设计，构建分工合理、权责明确、效率优先的协作机制，明确各部门的权责划分，确保监管全局稳定与协调。具体而言，应明确一个政府机构作为网络直播行业监督的主体，领导其他部门协调共治网络直播行业，加强各部门的协调联动，建立综合性、制度性协调机制，最大限度地避免监管混乱。

完善行业法律体系，强化监管力度。网络直播行业发展迅速，新现象、新

---

① 习近平. 在第二届世界互联网大会开幕式上的讲话[N]. 人民日报，2015-12-17（02）.

② 董青岭. 多元合作主义与网络安全治理[J]. 世界经济与政治，2014（11）：52-72.

③ 王新鹏. 论我国网络直播监管体制的完善[J]. 电子政务，2019（04）：46-56.

问题层出不穷，这要求相关主管部门深入调研，整理现有的法律文件、行政法规、部门规章等规范性文件，广泛听取社会意见，制定具备高度适配性、强约束力的法律法规体系。当前，涉及网络直播行业的法律法规包括《电子商务法》《网络安全法》《互联网文化管理暂行规定》《互联网信息服务管理办法》等，还有诸如《关于加强网络视听节目直播服务管理有关问题的通知》《互联网直播服务管理规定》等针对性规定。2020年7月，中国广告协会发布的国内首份《网络直播营销行为规范》开始实施，规定了商家、主播、平台以及其他参与者等各方在直播电商活动中的权利与义务，保障消费者的合法权益。[1]这些文件数量较多，但存在主管部门分散、针对网络直播行业的内容较少等问题。因此，主管部门应根据行业发展趋势，构建科学权威的法律体系，确保网络直播行业的科学监管与有效治理。主管部门需要建立起全面、系统、科学的争议解决办法与协调制度。

完善行业税务制度，规范网络直播行业税收秩序。依法纳税是每个公民的责任，网络直播作为新兴行业，具有发展迅速、收入来源复杂等特点，因此，需要高度重视税务监管问题。当前，部分网络直播平台、MCN机构、网红个人等缺乏纳税意识，对"网络打赏纳不纳税"等问题缺乏统一的规约与认识。要解决这一问题，重要的是根据行业的发展态势，厘清各直播平台的商业运作模式及法律关系，适当调整工作方法，明确纳税主体及各类型收入的性质，采取适宜的税收监管方案，有效遏制偷税漏税行为。

严抓侵权问题，保障权利平衡。网络直播内容繁杂，涉及的侵权领域较广，主要包括隐私权、知识产权等。提升网络直播行业治理的法治化，应围绕现有网络直播侵权问题分析研究，不断改进立法，加大处罚力度；制定更细致的监管方案，提升隐私权保护的语境与侵权界定，即何种情况下何种问题属侵权行为，如就隐私涉及公共利益和个人利益的不同情况时的区分说明；明确知识产权在该行业的具体保护内容与知识产权所有者的权利边界，如对直播画面涉及的第三方作品的侵权判定等。2020年4月，广东省高级人民法院发布的《关于网

---

① 中国广告协会. 网络直播营销行为规范[EB/OL]. （2002-07-20）[2021-11-03]. http://www.china-caa.org/cnaa/newsdetail/369.

络游戏知识产权民事纠纷案件的审判指引（试行）》中指出"运行网络游戏某一时段所形成的连续动态画面，符合以类似摄制电影的方法创作的作品构成要件的，应予保护"。这一条例的发布对网络直播行业的知识产权保护具有一定的参考意义。作为网络直播行业的组成部分，网络游戏直播的知识产权保护应得到进一步重视，游戏画面涉及游戏开发商和游戏玩家的玩法，游戏直播画面涉及主播的言行举止，因此，这一领域的侵权判定应进一步完善制度设计。

加强政企协作，畅通沟通渠道。作为新兴行业的网络直播发展速度快，内容生态和行业形态日新月异，政府对行业形势的判断存在一定的延迟性。因此，畅通互联网企业与政府部门的沟通渠道尤为重要。直播平台作为直播行业最直接、最主要的参与者，能够及时捕捉行业发展态势，应及时对政府部门反馈，更好地实现上传下达，同时积极参与政策制定和调研过程，促进法规条例制定的科学性和可行性，以及政府部门监管措施的有效性。政府部门可以定期举办网络直播交流会，邀请用户参与讨论，广泛征求民意。2020年10月20日，国家市场监督管理总局发布《网络交易监督管理办法（公开征求意见稿）》，公开向社会征求意见。[①]这一举措有利于主管部门积极吸纳群众的观点、建议，切实保障群众利益。

（三）行业监管：多元协同与效能提升

推动网络直播行业的健康发展，离不开社会各界的多主体参与。媒体要履行好信息发布、组织动员和舆论监督的社会责任；网民要提升自身的媒介素养，对国家在网络直播领域的法律法规心存敬畏，自觉约束在网络空间中的言论和行为。只有多主体的平等协同与共同努力，才能提升网络直播行业治理效能，引导其朝着更健康的方向不断发展。

加强未成年人引导，保护未成年人的身心健康。主管部门在网络直播领域应注重对未成年人合法权益的保护，制定专门的法律法规，在尊重未成年人身心发展的同时，避免其安全受到侵害。2020年11月12日，国家广电总局发布通

---

① 国家市场监督管理总局. 市场监管总局关于《网络交易监督管理办法（征求意见稿）》公开征求意见的公告[EB/OL].（2020-11-12）[2021-11-13]. http://www.samr.gov.cn/hd/zjdc/202010/t20201020_322434.html.

知，明确规定严厉禁止未成年用户使用"打赏功能"。①这一条例明确了网络直播中禁止未成年人打赏的法律效力，有助于网络直播中未成年人经济纠纷问题的解决。2021年3月16日，国家广播电视总局发布了关于公开征求《中华人民共和国广播电视法（征求意见稿）》的通知，其中第二十三条写道，"广播电视节目集成播放机构应当通过设计未成年人专门频率频道、未成年人专门时段、未成年人节目专区、未成年人模式等措施"。②直播平台可以参照内容分级方式，要求主播开播前对直播内容进行信息填报，分类评级，划分不同内容频道与年龄频道，推荐优质内容，限制不合格内容。

加强特殊主体规范，做到权为民所用。受疫情影响，部分地区的政府官员为带动本地经济，走进直播间推销本地产品，引发网民关注也促进当地产品销售。在网络直播行业中，针对政府官员等特殊主体的法律规范，须重视责任分配问题以及直播宣传的规范问题。当出现产品纠纷时，明确特殊主体的责任边界，避免利用公权力进行产品造假、公益造假、业绩造假等行为。此外，应明确产品的售后服务及因质量问题而产生的合理的赔偿及处罚规定。特殊直播主体应严格备案程序，监测整体流程，打造清朗的政务直播间，使公权力真正能发挥其应有的作用。

加强网民媒介素养教育，引导鼓励其依法协同监督。网民的思辨能力、信息选择能力不足会使其在面对纷繁信息时，不能明辨是非，产生不良后果。同时，网民的行为又会反向刺激主播，造成其他危害性更大的直播乱象。网民应树立正确的价值观，提升自己的文化修养，用知识丰富自身，传递正能量。例如，开展媒介素养线上教育，让网民理性看待网络直播，认识其虚拟性，明辨网络空间中的真与假；引导网民提高自我思辨能力，避免盲从，在观看直播的过程中文明互动，理性打赏与消费。主管部门可以通过增加群众监督途径，设

① 国家广播电视总局网络视听节目管理司. 国家广播电视总局关于加强网络秀场直播和电商直播管理的通知[EB/OL].（2021-03-16）[2021-11-13]. http：//www.nrta.gov.cn/art/2020/11/23/art_113_53957.html.

② 国家广播电视总局. 国家广电总局关于公开征求《中华人民共和国广播电视法（征求意见稿）》意见的通知[EB/OL].（2021-03-16）[2022-02-13]. http：//www.nrta.gov.cn/art/2021/3/16/art_158_55406.html.

立激励机制，让网民积极参与网络直播监督。

（四）技术驱动：技术管控与流程治理

网络直播飞速发展，致使互联网安全问题与社会治理问题更加复杂和严峻，这需要多元主体不断加强合作，强化监管、治理与约束。5G、人工智能技术促进物联网快速发展，区块链技术助力实体经济，云计算市场规模持续扩大，大数据技术和应用不断成熟，元宇宙相关领域正在成为新的投资热土。面对技术发展的智能化趋势，直播平台需不断提升智能技术在行业治理中的运用水平，提高智能信息技术的覆盖程度。

强化平台管理的技术力度，丰富监管手段，实现全方位监管、精准化监管。网络直播是技术发展的产物之一，直播平台应不断强化技术支持，将技术与人力管理相结合，运用图像语言识别技术、区块链技术以及其他高性能计算机技术，实现网络直播行业的智能化、数字化治理。针对直播内容、弹幕等问题，应优化内容过滤技术，更快审查直播期间存在的问题。同时，提升大数据能力，通过抓取用户数据、流量信息，根据主播行为勾勒网络直播"画像"，绘制用户画像，通过庞大的数据库和监测系统，对用户的异常行为快速做出反应。

基于数字化技术，提升平台对直播内容的把控能力。《互联网直播服务管理规定》指出，互联网直播服务提供者应当对违反法律法规和服务协议的互联网直播服务使用者，视情采取警示、暂停发布、关闭账号等处置措施，及时消除违法违规直播信息内容，保存记录并向有关主管部门报告。[1]平台可以利用基于语音识别技术系统实时监控直播网红的语言表达，对于违反用语规范的词语进行消音屏蔽，对相关视频存档并依此进行处罚；利用相应技术实时监控、捕捉弹幕文字，自动拦截敏感词汇，对不良弹幕发布者采取禁言等措施。

完备体系流程，强化全流程运营能力。直播平台应通过建立事前审批、事中监控、事后评估一整套体系，强化平台优势，提升自我运营能力。2021年5月施行的《网络直播营销管理办法（试行）》明确指出，直播营销平台应当依法依规履行备案手续，并按照有关规定开展安全评估。具备一定影响力的直播，如

---

[1]　中国网信网. 互联网直播服务管理规定[EB/OL].（2016-11-04）[2022-06-13]. http：//www.cac.gov.cn/2016-11/04/c_1119847629.htm.

商业合作、头部网红等，主播或主办方应在直播前向平台申报，平台综合考虑活动人数、活动影响力，提前向公安部门和网信办进行申报，提供直播内容的规划、直播网红的背景资料等用于备查。参与此类活动的直播网红必须获得有关部门颁发的信息服务许可证，商业组织不得邀请没有服务许可证的直播网红进行直播。电商直播尤其涉及用户权益，平台应在开播前对商家及主播进行资质审核。审核信息包括：商家是否具备经营许可资质，商品是否有质检报告，商家是否提供有效售后与维权途径，主播是否在开播前进行过商品消费体验等。

提升直播智能化管理，加强对打赏功能的科学设计与规范。打赏是网络直播的重要功能之一，也是网络主播的主要收入来源。近年来频发的未成年人天价打赏事件，迫切要求网络直播平台完善这一功能，以智能化技术加强对打赏功能的科学设计与规范。2021年2月，国家网信办七部门联合发布《关于加强网络直播规范管理工作的指导意见》，指出网络直播平台必要时可设置打赏冷静期和延时到账期。[①]除了实名认证外，网络直播平台还应设置人脸识别等附加验证。此外，与银行卡绑定的打赏应设置每日打赏上限，对于大额转账行为，可标记金额延缓到账，或设立确认时间期限，通过短信、电话等方式对银行卡户主进行认证后方可到账。通过此类技术手段，弥补未成年人打赏漏洞，减少未成年人非理性消费现象。

提升数据信息透明度，严防数据造假行为。机器人的刷屏留言、不断攀升的在线观看人数、人气虚高的网络红人、你追我赶的热门榜单……网络直播中的数据造假行为严重扰乱网络直播的秩序。因此，对网络直播数据进行科学管理刻不容缓。网络直播平台应该对用户相关数据进行保护，不为推广倾斜资源，对造假行为进行公示，对诚信用户给予适当推荐鼓励。此外，由于电商直播涉及对象众多，商品五花八门，平台需对带货的商品和服务进行必要的审查，除公司机密外，其他内容都应向公众公开，最大限度地保障公众的知情权。需要公开的必要信息应包含商家的相关许可证、商品的具体信息、商品销售数据、主播试用体验情况、直播销售数据、直播售后评价等。特殊带货还应依据具体

---

① 中国网信网. 关于印发《关于加强网络直播规范管理工作的指导意见》的通知[EB/OL]. (2021-02-09) [2022-02-13]. http://www.cac.gov.cn/2021-02/09/c_1614442843753738.htm.

情况公示必要相关信息，如扶贫助农直播应公示获助地区真实情况、商品产量、销售渠道、快递运输情况等。

网络直播行业治理作为中国特色网络社会治理格局的重要组成部分，不仅要不断更新治理理念，探索治理优化路径，更要具备全球视野，在全球网络治理进程中动态把握网络社会治理的特征和规律。我国作为人口大国和互联网大国，在互联网治理、媒体生态治理和主流意识形态安全上的举措将深刻影响全球网络社会治理模式和路径。总体而言，我国的网络直播行业治理，是以满足人民群众美好生活需要为基本目标，以科学化的治理促发展，统筹优化要素资源分配，加强网络技术创新，提升多元主体的治理效能，以符合时代需要和社会实际的治理方式促进网络直播行业的进一步繁荣。我国在网络直播行业治理的具体实践和优化探索中不断总结具备全球借鉴价值的网络社会治理经验，提供合理的网络社会治理方案，形成完善的网络社会治理中国模式，为全球网络社会治理作出应有贡献。

重大主题与价值引导：主流媒体短视频传播的新态势

白晓晴　　李超鹏[①]

摘要： 当前，短视频实践所带来的"主体间性"和"具身真实"革新了当下社会现实的表征方式，也建立了用户在网络视听环境下新的内容需求。本研究以2021年庆祝建党百年、2022年北京冬奥会和全国两会期间主流媒体的短视频实践为研究对象，对主流媒体运用短视频实现价值观传播和引导展开研究。主流媒体短视频制作以主体间性哲学为创作理念，通过符合消费场景转换、用户需求演变发展趋势，实现用户身份构建，进而发挥道德规训与价值引导作用，实现新闻宣传入脑、入心。

关键词： 短视频；主流媒体；主体间性；价值引导

近年来，短视频异军突起、发展迅速。截至2022年6月，我国短视频用户规模达到9.62亿，占网民整体的91.5%，短视频已经成为人们生活的重要组成部分，

---

① 白晓晴，中国传媒大学电视学院副教授；李超鹏，中国传媒大学媒体融合与发展国家重点实验室博士研究生。

在塑造、引导人们价值观方面扮演着重要角色。在主流价值观宣传中，短视频应用能够满足网民个性化、视频化的表达意愿和信息获取需求，从而实现潜移默化、入脑入心的传播效果。在这种情况下，主流媒体如何借助短视频传播、引导主流价值观，弘扬主旋律成为关键。如今，短视频实践带来的"主体间性"和"具身真实"革新了当下社会现实的表征方式，也满足着用户在网络视听环境下新的内容需求。本报告主要结合2021年庆祝建党百年、2022年北京冬奥会和全国两会期间主流媒体的短视频实践，研究在媒体融合趋势下，主流媒体如何运用短视频实现价值观的传播和引导。

一、主体间性：主流媒体短视频用户的身份重构

新媒体环境下，新闻生产实现了主体性到主体间性的转变，传受双方地位逐渐平等。从传播的实践来看，传统主流媒体的内容分发常以传者为主导，用户处于被动接受信息的弱势地位。在新媒体尤其是社交平台语境下，新媒体技术发展将新闻生产的权利一定程度上让渡给用户，生产者和消费者的身份间隔逐渐被消解，短视频传播实现了传者主体性到传受主体间性的转变。

身份问题关涉对自我、他者及各自归属社群的认知、态度和情感，是人们社会化过程中认识、理解与处理各种社会关系的重要元素，可以用来了解社会、文化及政治领域的变迁。主流媒体凭借其权威地位，在舆论引导、道德规范、价值形塑等方面发挥着重要作用，主流媒体发布的新闻也成为社会成员定位自我、他者及相互关系的重要力量，深刻影响着社会共同体及道德规范体系的建设。新媒体为用户身份的构建提供全新传播场域，主流媒体积极利用新媒体技术，实现融合转型，着力打造具有新的生产流程、样态、语态、形式的新媒体作品，适应全新的媒介环境。短视频作为主流媒体融合转型的重要作品形式，正在以全新的方式融入大众生活，在潜移默化中影响着人们的身份构建。

（一）新闻传播从他者话语走向主客共在

在传统新闻传播理论与实践中，存在传者、内容、用户三项要素。主体性哲学视域下，传者往往以主体自居，将内容作为工具，将用户作为传播客体，利用媒介控制用户，形成"我—他"的新闻生产传播关系。新媒体语境下，用户主体性被激发，新闻生产由主体性转变为主体间性的"我—你"传播

和"我—我"传播，用户蜕变成主体的一部分，以评论、转载、二创甚至首发等方式加入新闻生产。在这一过程中，用户由被动的客体蜕变为与专业媒体同为主体，拥有与传者平等表达、交流的权利。基于此，新型主流媒体不再将用户当作被改造的客体，而是将用户当作新闻传播过程中的主体，实现新闻传播的"主客共在"。用户成为新闻内容的生产者、传播者和参与者，在互联网信息舆论的对话、协商与共振中，使主流价值观宣传真正入脑、入心。

2021年是中国共产党成立100周年，是"两个一百年"奋斗目标历史交汇的关键节点。面对重大主题报道，各级主流媒体以用户为中心，搭载交互技术，鼓励用户主动参与叙事，增强用户参与式沉浸式体验，强化用户的身份属性，致力于推动新闻传播的"主客共在"。人民日报互动H5《打卡留念！这里存着100年的记忆》、互动微电影《抉择》，以及新华社互动H5《2021，送你一张船票》等作品搭载交互技术，鼓励用户参与，增强用户黏性，促使用户积极评论、转发、宣传作品。

新华社融媒体产品《2021，送你一张船票》一经发布就引爆全网，作品以嘉兴南湖红船为线索，长卷式呈现建党百年来的关键节点和重要瞬间。为提升用户参与度与体验感，报道设计了一些交互体验。例如，在作品开篇，用户需在船票上填写出生年份，填写后作品下方时间轴会实时显示出该用户与历史事件间的关联，例如，填写1996年后，时间轴会呈现"1921年，中国共产党诞生。此时距你出生还有75年""1949年10月，中华人民共和国成立。47年后你将出生""1997年，中国对香港恢复行使主权。这特别的一年，你1岁了"，等等。历史事件与个人生命的紧密联系不仅让用户心中充满了参与感与仪式感，也加深了个人生活与国家命运紧紧联系的心理体验，让各年龄层用户在作品中产生认同感。同时，作品设计了答题互动环节，设计建党年份、党的十八大召开时间、中华人民共和国成立时间等问题，答题互动能使观众回顾昔日奋斗历程，体会今日生活来之不易的主题思想，也能帮助用户温故知新、有所收获，使回望百年、不忘初心的思想主旨突出而不突兀。

（二）短视频新闻从碎片化走向中介文本

与传统新闻报道相比，短视频新闻报道往往采用"时间短+报道量大"的策略，契合当下用户阅读碎片化、接收情境移动化的消费习惯和传播生态，有利于用户及时跟进与密切追踪新闻事态的发展。然而，短视频新闻碎片化叙事在极大程度上消解了新闻报道的整体性和可信度，使用户对新闻信息的感知出现片面化趋向，不利于用户对新闻面貌进行整体把握，从而出现舆论失焦、引导错位等负面现象。因此，面对重大主题报道，各级主流媒体围绕新闻主题进行系列策划和规模化生产，利用多元的视听手段打造间质文本，对专题报道、电视新闻等系统报道进行补充和黏合，提高用户对新闻事件的整体认知度、感知度和把控度，从而实现有效的舆论与价值引导。

2022年北京冬季奥运会期间，各级主流媒体运用多种形式跟进、记录奥运赛场。以短视频作为报道切入点，不仅让网友更加直观地感受冬奥赛场内外，也通过沉浸式的视觉体验提高用户对北京冬奥会这一重大事件的整体认知度。人民网推出系列采访短视频《双奥之城双奥人》《文艺星开讲·艺起迎冬奥》、预热微视频《42年冰雪梦——这一天·向未来》《少年不老·冰雪之旅》等作品，从不同侧面展现北京冬奥会的发展历程。中央广播电视总台则连续发布《旋转的盛宴》《你赢了我就不算输》《中国队冬奥手势》《上场》《闪耀吧00后》《国风》《当冬奥遇上武侠》《薪火》等8个精致化混剪视频，以高燃混剪的表现方式极致展现赛场的热血拼搏，博得用户的喜爱。其中，人民网推出的北京冬奥会预热短视频《42年冰雪梦——这一天·向未来》，以新浪微博话题#150秒回顾中国冬奥历程#作为关键词，浏览量超100万次。作品上半部分采用虚拟动画与实拍素材相结合的形式，将珍贵史料、创意动画和冬奥元素相结合，梳理了自1980年我国首次参加冬奥会以来的相关重大历史事件，串联起中国42年的冬奥历程。下半部分以习近平总书记5年5次考察冬奥会筹办工作和二○二二年新年贺词中的深情话语，讲述了中国42年的冰雪梦。作品将冬奥盛世与中国的奥运历史相结合，用短视频的形式将冬奥赛况的现实报道延展到中华民族的奥运精神之上，强化了情绪氛围，凝聚了大众更为深层的爱国热情和民族自豪感。

（三）短视频新闻的角色构建与协商传播

身份具有一定的抽象性，主流媒体短视频新闻身份构建并非针对某个特定身份的特性及价值展开直接、全面的论述，而是通过展现具体的事件、评价和人物角色实现身份构建。社会由个人组成，每个人都具有特定的身份，在不同的情境下扮演着特定的角色，社会的正常运转有赖于人们对身份和角色正常、准确地适应。新型主流媒体短视频新闻报道呈现大量的多元角色，新闻所构建的身份正是通过具体角色展现出来的，身份决定角色，角色表现身份。因此，主流媒体短视频新闻报道通过展现、塑造社会生活中的多元角色，使用户产生自我观照，生成内在连接，并通过角色演绎各类道德规范，进而实现对用户的道德规训和价值引导。

在庆祝中国共产党成立100周年报道中，主流媒体以短视频为媒介，以英模先烈的红色事迹为报道对象，以"小切口"视角为叙事策略，塑造出一个个鲜活的人物角色，向用户传递他们为党为民、无私奉献的红色精神。一方面，先烈事迹的原型故事凝聚着集体记忆，沉淀着集体情感，以此作为切口能够引起用户阅读兴趣，激发用户的爱国情感与共鸣；另一方面，英模先烈的角色建构和感人故事与用户产生强连接，并在英模先烈的故事中产生一定的自我映照，使用户在故事中与庆祝中国共产党成立100周年的全社会氛围同频共振，产生强烈的"破圈"效果。人民日报、光明日报、天津津云新媒体集团推出系列短视频《百年先锋》、《建党百年英雄谱》、微电影《在场》等作品；新华社、央视网着眼于党史文物，推出《100件党史文物背后的故事》《红色文物青年说》《追寻——红色家书背后的故事》《百年百物见精神》等作品。这些作品充分利用党史故事的角色塑造力和情绪感染力，激发观众情感共鸣，有效实现价值引导。

北京冬季奥运会报道中，志愿者的角色构建成为主流媒体短视频新闻创作的重要方向，冬奥会志愿者的故事、风貌能够展现中国青年的精神风采，也能从侧面表达中国对北京冬奥会的态度。因此，构建志愿者角色形象十分必要。冬奥会开幕后，中国网聚焦青年冬奥会志愿者团队，推出《00后：我在冬奥现场》系列短视频，讲述温暖、友爱、团结的冬奥故事。其中，《场馆中的防疫先锋》《大跳台的小枢纽》等作品记录冬奥会志愿者繁忙琐碎的日常工作，展示中国青年一代奋勇向前、自信乐观的精神风貌。在短视频传播中，共情力、互动性都成为决定短视频传播效果的重要因素。

在短视频新闻传播中，用户对新闻角色的评论、转发和二创也至关重要。用户对新闻角色的评论和诠释是建立在传者对新闻角色构建基础之上的，可以理解为用户对传者身份构建的解码。霍尔的编码—解码理论指出，用户对新闻内容的解读主要分为偏好式解读、协商式解读和对抗式解读。在互联网的扁平化传播生态中，主流媒体应当充分激发偏好式解读，避免对抗式解读，同时有效利用协商式解读，激发用户评论欲望，促使用户主动转发甚至二次创作，以实现社会评价可见可评估、话题热度进一步升级。因此，主流媒体短视频新闻创作应采用用户易于接受的话语形态，贴近用户感兴趣的话题，激发用户的交流、讨论欲望，实现短视频作品的广泛传播。2022年全国两会期间，抖音账号@央视新闻以"台湾终将会回到祖国怀抱""恶性肿瘤如何预防""完善三孩生育政策""多渠道增加普惠性学前教育资源"等人民关心、讨论度较高的话题进行创作，实现作品点赞、转发、评论的数据新突破，并获取了网络大众对新政的态度，成为网络传播助力社会治理的有效手段。

二、主流媒体短视频传播的场景转换

当前，网络传播呈现出移动化、社交化、视听化的发展趋势，新闻传播在内容、渠道、场景、用户等方面都发生深刻变化，而在这些变化中，最直接、最显著的就是用户触媒场景的转换。在媒介技术迭代的背景之下，5G、VR、大数据等新兴技术不断重构着短视频的传播路径，用户对短视频的内容偏好、使用习惯、接收场景也不断发生改变。在此背景之下，主流媒体需深入把握新闻生产与信息传播的趋势变化，打造自身视听内容制播系统，适应短视频传播的场景转换，提升媒体的传播力、引导力和影响力。

（一）新闻生产与信息传播的视听趋势

短视频满足当下人们在快节奏生活中碎片化阅读和感官体验丰富的要求，为用户提供了娱乐消遣、信息消费、互动交往的空间。集合多种媒体元素的短视频有效弥补了图片和文字的情感不足，逐渐成为人们接收信息的主要方式。与此同时，短视频在新闻传播中扮演着日益重要的角色，成为常见的新闻呈现和获取方式，并在呈现形式、叙事方式、技术运用等方面影响网络新闻报道的整体表达。在报道形式方面，短视频新闻以"时间短+节奏快"为主要特点，作品在10—60秒内阐明新闻信息，快节奏的新闻呈现提高了用户的信息接收量与丰富程度。以抖音账号@央视新闻为例，2022年北京冬奥会期间，@央视新闻共发布短视频新闻112条，平均时长约30秒。叙事方式方面，短视频新闻以平民语态和重点突出为主要特点，作品一改传统主流媒体高屋建瓴的叙事语态，转变为年轻化、平民化的话语形态，拉近了与用户之间的距离，提高了作品的用户接受度与认可度。

2022年全国两会期间，"两会Vlog"依旧是媒体记者热衷的两会报道形式。新华社《张扬两会Vlog》由"网红"记者张扬带领用户近距离感受全国两会盛况，并向用户讲述每年全国两会的不同之处，凸显出今年两会的亮点与重点。该系列Vlog作品在全平台受到广泛关注，引发各方好评。内容来源方面，随着技术的发展与普及，新闻生产逐渐从"PGC"转向"PUGC"，用户也成为新闻报道的重要来源。用户对新闻进行报道后，主流媒体进行选择性"收编"，增强用户的参与意愿，同时发挥对草根内容的鉴别和引导作用。技术运用方面，短视频新闻逐渐采用VR、AR、大数据、3D动画等技术，提高作品的可视性、趣味性，激发用户阅读兴趣。新华网利用XR技术，推出创意短视频《XR看报告：绘景未来》，短片中的主人公女孩利用VR眼镜绘制出动画火箭，随着小火箭在画面中的穿梭，引出2022年《政府工作报告》中教育、医疗、住房、饮食等民众重点关注的议题。作品利用VR技术为用户搭建起沉浸式场景，并将真人与动画相结合，用户跟随主人公在虚拟世界中穿梭，实现了真实场景与虚拟场景的融合体验。

（二）主流媒体生态化发展的视频布局

《2021中国网络视听发展研究报告》显示，网络视听用户规模达9.44亿，网民使用率95.4%。2022年，短视频网民使用率持续走高，已成为互联网底层应用。数量庞大的用户，为短视频的发展奠定了坚实的基础，带来了良好的发展机遇。在此背景之下，主流媒体为抓住媒体深度融合带来的机遇，纷纷布局短视频，促进自身发展。

主流媒体布局短视频业务，是媒体深度融合发展的必然趋势。一方面，短视频革新了主流媒体长期以来以图文、长视频为主的信息传播形态，并优化了其信息传播的话语结构和用户互动能力。主流媒体短视频新闻的发展满足了互联网时代用户的碎片化阅读习惯与内容兴趣偏好。另一方面，短视频新闻生产重构了主流媒体信息生产分发方式。在此过程中，主流媒体丰富的内容资源被重新盘活，形成了海量资源素材，以支持再次加工利用。同时，一旦视频内容变成视频数据流，就可以通过算法进行定向推荐和流量分配，大大缩短了视频信息传播转换路径。主流媒体逐渐融入短视频生产传播的逻辑，重构了传统的信息传播模式。因此，主流媒体若想最大化开发这种新形态，寻求强劲感染力，就需要构建一个有机的生态系统来完善视听传播布局。

在近年来的媒体融合实践中，主流媒体逐渐形成"自有短视频平台+两微一端+多号"的视频生态系统。主流媒体通过自建新媒体平台，以及与商业传播平台、社交平台联合等方式，积极拓宽传播渠道。社交平台，尤其是短视频平台，在经历了前期的高速发展阶段后，越来越注重对优质内容的聚合，以实现稳定用户群的培育和沉淀。2020年以来，抖音、快手等平台强化媒体合作运营策略，大规模布设媒体号矩阵。传统媒体的平台布局通过"对号入驻"的方式，内容的主要分发路径从"两微一端"发展为"两微一端+多号"。例如，中央广播电视总台在自有短视频平台"央视频"的基础上，开通微信、微博、抖音、快手、西瓜视频等平台账号，形成生态视频系统。

三、媒体融合背景下主流媒体短视频传播的需求演变

媒介融合背景下，媒介所面临的用户需求迥然于传统媒介时代，用户参与意识不断增强，思想意识多元并存，出现人际传播、社交传播的新特征，促使媒介角色的重新定位以及媒介功能的全面拓展。短视频作为当下主要的新闻传播形态，通过视听传播与消费方式满足用户不断演变的多元需求，形成独特的信息呈现和视听交往模式。

（一）短视频深刻影响视听传播与消费方式

短视频因泛娱乐功能而生，却早已超越泛娱乐概念，拓展出知识分享、政策传达、视听社交、场景消费等功能，并从内容上升到平台，深刻影响视听传播与消费方式。通过"内容+科技"，短视频成为新型社交传播工具，从泛娱乐渗透到新闻宣传、财经、乞活、教育、知识、电商营销等各个行业，与各个行业融合。在这种情况下，短视频成为互联网第二大应用，并进入媒体融合的主战场，甚至改变了人们的日常生活。

短视频的快速发展深刻影响着视听传播方式。相较于传统主流媒体的中视频、长视频而言，短视频因其"短、平、快"被用户认可，成为新闻传播的主要渠道和方式之一。为满足用户对短视频新闻的需求，各级主流媒体纷纷建设短视频新闻创作队伍，在传统图文、长视频新闻基础上，利用新闻切条、图文

转视频、独立创作等方式，进行短视频新闻报道。以新华社为例，在2021年庆祝建党百年重大主题报道中，其抖音平台官方账号发布短视频新闻47条，形式包括图文音乐视频、微纪录片、新闻切条等，在最短时间单位中向用户传达最大的新闻信息量，视频播放量总计1.4亿次，获得良好传播效果。除以信息传播、视觉冲击为特点的短视频新闻生产以外，用户对高质量短视频新闻的需求依然高涨。2022年全国两会期间，人民日报新媒体中心推出古风三维动画MV《文物音乐会，国宝唱嗨了》，将近年来颇具人气的铜奔马、青铜面具、仕女图等文物进行拟人化建模，让文物动起来、唱起来。同时，该作品将流行歌曲《达拉崩吧》进行二次改编，将全国两会热门话题融入其中，实现中华文化与现实议题的创新互动。作品一经推出，便获得良好的传播效果，全网播放量达1亿次，成为2022年全国两会融媒体报道的代表性作品。

短视频的快速发展，深刻影响着视听消费方式，主要集中于空间消费与情感消费两方面。空间消费方面，空间是叙事的载体，新媒介技术使人类的生存方式和文化实践全面转向空间化。短视频具有真实还原事件现场的效果属性，能够给用户带来鲜活的场景体验。智能手机的摄像技术不断提高再现真实世界的水平，使人类能够超越生物屏障但又不牺牲与语音、色彩和自然界的直接接触。人们通过观看短视频与无远弗届的空间场景建立连接，以诉诸视听的方式感受真实场景，而AI、VR、AR等技术与短视频的融合，进一步拓展短视频的沉浸式全景视听效能。主流媒体可依托技术优势，运用短视频更新内容呈现方式，为用户带来非凡的视听体验。情感消费方面，在信息冗余的当下，诉诸情感比传播翔实的事实更容易引人关注，短视频在短时间内调动人类情感共鸣，往往更具传播潜力，这对主流媒体的舆论引导工作形成新的挑战。主流媒体既要及时传递权威信息，又要善于利用情感因素在网络传播中的作用，以能够引发用户共鸣的短视频进行价值引领。2022年北京冬奥会期间，央视新闻制作发布《奥运选手的童年，每个人都是"小可爱"》，以蒙太奇手法将冬奥会运动员少年时代的风采与赛场角逐中的"同期声+解说词"融为一体，展现了运动员一路奋进拼搏，成为追风少年的历程，也展现出运动员与普通人一样的平凡生活，相同经历、成长、变化激发了用户与作品的情感共鸣，有效实现了精神宣传与价值引导。

（二）短视频内容的现实呈现与视听交往

后真相时代，虚假信息、反转新闻频繁出现，用户对新闻真相、社会真实的需求达到高点。短视频具有角色出镜和手机拍摄等特征，在展开现实建构的过程中体现出显著的"具身真实"特征，提供了不同于传统媒体的真实观念和认知方式，成为当下中国社会一种新的现实呈现形态，在传播新闻信息、捕捉环境变化、挖掘社会真相等领域发挥着重要作用。

现实呈现方面，拍摄者本身的"业余性"成为短视频现实呈现的重要特点。随着手机拍摄功能的普及，人人都有麦克风，人人都能成为见证者、记录者和分享者，技术赋权打破了由精英专业人士垄断的传播活动。社交平台成为人们主要的信息获取渠道后，相较于大众媒体，人们有时更愿意相信非专业人士的个人立场。虽然这些业余创作者提供的影像并不精美，甚至无法达到传统主流媒体播出的要求，但正是这种粗糙加深了人们对未加工事实的信任。除此之外，社交网络中备受关注的短视频大多具有内生视角，人们渴望看到社会场景中普通人的拍摄和自述。普通人的局内身份使短视频作者深入参与社会交往，拥有与主流媒体不同的视角。2022年2月20日，新华社抖音官方账号发布短视频《今天是冰墩墩最后一天上班！》引发热议，视频通过志愿者视角拍摄吉祥物冰墩墩最后一天上班的情形以及冰墩墩与志愿者之间的温情互动，朴实的画面加深了用户对作品的认可与喜爱，达到了良好的传播效果。

在社交平台，不仅大多数用户通过拍摄和发布短视频的方式展开线上交往，而且社交平台和营销机构也鼓励用户利用短视频提升平台社交属性以增加平台流量数据和市场价值。主流媒体也需选取讨论度高的话题来激发用户参与积极性，进而激发用户表达、交流、传播的欲望，实现视听交往。2022年全国两会期间，中央广播电视总台以民生热点为切入口，选择女性权益、就业、劳动者权益等话题，紧密联结大众生活，引发网友热议。抖音账号@央视新闻发布作品《李克强讲农民给孩子交学费的故事：他们努力打拼为下一代争取更好未来》，通过农民给孩子交学费的例子引出就业话题，获赞超102万次。

四、融合业态加速主流媒体短视频制作的理念创新

当前，媒介融合正向着纵深发展，以数字技术和信息文化为依托的传播图

景也正在为我们展现众多神奇而广阔的可能。同时，传统主流媒体的传播竞争力正面临空前挑战，这种挑战有来自技术层面的，但更为关键的是来自格局和观念层面的。为适应不断变化的媒体环境，主流媒体短视频制作需打破以往的常规思想，从议程设置、角色构建、话语形态等方面进行理念创新，提升短视频传播效能，提高短视频新闻的舆论和价值引导力。

（一）打通议程设置，整合公共媒体议题

互联网环境的变化和媒介技术的发展，改变了新闻传播的议程设置功能及其格局。互联网时代下，信息的传播链条存在多元化的传播者、复合式的传播形态、多样化的传播渠道等特征，这些特征促使用户可以对信息进行自主选择与加工，产生议题，制造舆论。传统新闻传播对议程设置的垄断被大大消解，用户开始根据自身价值标准判断议程框架与内容。因此，短视频的议程设置只有契合用户需求，设置多元类型议题，将公共议题和媒体议题整合重组，构建全新的内容框架，才能与用户产生良性互动，进而正确引导社会舆论。

在庆祝中国共产党成立100周年报道中，"中国共产党为什么能""马克思主义为什么行""中国特色社会主义为什么好"等问题备受国际社会关注与讨论。《求索：美国共产党员的中国行》积极回应国际关切，以"中国共产党为什么能"为作品核心，将"人民至上""实事求是""治国理政""自我革命""组织优势"五个关键词进行串联，设置"初心使命""工作方法""鲜明品格""组织架构""执政能力"等议题，完整阐述中国共产党作为一个执政党延续百年依然充满活力的运作机制保障的根源所在。同时，该系列作品邀请中共中央党校教授、国际友人、基层党员作为对话对象，将大众平实的话语和专家学者总结性的话语相结合，多元主体表达让视频叙事层次更丰富，增强了作品的可信度与说服力。

2022年全国两会期间，各界人大代表从社会生活的不同方面提出多个议题。这些与人民生活息息相关的议题，在线上、线下产生了广泛的关注与讨论。以此为基础，主流媒体浓缩全国两会重要议题，提炼精华，整合公共议题和媒体议题，利用短视频向用户迅速传递全国两会的关键信息。《政府工作报告》在回顾过去一年工作的基础上，提出未来一年的主要发展目标和工作部署，报告内容关系国计民生。《政府工作报告》发布当天，央视新闻推出短视频《干货满

满！140秒速览政府工作报告》，以快节奏重点突出城乡、就业、消费、粮食等多个重点领域的关键数据，归纳提炼出与人民息息相关的内容。新华网推出短视频《数说中国 | 新时代中国经济非凡答卷》，将《政府工作报告》中的数据进行提炼、整合，利用3D动画技术，生动呈现了我国铁路营业里程、国内生产总值、人均国内生产总值、全球创新指数排名、常住人口城镇化率、货物进出口总额等数据，展现了我国过去一年的卓越成就。《政府工作报告》的数字化呈现在短时间内使用户了解我国的发展变化，激发了用户的民族自豪感与自信心。同时，作品通过数据可视化的呈现方式，满足了用户对于国家发展成效的信息诉求，将公共议题与媒体议题有效结合，实现了良好的传播效果。

（二）满足用户需求，构建角色交流场

新媒体环境下，各种多元混杂的价值观念在网络社会中弥漫，人们质疑权威、质疑传统，过分追求个体自由，忽略公共道德规范，造成所谓的道德相对主义的盛行，甚至发展为道德虚无主义。这种情况更需要主流媒体重建与引导主流价值观。同时，媒体深度融合发展的背景下，技术赋能使用户主体性地位大幅提升，用户自主参与、表达、传播需求同步增强，如果忽略用户参与、表达需求，进行独白式的道德教化，不仅无法形成大家普遍认可的规范，反而会招致更大的抵触、反讽。在此语境下，主流媒体应满足用户需求，构建角色交流场，赋予用户表达、交流权利，通过传者、用户、新闻角色之间的交互、交流促进道德共识的达成，更好地弘扬社会主义核心价值观。

在庆祝中国共产党成立100周年报道中，人民日报社搭载交互技术，打造互动微电影《抉择》。用户在电影中自主选择情节走向，感受建党、建国、科研以及祖国建设的艰苦卓绝与胜利喜悦。在互动微电影播放过程中，用户摆脱了往日被动观剧的"围观者"身份，转变为能够决定剧中人物命运和整体剧情走向的编剧，强烈的自主掌控感促使用户进一步代入剧情，跟随角色做出选择，并体验不同选择下的剧情发展，给予观众极强的代入感、参与感与认同感。"红色起点"这条故事线中，"与老师探讨救国之路""走人少的小路""立即销毁信件""追上老师，和老师一起提前准备"等关键情节的选择设计，为观众营造剧情推进的紧张感。微电影《抉择》交互式设计唤醒了用户的主体意识，强化了观影过程的主观能动性，使观众与剧情产生了深度联结与交融。

（三）创新话语形态，推动价值同向共振

传统重大主题报道存在"我说理你受教"的说教痕迹，容易让观众特别是年轻用户产生抵触心理，进而大大消解了短视频作品的精神内核，更无法实现价值引导与精神引领。因此，如何创新话语形态，打造价值协商域，是主流媒体短视频制作的题眼。各级主流媒体需根据不同用户群体的需求，有针对性地设计报道内容、柔化语态表达，使传播内容与目标用户在价值和情感上形成共鸣，从而实现作品吸引力、传播力与感染力的有效提升。

2021年，人民日报社发布建党百年主题MV《少年》，贯彻落实习近平总书记关于抓好青少年党史学习教育的重要指示精神，精准把握年轻用户接受心理与习惯，获得广大网民特别是年轻网民的一致好评。作品以网络热门歌曲为基础，运用网络流行剪辑风格，实现内容、形式"年轻化"表达。作品紧扣"少年""初心"等词汇，通过"我还是从前那个少年""百年只不过是考验"等歌词，突出百年来为中国崛起而不懈奋斗的青年，实现了时代奋斗主题在个人励志方面的投射，从而达到与年轻人在情感上的高度契合与共鸣，极大提升了作品的情感饱和度，增强了作品的情感黏性。教育部高等教育司、中宣部《党建》杂志社、央视网、中国传媒大学联合推出的百集短视频《红色文物青年说》以"红色文物，青春讲述"为主题，邀请百位大学生，讲述百件红色文物故事。作品通过青年人的视角、年轻化的语态进行故事化讲述，呈现文物及其背后所承载的革命精神，实现红色文化的创新性表达与创造性发展，激发年轻用户阅读兴趣，提升红色文化青年接受度，使红色精神深入人心。同时，新华社、中央广播电视总台、解放日报等主流媒体推出说唱歌曲MV《燎原》《红船精神串联世间美好》《少年》《妈妈教我一支歌》等，融入快闪、说唱等流行元素，符合当下年轻用户审美喜好，引发群体效应，促进年轻网民对于党史历程、伟大建党精神的理解与感悟。

五、结语

媒体深度融合背景下，用户需求、兴趣、消费习惯快速变更。如何利用技术加持，制作出大批高质量的短视频新闻，提升重大主题报道能力，实现价值引导，是当前主流媒体在新闻资讯领域融合转型的关键。主流媒体短视频制作

以主体间性为创作理念，通过顺应消费场景转换、用户需求演变的发展趋势，促进用户身份构建，进而发挥道德规训与价值引领功用，实现新闻宣传入脑、入心。面对不断加速的媒介技术迭代和传播生态转型，主流媒体的短视频实践还需在实战中不断总结经验、推动创新，更好地完成重大主题宣传和主流价值引领的战略任务。

智能化背景下媒体人才能力结构新要求与培养新路径

曹晚红　陈　玥　王嘉洋①

摘要： 智媒时代的到来加速了媒体内部结构调整与产业的进一步发展，并对人才能力结构提出新要求。本报告通过问卷调查和调研对当前我国智媒人才的培养现状与问题进行分析，并从完善在职人员培训体系，高校跨学科、重实践、跨界培养，以及科学开发媒体实验室的应用模式三个层次对人才培养的新路径进行探讨，为推动智媒人才培养模式的转型提供借鉴与参考。

关键词： 智能媒体；人才培养；能力结构

一、智媒时代媒体人才现状与问题

进入移动互联时代，大数据、云计算、虚拟现实、区块链等新一代信息技术迅猛发展并广泛运用于各行各业，尤其在媒体领域，前沿智媒技术的日新月异带领人类社会进入崭新的信息生活，智能媒体发展迅速，前景广阔。当前，不

---

① 曹晚红，中国传媒大学电视学院教授；陈玥，中国传媒大学电视学院硕士研究生；王嘉洋，中国传媒大学电视学院硕士研究生。

论传统媒体是主动选择还是被动接受，从信息采集到内容生产，从分发反馈到渠道更新，人工智能技术已对传媒行业产生全面而深刻的影响[①]。2020年9月，中共中央办公厅、国务院办公厅印发的《关于加快推进媒体深度融合发展的指导意见》强调，要大力培养全媒体人才，实行更加积极、开放、有效的人才引进政策，提高主流媒体人才吸引力和竞争力。智媒时代的到来加速了媒体内部结构的调整与产业的进一步发展，因此，媒体人才能力结构的更新与升级迫在眉睫。

（一）智媒时代对人才能力结构提出新要求

人工智能技术的应用给新闻传播业带来新分工、新职业、新岗位，并对人才能力结构提出新要求，那么，适应智媒发展的媒体从业者应该具备哪些基本素质与能力呢？新华网融媒体未来研究院院长杨溟认为，人工智能成为通用技术，未来的媒体竞争力将是基于深度态势感知和解读真相的能力；张铮、陈雪薇认为，传媒机构在智媒时代的人才需求具备共性：一是知识储备技能，二是研究方法技能，第三是编程技能，第四是运营能力；[②]潘晓婷认为，智媒时代对新闻人才提出新的要求，需要具备传播内容、传播渠道管理能力和人机合作能力、社会学家的想象力与洞察力、新闻传播的审美力与创造力、新闻伦理判断力与人文观照。[③]

综合业界与学界的思考与分析，在坚持马克思主义新闻观、具备过硬的政治素质和具有强烈社会责任感的前提下，智媒时代的人才应该具备以下四种能力和素养：内容生产能力、信息交互能力、数据挖掘能力和人文素养。

1.内容生产能力

新媒体时代，在各种前沿媒体技术的冲击下，媒体行业经历了"技术为王""渠道为王"的讨论和思辨，最终回归了"内容为王"的基本观点。策采编评等新闻业务能力并没有因为技术的更新和媒介形态的变化而发生本质的变化，

① 曹晓红，余子奕，余思梦.智媒人才能力结构与人才培养现状探析——基于对媒体智能人才需求的调研[J].中国新闻传播研究，2021（6）：193-208.

② 张铮，陈雪薇.从"数据新闻"到"数据传播"——智媒时代新闻传播教育的数据转向及因应策略[J].中国编辑，2020（05）：74-79.

③ 潘晓婷.未来已来：智媒时代需要怎样的新闻传播人才？[J].中国编辑，2018（9）：45-50.

策划、生产、传播优质内容仍然是智媒从业者的核心素养，优质的内容创作型人才和策划型人才仍然最受媒体欢迎。[①]与此同时，随着智媒技术的发展和媒体融合进一步深化，传播形式、渠道、形态日趋多元并强化交互，因此，智媒背景下的内容生产也需要考虑在图文、音视频以及人机交互方面增强与用户的互动性，强化传播效果。媒体从业者掌握相关的新兴技术成为刚需，例如，拍摄短视频、策划直播、制作融媒体产品是媒体人才需要具备的全新内容生产能力。

2.信息交互能力

万物互联的时代，一切生产和消费都基于信息交互，交互指的是人与人、人与物之间相互交流提高效率的行为。在传播学领域，"交互"被视为一种信息交流与互动的形态。信息交互能力强调用户与信息的深度交互和参与，满足用户的个性化需求，减少新闻生产者与用户之间的信息鸿沟。因此，当前新闻从业者应学习并具备一定的信息交互能力：一方面，强化可视化手段和用户的沉浸式互动，通过智能技术将新闻与人的"身体"高度结合，实现人机高度互动；另一方面，通过个性化设计与推送，由用户自行选择接收的信息，从而提高用户的参与感，满足用户的个性化需求。[②]

3.数据挖掘能力

数据挖掘能力指严谨的数据分析思维和科学的数据处理能力，包括对数据的理解、采集、处理、分析能力等。智媒时代，面对海量数据，我们需要挖掘数据的价值，更高效、更科学地利用数据解决问题。具体来说，从业者需要熟悉 Python 等数据分析工具，并具有一定的数理统计、计算机编程等知识，运用数据处理和可视化工具进行数据新闻生产、舆情分析和内容优化。[③]

4.人文素养

除了技术素养，在内容生产端，媒体人才不可缺少的仍然是强烈的社会责

---

①　曹晚红，余子奕，余思梦.智媒人才能力结构与人才培养现状探析——基于对媒体智能人才需求的调研[J].中国新闻传播研究，2021（6）：193-208.

②　谢帅光，朱爱敏.大数据时代新华网数据新闻的可视化路径探析[J].视听，2022（6）：143-145.

③　张铮，陈雪薇.从"数据新闻"到"数据传播"——智媒时代新闻传播教育的数据转向及因应策略[J].中国编辑，2020（05）：74-79.

任感、职业精神、人文素养与人文关怀。随着新媒体的发展，媒体行业的转型与变化不断对新闻道德和新闻伦理提出挑战。人工智能技术在媒体行业的应用，也带来算法伦理、信息茧房等负面问题。因此，新闻从业者应在主动加强技术素养、寻求科技赋能的前提下，不断提升自身的人文素养，坚持社会责任感，重视自身的伦理责任，深切关注社会民生，在新闻传播的各个环节贯彻以人为本的原则，践行新闻事业的人民性，将人文关怀体现在新闻伦理的构建中，打造真正体现中华优秀传统文化内涵的良好传播生态。

（二）从业者对媒体智能化的理念认知与态度分析

本研究通过向全国范围内的媒体从业者发放问卷，调查当前媒体从业者对媒体智能化的认知状况、从业者的职业培训情况等信息，得到有效问卷495份。其中398份问卷来自传统主流媒体（中央媒体、地方媒体），97份问卷来自行业媒体、资讯类新媒体、商业传播平台、视频平台等；超四成（41%）被访者在媒体机构供职10年以上，在媒体工作1—5年的被访者占比为28%。因此，此次问卷的被访者以具备较为丰富的从业经验且在中央媒体、地方媒体就职的主流媒体从业者为主，可以较为客观地描述当前主流媒体智能化现状、职业需求和培养情况。

1.对媒体智能化发展态度积极

国内各大媒体已经开始智能化的探索尝试，媒体领域正经历着急剧变革，移动化、智能化及融合化必将是行业发展的方向。从当前媒体从业者的职业认知来看，对媒体智能化发展基本持积极态度，超八成的媒体从业者认同智能技术的学习和应用能够拓展媒体从业者的发展路径。为了适应智媒时代的需求，媒体人才要从理念上实现转型，具备一定的数据理念、数据处理能力和一定的编程能力，对媒体未来发展趋势、人才全新的素养要求、前沿媒介技术有全面和清晰的认识，才能真正认识到当前传媒行业正在发生的巨变，并通过多种类型的行业培训、继续学习和交流调研等应对挑战、适应变革。[①]

2.对媒体智能化整体认知有限

从业者虽然对媒体智能化都抱有积极的态度，但不可否认的是，他们对媒

---

① 曹晓红，余子奕，余思梦.智媒人才能力结构与人才培养现状探析——基于对媒体智能人才需求的调研[J].中国新闻传播研究，2021（6）：193-208.

体智能化的整体认知都还十分有限，对前沿技术也缺乏熟练的掌握。一半以上的从业者认为自己对人工智能技术的了解程度"一般"。尽管七成左右的媒体从业者接受过媒体前沿技术培训，但超六成从业者学习的是"新媒体运营"相关课程。实际接受过前沿技术（人工智能、算法、大数据、VR、云计算、区块链等）培训的媒体从业者仍为少数，多数从业者对人工智能技术还停留在"雾里看花"的状态，在职培训更多涉及与内容生产直接相关的实践能力。例如，短视频制作、新媒体运营等。[①]总体来讲，智能媒体不断更新升级，产业智能化不断提速，但从业者对媒体智能化的整体认知仍滞后于媒体智能化的发展。

（三）从业者职业培训现状与问题

1.传统新闻实务培训较为普遍

在针对当前媒体从业者对传统新闻素养（策、采、写、编、评等）和传统新闻实务培训（媒体策划、新闻写作、新闻编辑、宣传策略等）评价的调查中，超七成被访者曾接受传统新闻实务培训，其中超过五成（53.7%）的被访者认为传统新闻实务培训对媒体工作"有帮助"，近四成（39%）被访者认为"非常有帮助"。可见，传统新闻实务培训对媒体从业者当前的新闻业务仍提供了重要的指导和帮助，新闻从业者对此类培训持积极态度，积极参与并深感受益。[②]

在智媒环境下，新的信息传播结构对今天的新闻教育培训提出全新的要求，而传统新闻实务培训已经无法满足行业发展内在需求，从业者对于前沿技术的了解还十分有限。

2.智媒技术培训集中于新媒体运营领域，其他前沿技术培训不足

在媒体深度融合的智媒时代，新闻传播人才应该掌握一定的智能媒体技术或者了解相关知识。针对当前媒体从业者参加前沿媒介技术培训的调查结果显示，近七成被访者曾涉猎或选修与传媒行业前沿相关的课程，但其中超六成（65.63%）被访者学习的是"新媒体运营"相关课程；只有近一成（9.94%）被

---

①　曹晚红，余子奕，余思梦.智媒人才能力结构与人才培养现状探析——基于对媒体智能人才需求的调研[J].中国新闻传播研究，2021（6）：193-208.

②　数据来自本课题组于2021年4月对国内媒体从业者的问卷调查：媒体机构智能人才需求与培养。

访者学习过基础编程与交互设计相关的课程，例如，H5制作、网页制作等，仅5.40%的受访者学习过数据分析的课程，例如，SPSS、Python编程等；实际学习过AR、VR技术等人工智能领域课程培训的被访者仅占3.69%；学习过区块链课程的被访者仅占1.99％。[①]

由此可见，新闻传播业界接受过前沿技术培训的从业者仍仅占少数。智媒人才培养首先集中在与媒体内容生产直接相关的前沿技术和能力方面，如短视频、直播、流媒体制作的能力；而技术难度和专业度要求相对较高、与媒体内容生产并非直接相关的能力培养相当缺乏，例如，前端编程、交互设计、无人机操作、算法设计与应用等。[②]

3.从业者对智媒技术培训需求强烈

值得关注的是，本次问卷调查中超六成（62.02％）的被访者为从业 5 年以上的"新闻老兵"。根据问卷结果的交叉分析显示，媒体从业者的工作时长和年龄并非决定其能否适应智媒发展、掌握媒体新兴技术的因素，拥有多年媒体从业经验的新闻工作者反而比初入职场的媒体从业者显示出对新兴技术、媒介前沿领域更大的求知兴趣和热情。与以往研究得出的结论不同，本次调查发现，拥有更多工作经验的从业者可能具有更完善的职业规划意识和自学能力，对媒介的发展变化更为敏锐，危机意识较强，因此也更渴望求新、求变，希望通过学习媒介的新兴技术紧跟媒体智能化发展的需要。智能媒体的发展需要大量拥有资深从业经历的领军人才，为避免传媒人才快速流失，媒体机构应加大针对从业者在适应新兴媒介技术层面的支持力度，通过开展相关技术的在职培训、建立针对核心人才和资深从业人员的鼓励机制，使媒体从业者在智能媒体的建设中发挥更大的优势。

4.媒体从业者适应智媒发展的阻碍

在推动媒体从业者进一步适应人工智能技术的过程中，各级媒体存在体制机制不够灵活，以及对新兴技术重视程度不够等问题，这是被访者认为当下智

---

①　数据来自本课题组于2021年4月对国内媒体从业者的问卷调查：媒体机构智能人才需求与培养。

②　曹晚红，余子奕，余思梦.智媒人才能力结构与人才培养现状探析——基于对媒体智能人才需求的调研[J].中国新闻传播研究，2021（6）：193-208.

媒发展不足的主要障碍。调查结果显示，近七成（68.81％）被访者认为自己适应智能媒体发展的最大阻碍是所在媒体的体制僵化和用人机制不够灵活。同时，媒体从业者对于自身的智媒素养和专业技术能力也有清晰的认识，57.61％的被访者认为智媒素养不足和相关专业技术能力缺乏是阻碍其适应未来媒体智能化发展的重要因素。与之相关的是，几乎同样比例（56.88％）的受访者认为所在媒体机构的在职培训体系不够完善，媒介前沿类培训课程偏少。究其原因，49.36％的受访者认为，其所在的媒体机构对人工智能技术重视不够，存在理念陈旧的问题。[①]部分从业者所在媒体的旧有模式已经无法适应瞬息万变的互联网传播新生态，媒体人的生存与发展空间变得越来越狭窄。

二、智媒人才在职培养：体系亟待完善，打造复合人才

（一）完善智媒人才在职培养体系

如前文所述，尽管当前媒体从业者对智能化发展的态度积极，但是对智媒的整体认知和培训有限，理念和技术能力滞后于媒体的智能化发展。媒体人才队伍的培养和转型是推动媒体智能化发展的基础，因此，媒体机构亟待完善人才培养与储备的发展方略，构建智媒人才在职培养体系。

1.建立定期培训制度

媒体机构应对在职人员进行前沿技术、数据挖掘、内容生产、传播效果等多层次全方位的培训，加强全员智能媒体素养培训，迅速提升其专业能力。媒体在职人员的能力素养培训可以适当增加一些具有技术难度、与媒体内容生产相关的能力，例如，前端编程、交互设计和无人机操作、算法设计与应用等；并注重培养数据分析能力，例如，SPSS、Python编程等，以及VR、AR、区块链等前沿技术。新闻业界应与人工智能行业发展保持同频，不断更新智媒理念，并切实提高员工的智媒素养和创新能力，推动在职人员掌握媒介前沿技术，跟进智能媒体发展。

2.建立"走出去"研学制度

媒体机构应通过行业间、媒体与高校或科研机构间的互访互通，学习前沿

---

① 　数据来自本课题组于2021年4月对国内媒体从业者的问卷调查：媒体机构智能人才需求与培养。

的新闻传播智能发展和融合发展的先进理念与实践运用等。新的媒介生态下，互联网巨头凭借其资金、技术、用户等优势，纷纷布局传媒产业，并在运用智媒技术上走在媒体前列。学界在长期对行业发展的观察与研究中，不断提出新的智媒发展理念，提供新鲜的案例分析等。因此，媒体从业者不能故步自封，要走进其他商业传播平台、先进的同行媒体、高校与研究机构等，及时了解和把握日新月异的行业前沿知识和新的理念。这一制度的建立，应该包括调整从业者日常工作与智媒课程培训的比重，降低工作内容的饱和度，以保障媒体从业者有充足的时间和精力参与前沿技术培训课程及相关的交流活动。

3.建设结构合理的人才队伍

智媒时代，媒体人仍应保持主体地位，新华社2020年发布的《人工智能时代媒体变革与发展》研究报告指出，媒体应避免走入"技术至上"的怪圈，让人工智能技术服务于内容生产，以前沿技术赋能内容创新，加强优质内容与前沿技术的适配性。[①]因此，人才培养在强化从业者智媒素养和技术素养的同时，重点培养从业者的政治素质、统筹能力、把关能力和人文素养；通过完善培训制度，不断为现有人才队伍"充电"，打造"技术+人文"复合型人才，以适应当前媒体融合发展所需。

当前，我国人工智能人才缺口较大，媒体机构应通过建立定期培训制度，为在职人员学习前沿技术提供完善的培训体系；通过加强媒体机构与技术公司的合作，打造技术与人文相融合的"复合型人才"；通过引进技术型人才和高精尖人才，提升媒体内部对新兴技术的认可度和主动适应度；建设结构合理的人才队伍，主动推动媒体的智能化转型。

（二）提升人才体制机制层面的灵活度

媒体从业者普遍认为当前媒体的体制机制是制约媒体智能化发展和智能人才培养的一个因素。旧有的媒体人才体制机制中，如内容生产机制、奖励机制、用人机制等，存在不够灵活和不适应当前智媒发展的问题。一方面，体制僵化阻碍高级技术人才的进入和长期发展；另一方面，缺乏有效的考评机制、奖励

---

① 新华社"人工智能时代媒体变革与发展"课题组. 人工智能时代媒体变革与发展[J]. 大数据时代，2020（02）：66-71.

机制、先进的组织架构和富有竞争力的薪酬体系，员工的内容生产力和创新能力没有得到有效激发，部分员工生产效能低下。

媒体体制机制的优化与变革，首先需要坚持正确的政治方向、舆论导向和价值取向，确保将党管媒体的基本原则贯穿于人才队伍和管理服务等各个方面。其次，通过对组织架构、管理机制、用人机制、薪酬制度的改革优化，最终实现通过制度倒逼全员转型，推动媒体融合的纵深发展并提升媒体智能化水平。

1.组织架构扁平化

以人民日报"中央厨房"为代表的融媒体运行模式是一种扁平化的组织结构，通过打破原有的体制安排，减少管理层级，精简管理机构。人民日报融合原来独立分工的采编部门，提供空间较大的办公场所，实现物理层面的打破与重构，[①]然后再推进融媒、智媒内容生产层面。"四跨""五支持"机制是人民日报"中央厨房"融媒体生产的一大特色。

一方面，人民日报积极推动、鼓励融媒体人才跨部门、跨媒体、跨地域、跨体制流动，建立项目制的内容生产新机制，以项目凝聚人才；另一方面，人民日报给予融媒体工作室资金、技术、推广、运营、经营等五方面支持，使新技术引领下的融合策划、融合制作、融合传播成为常态，并生产出若干流量过亿的爆款融媒体产品，显著提升融媒体生产力。人民日报的作品《今天，发条微信一起点亮武汉》荣获第31届中国新闻奖创意互动二等奖；"麻辣财经"融媒体工作室制作的"麻辣财经"栏目获得第29届中国新闻奖新媒体品牌栏目一等奖。

2.创新管理体制，改革分配制度，激活用人机制

媒体机构应逐步建立注重能力、注重实绩、科学量化、择优晋升的分配激励机制。以光明日报为例，在成立融媒体工作室生产制作各类融媒体产品的同时，通过制度优化引导现有人员向全媒体记者、全媒体编辑、全媒体管理人才转型，并推动其观念转变和技能提升。为鼓励编辑记者积极主动投身媒体融合发展，光明日报出台了《光明日报社"两微一端"原创作品稿酬试行办法》，同时改革考核激励机制，通过经济杠杆的引导，有效提升编辑记者给"两微一端"

---

① 吴鼎铭.新媒体时代提升中国主流媒体"四力"的对策分析——以"中央厨房"为切入点[J].东南传播，2019（11）：42-44.

提供优质产品的积极性。

在用人机制上，媒体机构应着眼行业未来的智能化发展，加大投入，并制定人才储备方略。例如，在招聘采编人员的过程中，结合当前具体需求，一方面深入考察应聘者的新媒体素养和技能，另一方面加大对复合型、技术型、跨专业人才的引进力度，提升媒体从业者的智能化人才比例，为有信念、有能力的人才提供机会和平台。

同时，媒体机构需注意提高复合型人才和高精尖人才的待遇，解决创新型人才"用不好""留不住"的问题，促进媒体从业者更好地适应人工智能与媒体的"深入融合"。①

三、高校智媒人才：跨学科、重实践、跨界培养

随着媒体融合的深入推进，新闻生产与传播流程被重塑，媒介生态与格局发生深刻变化。在这一背景下，传媒业界对新闻传播人才的需求发生变化，对人才素质与能力结构提出新的要求，进而引发高校新闻传播教育的理念、方向与模式等相应变革与转型。

（一）"新文科"背景下的融合培养

2018年8月，教育部明确提出要发展新工科、新医科、新农科、新文科（简称"四新"），以进一步提升教育服务能力和贡献水平。2019年4月29日，教育部、中央政法委等13个部门联合启动"六卓越一拔尖"计划2.0，全面推进"四新"建设，对新文科建设提出了明确要求，具体表现为"新文科建设要推动哲学社会科学与新科技革命交叉融合，培养新时代的哲学社会科学家，创造光辉时代、光辉世界的中华文化②。"2020年11月3日，教育部新文科建设工作组在山东大学（威海分校）召开了新文科建设工作会议，并联合有关高校和专家发布

---

① 曹晓红，余子奕，余思梦. 智媒人才能力结构与人才培养现状探析——基于对媒体智能人才需求的调研[J]. 中国新闻传播研究，2021（6）：193-208.

② 教育部启动实施"六卓越一拔尖"计划2.0[EB/OL]. [2019-04-29]（2022-06-25）. http://www.moe.gov.cn/jyb_xwfb/xw_zt/moe_357/jyzt_2019n/2019_zt4/tjx/mtjj/201904/t20190430_380202.html.

《新文科建设宣言》，[①]对新文科建设作出全面部署。

自2019年"六卓越一拔尖"计划2.0启动以来，新文科作为国家高等教育发展战略的核心组成部分，引发各大高校继承创新、技术融合、跨学科交叉发展的人才培养模式转型，也带来专业、课程各方面的相应改革，大多数新闻传播类院系对新闻传播类专业的专业建设和课程设置都进行调整。

结合对清华大学、上海交通大学、中国传媒大学等国内九所高校新闻传播学科专业设置的调研发现，各大高校都十分注重学科融合培养，体现了"文工、文理交叉，应用见长"的培养思路。同时，各大高校都对数据思维的培养给予极大的重视，纷纷设立数据分析等专业来提高智媒时代下媒体人才对当下环境的适应能力。除此以外，媒体融合实验室与校内校外媒体力量结合培养也为提高学生的实践能力提供支持与保障。

以中国传媒大学为例，过去以电视新闻和纪录片为主要研究方向的广播电视学专业开设智能融媒体研究方向、全媒体报道及网络新闻与信息传播方向；传播学专业增设智能传播、计算传播学与互联网传播、传播数据科学等多个适应智能媒体发展的研究方向。

"新文科"概念内涵丰富，其中，在课程设置上跨学科交叉融合，在人才培养上强调实践与操作是重要的方向之一。[②]以上海交通大学为例，媒体与传播学院在本科的培养方案中要求学生必须选修人文科学、自然科学、工程科学和技术三个模块中的任意两个模块课程，以增强学生的人文素养和技术素养。该学院在本硕博阶段都开设数学、大数据、计算机、信息处理相关课程，兼跨传播学、管理学、计算机科学三大学科，具有鲜明的跨学科性质。媒体与传播学院的课程改革以促进多学科的交融和发展、打破专业壁垒为目标，充分依托和发挥了上海交通大学的综合实力和创新能力。清华大学在新闻学研究生教学中增加数学、统计学、计算机编程等相关专业的基础课程，但这些课程的设置并非

---

① 《新文科建设宣言》正式发布[EB/OL]. [2020-11-03]（2022-06-25）. https：//www.eol.cn/news/yaowen/202011/t20201103_2029763.shtml.

② 于杨，尚莉丽. 新技术革命背景下新文科建设的价值指向与路径探索[J]. 教育理论与实践，2021，41（21）：3-6.

独立于新闻学之外，而是与新闻学教学密切相关、相辅相成。①

由此可见，新闻传播院系在课程设置方面，更加注重跨专业、跨学科、跨院系横向交叉融合。新闻传播院校的人才培养逐渐向全媒体型人才、智媒人才的培养模式转变，新闻传播课程也由"人文学科、社会科学"主导转向智媒时代"以'传媒'为核心、延展辐射到其他学科专业、走新文科、新工科融合交叉的学科"。②

（二）重视人才培养的实践导向

作为与实践紧密联系的应用型学科，新闻传播学对于学生实践能力要求较高，人才培养需要重视实践教学。喻国明认为，技术革命主导下的新闻传播学科面临着"扩容、重构的革命性改变"，人才培养应重视实践导向。③智媒时代的到来对新闻传播人才的实践能力提出更高要求。

高校在专业建设与课程改革的同时，需要加强实践教学，重视人才培养的实践导向。在增加校内新闻实践课程，搭建智媒实践平台的基础上，还可以通过校企联合培养的模式来培养业界需要的新闻传播人才。

2018年10月，中国传媒大学电视学院与北京北大方正电子有限公司共同建设校企合作"智慧融媒体联合实验室"，该实验室充分整合并利用双方在资源、渠道、技术研发以及业界影响等方面的优势，在媒体融合、智能实训的研发与应用、数据服务、新闻传播人才培养等领域深入开展业务合作。

2019年，复旦大学新闻学院联合中共上海市杨浦区委宣传部共建的"5G媒体融合实验室"正式落地，探索新技术环境下，部校合作进行人才培养的新模式，为新时代融媒体的快速发展赋能。④

---

① 林晖，罗婷婷."拆墙"与"建墙"：中国新闻学教育的再"专业化"[J].新闻大学，2022（01）：34-44.

② 廖祥忠.未来传媒：我们的思考与教育的责任[J].现代传播（中国传媒大学学报），2019，41（03）：5.

③ 喻国明.技术革命主导下新闻学与传播学的学科重构与未来方向[J].新闻与写作，2020（07）：15-21.

④ 杨浦时报.沪上首个区校共建"5G融媒体实验室"项目揭牌[EB/OL].（2019-06-04）[2021-11-14].http：//www.yptimes.cn/html/2019-06/04/content_1_5.html.

北京师范大学新闻传播学院建设认知神经科学与传播学创新实验室，将认知神经科学引入新闻传播学，开展前沿交叉学科的研究。实验室设脑电仪、眼动仪、多导生理记录仪、虚拟眼动等多套先进设备，提供了教学与科研的演练场所。学院还与微软、封面新闻、Enigma合作共建了我国首个AI+媒体实验室"人工智能与未来媒体"实验室，研究人工智能与媒体技术的深度融合，致力于为新技术发展下的媒体转型提供学术与技术支持。①

武汉大学与行业龙头企业小米、海康威视、科大讯飞等联合共建实训基地和产学研共享平台，企业走进校园，参加实训任务指导与鉴定，学生有机会进入企业实践、参加各类技能竞赛，以全方位提升综合实力。

（三）打造学界业界合作新模式

高校与主流媒体师资共建，优化业界和学界的"双师制"教学团队，采用从业界"请进来"和从学院"派出去"两种路径的"旋转门运作模式"。②

高校培养应注重和中央及各地方的主流媒体合作，并建立团队，以联合授课、合作编写教材、合作开展研究、合作带教学生为抓手，让两支队伍的融合制度化，实现业界和学界老师的双向反哺。③例如，中国传媒大学在专业型硕士的培养中，实行学界与业界"双导师制"，精心选择业界具有多年从业经验、具备教学育人资质的优秀媒体人，与校内导师共同承担培养硕士研究生的重任。同时，高校教师走出去，通过短期调研或者长期挂职等各种方式积极参与业界实践，提升师资的前沿实践能力。

复旦大学与上海广播电视台（SMG）签约合作建设复旦大学—SMG新闻与传播专业硕士研究生实践基地，并于2016年至2018年陆续与澎湃新闻、网易、腾讯等媒体建立合作关系，联合举办了一系列具有影响力的社会活动，成功依托中心品牌，打造了学界—业界的"旋转门"。

---

① 本刊编辑部.封面传媒联手微软、北师大成立全国首个AI+媒体实验室[J].中国传媒科技，2017（09）：11-12.

② 祝建华.大数据时代的新闻与传播学教育：专业设置、学生技能、师资来源[J].新闻大学，2013（04）：132.

③ 林晖，罗婷婷."拆墙"与"建墙"：中国新闻学教育的再"专业化"[J].新闻大学，2022（01）：34-44.

四、媒体实验室：前沿科技赋能，拓展应用模式

2012年，教育部等部门联合发布《关于进一步加强高校实践育人工作的若干意见》，强调加强实践育人，强化实践教学，深化实践教学改革的重要性。[1]新闻传播专业教学与实践紧密相连，天然具有较强的实践性。在深度融合、交叉跨界的智媒时代，融媒体实验室、人工智能媒体实验室越来越凸显其重要性与必要性。媒体实验室的建设与应用应当成为推动智能人才培养、促进业界学界融通、增强跨学科互动的关键环节。

（一）普遍建设媒体实验室

从媒体实验室的建设现状来看，绝大多数新闻院校将媒体实验室作为实践育人的关键抓手。媒体实验室成为新闻传播教学的"标配"，但在实际应用中，理念滞后、使用效率低、师资匮乏等问题，阻碍了媒体实验室的深度应用。

1.理念滞后

媒介技术的迭代与社会环境的嬗变在影响媒体实践的同时，引发了人才知识结构的调整，并具体体现在高校教育理念与学科建设的实践中。然而，由于长时间受传统文科教学理念的影响，"文科不需要实验室"的偏见无法快速消弭，一些高校对文科实践育人、实验教学的重视程度远远不够。新闻传播专业属于人文学科范畴，滞后的观念直接造成新闻传播院系在建设媒体实验室时出现资金缺乏、场地缺乏、课程各自为政等实际问题，阻碍实验室的建设与革新。实验室在资金使用、管理运行、资源共享、考核评定、安全维护等各个方面都需要完整、科学的体制机制作为保障。[2]但由于理念滞后和重视程度不够，我国高校媒体实验室的运行机制也存在不够完善的问题。

2.使用率低

我国高校媒体实验室普遍存在使用率不高的问题，很多高校的实验室在投

---

① 中华人民共和国教育部.教育部等部门关于进一步加强高校实践育人工作的若干意见[EB/OL].（2012-01-10）[2021-11-14].http://www.moe.gov.cn/srcsite/A12/moe_1407/s6870/201201/t20120110_142870.html.

② 胡康林，乔健.文科学院中心实验室协同共建模式及对策研究[J].实验技术与管理，2019，36（08）：263-266.

资建成后进入闲置或准闲置状态。例如，一些主要承担教学功能的实验室，由于没有和专业课程有机结合，课程与实验室或者课程与课程出现割裂状态，实验室在新闻业务课程实践中发挥的作用有限。一些主要承担科研孵化功能的实验室，存在开放性不足、与业界跨界合作不足、协同发展不足的弊端，学生无法使用实验室提供的技术与资源进行学术研究。

3.师资匮乏

实验教学中，实验室师资队伍不仅是实验室的管理者，更是实验教学的引导者和学术科研的组织者。实验室师资队伍的素质与能力关系着实验教学的效果与学科建设的成果。但一些实验室教师不了解实验教学的要求，缺乏前沿的媒体知识与科学的实操经验。在智媒时代的背景下，媒体实验室往往配备高端实验设备，研究方向与前沿媒介技术紧密结合，这更加要求实验室师资具备设备操作能力与前瞻性的知识素养。此外，某些高校存在对实验教学人员考核标准不明、职称评定混乱等问题，影响实验教学人员的积极性，阻碍媒体实验室的可持续发展。

（二）跨界合作的前沿媒体实验室成为未来趋势

随着智能媒介技术的发展，新闻传播教育面临变革，将5G、大数据、人工智能等前沿技术融入实验室建设成为重要趋势。一些新闻传播院系通过跨界、跨学科、跨领域深入合作，将教学、科研、实践深入前沿领域，增强了不同学科、行业的互动，拓展了传统高校媒体实验室的外延。

2019年，科技部批准建设四家媒体融合领域的国家重点实验室，中国传媒大学媒体融合与传播国家重点实验室是其中唯一一所依托高校建设的实验室。实验室聚焦媒体融合领域重大科学前沿问题和国家社会发展的重点需求，主要研究方向为媒体融合传播与未来形态、媒体融合的服务模式和媒体信息智能处理等。[①]这一依托高校的国家重点实验室同时还是媒体融合领域科学技术攻关、学科交叉融合和创新人才培养的孵化池，正在积极探索媒体融合专业高精尖人才的培养模式。

---

① 李旭彦，叶珺. 媒体融合领域成立国家重点实验室的历史逻辑与时代使命[J]. 现代传播（中国传媒大学学报），2021，43（04）：128-134.

（三）拓展媒体实验室应用模式

在智能人才培养上，媒体实验室连接着新闻行业、新闻教育和媒介科技，地位越来越重要。[1]针对我国新闻院校媒体实验室建设现状和存在的问题，探索科学有效的媒体实验室应用模式是当务之急。通过对目前部分高校媒体实验室应用实践的调研，本研究提出课程制、项目制、工作坊制三种应用模式。

1.课程制

课程制是我国高校媒体实验室应用的核心模式，是实验室作为实验教学平台的具体体现。在媒体转型的大趋势下，大部分高校设立了新闻采编摄、新媒体实务、融媒体实务、数据新闻创作等实践类课程，这些实践类课程教学使用媒体实验室作为辅助。课程制在培养新闻传播人才的新闻实务能力方面发挥了积极作用。但是，随着媒体技术的发展和媒体实践的要求，课程制在培养人才上也出现了一些问题。

目前的新闻实务实训课程将新闻生产流程分解为独立的单门课程，对新闻生产的各项业务技能分别进行训练，[2]这导致课程呈点状分布，课程与课程之间的内在连接性不强。[3]这样一来，媒体实验室的资源无法被有效利用，课程实验教学也处于割裂状态。

智媒时代，媒体的深度融合要求新闻人才具备融合、跨界、协同的思维，因此，高校建设媒体实验室配套的一体化课程成为重中之重。媒体实验室所搭建的新闻产品制作全流程仿真环境，应当综合新闻生产各个环节为一体。例如，信息采集、策划指挥、生产协同、数据分析、融合发布等，在此基础上进行一体化课程的研发，提高实验室的使用效率，使学生融通理论与实践，扎实掌握新闻业务的全过程。

2.项目制

项目制是新闻传播院系和业界紧密合作，利用高校媒体实验室协同进行前

---

① 贺小玲.媒介实验室：融媒体时代新闻教育的关键抓手与发展方向[J].传媒，2020（04）：85-87.

② 李琳.新闻传播融媒体实验室的实践教学创新[J].新闻研究导刊，2021，12（12）：89-91.

③ 卢小雁，许今茜，沈斌，厉丽英，叶盛.新形势下高校新闻传播学科融媒体实验室建设[J].实验技术与管理，2020，37（05）：22-25.

沿领域研究、媒介产品研发的模式。在这一模式下，双方互利互惠。媒体、企业为院系媒体实验室建设提供资金保障，实验室则提供科研资源，产出的研究成果对媒体、企业产生反哺意义。目前，已有很多高校新闻传播院系利用这一模式充分发挥实验室功能。

例如，北京师范大学与百度公司合作建设的未来媒体实验室"百家号新媒体创想空间"就采取项目制的模式。除了共建新媒体实践课程外，在数据科研层面，实验室立足互联网内容市场实际业务需求，依托北师大新闻传播学院的科研资源，开展关于信息流、AI+媒体应用等领域的研究项目。[1]除此之外，北师大还与微软、腾讯、字节跳动等互联网企业达成了成建制、成规模的合作，借助外力形成资源优势，带动整体的学科建设。在一流资源和一流合作者的支撑下，产出的研究成果也相对前沿，从而吸引更多优质资源聚集，形成产、学、研的良性循环。

3.工作坊制

工作坊也被称为"现代学徒制"，最早产生于德国"技术与艺术并重"的教育理念。在工作坊的实践过程中，学生以"学徒工"的身份，在老师的带领下亲身参与，加强理论与实践的学习。[2]

工作坊作为一种独立的教学模式，已经被广泛应用在国外很多新闻传播专业院系的实践训练中，20世纪90年代，美国很多大学的电视台或者广播站就采用了实验室与工作坊的混合模式，来模仿媒体行业的生产方式制作和播报音乐节目、新闻资讯等，取得显著成效。[3]以媒体实验室为依托应用工作坊模式，学生以课外活动的形式参与实践，极大提高学生的主动性与积极性。北京师范大学新闻传播学院近几年作出一些有益的探索，例如，北京师范大学新闻传播学院2021年举办的"认知神经传播学工作坊"，集聚了国内外新闻传播学、心理学、

① 中国记协网. 北师大与百度合作成立"百家号新媒体创想空间"[EB/OL]. （2019-01-08）[2021-11-14]. http：//www.xinhuanet.com/zgjx/2019-01/08/c_137727955.htm.

② 柳溪，杨珊. 智媒时代新闻传播专业工作坊教学情境构建[J]. 记者摇篮，2021（1）：109-110.

③ McCall，Jeffrey M.. The Media Workshop Hybrid in Media Education R[EB/OL]. （1993-04-19）[2022-01-26].https://files.eric.ed.gov/fulltext/ED359573.pdf.

认知神经科学等领域的研究者，开辟跨学科对话场域。以学院认知神经传播实验室为依托，工作坊采取"教授主讲+实操"的模式，实现了理论研讨与技术辅导的有机结合。

在工作坊模式下，专业和非专业学生都能使用实验室资源与设备，来自不同学科的观点与思想在此汇聚，为跨学科的交流实践提供了平台，充分发挥媒体实验室的功能，为探索媒体前沿技术的发展提供良好的实践基地。

五、结语

习近平总书记指出，"媒体竞争关键是人才竞争，媒体优势核心是人才优势"，并要求新闻舆论工作者"努力成为全媒型、专家型人才"[①]。这为新闻舆论工作队伍建设指明了方向、明确了目标。适应媒体智能化发展的人才队伍建设成为当前媒体融合发展中的重中之重，本报告通过问卷调查和调研对当前我国智媒人才的培养现状与问题进行了分析，并从完善在职人员培训体系、高校跨学科、重实践、跨界培养和科学开发媒体实验室的应用模式三个层次对人才培养的新路径进行了探讨，为推动智媒人才培养模式的转型提供借鉴与参考。

---

① 坚持正确方向创新方法手段 提高新闻舆论传播力引导力[N]. 人民日报，2016-02-20（01）.

流动的现代性：乡村振兴视角下
新媒体嵌入易地搬迁移民家庭的困境与调适

李　彪[①]

摘要：随着互联网技术在农村贫困地区高速发展，新媒体在易地搬迁移民群体中迅速普及，媒介技术和社会变迁有着紧密的互动。本文选择云南省东北部某贫困县移民使用抖音这一视频社交媒介为研究对象，运用生活史访谈和参与式观察，透过媒介嵌入的视角对移民家庭生活变迁进行整体性考察。研究发现，抖音这一视频社交平台的移动性、家庭社交属性、生产技术低门槛、视听性等特征符合易地搬迁移民群体相关特征：再现迁出地家乡的地方印记，维系家乡社交关系，塑造易地搬迁移民对家乡的集体怀旧空间；短视频中搬迁前后亲子、夫妻的亲密互动，加深了同辈和代际间家人的情感沟通，使"家"的感觉得以在线上空间再造，让家庭影像从私人领域进入公共领域，转化成全家人共享的情感和记忆，为漂泊流动的移民提供短暂的安定感和情感支持；视频构建的线上生活拓展了移民家庭成员的信息渠道，让他们在职业选择和自身发展

---

① 李彪，中国人民大学新闻与社会发展研究中心副主任、教授、博士生导师，主要研究方向为新媒体传播、舆论学。

方面更具自主性，为移民家庭流向和家庭分工提供了决策参考。

关键词： 现代性；乡村振兴；媒介嵌入；移民家庭；基层治理

一、研究缘起

按照党中央国务院决策部署，2015年11月，国家发展改革委、国务院扶贫办等部门启动实施新时期易地扶贫搬迁工程，计划在"十三五"时期，对生活在"一方水土养活不了一方人"地区的约1000万建档立卡贫困人口实施易地扶贫搬迁，通过"挪穷窝、换穷业"，帮助他们"拔穷根"，实现搬得出、稳得住、能脱贫、可致富。

易地搬迁这种跨地域流动是一个脱域和脱嵌的过程，既意味着对原有地理边界的穿越，也意味着社会关系从彼此互动的地域性关联中脱离出来，传统的消解和生活的急剧变化解构了人们的本体性安全（Ontological Security）。[①]易地搬迁移民集中搬迁之后，迁入地尚无法完全解决就业问题，部分移民只能再次流动，从小县城前往大城市打工，城市化导向下流动家庭两栖交往模式成为中国社会城市化和现代化变革的缩影。当人们在生活中经历重大变化时（转学、移民、搬家、失业、结婚等），媒介技术与生活变迁有着紧密的互动。

易地搬迁的移民和仅输出壮劳力的农民工是不同的。移民以定居为目的，重视家园的重塑；但如果移民无法在迁入地定居，同样需要和农民工一样前往大城市流动。因此，搬迁后的移民面临的家庭流向和家庭分工是复杂而动态的。本文将传播技术与社会互动这一旧的命题置于现代社会的流动性图景下，聚焦移民的首属群体——家庭，用媒介嵌入的视角，窥见经历从贫困地区的乡土生活到县城生活再到城市生活重大变迁的移民家庭，他们关于家庭交往、家庭决策、家庭适应等方面的变化。以脱贫为目的搬迁是中国社会的特殊风貌，在国家易地扶贫搬迁政策的实施下，农村贫困地区绝对贫困人口生存环境和生活水平获得跨越式发展，但搬迁并不是脱贫的终点，数量庞大且具有"流动"与

---

① 安东尼·吉登斯. 现代性与自我认同[M]. 赵旭东，方文，王铭铭，译. 北京：生活.读书.新知三联书店，1998：39.

"贫困"特质的易地搬迁移民群体不应只成为中国社会变迁和国家脱贫政策宏大背景的注脚，量化的统计数字背后，是一个个鲜活的个体、能动的行动主体，以及人与日常经验、动态实践构筑起来的微观生命故事。

二、文献综述

（一）媒介与移民研究

传播技术和媒介在消解流动带来的社会和人们的不确定性中扮演关键角色，带动了传播研究的流动性转向（the Mobility Turn）。美国社会学芝加哥学派《身处欧美的波兰农民》开启"移民与媒介"研究的先河；1922年帕克出版《移民报刊及其控制》，认为"移民报刊引导移民适应美国的城市生活，是一种社会控制手段"；20世纪70年代中期，英国伯明翰学派在家庭录像出现之时，以"宝莱坞录像如何参与构建英国南亚裔身份认同"为研究课题，成为电视消费研究的经典。[1]随着移动社交平台的发展，研究者也将目光聚焦到移民借由社交平台展开跨地域交往与沟通，实现文化适应和城市适应上来。关于移民的研究表明，在信息通信技术的中介下，移民人口与迁出地的社交关系得以维系并发展。[2]传播媒介的发展使社会关系的建立能够跨越物理、时空界限，为流动人群社会关系网的重新连接和"嵌入"赋予新空间"再地方化"的潜能。有研究采用量化方法，探究社交平台使用与社会融合、身份建构，以及人际交往的关系，证明城市新移民使用社交平台和他们在新环境中的社会融合和幸福感知成正相关关系。[3]也有研究指出，社交平台运用不当可引发社会融合危机，原住民主动排斥和移民自我封闭的双重因素影响下，移民社会关系重构仍面临一定困难。

在迁移研究的分析单位方面，伍德（Wood）认为有两个极端：一个是以个人为分析单位，说明细微机制，一个是以国家和地区为分析单位，勾画整体形貌，但两者在理论上没有形成互补和呼应关系。后续研究指出网络（或者家

① 付晓燕. 网络空间的"文化休克"与文化认同：基于中国留学生社交媒体使用的生命故事[J]. 国际新闻界，2018（03），63-82.

② Madianou，M，Miller，D. Migration and New Media[M]. London：Routledge，2012.

③ 韦路. 城市新移民社交媒体使用与主观幸福感研究[J]. 国际新闻界，2015（01）：114-130.

庭、小社区）对个人迁移决策的影响，而且强调它是整个迁移过程得以发生、并且持续下去的基础，而且使整体的社会面目得到改变。但仅仅转变分析单位是不够的，需要不把关系网络看作外在于行动者的、人际联系的一种"浮现"，而是借用关系的视角，建立它和个人之间的更内在化的关系。[1] 已有研究以"社区""村落""家"为单位来分析移民或流动人口的生存现状，研究者对北京"浙江村"生活变迁史的考察，分析农民的价值观、生活态度和社会行为模式变迁。[2] 丁未以深圳"城中村"（仪县的哥村）为研究田野，展现农民工群体社会关系的结构模式及其演变过程、身份转型的社会根源[3]，但以家庭为单位的研究相对较少。

（二）媒介嵌入

嵌入（Embeddedness）具有渗透、植入、嵌套等含义，最早由卡尔·波兰尼等人在经济学领域提出，把人类经济行为和社会学理论结合起来分析，认为"人类经济活动嵌入经济和非经济的制度之中，人们的经济行为及其决策依赖当时的社会结构及社会生活方式"。嵌入可以从关系嵌入、结构嵌入[4]、政治嵌入、文化嵌入、认知嵌入[5]等分析概念展开。"媒介嵌入"可以阐释为"关注媒介技术和使用行为如何根植于日常生活的特定情境、历史、社会和文化体系，将人们围绕媒介技术展开的实践活动放回社会文化的整体性语境中去阐释观照；方法论层面，表现为研究者以自身作为工具，进入研究对象的生活语境，观察他们的媒介日常实践"。[6] 郭建斌对"独乡电视"杨星星对嵌入乡土的"微信社区"

---

① 项飙. 跨越边界的社区 北京"浙江村"的生活史[M]. 北京：生活·读书·新知三联书店，2000：17.

② 周晓虹. 流动与城市体验对中国农民现代性的影响——北京"浙江村"与温州一个农村社区的考察[J]. 社会学研究，1998（05）：60-73..

③ 丁未. 流动的家园：新媒介技术与农民工社会关系个案研究[J]. 新闻与传播研究，2009（01），61-70，109.

④ Grannovetter M. Economic Action and Social Structure: The Problem of Embeddedness[J]. American Journal of Sociology，1985：481-510.

⑤ Zukin S，DiMaggio P. Structures of Capital: The Social Organization of the Economy[M]. Cambridge:Cambridge University Press. 1990：1-36.

⑥ 孙信茹. 再思"嵌入"：媒介人类学的关系维度[J]. 南京社会科学，2020（09）：103-111.

孙信茹对云南普米族"抖音之家"的研究都尝试从"媒介嵌入"的视角，运用民族志的研究方法对少数群体、乡村社会的媒介化实践进行个案阐释。张波建议，要"以勾连媒介与社会的研究立场、自下而上的底层研究视角、深入日常生活的介入式研究方法，管窥媒介在普通人生活实践中的'在场'和'嵌入'"（2019）。

　　基于以上媒介嵌入的理论和研究方法，本文想要关注媒介在搬迁移民生活实践中所扮演的角色，以及媒介在与移民的日常生活互动过程中所发挥的作用和影响。这里提到的影响并非媒介传播效果意义上的，它更多是指将媒介视作整个社会大系统中的子系统，媒介只是移民社会实践当中的一环，并且往往要和其他社会因素的互动才能发挥作用。

（三）媒介与家庭

　　在传播学研究者的分析视野中，家常常与媒介相联。伯明翰学派的雷蒙德·威廉斯在《电视：科技与文化形式》中提出流动的藏私（Mobile Privatization）的概念，指涉广播电视等媒介使家庭这一私人领域呈现出前所未有的流动性，强调工业社会中外部世界与家庭、流动与隐私之间的关系。[1]沿此思路，戴维·莫利把电视作为一种家庭媒介，从科技的层面论述科技家居化的历史进程、当代科技对家庭经验的"挪移"，以及家庭如何被媒介化（Mediated），在家庭收视语境中观察和分析家庭成员如何一起观看电视、分享对节目的理解。西尔弗斯通把家庭看作一个社会单元，电视在公共与私人领域之间形成"双重连接"，技术和电视会在家庭中找到自己的位置，从而被家庭"驯化"。他们均认为电视等技术影响公共领域与私人领域关系，把技术作为家居和外部世界的边界。

　　对家庭媒介的讨论并未止步于公共和私人的关系，移动互联网和社交平台对家庭日常生活全面渗入，媒介技术与家庭生活、成员互动、情感表达产生了更加紧密的关系，超越面对面交往形式的线上家庭出现在社交平台上。无论科技如何发展，人们都是通过新的媒介形式维持旧的社会关系，科技结构了家庭

---

[1]　郭小平. 流动社会的智能新媒介、移动连接与个人隐私——雷蒙德·威廉斯"流动的藏私"理论再阐释[J]. 现代传播（中国传媒大学学报），2018（10）：19-24.

亲密关系的形态。[①]已有研究聚焦家庭媒介化，分析微信给易地家庭关系带来的正负面影响[②]，抖音与家庭成员的角色、互动关系、生活方式、家庭结构等因素嵌合为我们提供了理解家庭的新方式。[③]家庭关系和家庭身份作为中介变量也干预代际的媒介接入、使用和素养，近年来家庭数字鸿沟、数字反哺等代际沟通问题备受关注，王嵩音运用代间连带理论证实远距离亲子之间频繁的互动会增进亲子互助关系、情感以及观念[④]，但也有学者指出"家庭中单向的数字反哺只能弥合代际的采纳沟，使用沟和知识沟的弥合远无法跨越"[⑤]。无论是媒介创造的家的类型，还是它在家庭生活中扮演的角色，都在不同程度上强调媒介对家的影响和作用。互联网和现代科技革命对家庭模式和关系形成新的冲击，改变着家庭成员之间的交往和互助方式，这在增强家庭凝聚力的同时，也使家庭面临极大的脆弱性。

基于以上的文献分析，本文提出以下研究问题。

Q1.嵌入：短视频为何能成为家庭媒介？短视频生成和再现了何种关于迁出地家乡的乡土怀旧记忆？移民家庭成员在短视频中如何表达自我并与其他成员产生互动，短视频如何重构夫妻、亲子关系？

Q2.矛盾：短视频是否建构了移民对于理想型家庭生活的幻象？相比之下移民的现实家庭面临哪些矛盾和张力？短视频在移民家庭现实生活矛盾中扮演了什么角色？

Q3.调适：现实移民家庭为应对生活变迁做出的家庭决策在短视频中是如何表现的？移民如何在城乡之间、虚拟和现实之间的流动生活中安顿自己的家？

① Lueck，J. A. Technology and Social Change：The Effects on Family and Community[J]. OSSA Congressional Seminar，1998.

② 吴炜华. 传播情境的重构与技术赋权——远距家庭微信的使用与信息互动[J]. 当代传播，2016（05）：95-98.

③ 孙信茹，王东林."抖音之家"：新技术与家庭互动的文化阐释[J]. 新闻大学，2021（10）：58-75，119-120.

④ 王嵩音. 虽远似近——亲子关系维系与沟通管道之分析[J]. 传播与社会学刊，2019（47）：55－85.

⑤ 周裕琼. 数字弱势群体的崛起：老年人微信采纳与使用影响因素研究[J]. 新闻与传播研究，2018（07）：66-86，127-128.

三、研究设计

（一）研究对象

研究对象选择云南省H县易地扶贫搬迁移民家庭，云南省是全国贫困人口和贫困县较多、贫困面较广的省份之一，2021年初，150万易地扶贫搬迁人口完成搬迁入住，其中建档立卡贫困人口99.6万人，约占全国总规模的10%。[①]研究选取的H县，地处滇东北乌蒙山区，云贵川三省八县交界，全县山区半山区面积占95.7%。受交通区位的限制，经济社会发展缓慢，贫困面大、贫困程度深，是国家扶贫开发工作重点县和集中连片特困县，也是"832个国家级贫困县"之一，全县贫困人口数量居全省前列。2020年8月，H县完成易地扶贫搬迁安置贫困群众10万人，整村搬迁514个自然村，是云南易地扶贫搬迁规模最大的县。由于易地扶贫搬迁到定居都是以"搬迁户"为单位的，因此本文的研究对象为"家庭"，在人员构成上也是指"家庭户"。

选择抖音作为移民家庭媒介来分析研究，是由于田野访谈和观察中发现抖音相比其他短视频平台在H县移民中的普及率和使用率较高，且抖音也在移民中发挥了独特的家庭社交属性。

（二）研究方法

1.生活史访谈

本文对搬迁移民采用"生活史访谈法"，将个人故事汇聚成家庭故事，同时将宏观时代变迁编织进来，以求更贴近且深入了解生命重要事件对农村移民家庭生活变迁与媒介互动关系的影响。研究样本对象选取以滚雪球抽样为主完成初步摸底，后选择深度访谈"定居家庭"（全家都在县城居住、工作）和"留守家庭"（家人外出打工）各2个家庭，共15人[②]，每个家庭包括不同年龄段两代或三代人，关注其出生、求学、婚恋、生育、务农、搬迁（社会事件）、找工作、留守等生活经历及抖音在其中扮演的角色。

---

① 脱贫攻坚网络展：云南篇[EB/OL].（2020-06-26）[2022-05-20]. http：//fpzg.cpad.gov.cn/429463/429470/429497/index.html.

② 4个家庭的人口总数并非为15人，年龄小于8岁或者大于70岁的家庭成员未列为研究访谈对象。

访谈包括两个阶段：第一，自述阶段，"请你先对自己到目前为止的生活经历进行自述，请你分享一下自接触抖音以来，跟使用抖音相关的故事中最重要的片段和事件"；第二，提问阶段，结合个案独特故事，针对"搬迁前后的抖音使用如何与家庭生活的空间、关系、行为结合"等进行追问。访谈时间持续40分钟到1小时30分钟不等，一次完整访谈结束后，在后续研究中会对访谈对象进行补充追问。访谈对象具体情况如表4-5-1所示。

表4-5-1　生活史访谈对象情况

编号	性别	年龄	教育程度	职业	现居地	家庭类型
1	男	40	初中	蔬菜种植基地工人	H县城	定居
2	女	38	小学	农民—食品加工厂工人	H县城	定居
3	男	14	初中	学生	H县城	定居
4	男	72	文盲	农民—无业	H县城	定居
5	女	70	文盲	农民—无业	H县城	定居
6	女	45	小学	农民—停车场管理员	H县城	定居
7	男	48	初中	农民—电子厂工人	H县城	定居
8	男	17	高中	学生	H县城	定居
9	女	29	大专	电商运营	昆明	留守
10	男	32	高中	汽修厂工人—建筑工人	昆明	留守
11	女	8	小学	学生	H县城	定居
12	女	48	文盲	农民—钟点工—餐馆服务员	H县城	留守
13	男	52	高中	军人—农民	迁出地农村	定居
14	男	27	本科	房产中介	深圳	定居
15	女	24	中专	奶茶店员	昆明	留守

2.参与式观察

农村移民的媒介使用并非只是线上媒介的使用内容和效果，而是与生活世界里以事件经历为主线形成的绵延不断的行动流互嵌，因此需要通过回到经验事实本身，遵从发现的媒介逻辑深入理解和分析作为行动者的移民的日常生活与工作的内涵和意义，力求发现作为群体成员的移民个体与结构和制度因素的互动关系，通过考察个体的生活体验和实践逻辑，管窥农村移民搬迁后的一般社会过程和社会事实。

由于在实施易地搬迁前已体验过当地农村的现实情况，此次观察主要集中在搬迁后移民的生活情况。笔者深入H县集中安置点的各个社区和移民家中，近距离观察和体验移民的家庭生活，参与搬迁移民的人际传播与社会交往，尤其了解搬迁后移民在集中安置点的抖音使用的时间、空间、情境等情况。同时，对访谈对象的抖音内容等进行线上观察。

四、新媒体塑造的世界和现实之家的矛盾与调适

（一）短视频嵌入移民现实生活的矛盾

1.家庭流向：县城定居/城市务工的两栖生活

"以家庭为导向的移民模式"的流动不由个人决定，而是与家庭高度相关。[①] David T. Takeuchi认为影响亚洲人迁移的主要因素有：改善社会经济地位、家庭团聚、摆脱政治迫害。[②] 其中，影响家庭迁居决策最重要的动因是获取更高的经济收入。20世纪80年代，美国"密歇根收入动态追踪研究"（the Michigan Panel Study of income Dynamics，简称PSID）通过建立关于经济变迁和家庭适应之间互动关系的生命历程模型，得出结论：经济困难有助于刺激家庭成员主动寻找增加经济收入的机会，改变家庭结构增加家庭对社会适应力，家庭适应性的增强又反过来改善家庭应对经济困难的能力。由此可见，要想提高家庭经济收入，寻求好的就业机会是最直接的途径。虽存在搬迁后返回农村的个案，但是大部分移民已彻底搬离农村这种离土离乡式的举家搬迁，农村的家乡已经回不去了。作为"被动城市化群体"，城市化的力量强势地切断了移民与乡土社会的联系，

---

① 章玉萍.手机里的漂泊人生：生命历程视角下的流动女性数字媒介使用[J].新闻与传播研究，2018，25（07）：49-65，127.

② Takeuchi, David T., et al. Immigration-related factors and mental disorders among Asian Americans[J]. American journal of public health. 2007，97（1）：84-90.

促成了单线不可逆的"离土入城不返乡"的现代性变革。易地扶贫搬迁政策下移民相比其他农民，没有返乡就业的选择，移民就业目前只有两种选择：定居县城就业或者前往更大的城市打工。移民家庭的流动方向与中国人口流动方向、中国城市化进程方向大体是一致的。

若定居县城，可以就近享受比农村更好的医疗、教育资源，有了新居和户口，生活的成本也较低，但县城产业基础薄弱，能提供的工作机会是有限的，从抖音里几则搬迁移民哄抢辣椒的视频（#H县扶贫搬迁#话题热门视频）可以窥见一二：县城里许多中老年留守群体没有固定的工作，城里会有食品厂员工开着卡车把成包的辣椒送到安置点让移民们帮着分类挑选和修剪。这个工作当天就能结工钱，按拣好的辣椒重量计价，约1元/斤，人们可以在社区里边聊天边加工，补贴家用。但是由于每次拣辣椒的人并不固定，谁抢到并拣完拿去称重就给谁结工钱。因此，每当有辣椒卡车来到社区门口，人们就一哄而上，先抢占几麻袋辣椒放在自己面前，再慢慢分拣。#搬迁户抢辣椒盛况#视频的背景音说："给老表们看看新城搬迁户的日常，卡车一来他们一窝蜂上去抢，辣椒不要钱啦！"据口音推测该拍摄者为县城老居民，他们在视频里惊叹于这一瞬时性的聚集性活动，评论里有人说"这些老人搬来县城没事做，抢半天也就赚些白菜钱"，流露出对移民们无工可打的无奈之感。

类似拣辣椒这种低薪零工受到哄抢的抖音视频，说明县城经济体量和产业发展有限，劳动力市场饱和，廉价劳动力剩余，在短时间内无法消化涌入的10万移民。据H县安置社区的党委书记介绍，整个安置点约有74%的居民选择外出打工。如果无法在县城定居，那么移民将开启继搬迁后的二次迁移——前往大城市打工，开始县城和城市之间的"两栖生活"。当移民离开县城安置点去往大城市，他们就成为城市的流动人口，要融入新的移居空间（Diasporic Space）。在流动过程中，相比20世纪80年代后农民工城乡间个体化流动，近年来流动人口家庭化流动趋势彰显，全国流动人口动态监测数据显示，流动人口家庭规模人口数在3人及以上的比例自2013年起就超过50%，至2017年达到53.5%。[1]当家庭

---

① 澎湃. 把握流动人口特征变化趋势[EB/OL].（2021-08-04）[2022-05-12]. https：//m.thepaper. cn/baijiahao_13885080.

作出流动迁居的决策后，家庭会重新整合和配置内部的劳动力资源，对家庭成员进行重新分工，保证在外流动的人口能够顺利生活、工作，以维持整个家庭的稳定，家庭流向的变化影响着家庭结构和家庭分工的巨变。

2.家庭分工：家庭责任与个人发展矛盾

搬迁前在农村务农相对没有严格年龄、性别、技术等限制，时间安排比较灵活，农民基本上可以一边干农活，一边育儿、赡养老人、做家务，某种程度上兼顾家庭责任和工作。易地扶贫搬迁是家庭化迁居，在城乡流动过程中，已脱贫家庭的家庭结构和家庭分工都发生变化。原本以务农为主的移民，在搬迁后主要的工作是外出务工，或者在县城的工厂、餐馆打零工，当个体户等，完全实现从农民到市民身份的转变。搬迁后移民家庭会选择县城定居或者外出务工，成员内部分工也是不同的。在县城实现正式就业并定居的家庭，夫妻双方可能无法同时兼顾家庭责任和社会工作，那么此时家庭就会调整内部分工，专人专职来应对生活变迁。从家庭经济理论的角度看，家庭作为一个生产单位，家庭中每个家庭成员都有自己的比较优势，据此确立成员在家庭中的分工。供需匹配的市场规律——劳动力素质和现实需求的匹配是家庭分工的标准之一。

另外，传统性别角色和家庭观念"男主外、女主内"仍然影响着移民家庭内部分工，母亲在家照顾孩子，父亲挣钱养家是大多数移民家庭的分工模式。如果是青壮年劳动力选择当地/外出务工赚取经济收入，只能放弃在家照顾家人的责任，移民女性则放弃个人职业发展的机会，肩负起照顾孩子和老人的责任。最后，对于不满足劳动力市场要求的中老年人来说，只能通过抚育孙辈获得家庭价值。

由于职业的变化，不同的家庭成员的家庭分工、家庭角色都被重塑。一是定居县城的家庭，自身劳动力素质有限，大多在当地工厂从事非技术性工作、在县城商铺打零工，薪资较低，只够维持基本的生活需求。二是前往大城市打工的家庭，由于我国城乡劳动力市场的分割，也让移民家庭在搬迁后面临家庭分居。三是留守群体产生，开始工作生活地分割的"两栖生活"，很难说这是移民家庭搬迁后过渡期的权宜之计，还是移民家庭生活未来将面临长期不确定性和流动性。可见，对易地搬迁移民来说，搬迁之后，他们需要在家庭责任和工作发展间"二选一"，很难做到平衡和双赢。即便是双职工家庭，相比男性，底层女性如果因从事繁重固定的工作影响孩子成长，往往会放弃工作照顾孩子，并非去"平衡"工作和家庭的关系，传统的母亲角色期待和性别规范影响她们的迁移决策。[①]作为母亲、妻子、女儿的性别规范和作为市场劳动力赚钱养家的需求之间的张力，会反映在她们的移动媒体的使用行为中。

研究发现，家庭的流向不止受单一的经济目标驱动，"家庭的成员关系、家庭结构、家庭禀赋会综合影响家庭化迁居决策"[②]。抖音已经嵌入家庭关系、家庭生活的方方面面，作为移民和新旧环境连接的接口，能够为移民生活能力、就业能力、适应能力的提升提供多元的资源，建立起城与乡、传统与现代杂糅的、复杂多元的抖音世界，影响移民的思想观念、择业偏好和消费习惯，成为移民过去、现在和未来的家庭流向、分工等方面的决策参考。家的感觉得以在抖音的线上空间再造，为迁入新环境的移民提供在县城的安全感，增强在县城定居的信心；抖音中丰富多彩的城市生活媒介化展演拓展了他们的信息渠道，能够一定程度上打消移民外出务工的顾虑，让他们在职业选择和自身发展方面更具自主性，在这个层面上，抖音为漂泊流动中的移民提供了社会支持和情感支持。

3.认知失调加深移民相对剥夺感

在抖音里，各代家庭成员可以进行自我呈现和表演，视频经过个人和平台的双重过滤，家庭亲密关系得到抒发和互动，也为人们提供了浪漫、平等、亲密的理想型家庭关系。但是，对比移民现实生活状况，搬迁后的移民家庭可能再度面临流动两栖生活，不能够真正安定下来，还要为了基本的物质经济目标和家庭责任延续着传统的性别分工，即使是老年人也要加入抚育孙辈的家庭责任中来，维持家庭的正常运转。另外，作为信息弱势群体的底层群众，并非都能在抖音中发声，他们在数字世界的声音十分微弱，需要特意搜寻才能发现。抖音构建的理想型家庭生活可能是技术制造的幻象，如果一味沉溺于抖音制造的技术幻象中，会削弱移民的现实行动力，缺乏动力去解决实际问题。

心理学家利昂·费斯汀格（Leon Festinger）提出的认知失调理论认为，"人

① 章玉萍. 手机里的漂泊人生：生命历程视角下的流动女性数字媒介使用[J]. 新闻与传播研究，2018（07）：49-65，127.

② 盛亦男. 中国流动人口家庭化迁居决策的个案访谈分析[J]. 人口与经济，2014（04）：65-73.

们在观点、态度、行为之间具有一种平衡或者一致的取向，就是说两个认知元素之间要达到一致"。抖音呈现和重构移民家乡地方认同、家庭成员生活境遇、家庭关系等，但在尚未改变的家庭现实境况和社会结构性因素面前，抖音呈现并强化了城乡家庭差距、社会经济发展不平等认知，导致移民在线上抖音世界和现实生活之间出现认知失调。社会学家默顿（Merton）等人用相对剥夺感（Relative Deprivation）来形容这一现象：个体主要是通过与他人的比较来评价自身地位和处境的，弱势群体成员常常体会到基本权利被剥夺的感觉，这种被剥夺感不仅会让他们丧失现实生活中的机会，还会对他们的心理状况带来损害。

家庭感受到相对剥夺感与参照群体有关。家庭将农村中其他家庭作为参照群体时，当感受到与其他农村家庭的差距时，接受搬迁的意愿会比较高。但是相对剥夺感的参照对象会在搬迁之后发生改变。移民家庭融入县城生活之后，他们会将参照群体改变为县城家庭。并且，移民家庭的相对剥夺感不仅来自现实世界，同样来自社交平台构建的数字世界，线上和线下生活在物质生活条件、精神生活、教育资源等方面的差距将会加剧移民的相对剥夺感。抖音参与移民的日常生活，一方面为他们宣泄现实生活状态的不满提供了渠道，释放生活压力。另一方面，为他们提供许多令人羡慕的美好家庭生活的案例，加剧了他们对自身恋爱、婚姻、亲子关系、就业等现状的不满，也会在不断的差距对比中徒增心理压力。对于移民来说，家庭生活困境的排遣发泄、现实想象中的美好家庭生活的差距，都在抖音世界里同时得到展现，抖音对于他们是充满诱惑而复杂的存在。马特拉（Mattelart）提出，新媒体和传统媒体没什么不同，它没有挑战社会经济不平等，反而加剧这种不平等。新迁移经济学理论认为，相对剥夺感是影响家庭迁居的重要因素。[①]因此，部分移民家庭想要放弃流入城市，小部分人甚至选择返乡。

（二）调适：移民家庭如何应对家庭生活变迁

媒介不仅是一种中介性工具，更是一种形塑社会的重要力量，它从不同维度改变使用媒介的人及其日常生活。而作为主体的人，他们也不是完全无知的"信息匮乏者"，而是会发挥主观能动性，借助媒介调整其行为习惯，驯化信息

---

① 盛亦男. 中国流动人口家庭化迁居决策的个案访谈分析[J]. 人口与经济，2014（04）：65-73.

技术，利用媒介资源解决自身问题的实践者。H县移民家庭的抖音使用实践就表明，刷抖音不是简单的娱乐消遣方式，而是一种嵌入移民日常生活的，能够给他们带来多重复杂体验的新型生活方式。[①]研究发现，即使这些移民社会经济地位低、媒介素养不高，即使他们对抖音的运用并不娴熟，但他们也并非完全被动、一味沉迷，而是在有限的发挥空间里，选择性地利用抖音来适应家庭生活的巨大变迁和矛盾。

1.正能量内容偏好

移民认识到自己所处的社会经济条件也许和理想生活有着巨大差距，他们会诉诸抖音平台上正能量内容，在对移民抖音账号的观察中发现，移民发布和评论的内容都相对积极正向，访谈对象06（女，45岁，小学，H县停车场管理员）拍了自家楼顶的县城风光，抖音视频的背景机器音朗读着居中的红色字幕："不要羡慕任何人的生活，谁家的锅底都有灰，人生没有幸福不幸福，只有知足不知足，温饱无虑就是幸事。"她抖音主页主要是家庭团聚的年夜饭、孩子的萌言萌语、家人亲昵的合影……营造出温馨良好的家庭氛围。这些视频的评论区被"玫瑰花""爱心"和"大拇指"等偏积极鼓励的表情符号占领，抑或是简单短文字评论"好久不见""真漂亮""好可爱""祝幸福"……长文字评论大多是线下熟人所发出。对于中老年移民来说，这一正能量内容偏好则更加明显，心理学社会情绪选择理论认为，老年人比年轻人更偏向加工积极情绪而回避消极情绪，这被称为年龄相关的正性效应（Age-related Positivity Effect）。[②]

"看那些诉苦的视频干吗？越看越烦。搞笑温馨的生活日常，至少看的时候很放松就行。"（访谈对象09，女，29岁，大专，昆明，电商运营）合家欢题材短剧或者影视剧片段很受她的喜欢，"我这几天在抖音上追剪辑版的《以家人之名》《请回答1988》，看他们一大家子聚在一起打打闹闹，超级幸福。虽然自己家一地鸡毛，理想和现实的差距呀！"移民的正能量内容偏好，与移民群体现实生活反差有关，现实家庭生活的不完满可以在视频里获得情感补偿和愿望想象

---

① 何志武，董红兵. 短视频"下乡"与老年群体的日常生活重构——基于一个华北村庄的田野调查[J]. 新闻与传播评论，2021，74（03）：14-23.

② 唐灿. 家庭现代化理论及其发展的回顾与评述[J]. 社会学研究，2010（03），199-222，246.

（Wishful-think）。这种积极内容偏好反映出移民对结构性的现实困境无能为力，但又必须乐观坚强面对的复杂心理状态。

当然，这是基于对移民群体的访谈和观察作出的解释，不排除抖音平台自身运用算法对视频内容和评论进行推荐过滤，不显示消极负面内容的可能性。

2.家庭场域生产

相比城市居民能够在抖音里展示旅游旖旎风光、城市街拍等广阔世界光鲜亮丽的所见所闻，易地搬迁移民使用抖音的场景则更多是基于自身朴素的周遭环境，即使移民能够往返于城乡之间，在城市居住和生活，也是为了生计务工，没有时间和精力去享受城市的公共空间和文化资源。其实移民群体的生活半径很小，基本上是两点一线"家里—工作地"或"家里—社区公共场地"，有限的生活空间决定了他们生产的抖音内容更多是基于家庭场域的。同时，随着家庭结构的小型化与线上互动的密切化，"家庭"再一次被提升为个体生活中核心的场域。"我们天天在家没见过什么大世面，只能拍拍房前屋后的日常，城里人看着还新鲜。"（访谈对象07，男，48岁，初中，县城电子厂工人）

中国传统家本位思想和差序格局在搬迁后仍延续着，移民主观上觉得家庭场域内生产的内容与自己的相关性、重要性更高，家庭场域内人、事的固定性，在之后的生活中持续不断地成为家庭集体记忆，可以和家人反复观看回味、相互分享。"在家里拍的这些视频之后再看，可以想想之前的这个时候我们全家在干吗，可以和现在对比有没有啥变化啊，小娃有没有长大，我们有没有变老。有时间去外面玩，看到新鲜好玩的东西当时拍完发了就发了，就很少会想起来翻看，印象不大。"（访谈对象02，女，38岁，小学，县城食品加工厂工人）

家庭场域生产决定了作者来自底层、作品关于底层，属于底层个体的自我表达和自我再现。学者加米奇（Gamage）在研究在墨尔本的斯里兰卡女性移民时，用井边社会（Society by the Well），来形容妇女们在乡村水井旁的八卦圈，妇女们围绕着水井这个特定空间，进行无比轻松的口头交流，分享她们的故事、焦虑、记忆和日常生活。笔者认为，嵌入抖音的"家庭场"也如同妇女们的"井边社会"一般，让家人们在这个场域里尽情生产、分享只属于自己家的故事和记忆。

3.社会资本互动激励

正能量内容偏好是移民用户通过改变自身看世界的角度，来减少认知失调的方式，他们还选择通过社会资本互动激励，寻求来自他人的社会支持。心理学领域的格林沃德（GreenWald）等人指出，个体的自我有三种为达到某个目标而产生的任务，分别是社会赞许、个人成就、群体成就，分别对应着公我（Public Self）、私我（Private Self）、群体我（Collective Self）。其中，公我建立需要的社会赞许意味着他人评价的重要性，对个体来说"有意义他人"的评价是至关重要。移民用户在抖音中为原视频点赞、评论、转发、收藏与视频发布者进行互动，数据和文字是他人最直观的反馈和评价。

访谈对象06（女，45岁，H县停车场管理员）原先在农村老家放羊养牛，2019年底搬迁到县城之后，丈夫在县城电子厂打工，孩子在县城寄宿高中上学，每周回来两天，她在家一边打工一边照料不远处居住的老人。她从2021年2月才开始使用抖音，现在已有6600+粉丝，只发布了390个视频，收获了20.4万赞。热度最高的是一则丈夫在厨房抓鱼动作的鬼畜视频，有1400点赞和460条评论。她说："我那个工作挣不了什么钱，但是不怎么忙。抖音是一起工作的一个大姐教我玩的。我也没想到自己发点儿日常能有这么多关注，在评论里面大家互相不认识还能聊起来，热闹得很。回应一多我也更愿意拍了。"

抖音用户的模仿行为也是用户实现隔空互动获得社会资本激励的表现，因为模仿不仅在态度上认可了发布者的视频内容，而且还付诸行动，帮助其进行N次传播。迷因（Meme）理论可以解释这种模仿行为，"迷因是通过复制、变异而传播的基本文化单位"。[1]抖音有十分便捷的"模仿拍摄"模式、特效模板、合拍等功能，让用户对某些流行元素（海草舞、捧脸杀、虎年特效）或自己钟爱的视频进行模仿拍摄，复制相同元素或形似文化的"家人们"拉近了彼此间的距离。访谈对象09（女，29岁，大专，电商运营）给自家孩子拍摄了一个"大嘴猴特效"的抖音视频后，他们亲戚家的小孩跟着也拍了同样的特效妆，她在姐姐家孩子的视频下评论"我带错队了，我们家突然变花果山啦"。移民用户在抖音的交流中获得的肯定、称赞等社交激励提供了情绪价值和社会支持，帮助他们排解苦闷、消解无聊、抱团取暖。

[1] 常江，田浩.迷因理论视域下的短视频文化——基于抖音的个案研究[J].新闻与写作，2018（12）：32-39.

五、结语

本文的主旨是宏观社会变革如何影响个人生活境遇，移民如何根据自身和家庭需求来应对这些结构因素和生活境遇后果，这种互动如何影响媒体使用。通过观察移民对抖音的实践情况，本文发现，移民将抖音与自身的家庭境况、成员关系、性别分工、生活场景等结合起来，实现线上与线下、自我与地方、私人与公共的勾连，丰富现实家庭生活和数字生活。因此，抖音在移民群体中的流行，是一场结合其日常生活语境的具体实践，其结果是对其传统农村生活和现代城市生活的更新和重构。

易地扶贫搬迁作为一种不可逆的国家政策，个体和家庭的生活已经嵌入和编织进社会变迁宏大背景中，其命运也被社会变迁形塑。同时，重大事件发生在个体和家庭生命历程中的不同阶段对其产生的影响是不同的。抖音在信息中下层的普及率惊人，作为观察个体和家庭生活变迁的窗口，不仅呈现出移民从农村到城市之家的变迁，而且重构了移民现实和虚拟之家。抖音再现了迁出地家乡印记，移植了家乡的社交关系，既塑造了移民对家乡集体怀旧空间，又使移民建立起脱离地方、基于新旧关系网的"流动的地方感"；抖音亲子、夫妻的亲密互动，加深了同辈和代际间家人的情感沟通、生活连接，家的感觉得以在线上空间再造，通过技术手段为移民制造理想家庭的幻象，为移民漂泊流动的家庭生活提供短暂的安定感；抖音中丰富多彩的城市生活媒介化展演拓展了他们的信息渠道，能够一定程度上打消移民外出务工的顾虑，让他们在职业选择和自身发展方面更加具有自主性，为家庭流向和分工提供决策参考，为漂泊流动中的移民提供了社会支持和情感支持。

抖音技术如同蝴蝶效应，给移民家庭生活带来巨大变革，将移民的家庭生活置于"技术性秩序"中。但是，抖音不是只作为一种纯粹的技术性、工具性的存在，它根植于移民的生活实践和社会结构之中，这也是嵌入视角的意义。

这种技术变革仍无法抹平社会经济发展不均衡带来的差距。现实情况是，现阶段移民仍然无法跨越理想之家和现实之家之间的鸿沟，背负着家庭责任的移民无法在迁入地定居下来，又开始外出务工或长期留守的家庭生活。他们在城乡之间、虚拟和现实之间来回穿梭游弋，仍长期陷入"以何为家"的矛盾境遇。

不过，移民必须在这充满诸多的矛盾的境遇中为自己"撑开"一个家，他们对家庭内容的生产、展示和互动方式——积极正能量内容偏好、家庭场域生产，交互获得社交资本等，反映了他们对这一境遇的过渡性策略应对，反映出他们对自身境遇的无能为力，但是尽力积极应对的无奈。移民的这种流动性实则一种"不能动的流动性"，城乡间的结构性不平等和社会经济差距无法在易地搬迁后朝夕间得到完全改变，易地扶贫搬迁不是移民脱贫的终点，多方行动主体还需要在此基础上共同努力，才能最终实现脱贫致富。

本研究的创新之处在于，基于中国本土个案，把家作为一种社会结构的基本单位和特定的传播空间，作为理解媒介的环境和视角，媒介也作为提供理解家庭的方式，嵌入移民家庭生活。区别于效果研究，"非媒介中心视角"注重媒介及其使用者所处的特定时空，并从媒介实践活动发生的具体语境入手，解读媒介实践的丰富内涵，理解移民生活方式和文化意义。个案研究群体特征和结论都有其特殊性，但H县搬迁移民作为具有流动和贫困特征的群体之一，是广大中国农村脱贫和城市化的一个缩影，摆脱贫困的农村搬迁户将随中国广大农村一起逐步迈向现代化、城市化的轨道。

第五章

融合精品分析

作品一:《生死金银潭》

曾祥敏　郄　屹[①]

作 品 信 息

作品标题:生死金银潭

所获奖项:第31届中国新闻奖特别奖

主创人员:李志伟、三源宗、施佳杰、刘钇江、林渊、郑薛飞腾、鹿游原

编　　辑:集体(刘晓鹏、王恬、张意轩、程维丹、陈丽丹、包晗、
　　　　　　许哲淇、单鑫、李博文)

主管单位:人民日报社

发布日期:2020年3月31日

发布平台:人民日报客户端

作品时长:28分34秒

作 品 简 介

　　《生死金银潭》是我国最早深度报道武汉定点医院隔离"红区"的纪录片,记者在金银潭医院"红区"内拍摄了36天,真实记录抗疫一线医生和患者的故事。作品由武汉的拍摄团队与北京的编辑团队协作完成,先后制作推出1分钟预

[①]　曾祥敏,中国传媒大学电视学院教授、博士生导师;郄屹,中国传媒大学电视学院硕士研究生。

告片，28分钟中文版、英文版纪录片，在国内外均取得突出的传播效果和影响，是我国抗击新冠肺炎疫情纪录片的精品。

《生死金银潭》二维码

作 品 分 析

2020年3月31日，人民日报社新媒体中心制作的纪录片《生死金银潭》一经上线，立刻在网络上引发强烈反响。金银潭医院，是全国抗击新冠肺炎疫情的缩影，是我国面对疫情来袭时的突围主阵地。在武汉"封城"期间，人民日报社新媒体中心充分发挥主流媒体的责任担当，深入金银潭医院"红区"，通过长达36天的持续跟拍，最终呈现28分钟的纪录片作品。同年，《生死金银潭》入选2020中国新媒体战"疫"十大精品案例；2021年，《生死金银潭》荣获第31届中国新闻奖特别奖，成为讲好中国抗疫故事的成功力作。

本文从纪录片生产、中国故事传播、主流媒体担当三个方面进行分析，通过内容要领、传播策略、生产模式等角度，探析《生死金银潭》揭示出的全媒体传播时代作品及主流媒体的"突围"路径，释放新闻纪录片的价值增量。

一、以"深"突"短"：坚持内容为王

随着近年来短视频的蓬勃发展，传统的新闻纪录片受到严重冲击。在新冠肺炎疫情之初，互联网上出现了与疫情相关的短视频作品。在此情形下，纪录片的突围必须利用好自身优势，坚持将内容做深，以深度应对短视频时长"短"的特点，以优质的内容建立纪录片独特的存在价值。

（一）聚焦典型，反映宏大主题

2020年初，新冠肺炎疫情令武汉成为中国乃至世界的焦点。网上流传着这样一句话："世界看中国，中国看湖北，湖北看武汉，武汉看金银潭。"从中可见金银潭医院之于武汉、之于全国抗击新冠肺炎疫情的意义。因此，《生死金银潭》聚焦金银潭医院，其内容既是中国抗疫的生动写照，又反映出中国面对新冠肺炎疫情坚决斗争的态度和决心。以金银潭医院为代表的一线战场，生动诠释了"生命至上、举国同心、舍生忘死、尊重科学、命运与共"的伟大抗疫精神。

从金银潭医院到医护人员到患者，作品选取的人物同样具有代表性。全片出现的第一个人物——21岁的梁顺，是金银潭医院最年轻的医护人员，虽然年龄小但工作能力非常突出。他还指导长沙驰援武汉的护士孙岸中填写护理记录，俨然一位资深的医护工作者。而在下班回到酒店后，梁顺又表现出一个年轻人的状态，和朋友一起玩射击类游戏，和家人视频通话。巧合的是，在梁顺玩游戏的过程中，游戏里传来一句语音："进入一级战备状态，加油，特种兵！"这本来是游戏的常规设定，在开局时提醒玩家游戏开始，然而在抗击新冠肺炎疫情的背景下，这句系统常规的语音提示也非常符合当时的现实境况。梁顺是游戏中的特种兵，也是现实生活中奋战在抗疫一线的先锋队员，代表着年轻一代医护人员的精神样貌。"一级战备状态"，何尝不是对梁顺及整个金银潭医院的真实描述。

《生死金银潭》中出现详细信息交代的患者共有14位。截至纪录片进行数据统计的3月30日9时，金银潭医院累计收治新冠肺炎患者2780例，而这14位具有典型性的患者，代表不同人物在医院中的表现。有以乐观心态配合治疗，还给家人拍照、拍视频报告身体情况的黄先生，也有想要拔掉管子放弃治疗的闵女士，还有对感染新冠肺炎病毒深感焦虑的桂女士，等等。发生在金银潭医院中的人生百态，为讲好中国抗疫故事找到了小的切入点，以金银潭医院为缩影的全国医院，都与新冠肺炎疫情展开着正面对决，共同书写着中国抗疫的宏伟篇章。通过典型人物、典型地点，《生死金银潭》以小见大，映射出中国坚决打赢疫情防控阻击战的坚定信念。

（二）严选素材，紧扣真实要义

纪录片贵在真实。在疫情初期形势最严峻的时候，金银潭医院作为武汉市首批新冠肺炎定点医院，收治了大批危重症患者，然而其内部情况却不太被外界了解，《生死金银潭》正填补了这一信息空缺。

真实体现在对现场事件的记录。经过复杂的前期沟通，记者和摄像能进入医院内部已经是一件很不容易的事情了。作为普通人接触不到的抗疫现场，每一个画面都具有宝贵的记录价值、报道价值和传播价值。因此，拍摄团队一开始并没有预设过多内容，要做的就是连续性地记录真实的情况。在金银潭医院内部，每天都上演着生与死的斗争，环绕着悲与喜的复杂情绪。本着真实记录的要义，作品画面中不仅有患者出院的喜悦，也有医生抢救病人失败的悲伤，真实讲述金银潭医院的日常故事和生死时刻。

真实体现在对细节的呈现。作品抓拍到这样一个画面，北7楼普通病房6床患者、80岁的吴先生叫住程文涛医生询问治疗收费标准，程文涛笑着回答："这个病是国家免费治的，爹爹。"吴先生听完竖起了大拇指。随后，记者针对这一话题进一步询问，程文涛详细介绍了医院里不同病症患者所需的医疗费用情况，也让观众对这一问题有了明确的概念。

真实体现在对影像的处理。创作团队在后期选取素材时，将"真实自然"视为重要的标准[1]。有的患者面对镜头时会表现得有些刻意，此类素材便不会被放入纪录片中。值得注意的是，《生死金银潭》全片没有一句后期录制的解说词，通篇为医护人员、患者的采访或者画面同期声。作品用客观的镜头语言，白描式地呈现金银潭医院最真实的样子。

（三）抓准细节，深挖动人故事

故事化叙事是新闻报道的主要叙事方式之一，在新闻纪录片中，故事化的叙事也有助于提升内容的逻辑性与感染力。而在《生死金银潭》中，拍摄团队连续36天的扎实记录，为作品故事化叙事提供了可能。

整体上，《生死金银潭》遵循大的时间线索，医护人员的人数、病人的健康情况、武汉的疫情情况等都随着时间的推移而变化。作品中，来自上海、长沙的驰援医疗队人物相继出现，镜头也记录下3月19日医院内部人员得知武汉首次实现零新增确诊时的高兴反应，不断推进的时间变化构成了故事化叙事的时间

---

[1]　来自人民日报社《生死金银潭》主创团队策划李志伟的访谈。

主线。

细节上，每一个患者都构成独立讲述的故事，不同的人物构建起叙事的线索。作品在片尾也对几位患者进行跟进，交代了截至3月29日他们的最新情况。医护人员身上同样有故事化的线索。程文涛医生表示，曾经连续三个夜班都有病人从他手上去世时，他产生了无力感与自我怀疑。而随着后来出院人数越来越多，目送病人出院的喜悦会冲淡医护人员心中的难过，从而完成故事情绪的转变。

故事化叙事也离不开鲜活的人物关系。嘱咐孙岸中如何工作时，梁顺与孙岸中是同事关系。但空闲聊天时，梁顺被孙岸中从长沙带来的辣酱深深吸引，二人还约定疫情之后一起在武汉玩耍。作品对这一生动细节的放大体现了医护人员工作之外可爱的另一面，梁顺与孙岸中的友谊也被网友称为"生死之椒"，代表着二人独特的相识过程和抗疫经历。

此外，《生死金银潭》中还有医护人员和患者聊天、为患者过生日、给患者理发等细节画面。这些琐碎的日常点滴，拼接出金银潭医院的生活。每一个拍摄镜头，都让观众如临现场，感受着抗疫最前线的真实样貌。或揪心或温暖，故事化的讲述，使疫情数据不再是冷冰冰的数字，而是在金银潭医院发生的一切事情，以饱满的情绪唤起观众的强烈共鸣，以动人的故事触碰观众的内心深处。

二、以"真"突"困"：着力国际传播

当前，世界局势错综复杂，国际舆论场话语权的竞争日益激烈，不实信息和无端指责也因此层出不穷。特别是新冠肺炎疫情发生以来，以美国为首的部分西方国家及政客将新冠病毒称为"中国病毒"，企图从政治角度给中国套上莫须有的罪名。面对国际舆论压力，中国亟须抵御他国偏见，以真实客观的内容摆脱国际传播的困境，让世界正确认识中国。

（一）瞄准时机，把握时度效要求

2016年2月19日，习近平总书记在党的新闻舆论工作座谈会上发表重要讲话，强调要抓住时机、把握节奏、讲究策略，从时度效着力，体现时度效要求[①]。其中，新闻舆论工作的"时"指发布的时机和节奏，"度"指内容的尺度和

---

① 习近平.论党的宣传思想工作[M].北京：中央文献出版社，2020.

分寸，"效"指传播的影响和实效。"时度效"是做好新闻舆论工作应遵循的基本原则和方法指导，是检验新闻舆论工作能力的重要标准。

因为疫情的严重程度和拍摄的难度较大，创作团队对作品最开始的期待是能把纪录片完成，并且在武汉解封之前发布[①]。当时，人们对于金银潭医院的认知主要依靠每天新增的病例数据或者零星的新闻报道，对医院内部并没有清楚的了解。但基于大众对疫情的重视和关注，在武汉解封前推出《生死金银潭》是非常契合报道时机的传播策略。虽然作品中部分素材距离发布之时已经过了一个月，但在武汉"封城"的背景之下，"封城"期间的故事都是较为及时的。而一旦武汉"解封"，再推出纪录片，其时效性就会有所减弱，叙事时态由进行时转变为过去时，作品内容也会因此丧失部分生命力和传播力。

作品时长的"度"上面，考虑到内容主题的宏大及短视频时代媒介环境的传播特点，创作团队决定剪辑一部时长接近30分钟的纪录片。若时间太短，作品无法展开详细的叙事；若时间太长，观众则可能没有耐心全部看完。纪录片通过典型人物的故事，处理宏大背景和真实细节、微观叙述和宏观视角、主观感受和客观表达等关系，达到立体的平衡，这是创作者对"度"的最好诠释。

最终，《生死金银潭》在2020年3月31日发布，一周后的4月8日，武汉市正式解除离汉离鄂通道管控，结束"封城"。准确的传播时机、恰当的时长和叙述尺度使作品收获了巨大的传播效果，以成功实例践行时效度的要求。通过对疫情最前线话题的设置，作品也引发国内，甚至海外对中国抗疫的关注，对国际舆论产生积极的引导作用。

（二）多元传播，形成全媒体覆盖

全媒体发展的语境下，依托平台的迭代发展，除了对内传播，讲好中国故事也需打开对外视角，关注以社交平台为主的舆论战场，铺展开传播渠道，占领国际传播的主阵地。

传播节奏上，《生死金银潭》在3月30日发布了预告推送和1分钟预告片，3月31日推出中文版正片，4月5日推出繁体版正片和英文版正片，分别面向中国港澳台地区和世界其他国家进行传播。"中文+繁体+英文"的组合也成为新时代

---

① 来自人民日报社《生死金银潭》主创团队策划李志伟的访谈。

国际传播的标配套餐。更值得关注的是，在中文版播出之后，有网友自发制作日语、俄语等外语版本的《生死金银潭》进行海外传播，自发地帮助中国构建国际形象。

传播平台上，《生死金银潭》借助微博、微信、客户端、抖音、脸书、推特等国内外平台，实现了多语种、多渠道的全媒体传播。在推特平台，《生死金银潭》被中国驻欧盟使团、驻莫桑比克大使馆等驻外机构官方账号转载，被中国驻土耳其使馆翻译成土耳其语版本发布；在脸书、油管等平台，众多二次传播将作品推向更广阔范围的观众，仅境外社交平台浏览量便超过200万次，人民日报自有平台总播放量更是超过1亿人次，取得很好的传播效果。有力而高效的全媒体传播，为中国打破他国偏见的认识困境提供了必要的基础保障。

（三）打破偏见，构建最真实形象

2021年，习近平总书记在主持十九届中央政治局第三十次集体学习时强调，讲好中国故事，传播好中国声音，展示真实、立体、全面的中国，是加强我国国际传播能力建设的重要任务。①

改革开放以来，中国特色社会主义取得伟大成就，在世界交往不断深入的今天，引发各国对中国前所未有的兴趣与关注。然而面对新冠肺炎疫情，一些西方国家和政客对中国存在歧视性的看法和污名化的评价，企图将疫情的原因归结到中国身上。此时，真实的内容呈现便是对偏见和指责的强有力回击。

随着《生死金银潭》在海外平台的传播范围扩大，越来越多的国外网友对中国产生了全新的认识。纪录片扎实的内容及显而易见的事实，将一个客观、完整的中国形象展示出来。中国面对疫情的态度和做法，不再是国外媒体报道的只言片语，而是最真实的镜头画面。在人类重大疾病面前，不论身处何地，人与人之间都有着共通的情感。因此看到《生死金银潭》后，国外网友同样产生了强烈的情感共鸣，此前因不了解或被错误引导带来的偏见、误解，在事实面前被扭转。《生死金银潭》既回应了无端的指责，还原出客观的中国形象，又为国际传播效能提供助力，依靠主动出击获得国际传播中的话语权。

---

① 加强和改进国际传播工作 展示真实立体全面的中国[N]. 人民日报，2021-06-02（01）.

三、以"稳"突"变"：强化媒体在场

在日新月异的媒介环境中，内容传播形式、前沿技术水平、用户阅读特点等均持续发生变化。面对"自媒体"的快速兴起，主流媒体亟待在新传播环境中突围。相较自媒体，主流媒体拥有更庞大、完善的组织架构与深入事件现场的能力，这既是其媒体职责所在，也是其自身在变化的趋势中求"稳"的关键要点。

（一）深入核心现场的媒体担当

在新冠肺炎疫情袭来之后，网络上充斥着大量信息，有身在武汉的自媒体博主制作的Vlog视频，以个人视角记录武汉"封城"前后的情况，以碎片化短片展现武汉的现状。在"人人都有麦克风"的时代，新闻生产内容主体呈现大众化、多元化的特点，在非职业内容生产贴近现场时，主流媒体应该如何"突围"，体现主流媒体的担当？《生死金银潭》就是一个很好的例子。

当前，互联网平台短视频盛行、社交平台碎片化传播，用户生产内容中个人视角居多。由于条件限制，自媒体博主较难进入核心现场，获取更深入的信息，而这恰恰是主流媒体的优势与责任。在任何一个报道中，事件核心现场都是主流媒体不能缺席之地，主流媒体要为受众呈现来自核心现场的真实信息。作为全国最早深度报道武汉定点医院"红区"的纪录片，《生死金银潭》拍摄团队就是凭借36天不分昼夜的持续记录，为受众展现了疫情最前线的真实样貌，呈现了受众最关注的一线视角，这是主流媒体深入核心现场的媒体担当。

而除了新闻价值，创作团队拍摄的前方素材，同样具有史料价值，是对抗疫过程最真实情况的记录，可作为历史资料留存，从另一个角度体现媒体深入核心现场的价值与意义。

（二）拓展"云"制作的媒体创新

因为疫情限制，金银潭医院"红区"内都是受严格管理的人员，新闻工作者无法大量进入医院。为此，创作团队创新性地采用"云"制作的内容生产模式。前方采访、拍摄团队在武汉，后期编辑、制作力量在北京。每天，前方记者和摄像进入医院采访拍摄，传回拍摄素材，后方及时下载整理，并进行初步剪辑。到了深夜，前后方团队会通过电话会议沟通次日的拍摄内容及计划，往往一次就是几个小时。

赶上拍摄对象值夜班，拍摄团队便会跟着调整拍摄时间，通宵跟拍。通过线上日常沟通，在完成拍摄时，剪辑的思路和重点已有了方向。"云"制作模式解决了疫情中前期和后期工作人员无法见面的难题，及时的交流也避免了拍摄重点跑偏带来的关键信息缺失。借助"云"端的连接，以后方为指挥策划，前方落实执行，前后方的协同配合使主流媒体深入核心现场，带来了适用于疫情之下可行的工作范式，造就内容生产的一大利器。

在此后的2022北京冬奥会中，"云"制作模式再次发挥优势。人民日报社新媒体中心面向北京大学、中国传媒大学、北京工业大学等高校，征集100多名冬奥志愿者的手机拍摄素材。志愿者在北京、张家口各个区域的工作前方拍摄，编辑后期汇总视频，统一剪辑制作，形成纪录片《手机里的冬奥志愿者》，致敬北京冬奥会18000余名志愿者和所有幕后英雄。在该作品中，志愿者既是故事的主体，也是记录者。创作团队会为部分志愿者提供一些拍摄的重点和方向，百余人的参与规模使最终收集而来的素材相当丰富。而这是单独一个团队的力量很难做到的事情，充分发挥了"云"制作高效连接前后方的特点。对比《生死金银潭》制作流程，《手机里的冬奥志愿者》的素材内容更广泛。

不可否认，"云"制作模式也存在一定的弊端。相比之下，线上的沟通终究不如面对面交流更直接，"云"制作"其实也是不得已而为之"。[1]在创作《生死金银潭》期间，因每天的素材量巨大，利用网盘传输有时会出现当天来不及完成所有素材上传和下载、观看的情况。因此，固然"云"制作突破了疫情之下客观条件的限制，为新闻生产提供了全新的可能性，但其在交流便捷性上仍有可改进和提高之处。

（三）应对时代变化的媒体坚守

在媒体深度融合的时代，如何在碎片化传播中站稳脚跟，是新闻纪录片必须面对的现实问题，对新闻纪录片和主流媒体提出了更高的要求。

《生死金银潭》作为引发强烈社会反响的出圈作品，其成功秘诀在于题材、真实、细节三者的结合。首先，《生死金银潭》选取的题材是非常重大的，身处百年未有之大变局，加上新冠肺炎疫情的出现，每一个人都共同经历着这一切，

---

[1] 来自人民日报社《生死金银潭》主创团队策划李志伟的访谈。

对此都有切身的体会。因此，事件的显著性及贴近性使其自身就有很高的关注度和新闻价值，为作品的成功打下坚实的基础。其次，真实是新闻纪录片的重中之重，唯有真实的内容才能让观众信服，不论是拍摄手法还是后期剪辑都要以真实为原则，传递客观真实的信息。在此基础上，讲大道理是行不通的，需要从细节处着手，既把道理讲得明白，又让观众听得进去，才能实现传播行为的真正到达。

从这个角度分析，《生死金银潭》因其题材的特殊性也是较为稀有的存在。如果是一般性的日常选题，在时长上面就需做出较大让步，以适应碎片化阅读的媒介环境。因此，新闻纪录片的突围也要依照具体情况具体分析。

《生死金银潭》的成功启示着媒体从业者，在碎片化传播的短视频时代，新闻纪录片不会因其严肃性和制作周期长而失去价值。[①]而把握"题材+真实+细节"，是宏大叙事成功的关键，是讲好中国故事的重要生产要求，也是媒体应对时代变化需要坚守的内容奥义。

四、结语

《生死金银潭》作为我国重大题材的新闻纪录片，是发出中国声音、讲好中国故事的典型实践和优秀范例，获得中国新闻奖特别奖实至名归。通过对作品的深入分析，可以总结出新时代媒介传播环境下新闻纪录片、中国故事、主流媒体的"突围"之道。第一，对于新闻纪录片的制作，要建立内容深度的优势，以"深"突"短"，依托扎实的记录和对细节的深度挖掘，用好典型，反映事件背后的宏大主题。第二，对于中国故事的对外传播，要坚持内容的客观真实，以"真"突"困"，践行"时效度"原则，结合全媒体传播策略，向世界展现中国真实的样貌，消除偏见与误解。第三，对于主流媒体的发展，要强化媒体责任担当，以"稳"突"变"，在变化的潮流中寻找稳定的优势，在事件核心现场保证主流媒体始终在场，拓展新的技术模式，同时坚守"题材+真实+细节"的价值要领，激发新闻纪录片更多的潜力与效能。

---

① 李志伟. 短视频时代新闻纪录片的突围之路——第31届中国新闻奖特别奖《生死金银潭》创作感悟[J]. 新闻战线，2021（23）：16-18.

作品二:《独家视频丨游客:"彭麻麻呢?"》

吴炜华　　解心祥鹭[①]

作 品 信 息

作品标题: 独家视频丨游客:"彭麻麻呢?"

所获奖项: 第31届中国新闻奖短视频现场新闻一等奖

主创人员: 申勇、王哈男、张晓鹏、程爱华

编　　辑: 史伟、邢彬、李铮

主管单位: 中央广播电视总台

发布日期: 2020年1月19日

发布平台: 央视新闻客户端

作品时长: 23秒

作 品 简 介

2020年1月, 春节前夕, 习近平总书记赴云南考察调研。在腾冲和顺古镇小巷里, 游客偶遇习近平总书记时特别兴奋, 围拢过来朝总书记挥手问好。习近平总书记与游客亲切对话, 不经意间有位女孩子问总书记"彭麻麻呢?", 正当大家诧异时, 总书记巧妙地回答"没来", 还接了一句"快过年了, 都在家忙着

[①] 吴炜华, 中国传媒大学电视学院教授、博士生导师; 解心祥鹭, 中国传媒大学电视学院硕士研究生。

呢"，引得现场欢声笑语。这有趣、有爱、有温度的一幕贴合传统节日气氛，一问一答中尽显大国领袖的亲民形象，引发网友强烈共鸣，温暖了现场围观群众，温暖了当时快要过年的华夏儿女。现场空间狭小又事发突然，总台时政记者敏锐反应、全程捕捉，既抓拍到问问题的游客，又捕捉到习近平总书记的妙语和表情，声音清晰干净。编辑在制作时以最真实的视角还原现场，不加特效也未做过度剪辑，还保留了摇晃的镜头，展现总台时政最前线的真实记录，获得更好的观感，留回味的空间给受众。作品言语间展现大国领袖亲切质朴的一面，打动人心。

《独家视频丨游客："彭麻麻呢？"》二维码

作品分析

全媒体时代，中央广播电视总台积极践行媒体融合，思考传播时政话题的新思路，《独家视频丨游客："彭麻麻呢？"》突出体现了融合新闻报道转型、视听新媒体发展趋势的前沿成果。时政记者敏锐捕捉，记录温情现场，用真实视角提升视频观感，把握时机及时制作发布，契合传统节日氛围，在视频内容中突出主题与核心要点，成功把握了融媒体新闻特性。

一、把握融媒体新闻特性，呈现时政前线真实记录

（一）敏锐捕捉，记录温情现场

新闻现场不可预知的要素较多，新闻点稍纵即逝，记者应践行"四力"，用敏锐的嗅觉迅速反应、及时捕捉。习近平总书记赴云南考察调研，在古镇小巷中"偶遇"游客，而后的对话发生突然，但总台记者及时将镜头对准提出问题的游客与耐心回答的习近平总书记，完整记录下对话的全过程与习近平总书

记的妙语和表情。屏幕前的广大网友，虽不在云南小镇，心理上却能感受到习近平总书记寥寥数语下的温暖。对于现场细节的把控与记录是《独家视频｜游客："彭麻麻呢?"》得以广泛传播的前提。没有记者的敏锐捕捉，这一温情场景便将流于现场游客的口耳相传，而非家喻户晓、被网友津津乐道。

移动互联时代，新闻生产与呈现方式日趋多元，但时政新闻的特性意味着其仍需要记者捕捉第一手资料后再进行报道，好的新闻报道，要靠好的作风文风来完成，以好的新闻内容为支撑，才能实现媒介技术加持下质的飞跃。[①]巧妇难为无米之炊，这就要求时政新闻记者践行"四力"，更好地履行职责与使命。2016年2月，习近平总书记在新闻舆论工作座谈会上明确提出"好的新闻报道，要靠好的作风文风来完成，靠好的脚力、眼力、脑力、笔力得来"。2018年8月习近平总书记在全国宣传思想工作会议上强调，宣传思想干部要不断掌握新知识、熟悉新领域、开拓新视野，增强本领能力，加强调查研究，不断增强脚力、眼力、脑力、笔力。对于时政新闻记者而言，敏锐捕捉发生的事件并进行报道也是其职责与使命。

（二）真实视角，提升视频观感

随着媒体竞争加剧，很多新闻报道用过度的特效、配乐等方式吸引受众注意力，但《独家视频｜游客："彭麻麻呢?"》却恰恰相反，用纯粹的视角，真实再现总书记与游客的对话场景。在编辑制作时不加特效，也没有配乐，仅通过字幕标注日期、地点、事件主题等最关键的信息，牢牢抓住广大网友的心。[②]不论是现场收音的嘈杂，还是晃动但牢牢记录下场景的镜头，都赋予《独家视频｜游客："彭麻麻呢?"》独特的生机。这种生机所代表的真实，让每一位屏幕前的用户都能嗅到新闻现场的气息，仿佛每一位网友也身处云南的古镇，也在总书记的面前，一同见证对话的发生与发展。视频展现的真实视角在提升观感的同时，也把回味的空间留给用户，简单纯粹却意犹未尽。

新闻编辑制作时，特效、音效的添加需要考虑新闻本身的性质与特点，若

---

① 洪杰文，张唯依.内容生产与技术运用的深度互嵌——评第31届中国新闻奖媒体融合奖项获奖作品[J].新闻战线，2021（21）：27-29.

② 来自中央广播电视总台《独家视频｜游客："彭麻麻呢?"》主创团队的采编记录。

新闻本身不适合添加特效与过度剪辑，那么一些后续的编辑不免有画蛇添足之嫌，不如为用户呈现时政最前线的真实记录。在这一点上《独家视频丨游客："彭麻麻呢？"》的编辑们精准把握新闻特性，让这一短视频现场新闻得以走进每一位网友心间，获得更好的传播效果。

（三）及时发布，契合节日氛围

1.当日发布，满足用户需求

对于时政新闻报道而言，时效性是关键。2020年1月19日记录下的习近平总书记与游客对话的一幕，在当晚22点09分便发布在央视新闻客户端，而后引发全网的转载与关注。与习近平总书记相关的行程与事项是全国人民的牵挂，当日的《新闻联播》用较长篇幅报道习近平总书记于2020年1月17日、18日出访缅甸，晚间便通过《独家视频丨游客："彭麻麻呢？"》让广大网友了解习近平总书记的最新动态，也为第二天《新闻联播》习近平总书记赴云南考察调研的新闻作铺垫。当日发生的事件当日进行报道，大大提升此新闻的时效性，同时也满足受众对于习近平总书记相关消息的关注。

2.正值春节，把握发布时机

《独家视频丨游客："彭麻麻呢？"》的对话中游客问习近平总书记"彭麻麻呢"，习近平总书记巧妙地回答："没来。"还接了一句，"快过年了，都在家忙着呢！"对话中提及当时正值春节，而这有趣、有爱、有温度的谈话非常贴合传统节日的气氛，渲染浓浓的春节气息。在传统节日氛围的加持下，每一位观看视频的网友更能感受到话语间浓浓的温暖，视频中的习近平总书记就像家人、朋友一般，与我们聊着过节的家常话，展现了大国领袖亲切质朴的一面。而总台也把握发布时机，在春节的氛围中，让视频打动每一位网友的心，让用户感受到亲切与温暖。

（四）突出主题，抓住核心要点

1.趣味标题引人注目

短视频的观看环境不同于传统的电视、电影的观看环境，要在短时间内让受众浏览点击，并迅速抓住其注意力，这就需要设计一个好标题，简明扼要、突出重点，同时要有人情味。①《独家视频｜游客："彭麻麻呢?"》的标题选用游客的问话，并且没有使用准确发音的"彭妈妈"一词，而是用游客因口音而说出的"彭麻麻"一词，方言化让这个标题顿时趣味十足，让用户不禁想要看看为什么游客会问出这样的问题，为什么是"彭麻麻"而非"彭妈妈"，面对这样可爱的问题习近平总书记又会怎样巧妙温馨地回答。

媒体融合背景下，新闻标题的形态与风格也不断变化。近年来，党媒标题已很少使用刻板的"官话"，而是尝试更多地使用口语，特别是贴近民众生活的大白话，使标题变得更加通俗易懂、平易近人。②《独家视频｜游客："彭麻麻呢?"》在标题中运用口语，在质朴中又灵动地表达出新闻点从而吸引用户注意。

2.内容结构突出重点

全媒体时代，用户观看短视频时在移动平台更容易传播情绪，因此短视频的主题叙事和情感表达必须突出。③《独家视频｜游客："彭麻麻呢?"》仅有23秒，但是这23秒的内容做到了主题突出。视频画面开始于习近平总书记与游客在古镇中偶遇，游客纷纷与习近平总书记挥手打招呼，人群中有位女孩子问习近平总书记："彭麻麻呢?"而后镜头便巧妙地转移到习近平总书记一侧，记录下习近平总书记的思考过程与巧妙回答，也记录下游客与习近平总书记挥手道别。《独家视频｜游客："彭麻麻呢?"》短视频内容连贯、叙事清晰，突出习近平总书记的妙语，以偶发性、街拍式记录的日常视角展现了习近平总书记以人民为中心的情感，以细节和言语展现了习近平总书记的民生情怀。④

二、积极推进深度融合，展现时政话题传播新思路

面对媒体融合和建设全媒体这一紧迫课题，习近平总书记强调，宣传思想工作要把握大势，做到因势而谋、应势而动、顺势而为。我们要加快推动媒体

---

① 侯良健.时政微视频的创作理念与主题表现[J].中国编辑，2019（11）：72-76.

② 孟向东.从媒介变迁视角看媒体融合中的党媒新闻标题趣味化现象[J].新闻爱好者，2021（09）：75-77.

③ 侯良健.时政微视频的创作理念与主题表现[J].中国编辑，2019（11）：72-76.

④ 来自中央广播电视总台《独家视频｜游客："彭麻麻呢?"》主创团队的访谈。

融合发展，使主流媒体具有强大传播力、引导力、影响力、公信力，形成网上网下同心圆，使全体人民在理想信念、价值理念、道德观念上紧紧团结在一起，让正能量更强劲、主旋律更高昂。在全媒体建设的道路上，总台不断交出成绩斐然的答卷，坚持守正创新、深化媒体融合，积极思考传播时政话题的新思路，创新中国故事的讲述方法，推动媒体融合高质量发展。

（一）打造全媒体传播矩阵，媒体融合持续加速

全媒体传播体系建设不断推进，媒体融合持续加速。面对全媒体时代的全新挑战，总台坚持深入推动内容生产供给侧结构性改革，以主流价值强化舆论引领，聚焦新技术，向科技创新要生产力，不断推进从终端技术、内容生态、到传播渠道、生产平台全方位的转型升级，全力构建涵盖网站、客户端、手机、电视等平台的全媒体传播矩阵，努力打造自主可控、具有强大影响力的新媒体平台。[①]

2021年《中央广播电视总台社会责任报告》指出，总台积极承担阵地建设责任，加强媒体融合发展战略规划顶层设计，制定实施《总台加快推进媒体深度融合发展的意见》和加强对外融合传播意见，央视新闻新媒体用户规模达8.26亿，同比增长62.9%。2021年10月20日，央视新闻客户端升级改版，全面集结优质核心资源，打造新闻新媒体旗舰平台，在创新中不断扩大影响力、增强软实力，站在媒体融合发展前沿，不断创新全媒体背景下的采编形式与制作形式。

《独家视频｜游客："彭麻麻呢？"》的诞生则依托总台一系列媒体融合的举措与尝试。其于央视新闻客户端首发，运用全媒体传播矩阵扩大传播声量，23秒的视频在当天便获得23亿次的点击量。[②]中部副部长、中央广播电视总台党组书记、台长兼总编辑慎海雄认为，总台"以'大象也要学会跳街舞'的精神风貌拥抱互联网、打造全媒体，加快推动总台从传统广播电视媒体向国际一流原创视音频制作发布的全媒体机构转变，从传统节目制播模式向深化内容生产供给侧结构性改革转变，从传统技术布局向'5G+4K/8K+AI'战略格局转变，海内

---

① 慎海雄. 坚持守正创新 深化媒体融合 奋力打造国际一流新型主流媒体[J]. 中国网信，2022（03）：26-29.

② 来自中央广播电视总台《独家视频｜游客："彭麻麻呢？"》主创团队的访谈。

外引领力、传播力、影响力显著提升，有力有效服务好党和国家工作大局，以实际行动忠诚践行党的意识形态重镇的使命担当"。①

（二）守正创新，新方法讲述中国故事

从守正出发，以创新为结，总台在媒体融合进程中一直践行守正创新，不断探索时政话题传播新思路与新方法。

时政新闻报道需要主题主线传播理论，也需要接地气的朴实民风，总台时政是视频记录者，能够以记录的视角展现领导人以人民为中心的情感，通过点滴的细节与言语展现领导人的民生情怀。②网友们在评论区也纷纷留言"被这一幕暖到了！总书记亲民爱民没有架子，跟老百姓像亲人一样没有距离，大家都爱您祝福您"。新主流视听作品之所以能够形成更好的传播效果，是因为其更善于讲述更具体的人的故事③，而《独家视频丨游客："彭麻麻呢？"》则展现了塑造领袖立体形象的新方式与讲述中国故事的新方法。

要真正做到以人民为中心，做出人民群众喜闻乐见的新闻内容，就要将视角下沉到基层一线，让群众切实感受到时代与个人命运的接近性，要将报道内容和叙事话语真正扎根在中国大地上。④近年来，总台精心打造"总台时政"品牌集群，新语态阐释新思想，大力提升总台"头条工程"传播实效，以领先的发稿时效、覆盖全球的传播优势、锐利深刻的评论言论和生动鲜活的"爆款"产品，传播好党的创新理论，讲好中国故事。⑤《新闻联播》等重点新闻栏目策划高质量、成系列主题主线报道，央视新闻发布时政稿件3000余篇，全网首发首推510条时政快讯，播放量达70亿次，《央视快评》《国际锐评》《玉渊谭天》《总

① 慎海雄.坚持守正创新 深化媒体融合 奋力打造国际一流新型主流媒体[J].中国网信，2022（03）：26-29.

② 来自中央广播电视总台《独家视频丨游客："彭麻麻呢？"》主创团队的访谈。

③ 王晓红，倪天昌.论媒体深度融合背景下主流价值传播的守正与创新[J].电视研究，2021（12）：10-13.

④ 洪杰文，张唯依.内容生产与技术运用的深度互嵌——评第31届中国新闻奖媒体融合奖项获奖作品[J].新闻战线，2021（21）：27-29.

⑤ 慎海雄.坚持守正创新 深化媒体融合 奋力打造国际一流新型主流媒体[J].中国网信，2022（03）：26-29.

台海峡时评》《大湾区之声热评》《主播说联播》等总台评论言论品牌影响力与创新产品影响力持续提升，着力推动习近平新时代中国特色社会主义思想"飞入寻常百姓家"。

三、结语

面对全媒体时代的全新挑战，中央广播电视总台积极推进媒体融合，打造全媒体传播矩阵，探索传播时政话题的新思路。在《独家视频丨游客："彭麻麻呢？"》收获"现象级"评价与传播效果的背后，是总台充分把握融媒体新闻特性：现场时政记者践行"四力"，敏锐捕捉并记录温情现场；视频制作不加额外修饰，保留时政前线真实视角；及时发布，契合节日氛围并满足受众需求；视频标题及内容充满趣味、突出要点。更重要的是，依托总台全媒体传播体系建设的不断推进，坚持深入推动内容生产供给侧结构性改革，《独家视频丨游客："彭麻麻呢？"》由央视新闻客户端发布后不断"燃爆"互联网、刷屏朋友圈。中央广播电视总台以主流价值强化舆论引领，全力构建全媒体传播矩阵，努力打造具有强大影响力的新媒体平台。

作品三:《独家航拍! 直击水龙与火龙艰苦拉锯》

夏丽丽　宋　恺[①]

作 品 信 息

作品标题: 独家航拍! 直击水龙与火龙艰苦拉锯

所获奖项: 第31届中国新闻奖短视频现场新闻一等奖

主创人员: 王云、袁敏

编　　辑: 李蕾、孙琪

主管单位: 四川日报社

发布日期: 2020年4月2日

发布平台: 川观新闻客户端

作品时长: 1分20秒

作 品 简 介

　　2020年4月1日19时许, 四川省凉山彝族自治州西昌泸山突发山火。与其他山火不同的是, 这场大火直逼人口76万的凉山州州府, 附近还有加油站、液化气储配站、学校等, 灾情危急, 各界十分关注。四川日报旋即派出记者以最快速度直抵火灾现场, 成为当天唯一进入火灾救援一线的新闻媒体。记者克服现场秩序混乱、浓烟滚滚等重重困难, 跟随救援队伍转战火场, 运用无人机航拍、

① 夏丽丽, 中国传媒大学电视学院副研究员; 宋恺, 中国传媒大学电视学院硕士研究生。

手持相机拍摄等方式，在全国媒体中首发独家视频新闻。记者通过整体与局部并重、远景与近景结合、火情与救援同步的方式，翔实记录了一线救火现场，反映了消防、公安、民兵等多路力量奋战火线的英勇顽强，最快速度回应社会关切。

《独家航拍！直击水龙与火龙艰苦拉锯》二维码

作 品 分 析

当前，社会高度媒介化，群众信息需求呈井喷式增长。信息流沟通互联让公众表达更多元、更迅速、更便捷；传播秩序的规范治理、群体共识的凝聚统合、社会风险的预防规避等，在信息洪流中经受着舆论考验。突发事件新闻报道是社会维稳的关键一环。宏观上，世界舆论聚焦中国，突发事件报道能反映中国人权发展道路和对外话语体系的建设；中观上，人民的知情权、监督权等基本权利的相关法律越发完善，人民主体地位增强；微观上，事件发生、发展等关键问题，牵系着人民群众的切身利益。及时有效的信息公开有利于引导社会舆论，稳定人心。在新媒体语境下，危及群众生命安全的重大突发事件更加需要记者及时传达公共信息，建立政府与群众沟通的桥梁。

一、逆行而上，第一时间发回独家新闻

（一）及时报道，回应社会关切

《独家航拍！直击水龙与火龙艰苦拉锯》是突发事件新闻报道在新媒体传播环境中主流媒体迅速应对、及时报道的精品典范。在西昌泸山山火发生后，四川日报记者突破险阻、排除万难，第一时间抵达救援现场。4月1日傍晚，王云、

袁敏两位记者在取得指挥部许可后，驾车赶赴火场。在最后一道管控的封锁线前，记者的车辆还是被拦下。现场浓烟滚滚，火光烛天。执勤的公安民警接到的命令是：为避免出现更多伤亡事故，除了救援车辆，一律不准通行。在与公安局局长不懈沟通后，四川日报成为唯一获准进入火灾救援一线的媒体。[①]进入现场后，王云、袁敏直冲最前线。他们将一手信息和相关素材及时回传，与后方同事通力协作，实时沟通，发回了《独家航拍！直击水龙与火龙艰苦拉锯》《现场直击！3次转换阵地 这支森林消防队通宵鏖战泸山》《现场直击！火线逼近邛海海滨公路 勇士出击今夜无眠》等稿件。前方快速传回素材，后方迅速剪辑整合，多平台及时分发，在第一时间积极回应社会各界对火灾救援的高度关注。

（二）有力发声，抑制谣言传播

真相是回击谣言最有力的武器，新闻报道是传递真相的最前沿阵地。突发重大社会安全事件具有不可预知、危险紧急、牵涉多方等特性，极易引起公共危机。面对突发事件，一方面，政府的科学、有效、果断决策依靠客观全面的公共信息；另一方面，公众对公共信息的需求猛增，猜疑、恐慌、恐惧等情绪在互联网空间里不断蔓延。突发事件新闻报道是减少信息不对称性、不确定性的关键法门。客观全面的突发新闻报道能够密切联系政府与群众，满足公众的获知诉求，引导舆论方向，稳定群众情绪。反之，滞后报道、虚假报道，以及公共信息的瞒报、漏报、错报会造成信息缺口。谣言乘虚而入，对社会秩序造成难以估量的影响。

山火发生后，川观新闻客户端迅速发布"火情与救援同步"的新媒体产品，保证公共信息传播的广度、密度和深度，有力发声。记者奔赴一线，逆行向前，与森林消防队伍并肩战斗，及时传递火灾核心现场的最新情况，记录前方一线"火龙"与"水龙"艰苦拉锯的现场，客观呈现火灾救援的积极进展，反映消防、公安、民兵等多路力量奋战火线的英勇顽强，以最大限度、最快速度回应社会关切。这对当地稳定民心、抑制谣言传播起到了重要作用。

---

① 来自四川日报社《独家航拍！直击水龙与火龙艰苦拉锯》主创团队记者王云的访谈。

二、灵活报道，多元形式呈现新闻现场

（一）可视化手段满足多角度需求

技术迭代是报道内容变革的重要驱动力。在以移动设备为中介的新传播情境中，新闻的采编流程、传播方式、形态呈现、价值选择发生了变化。互联网的技术加持构建起新的媒介生态，这让新闻不再是"5W+1H"的静态文本，而是参与式的、互动式的、社会化的信息交流。新闻媒体的内容生产者越来越多地依赖移动终端的内容创作与表达。川报全媒体以其专业的分工格局、及时的转型调整、丰富的信息资源，为新闻生产探索出合理有效的创新进路。短视频新闻依托互联网传播载体，符合移动端新闻浏览习惯。在无人机航拍、超清拍摄、协同剪辑等新技术加持下，短视频新闻不断发展出新颖独特、丰富多元的呈现形态。在全媒体融合的大趋势下，川观新闻客户端保持图文生产专业优势和比较优势，提升短视频等可视化内容占比，创造新品，打造精品[①]；重视技术赋能，以前瞻科技为引领，驱动媒体内容生产向更纵深、更全能、更先进、更精准迈进。

此次"火情与救援同步"的短视频新闻是四川日报全媒体实践的典型案例。火灾救援现场危险混乱、烟气横行、能见度低，拍摄条件严苛，报道难度大。两位记者灵活采用无人机航拍技术，通过及时动态采、编、发，保证突发事件新闻的强时效性、强现场感。记者以丰富的镜头语言、多元的拍摄视角、清晰的画面反馈，客观还原火灾一线的现场情况。可视化手段拥有独树一帜的内容传播力和表达感染力，它以特有的语言空间展现火场实景，回应公众关切，展现救援力量的冲锋逆行，满足受众对新闻的多角度需求。视频报道本身实现多角度、多镜头、多景别的灵活切换，远近结合，兼顾整体，聚焦细节，既有大气震撼的全景，也有救援力量迅速集结的近景。

（二）全媒体分发推进新闻产品形态革新

媒体融合发展大趋势下，主流媒体是媒介生态构建的关键角色，是新闻生产变革的重要参照。诸多新闻产品在内容形态、生产业态、传播生态等方面呈

---

① 李鹏. 以智媒体为抓手 构建全媒体传播体系——四川日报报业集团探索媒体深度融合的创新实践[J]. 新闻与写作，2020（12）：89-95.

现出新理念与新策略。新语态、强互动、高科技成为新闻报道的趋势，折射出主流媒体内容语态、传播关系、生产模式的转变。短视频现场新闻拓宽了传统媒体的报道渠道，实现了新闻从文字、图片到视频的全面升级，是媒体融合进程中极具创新意义的探索。四川日报全媒体以打造短视频精品为抓手，以三端融合为重要方向，加快新闻移动化、传播智能化、内容视频化的发展步伐，既推动报业整体向精准、深度、权威进一步优化，又推进报业、网页、终端内容的快捷分发，实现多维度、多形态的新闻产品革新。①

这条短视频现场新闻第一时间在四川日报全媒体平台发布。同时，抖音、微博等社交平台也对其广泛传播，实现"一次生成，多次使用"。抖音平台播放量达300万次、微博观看量达上百万次。当晚，该视频新闻被人民日报、新华社、央视新闻等中央媒体客户端，以及澎湃新闻等媒体大量转载引用，网易、腾讯、爱奇艺等商业传播平台纷纷抓取播放，视频全网曝光量累计破亿次。这条短视频现场新闻的生产与制作采用"采编在现场""编审在云端""分发全媒体"的全流程快速响应机制，实现了现场采编移动传输、云端编审快速发布、流程贯通一站分发。前后方通力协作、实时沟通。

三、坚守一线，全能记者肩负使命担当

（一）与时俱进，锤炼专业本领

锤炼本领、与时俱进，这是移动互联网时代新闻记者投身报道一线的基本要求。近些年，新闻生产流程创新再造，报道分工趋向整合，采编设备迭代，互联网基因越发关键，全媒体体系走向成熟。这就要求新闻工作者改变传统报道思维，俯瞰事件发展大趋势，把握报道流程各节点，从发现、记录、生产、运营、分发多环节考虑新闻进程。

四川日报全媒体整合资源优势，确定新闻报道一体化、移动化取向，要求每一名全媒体记者除了文字之外，还要掌握照片拍摄、视频拍摄、照片处理、视频剪辑、主持出镜等基本技能。四川日报针对记者转型作了多批次培训，反

---

① 李鹏. 以智媒体为抓手 构建全媒体传播体系——四川日报报业集团探索媒体深度融合的创新实践[J]. 新闻与写作，2020（12）：89-95.

复演练，在实战中提升技能。通过锻炼脚力，培养眼力，开发脑力，提升笔力，绝大多数记者熟练掌握相关技能，打造全能记者。既能团队战斗，也可单兵作战。①

（二）时刻响应，保持职业素养

不忘初心，恪守规范，这是新闻记者在全媒体实践中应有的信念。首先，新闻记者要有敏锐的新闻嗅觉。在面对突发事件时，是否有新闻传播的价值，如何确定关注点与聚焦点，记者要有快速精准的判断；在向报社报告的同时，应第一时间做好随时出发的准备。在新媒体时代，信息传播的渠道越来越多，传播的速度也越来越快，这使突发事件报道要求记者第一时间占领舆论主阵地，在最短的时间内发回稿件，并传播到网络能覆盖的所有地方。其次，传统主流媒体在信息渠道的权威性、生产流程的专业性、事实核查的公开性、语态表达的客观性等维度拥有天然的优势。新闻记者应做好专业化新闻标准与大众化语态表达的平衡，满足公众对权威的、公正的、真实的信息流通的需求。最后，新闻工作者本身就是逆行者。在此次西昌泸山山火的突发事件报道中，王云、袁敏两位记者与森林消防救援人员并肩战斗，逆行而上，这是新闻的使命，也是记者的担当。每当突发事件发生时，越艰险越要向前。②记录真实的现场，传播真实的声音，这是记者职业素养所在。

（三）把握大局，提高政治素养

增强突发事件舆论引导能力，有效应对舆论危机，是主流媒体的职责所在。及时有效地化解舆论危机，是各级党委、政府和新闻媒体都必须认真面对的问题。提高舆论引导的能力，是化解舆论危机的基本要求。因此，作为新闻记者，在对突发事件进行新闻报道时，必须具有较高的政治素养，自觉维护党和政府的形象，及时将党和政府的应对举措准确传递给人民群众。

首先，新闻记者要成为公共信息的发布者和验证人。保持舆论表达的渠道畅通，确保群众的意见和要求能够及时反映，最大限度地减少或避免出现舆论危机。

①　来自四川日报社《独家航拍！直击水龙与火龙艰苦拉锯》主创团队记者王云的访谈。

②　来自四川日报社《独家航拍！直击水龙与火龙艰苦拉锯》主创团队记者王云的访谈。

其次，新闻记者要成为舆论通道的疏导者和捍卫者。如果正常的舆论通道不畅通，甚至被堵塞，群众有话无处说，有情绪无处宣泄，群众情绪的积压和意见的积累，就可能导致沉默中的负面情绪暴发，产生破坏力强、引导难度大的舆论。对政府来说，舆论危机会造成被动局面，损害政府公信力，不利于问题的有效解决。实践说明，要坚持以正面宣传为主，积极疏导，使那些积极、正向的舆论能够逐步壮大声势；针对消极、负向的舆论，应尽快加以疏导，使其淡出舆论场，防止其形成舆论危机，造成负面影响。

最后，新闻记者要成为舆论建设的主动方和引导者。新闻记者承担着各级党委政府以及各行业部门之间信息传递的重要职责。媒体要在舆论发展的各个阶段主动作为，尽可能避免任由舆论随意传播、四下蔓延的情况。对是非不清或消极负面的舆论，绝不能采取回避的做法，决不能在民众渴望了解事实真相时不解释、不发声。不能出现媒体缺位和失语的情况。

四、结语

在西昌泸山山火的突发事件报道中，四川日报全媒体展现出党报、党端、党网应有的内容深度、技术强度、传播速度和人文温度。两位记者不畏艰险、果断出击、逆行而上，体现新时代中国记者的精神、使命与担当，作品为突发事件报道提供了宝贵经验。第一，内容生动不失真，以丰富的镜头语言忠实还原"火龙"与"水龙"的拉锯战，新颖独特、震撼人心；第二，技术迭代助实践，根据现场拍摄环境，灵活采用超清航拍技术记录救援一线，远近结合、主次并重；第三，前后协同传播快，充分利用全媒体实践优势，打造全能记者，实时沟通，提高报道效率；第四，以人为本是核心，把人民群众的生命安全、利益诉求置于首位，客观传递公共信息，真实呈现救援力量的强大，稳定民心，引导舆论。

作品四:《无胆英雄张伯礼》

曾祥敏　　王正健[①]

作 品 信 息

作品标题：无胆英雄张伯礼

所获奖项：第31届中国新闻奖短视频专题报道一等奖

主创人员：刘雁军、齐竞竹、闫征、许浩、潘德军、刘浩

编　　辑：苗超、吴兴

主管单位：天津津云新媒体集团股份有限公司

发布时间：2020年3月21日12时26分

发布平台：津云客户端

作品时长：7分53秒

作 品 简 介

2020年初，新冠肺炎疫情突袭武汉，一时间整座城市按下暂停键。与此同时，来自全国各地的多支医疗队、无数医护人员驰援武汉。在这场战"疫"中，涌现出无数可歌可泣的英雄人物，为抗击新冠肺炎疫情作出巨大贡献，而天津中医药大学校长张伯礼院士就是其中的一名杰出代表。

---

① 曾祥敏，中国传媒大学电视学院教授、博士生导师；王正健，中国传媒大学电视学院硕士研究生。

《无胆英雄张伯礼》讲述了张伯礼院士在武汉抗疫的点滴瞬间，通过采访张伯礼院士的10位"身边人"，从不同角度呈现了这位年过古稀的老人在抗疫期间的拳拳赤子心。作品通过津云客户端、津云双微和北方网发布后获得了广泛关注，众多网友纷纷留言，表达了对张伯礼院士的致敬和赞誉，多家中央媒体平台、省级新闻媒体和商业传播平台相继对《无胆英雄张伯礼》进行传播推广。

《无胆英雄张伯礼》二维码

作品分析

张伯礼有很多的头衔：中国工程院院士、中国中医科学院名誉院长、天津中医药大学校长……2020年1月26日晚，张伯礼接到通知，搭乘第二天早上的飞机飞往武汉，参加抗疫工作。1月27日，张伯礼飞抵武汉，随即投身抗疫工作。在他的组织、研究和推动下，中医药在抗击新冠肺炎疫情中发挥了重要作用。而他本人也在这场战"疫"中展现了一名医生的医者仁心与格局担当。

天津津云新媒体集团在第一时间了解到张伯礼院士的工作动向，从接近性和可操作性思考如何报道张伯礼院士，在积累一定素材后，立刻确定报道选题，积极开展采访，迅速完成制作，2020年3月21日发布短视频专题报道《无胆英雄张伯礼》。

《无胆英雄张伯礼》在内容、形式、情感和细节方面都可圈可点，取得了良好的社会效果和传播效果，获得第31届中国新闻奖媒体融合奖项短视频专题报道一等奖。作品既展现了张伯礼的英雄气概和医者仁心，也弘扬了中国的抗疫精神，为中国抗疫取得阶段性胜利成果营造良好的舆论氛围。不仅如此，疫情背景下，主创团队的工作模式、生产机制对于新闻工作的开展也极具借鉴意义。

本文不仅从内容、形态等角度分析该作品的优点和亮点，也将总结其背后新闻采集、生产、传播的经验。

一、呈现独特，创新叙事角度

《无胆英雄张伯礼》的主创团队通过采访张伯礼院士的10位"身边人"，以"身边人"回忆录的形式，使用同期声，从各自不同的角度讲述了5张照片背后的故事。

（一）舍弃解说，回避全知视角

传统人物纪录片和专题片往往使用解说词串场，但该作品通篇没有画外音解说，只使用受访者的声画。实际上，早在创作之初，主创团队就计划不在作品中使用解说词，希望通过原汁原味的访谈同期声真实地还原张伯礼院士的抗疫过程。

解说词作为创作人员主观设计的语言文字，天然地以全知视角进行讲述，虽然能使用户更简单轻松地了解故事内容，但也限制了用户的想象空间。舍弃解说词，回避全知视角的表达，最大限度地消除作品中创作人员的主观色彩，最大限度地呈现写实效果，给用户以更多的自由解读空间。

一方面，作品用严密紧凑的影片结构代替解说词的整合作用。摒弃冗长的旁白叙事结构，采用紧凑的同期声串接方式，短视频的整体节奏感更强，用户在短短几分钟就能快速了解典型人物的形象事迹，感受精神传递的力量。另一方面，作品用饱含深情的同期声代替解说词的情感表达作用。主题报道要用作品中的感情力量拨动用户的心弦，使之产生共鸣，短视频如能以情动人，直击人心，达到的效果可能比引经据典地讲道理更好。例如，2月16日，由于过度劳累，张伯礼院士胆囊炎发作，中央指导组的领导强令他住院治疗。作品通过张伯礼的助手杨丰文讲述了这一段故事。实际上，早在16日前的几天，张伯礼院士就一直是忍着病痛，坚持在前线工作，直到实在坚持不住了才告诉大家。2月19日，张伯礼院士在武汉接受了微创胆囊摘除手术。术后第二天，张伯礼的第一件事就是打电话询问方舱医院内病人的状况，第三天，就投身救治工作。杨丰文用感慨、敬佩、担忧等情绪的声音，生动讲述了张伯礼院士不顾自身安危，为抗疫工作奉献自我的鲜活事迹，深深打动了用户，而这正是旁白叙事所远不能达到的效果。

解说词的使用还往往会让用户和内容间产生距离感，影响用户情感思绪的酝酿和代入，全部使用采访同期声能提供更好的代入感，使用户更深地融入作品所塑造的氛围中。这一点在注重讲述故事、塑造情感的作品中体现得尤为明显。不仅如此，解说词的舍弃间接压缩了作品的时长，有利于短视频的浏览和传播。

（二）扬长避短，第三方视角叙事

典型人物报道中最常见、最普遍的形式是跟随报道对象本身的日常生活，记录报道对象身上的细节，再采访报道对象，使其讲述自身经历，记录报道对象有感而发的每一个金句，以此展现人物的形象，体现人物内心的光辉。

《无胆英雄张伯礼》一改往常的典型人物报道形式，全片没有采访张伯礼院士本人，而是通过身边人回忆的形式讲述张伯礼院士在武汉工作的点点滴滴。第三方"回忆录"的形式较为新颖，也是该作品的亮点之一，但这其实是现实条件逼出来的结果。

疫情初期，创作团队的主要成员都居家隔离，但是并没有人因此而停止工作。作为时代的记录者，他们积极参与疫情相关报道，策划了《我的红区日记》栏目，连续40多天用视频连线的方式采访天津驰援武汉的近百位医护人员。在采访当中，记者发现多人是张伯礼院士的学生，还有他的儿子和侄子。主创团队因此而结识了多位张伯礼院士的"身边人"，为报道张伯礼院士奠定了一定的基础。

作为中央指导组专家组成员、武汉江夏方舱医院主要负责人之一，张伯礼院士每天的工作十分繁忙且行踪不定，不仅是他的学生、同事见不到张院士，甚至家人都常常联系不上。经过多方联系，多方找寻，采访张伯礼院士本人的计划皆以失败告终。①

典型人物报道却无法采访到报道对象本人，这是作品创作中的巨大难题。创作团队经过深思熟虑后，决定改变创作思路，转变叙事主体，发挥已经建立起的优势，扬长避短，旁敲侧击，以身边人"回忆录"的形式，通过第三方视角看典型人物，再现了张伯礼院士的故事。一方面，身边人的叙述完全是以第

---

① 来自天津津云新媒体集团《无胆英雄张伯礼》主创团队记者闫征的访谈。

三方视角进行的，因此相比于创作人员全知视角的解说词和报道对象主观视角的自我讲述更具说服力，更令人信服。另一方面，第三方所讲述的故事往往基于自己的亲身体会，同样的事件，第三方的细节讲述有时甚至比当事人讲得更细腻鲜活，使作品更生动可感。

（三）多元角度，塑造立体形象

新闻前辈艾丰曾把选择新闻角度喻为挖矿，他说："新闻价值在事实内蕴藏得不均匀，有各种不同的矿床，选择好的角度，就是为了便于记者更迅速、更顺利地开采这些价值，更准确、更鲜明地表现这些价值。"①做短视频报道也是这样，找准角度才能迅速挖掘出新闻价值，为主题服务。

张伯礼院士支援武汉这一事件，创作团队第一时间就了解到信息并随即跟进。院士、校长、中医大家、白衣战士、敦厚长者、严师严父……张伯礼有多重身份。在策划报道的过程中，创作团队很快便确立好从六个方面去展现张伯礼院士，作品中分别从"抗疫英雄""白衣天使的代表""老当益壮英雄气概的代表""中医大家的代表""老共产党员的代表""天津人的代表"这六个角度入手，展现张伯礼院士以勇气担当构筑生命防线，诠释医者仁心的感人事迹。

面对张伯礼院士的多重身份，创作团队没有生硬地按照不同角度来分开报道，没有硬性地把人物形象分割，而是从整体报道张伯礼院士的事迹和精神。张伯礼院士的学生、助理、儿子、侄子、同事、领导，不同身份的访谈对象从不同的角度讲述自己的亲身经历，将张伯礼院士多重身份、六个"代表"的形象融合于一个作品中体现，塑造出张伯礼院士立体、鲜活的人物形象。

二、注重细节，精雕细琢打造精品

重大主题报道是主流新闻媒体发挥引领作用、实现舆论引导的重要手段，也是主流媒体核心竞争力所在。在疫情肆虐的大背景下，津云新媒体不仅没有缺席，更把《无胆英雄张伯礼》这一短视频拍出了层次，细节上精雕细琢打造精品佳作。

细节是短视频故事化的重要组成部分，有细节的地方往往最能展现故事。

---

① 　蔡宁涛.角度选择中的辩证思维[J].新闻爱好者，2010（22）：116-117.

细节使人物有血有肉，形象更为丰满，从而彰显榜样力量；细节能渲染氛围，增加故事感染力，使用户产生情感上的共鸣；细节能深化主题思想，升华作品主旨，进而弘扬时代精神。

音乐选取方面，主创团队格外重视音乐细节与新闻内容的和谐统一，优先选取契合中医大家这一身份的音乐，助推作品情绪氛围的表达和渲染。创作团队精挑细选多段背景音乐，既有恢宏磅礴的氛围型配乐，又有弦乐铺陈的叙事型配乐，在不同段落分别营造出紧张、温馨、感人、恢宏等多种氛围。背景音乐与人物同期声有效结合，在渲染不同情绪氛围的同时，没有造成听觉疲劳，为内容的表达增色不少。

同期声使用方面，除人物采访的同期声外，创作团队把江夏方舱医院患者感谢天津医疗队的声音恰当地运用进去，就是短短一两句的现场同期声细节反映了当时患者的真实感受，表达对以张伯礼院士为代表的抗疫医护工作者的感谢和致敬。现场同期声既使新闻报道更真实可感，又起到渲染氛围和烘托情绪的作用，成为该作品的又一亮点。

包装设计方面，包装效果不能过于形式主义，要为作品的整体形态服务。2018年制作《臊子书记》时，创作团队便已积累了丰厚的作品包装经验，该作品中多次使用的MG动画和3D效果等特技为作品增色不少，获得用户和业界的广泛好评，《臊子书记》本身也表现出色，获得第29届中国新闻奖短视频新闻一等奖。但此次制作《无胆英雄张伯礼》时，创作团队在研讨制作包装时就提出，注重作品的新闻性，不希望辅以过多的包装效果。作品中仅仅制作了古书籍风格的翻书效果用以展示5张线索性的照片，使用金黄色调以及粒子效果营造稳重、神圣的氛围，同时在书籍的周围设计了听诊器、温度计等医学元素，与张伯礼院士中医大家的身份相呼应。包装设计虽然少，但精美有效，为作品的视觉表达增光添彩。

三、云上采访，探索新闻采集新模式

2020年初，新冠肺炎疫情突如其来，主创团队、津云新媒体集团，甚至整个天津，去往武汉抗疫前线的记者少之又少。武汉封城的背景下，实地采访一线医护人员已经无法实现，主创团队积极寻求解决办法，以线上云端的方式进行采访。

（一）声画分离，技术问题增加采访剪辑难度

对于主创团队而言，与医护人员进行视频连线的技术问题是一个不可回避的难题。疫情初期，线上采访的形式并不普遍，连线方式较为单一，缺少相关经验，常用的视频通话主要通过微信的视频电话实现。

画面方面，主创团队用录屏软件对画面进行录制，为避免长时间采访中软件故障造成数据丢失，每隔半个小时，创作团队便会暂停并重新开始录制。

然而声音方面，由于录屏软件不成熟，视频连线的录制过程中只有画面而缺乏声音。主创团队为较高质量地完成声音录制，保险起见，同时使用两部录音设备——一部手机、一支录音笔进行录制。

因为录制过程中画面与声音分离，所以后期制作的难度大大提高。网络的不时卡顿更是使画面声音的匹配难上加难，剪辑制作时，不得不频繁调整画面和声音和位置，甚至逐帧对应。[①]

由于访谈人数众多、访谈时间超长，8分钟左右的短视频背后的素材，是记者们每天深夜2—3小时的访谈录制，持续了近一个月。采访资料转换成文字后共有20余万字，这使素材选取成为另一大难题。主创团队耗费大量时间精力，反复推敲、删减、精编成2万字后，依照5张照片架构起的时间顺序，将采访资料按照事件和故事分门别类地填充到作品中，完成初步的剪辑制作。

（二）深入交谈，跨越千里实现情感共鸣

典型人物报道强调"共情"，然而天津与武汉相距千里，依靠屏幕进行的线上交流大大增加了记者与采访对象的距离感，想要同采访对象实现"共情"十分困难。为此，创作团队基于以往的访谈经历，在实际采访过程中逐步总结出线上采访的新经验：采访要通过信任、共鸣、引导等方式，既获取信息，又交流感情，如此而来的内容才能增强短视频的可看性、可读性。一个好的典型人物报道，必须通过深入采访，了解当事人的切身经历后，从细节中找故事、讲故事。很多时候，采访中的一个细节表现胜过千言万语。

首先是信任，要想尽办法和采访对象建立融洽的关系，创造融洽、和谐、

---

① 来自天津津云新媒体集团《无胆英雄张伯礼》主创团队记者闫征的访谈。

亲切、自如的采访氛围，在采访过程中善于倾听，充分激发采访对象倾诉的愿望。其次是共鸣，远程连线难以彼此间产生共鸣，要设身处地地为采访对象着想，思其所思，语其所语，努力调动采访对象思想、情绪上的活跃点，促进积极的沟通。创作团队曾感言，自己不是作为一名记者在做采访，而是作为家人和对方聊天谈心。最后是引导，虽然采访主题早已明确，但每位采访对象所讲述的故事较为碎片化，必须提前做好大量功课，才能深挖出需要的细节，防止"跑题"。[①]

只有越深入地走近采访对象，掌握的情况才越真实、越丰富，只有和人民群众坐在一条板凳上，新闻记者才有可能获得访谈对象的真情流露。如果没有同采访对象建立良好的关系，没有深入交流同采访对象"共情"，许多故事都是难以得知的。例如，张伯礼院士吃泡面、询问配备饮水机、三区两通道的建议、做手术等，主创团队正是凭借着这样的理念才得以获取众多鲜活真实的故事，才能立体地勾勒出张伯礼院士丰满、鲜活的形象，让用户印象深刻。

四、宣传推广，抗疫关键时刻积极引导舆论

互联网时代，信息传播迅速，没有宣传推广，"酒香也怕巷子深"。实践证明，依靠单一的渠道传播，已无法覆盖更广泛的目标用户，更无法形成巨大广泛的影响力。用户在哪里，新闻人就在哪里，新闻舆论引导就要到哪里，这已经成为做好短视频推广的工作原则。

（一）多条渠道分发，扩大用户接触面

2020年3月21日，主创团队将该作品先后在津云新媒体集团旗下的津云客户端、津云双微和北方网发布，作品一经准出便引起了网友们的广泛赞扬和转发。

多年来，津云新媒体集团深入打造全媒体矩阵，打通多元传播渠道，扩大用户接触面，为自身作品的推广和传播提供了更多的机会。对此，津云新媒体集团总结了三点经验。

第一，渠道传播需要形成合力。除中央、地方媒体的主要新闻网站外，津

[①] 刘雁军，齐竞竹，闫征. 典型人物的价值挖掘与创新呈现——以短视频《无胆英雄张伯礼》为例[J]. 新闻战线，2021（21）：36-38.

云新媒体已入驻今日头条头条号、抖音号、腾讯新闻企鹅号、凤凰新闻大风号、搜狐号、一点资讯等商业平台，并且津云融媒体工作室头条号拥有子母账号共93个。短视频不仅可以在这些平台直接传播，还可以拆出精彩片段进行碎片化传播，提高用户的浏览兴趣，提升对账号主体的黏性。

第二，渠道传播需要加强定位。实践证明，不同的商业传播平台对短视频内容有不同的需求定位。例如，有注重新闻热点的、有偏好资讯知识的、有青睐移动直播的，需要根据不同的商业平台定位量身定制，充分发挥融合优势、挖掘融合资源，择优选精做好投放。

第三，渠道传播需要注重互动。充分利用好短视频所固有的"社交基因"，把视频产品最大限度地扩散出去，作品生产时要将容易引起关注、引发共鸣的元素和形式应用到产品中，吸引用户主动对产品进行评论、点赞和转发。

（二）多家媒体转发，营造良好舆论氛围

是金子总会发光的。主创团队没有特意对该作品进行营销和宣传，但《无胆英雄张伯礼》的精良制作吸引了其他媒体的关注和认可，除了津云新媒体集团自身掌控的多种分发渠道，多家中央媒体、省级媒体和商业传播平台相继对《无胆英雄张伯礼》进行传播推广，学习强国、央视频、人民视频在重要位置进行推荐，湖北日报、云上恩施、长江云等多家湖北媒体迅速转发，国家中医药管理局、中国中医等微信公众号对该作品格外关注并进行重点推荐，为中国抗疫取得阶段性胜利成果营造良好的舆论氛围。

五、结语

主创团队在疫情形势严峻之时，克服重重困难，跨越疫情的阻隔，采集张伯礼院士在武汉江夏方舱医院抗疫的鲜活故事，以身边人"回忆录"的形式向用户展现了张伯礼院士在工作中的点滴瞬间，多角度立体地塑造张伯礼院士中医大家、白衣天使、舍小家为大家的鲜活形象。作为典型人物报道，作品《无胆英雄张伯礼》既成功塑造了张伯礼院士的人物形象，又为疫情中较为低迷的网络情绪注入正能量，为中国抗疫取得阶段性胜利成果营造了良好的舆论氛围，作品获得中国新闻奖短视频专题报道一等奖可谓实至名归。

作品五:《老外看小康中国》

吴炜华　黄　珩[①]

作品信息

作品标题:老外看小康中国

所获奖项:第31届中国新闻奖短视频专题报道一等奖

主创人员:张霄、葛天琳、刘浩、刘玄

编　　辑:柯荣谊、张若琼、何娜

主管单位:中国日报社

发布日期:2020年8月7日

发布平台:中国日报网

作品时长:7分52秒

作品简介

2020年是全面建成小康社会目标实现之年,是全面打赢脱贫攻坚战收官之年。如何向全球受众讲好中国全面小康建设之路,让海外受众也能体会领悟到全面小康的深刻内涵和世界意义,是创作团队着力思考解决的问题。

创作团队精选报道对象,运用寓言故事的讲述方式,从微观视角的小故事

---

① 吴炜华,中国传媒大学电视学院教授、博士生导师;黄珩,中国传媒大学电视学院硕士研究生。

切入，展示宏观视角的系统全局，丰富了视频传递的历史背景信息，尤其是有利于、方便于外国受众清晰地理解中国概念理念以及中国特色语汇的独特内涵，显著降低海外受众理解全面小康的难度。《老外看小康中国》灵活运用多种手段，现场实拍、动画、人物采访三种形式巧妙串联，特别是大量运用动画视频辅助叙事，把抽象的理念具象化，生动展示全面小康的宏观理解，创新主旋律纪录片创作手法。

（1）　　　　　　　　（2）　　　　　　　　（3）

《老外看小康中国》作品二维码

作品分析

2021年2月25日，在全国脱贫攻坚总结表彰大会上，习近平总书记庄严宣告："我国脱贫攻坚战取得了全面胜利，现行标准下9899万农村贫困人口全部脱贫，832个贫困县全部摘帽，12.8万个贫困村全部出列，区域性整体贫困得到解决，完成了消除绝对贫困的艰巨任务，创造了又一个彪炳史册的人间奇迹！"[1]

脱贫攻坚工作是全面建成小康社会的底线任务和标志性指标[2]，党的十八大以来，以习近平同志为核心的党中央把全面建成小康社会放在"四个全面"战略布局的首位。经过8年持续奋斗，千百年来困扰中华民族的绝对贫困问题历史性地画上句号，中华大地上全面建成了小康社会，中华民族伟大复兴向前迈出

① 习近平. 在全国脱贫攻坚总结表彰大会上的讲话[N]. 人民日报，2021-02-26（01）.

② 本报评论员. 在中华大地上全面建成了小康社会——论学习贯彻习近平总书记在庆祝中国共产党成立一百周年大会上重要讲话[N]. 人民日报，2021-07-03（02）.

了新的一大步。在这艰辛而伟大的奋斗历程中，涌现出了许多可歌可泣的典型人物与故事，如何将全面建成小康社会的中国故事讲好，尤其是准确、生动地向海外用户传达全面小康的深刻内涵，展现其蕴含的中国主张、中国智慧和中国方案，成为媒体的重要任务。

《中国日报》作为国家英文日报以及中国走向世界、世界了解中国的重要窗口①，近些年来在新媒体方面取得了令人瞩目的成绩。2020年，中国日报新媒体中心制作了一系列介绍全面小康的新媒体视听作品，以社交平台为传播渠道、以海外用户为目标群体，取得了广泛关注。其中，以《老外看小康中国》为题的三集短视频作品的效果尤其突出，总传播量累计破亿次，其中海外社交平台超1000万次，引发大量账号转载转发②，获得第31届中国新闻奖短视频专题报道一等奖。

一、典型故事类比呈现，叙事模式深刻转型

（一）精细打磨叙事逻辑，全面解析小康主题

"全面建成小康社会"是一个宏大、深刻而复杂的主题。"小康"一词从儒家典籍中的平民生活状态和理想社会模式逐步演化，在改革开放后被赋予了现代化的内涵，成为中国式现代化的代名词③，其内涵与外延在几代中国共产党人的接续探索中不断丰富、发展，与中国社会的发展一脉相承、同频共振。因此，要在短时间内将"全面小康"讲得清晰明了，尤其是让海外用户易于理解，是难度较高的一件事情。创作中的取舍及呈现方式，成为团队前期讨论的重点。④最终，团队决定通过三集视听作品，以类比呈现的叙事逻辑，分别回答"全面建成小康社会"是什么、为什么、怎么办三个最基本的问题。

《老外看小康中国》的第一集《大山里筑信息路》，讲述的是2020年疫情期

---

① 中国日报社. 中国日报报社简介[EB/OL].（2012-01-06）[2022-07-16]. http：//cn.chinadaily.com. cn/5b753f9fa310030f813cf408/5f59c820a31009ff9fddf6bc/5f59c843a31009ff9fddf6bf/.

② 来自中国日报社《老外看小康中国》主创团队记者张霄的访谈。

③ 肖贵清，陈炳旭. 从"沧可小康"到"全面建成小康社会"——"小康"概念的历史演变与当代意蕴[J]. 海南大学学报（人文社会科学版），2022，40（02）：109-117.

④ 来自中国日报社《老外看小康中国》主创团队记者张霄的访谈。

间甘肃陇南山村学生因信号不佳去山顶上找信号上网课，当地工信、教育主管部门积极协调联通公司，得知后及时推动通信基站建设全覆盖的故事。疫情期间，不同地区的学生要同步上网课，需要网络覆盖、带宽、服务器、终端、直播软件全面到位，任何一个环节、任何一个地区无法普及，就无法做到全体学生同步上网课。此集通过共同上网课这件事类比阐明了"全面建成小康社会"中的"全面"：兼顾不同领域及地区的协调发展。

第二集《云端村落架天梯》，讲述了四川大凉山悬崖村整体搬迁到山下的故事。在悬崖村，政府先是帮助村子搭建钢梯，解决了村民上下山的难处，然后整村搬迁下山，彻底解决长期制约村子发展的问题。本集通过悬崖村的故事很好地类比与解释了"总体小康"与"全面小康"在理念上的差别，阐明社会个体从追求生存到追求发展，社会建设标准从达标到创优的变化。

第三集《绝壁凿出万米渠》，讲述了贵州遵义草王坝村原村支书黄大发同志带领村民用36年时间在悬崖绝壁上凿出万米水渠的故事。为彻底解决村民用水难的问题，村支书黄大发带领大家两次尝试在悬崖峭壁上开渠引水，他积极自学水利知识，发动村民团结一致、踔厉奋进，最终在绝壁上凿出一条长9400米的"生命渠"，结束了草王坝长期缺水的历史。本集的故事与"全面建成小康社会"背后的工作理念异曲同工，既体现了发展为了人民、发展依靠人民、发展成果由人民共享的底层逻辑，又折射出中国共产党人冲锋在前的先锋模范作用，不忘初心、牢记使命，不负重托、接续奋斗。

《老外看小康中国》的三集作品，以类比呈现的叙事逻辑，将"全面建成小康社会"所蕴含的较难理解的概念进行精心拆解，再一一链接到发生在中国本土的真实的故事上，通过故事的讲述类比相关的理念概念，降低了海外用户理解上的门槛。[①]

（二）小故事描绘大时代，轻量级书写重议题

在打磨出类比呈现的叙事逻辑之外，团队还在创作中实现宏大叙事的小叙事转型。与气势恢宏的纪录片、专题片相比，《老外看小康中国》转而以个人经验和集体记忆的唤醒为先导，强调每一个故事以及故事中每一个人物的独特性，

---

① 来自中国日报社《老外看小康中国》主创团队记者张霄的访谈。

呈现出更强的对话感与亲近感。

在《老外看小康中国》中，"全面建成小康社会"这样宏大的主题和宗旨，以小叙事的视角还原了民众的日常生活。第一集《大山里筑信息路》，以学生疫情期间的网课需求为切入口，讲述了中国数字乡村建设的进程与做法；第二集《云端村落架天梯》，以悬崖村居民搬迁后真实的生活情景为切入口，讲述了中国政府在易地扶贫搬迁工作所做的努力与实现的成就；第三集《绝壁凿出万米渠》则以黄大发同志带领村民开凿水渠的故事为切入口，展现全面建成小康社会的历史进程中，中国共产党带领中国人民筚路蓝缕的奋斗历程和自强不息的精神风貌。在三集作品里，中心人物的同期采访与鲜活的生活情景是串联故事的重要线索，以历史进程中生动感性的一面取代磅礴的解说与旁白，以更为情感化的故事讲述取代客观精确的泛泛描述，体现出气韵流动的生活真谛。对于海外用户而言，这样更贴近生活的小叙事，更易于他们切身体会中国人民幸福感的提升，也更易于他们对"全面建成小康社会"的理解与传播。①

这种小叙事的转型还体现在作品的体量上。《老外看小康中国》三集故事的时长均为7分钟左右，属于篇幅较小、体量较轻的短视频作品。选择以这样"轻"量级的作品书写全面小康这样的重议题，主要是出于传播的考量。在现代性社会中，"加速"是一种突出的现象，正如罗萨所言："现代化的经验，就是加速的经验。"②在整体加速的社会中，短视频作品以更大的信息密度、更快的传播速度，契合了用户单位时间获取更高信息密度内容的诉求，成为移动传播时代媒体创新报道的重要手段和途径。③在这一背景下，体量更轻的短视频作品，更具有移动传播的基因，能够在国际传播中取得更好的效果。《老外看小康中国》无疑做到了这一点。作品发布后得到许多海外用户的关注与喜爱，很多海外用户在社交平台上转发这三集故事，并热烈地讨论中国发展与中国人民的生活。故事中所蕴含的中国式扶贫路径也随着社交平台上的探讨与传播走向全球

---

① 来自中国日报社《老外看小康中国》主创团队记者张霄的访谈。

② Rosa. Social Acceleration: A new theory of modernity[M]. New York: Columbia University Press, 2013.

③ 汪文斌. 以短见长——国内短视频发展现状及趋势分析[J]. 电视研究，2017（05）：18-21.

用户的眼中，实现了中国故事和中国理念"走出去"的目标。

二、厚植家国情怀，兼具国际视野

（一）深入挖掘共同价值，贴合国际传播语境

全面建成小康社会是党和人民的热切期盼，是一代代中国共产党人团结全国各族人民接力奋斗的结果[①]，同时也是人类减贫史上的一大奇迹，为世界其他国家增强了减贫的信心[②]，具有世界性的意义。要讲好全面建成小康社会进程中的中国故事，一方面要厚植家国情怀，真正去基层进行深耕、调研；另一方面要充分挖掘故事里的共同价值，在人类命运共同体的格局下进行思考、传播。

在挖掘共同价值方面，《老外看小康中国》创作团队下足了功夫。《大山里筑信息路》挖掘出偏远山区在疫情背景下的远程学习问题，《云端村落架天梯》着眼因地理条件制约发展的地区的脱贫之路，《绝壁凿出万米渠》则讲述人民通过自力更生克服天堑的故事。三个故事所反映的问题，都是世界上很多仍在努力寻求发展、摆脱贫困的国家和地区存在的共性问题。而三个故事中的解决方案，就是饱含着中国智慧的中国方案，对相对落后地区的政府和人民都具有参考价值：《大山里筑信息路》体现了中国共产党和政府在全面建成小康社会进程中对每一个地区的全面关注与鼎力相助；《云端村落架天梯》中从架设钢梯到易地搬迁的举措变化，体现了中国共产党和政府在全面建成小康社会中由总体小康转向全面小康的自我发展与理念升级；《绝壁凿出万米渠》则体现了中国共产党和政府以人民为中心的工作导向，也彰显出中国人民的毅力与决心。

看到这三个故事之后，许多来自发展中国家的海外用户深受震撼与鼓舞，因为这是一条完全不同于西方国家的发展道路。实际上，在脸书等社交平台上，对于中国的很多事情、很多举措，发展中国家用户的评论是最踊跃的，因为对他们来讲，这些事情都是有参考、有价值的[③]，这也是在国际传播作品中提炼中

[①]　齐卫平. 决胜全面建成小康社会的理论指导和实践指南——习近平总书记关于全面建成小康社会重要论述研究[J]. 毛泽东邓小平理论研究，2020（04）：8-15，107.

[②]　钟明品. 全面建成小康社会的世界意义研究[D]. 上海：中共上海市委党校，2022.

[③]　来自中国日报社《老外看小康中国》主创团队记者张霄的访谈。

国故事中共同价值的意义。

（二）融入外籍人员点评，客观展现中国故事

《老外看小康中国》中，一个很突出的亮点是使用外籍人员的点评来总结故事要点，阐释"全面小康"的理念。这样的做法发挥了《中国日报》"外"字品牌的优势，跳出"在中国说中国"的桎梏，以外部视角更加客观地展现"全面小康"的世界意义，以更宏大的全球视野升华了作品的主题。

《老外看小康中国》系列作品中所邀请的外籍人员，有知名的中国问题研究学者，有全球化智库专家，有西方国家的政要，也有联合国驻华代表。这样的人员构成保障了多元观察视角与观点表达深度，"只要中国还有一个人生活在极端贫困中，他们就不能自称已经建成了小康社会""中国对每个县、每个村庄和每个社区都进行了非常彻底的调查和评估，搞清了贫困人口在哪里、缺什么、需要什么才能脱贫""全面建成小康社会必须平衡物质需求与生活环境、文化需求以及各种个人表达途径""如果中国没有推行小康这一理念，世界也无法实现千年发展目标""中国对解决全球贫困问题作出巨大贡献"，等等，深入浅出地将"全面小康"以更贴合海外用户习惯的方式表述出来。实际上，在关于国际传播的研究与讨论中，外籍人士的声音一直都很受重视。他们能够加强跨文化沟通，促进话语体系融会贯通；也有助于影响关键人群，发挥人际传播效应[①]。外籍人员把他们所理解的中国理念，以自己的语言、语态进行传播，更容易被国际社会、海外用户所接受，是中国故事的讲述主体中不可忽视的力量。《老外看小康中国》就很好地将这种力量应用在作品的叙事之中，更加简洁、易懂地表达"全面小康"的中国理念，也展现出更加真实、立体、全面的中国形象。

三、多维应用数字技术，创新融媒传播实践

《老外看小康中国》应用了许多富有创意的动画与转场，得到广大网友的喜爱与赞赏。在三集作品中，大量现场实拍、动画、人物采访三种形式巧妙串联，特别是大量运用动画视频辅助叙事，体现了融媒体传播实践的创新举措。这种

---

① 杨芳，周敏.用好外籍媒体人才 讲好中国故事——中国日报社外籍人才队伍建设经验与思考[J].国际传播，2021（01）：40-47.

依托数字技术所实现的虚实结合的视频制作风格，从视觉效果与主题表达两个维度提升了作品的呈现效果。

在视觉效果维度上，动画的辅助大大增加了作品的观赏性。一方面，富有创意的动画以可视化呈现的方式，跨越了传统视频在视觉美学上的局限。《大山里筑信息路》以五块拼图缓缓落位的动画表达"全面小康"理念中经济、政治、文化、社会、生态文明五个相互协调的关键方面，又以中国地图上出现的各地景点表达出"全面小康"是各区域全面发展的小康；《绝壁凿出万米渠》一开篇就以动画的形式再现"夏日午后吃冰淇淋""和喜欢的人一起看电影""进球"等日常生活中幸福的场景，用以描述"全面小康"理念中全世界都在追求的幸福感。另一方面，作品利用动画技术和一些视频剪辑的特殊效果，实现了比传统新闻视频作品更顺畅、更好看、更具信息量的转场，如《云端村落架天梯》中，有这样一段动画：货车装满货后，自屏幕从左到右行驶，穿过乡村、城市的背景，进入一段山路，随后便自然过渡到山路的实景、易地扶贫移民安置点的实景，与"搬迁到山下，才是解决问题的根本途径"的解说词相互配合、互补说明。以动画为代表的融媒体技术的应用，形成高质感的整体包装风格，兼具视觉美感与丰富的信息量，更易吸引海外用户的关注。

在主题表达维度上，融媒体技术将"全面小康"的主题以虚实结合的方式进行阐释。在《老外看小康中国》的三集故事中，动画技术为"虚"，主要用于阐释核心理念、展示关键数据；而现场实拍为"实"，主要用于讲述真实的脱贫故事，建构中心人物形象。理念部分相对晦涩，就以动画的方式增加趣味性和直观性，降低了理解上的门槛，也赋予作品适于互联网传播的基因；而故事部分需要鲜活、生动的灵韵，就以现场实拍的方式呈现，捕捉最真实的新闻现场与最动人的新闻瞬间。"虚实巧妙结合，主题内容与表现形态精准匹配"[①]，使用以虚实结合为特征的融媒体技术，是理念介绍与故事叙述的双向延展与双向奔赴，在"全面小康"的顶层设计与具体实践的融合交叠中激活了作品"1+1>2"的解释力，便于海外用户理解作品的内容。

---

① 曾祥敏，董华茜. 媒体深度融合的阶段性探索——第31届中国新闻奖媒体融合奖项作品评析[J]. 传媒，2022（02）：33-37.

　　动画在《老外看小康中国》中的应用依靠数字技术的支持，丰富了作品的形式与内容，在视觉效果上升级了画面的美感与剪辑的流畅程度，在主题表达上则通过与现场实拍、人物采访的配合，使"全面小康"理念变得更具象、可视，便于理解与传播。在这个意义上，《老外看小康中国》是融媒体叙事手法和数字技术在国际传播中的成功实践，具有独到的参考价值。

四、结语

　　全面建成小康社会既是中华民族的千年梦想和夙愿，也为构建人类命运共同体贡献了中国智慧和中国力量，全面建成小康社会正是值得向海外用户传播、向发展中国家和地区推广的中国路径。短视频系列作品《老外看小康中国》以微观视角的故事叙述、深入浅出的理念阐释、可视化的动画穿插，取得良好的国际传播效果。综合而言，针对中国理念"走出去"的国际传播工作，《老外看小康中国》有以下几点参考意义：第一，在叙事逻辑上，需要基于实地调研与深度学习精细打磨，创作者要充分感受、体会所要阐释的中国理念，并在反复推敲中选择便于海外用户理解的叙事逻辑；第二，在叙事模式上，要推动小叙事转型理念，以微观的故事讲述宏观的理念，以轻量级的作品描绘重量级的议题；第三，在理念提炼上，要站在人类命运共同体的高度上思考问题，深度挖掘所传达的中国理念中所蕴含的、普遍适合国际社会的共同价值，并善于在作品中穿插外籍人士的声音，寻求更贴合国际传播语境的语态；第四，在视频制作上，要积极应用融媒体技术，将虚拟的动画制作与现实的现场实拍有机结合，提升视觉美感，降低理解门槛。

作品六：《巅峰见证——2020珠峰高程登顶测量》

曾祥敏　董泽萱[①]

作 品 信 息

作品标题：巅峰见证——2020珠峰高程登顶测量

所获奖项：第31届中国新闻奖移动直播一等奖

主创人员：集体（沈虹冰、多吉占堆、坚赞、洛登、韩曦乐、洛卓嘉措、旦增尼玛曲珠、边巴次仁、王沁鸥、晋美多吉、扎西次仁、边巴、拉巴、郭刚、李桢宇、武思宇）

编　　辑：集体（张宿堂、孙承斌、孙志平、米立公、张平锋、王宏达、李薇、郭亚冬、王咏涛、杨阳、李冰清、高菲菲、姜雪兰、杨雅婷、李逸扬、王仲芳、吴一蒙、王剑英、田里、贺新、郝晓江、邰剑秋、邹健波、董硕、董千齐、李林欣、秦大军、王宇凌、董博涵、陈梦、王普）

主管单位：新华社

发布时间：2020年5月27日7时

发布平台：新华社客户端

作品时长：VR直播时长：48分钟；直播时长：5小时53分30秒

---

①　曾祥敏，中国传媒大学电视学院教授、博士生导师；董泽萱，中国传媒大学电视学院硕士研究生。

作 品 简 介

珠穆朗玛峰是全球海拔最高峰，1960年5月25日中国首次从北坡登顶珠峰。60年后，中国探索珠峰的征程仍在继续。2020中国高程测量登山队向顶峰进发。5月27日，新华社完成《巅峰见证——2020珠峰高程登顶测量》直播（包括中英文、VR、高清、4K直播），带领观众直击本次珠峰高程登顶测量现场。产品主创团队针对珠峰特殊气象条件周密策划、多部门紧密协作，实现中国新闻史上的一次突破——新华社成为全球首家在珠峰峰顶完成5G+4K+VR直播的媒体。产品取得良好的社会效果，视频报道共完成中文高清、VR直播54场，海媒高清、VR直播32场，总时长322小时，浏览量突破3亿人次，直播场次和时长创下同一主题报道新纪录。

《巅峰见证——2020珠峰高程登顶测量》作品二维码

作 品 分 析

在中国人登顶珠峰60周年、新华社珠峰报道60年之际，新华社成立以西藏分社、音视频部为主的12个部门构成的工作专班，制作移动直播作品《巅峰见证——2020珠峰高程登顶测量》，针对珠峰高程测量重大主题周密策划，集中推出VR直播、4K直播、高清、中英文形式直播，以及快切短视频、航拍、H5、3D视频、文图等系列融媒体报道，全方位、多维度、立体式呈现珠峰攀登之路。

《巅峰见证——2020珠峰高程登顶测量》产品深耕移动直播的新闻报道样态，在新技术应用与突破、内容融合与模式创新、全媒体聚合传播与运维等方面亮点纷呈，取得优良的传播效果与用户反馈，具有技术、内容、运维多层面的示范性作用。该作品意味着新华社成为全球首家在珠峰峰顶完成5G+4K+VR直播的媒体，也彰显了新华社推进媒体深度融合、建设国际一流新型全媒体机构的担当和作为。本文以《巅峰见证——2020珠峰高程登顶测量》为例，对作品主创团队孙志平、沈虹冰、多吉占堆、张平锋、坚赞、李薇、洛登、李冰清等进行访谈，总结主流媒体运用移动直播进行重大主题报道的策略与理念，探寻移动直播取得良好传播效果的可行路径。

一、5G+4K+VR：融合技术创新赋能移动直播

5G、VR等先进技术引领驱动新闻生产变革、发展与融合。《巅峰见证——2020珠峰高程登顶测量》移动直播产品中，新华社自主研发MESH传输系统和两路5G信号用于移动直播，开发定制"珠峰智能采访App"，为特约记者配备了"即拍即传"手机、VR设备和微单相机，制订周密的技术保障方案，将移动直播带到珠峰之巅，成为全球首家在珠峰峰顶完成5G+4K+VR直播的媒体，实现珠峰高海拔5个营地的影像采集，首次发布珠峰各高程VR全景照片，开创了移动直播报道历史。

（一）多形态直播强化客观性与临场感

《巅峰见证——2020珠峰高程登顶测量》采用VR全景、4K高清、慢直播等多形态直播的方式，突破现有人眼的视觉角度，触达用户所不能及的视野范围，以更为立体、全景的视角重塑新闻场景，重构用户链接，强化新闻报道的客观性，增强用户临场感。

在产品中，用户可通过移动手机、滑动屏幕或者戴上VR设备的方式自由选择角度观看队员在珠峰顶端架设觇标、综合测量直至下撤的画面。"海拔6000多米的高度，常人很难到达。在那种环境下所看到的景色无比震撼。此前的视频报道中，人们所能看到的只是摄像机一个视角下的珠峰峰顶，无法完整地看到珠峰峰顶的全貌。"[①]全程参与并指导移动直播产品的新华社西藏分社副总编辑坚赞表示，VR全景直播应用的目的是突破单一视角，呈现新闻事件发生的周边环境全貌与所有个体行为。

[①]　郝天韵."巅峰"直播：见证时代风采[N].中国新闻出版广电报，2021-12-08（03）.

在这一过程中，VR技术体现出其新闻现场的呈现能力，打破其他视频和图片视角限制导致画面展现不全带来的失真。观众看到整个新闻现场，作出自身判断，从而避免了记者视角与结论带来的偏见。坚赞认为"这更能体现出我们在做报道时努力追求的客观性"。[①]用户与产品的链接形式也因此重构。在直播评论区，用户评论道："我也登上珠峰啦！"以第一人称视角出发，用户与登山队员身份重叠，代入目击者、观察者角色，从而进入新闻现场，身临其境，与产品链接交互。同时，用户实时参与直播，新闻体验零时差，用户的沉浸感、临场感得以提升。

慢直播的最大魅力在于休闲陪伴式和视觉审美性，陪伴性、自然态、长时段是其主要特征。[②]主创团队在5200米珠峰大本营、5800米营地和6500米营地设立三路4K VR全景相机，开启时长超过300小时的珠峰慢直播，为登顶报道预热。在攀登珠峰过程中，也穿插慢直播画面，展现营地环境和驻扎人员的工作实况。用户在观看慢直播的过程中，陪伴登山队员一同攀登；直播过程中用户共同为登山队员助威鼓劲，探讨高山上的飞鸟和攀登难度的人际交流，也成为用户间的陪伴，形成陪伴交互的新闻场域，构建起用户与产品、用户与用户之间的链接。

（二）缜密策划保障技术赋能

珠峰自然条件特殊，记者登顶难度大，这使5G+4K+VR直播的实现更具挑战。在这样的条件下，新华社主创团队组织技术力量提前介入，进行设备调试和人员培训，在设备优化、人员布置、信号接通方面进行区别于常规直播的多种应对预案，形成周密的方案规划和技术保障。

设备优化方面，低温、低气压、冰、雪等特殊气候环境是最大的挑战，珠峰夜晚平均温度在零下20摄氏度到零下40摄氏度之间，常规拍摄设备在零下10摄氏度就无法正常工作。直播技术团队除了给设备进行外保温以外，还利用新技术实现VR摄像机在低于零下20摄氏度的环境下内部启动电路自动加热，确保随时进入工作状态。同时，为了降低登顶直播难度，提高素材回传效率，应对

---

① 郝天韵."巅峰"直播：见证时代风采[N].中国新闻出版广电报，2021-12-08（03）.

② 曾祥敏，刘日亮.移动新闻直播：临场交互下的信息传播[J].电视研究，2018（09）：18-22.

断联情况，技术团队对直播App进行功能优化，报道员只要打开App就会自动启动直播，同时每30秒分段自动录制到手机，利用空闲带宽回传视频文件。[①]

人员布置方面，为了熟悉VR摄像机的使用，主创团队在5200米珠峰大本营、6500米、7200米、8300米营地对记者进行多次培训和直播演练。由于前两次冲顶失败导致营地氧气等物资消耗超出预期，在最后的窗口期，为保证成功登顶就要减少登顶人员。主创团队及时协调，保留两名特约记者，也随即调整技术方案和人员分工。

信号接通方面，5G频段高绕射性差，能否覆盖封顶，直播效果如何是未知数。为了确保直播安全，主创团队与运营商协调了700兆的数据卡作为保底，且让特约记者携带数字微波自建通信传输链路，确保在峰顶没有5G信号的情况下也可以通过这套系统完成任务。直播过程中，特约记者扎西次仁通过"中国梯"准备冲顶时出现信号不通的情况，主创团队及时开启备用方案，调用备份基站打通链路。技术难度最大的是VR全景直播，全景直播占用的带宽较大，通过几次测试，团队把码率定在最低6兆来保证传输质量。[②]

二、现场+解读：融汇多元内容的移动直播模式创新

主创团队以后方演播室为主控，在5200米珠峰大本营等地设置多个直播点，并穿插多点联动报道，视频连线2020珠峰高程测量登山队总指挥王勇峰等人解读登顶现场、讲述登顶珠峰背后的故事，无论是两次因为天气原因冲顶失败的过程，还是因背负的重力仪不能倒、只能站着、不能休息的次仁罗布事迹，都给观众留下深刻印象。融合现场直播与内容解读，为移动直播类产品丰富报道形态、增强信息有效性、挖掘内容深度提供借鉴意义。

（一）多场景联动拓展现场广度

主创团队在海拔5200米珠峰大本营、海拔6500米、7200米、8300米营地均设立了直播点，设立慢直播和4K直播机位，新华社特约记者分别在队员通过"中国梯"、最后40米冲顶、冲顶成功、竖立觇标等关键节点进行现场实时报道。在

---

① 　来自新华社《巅峰见证——2020珠峰高程登顶测量》主创团队的访谈。

② 　来自新华社《巅峰见证——2020珠峰高程登顶测量》主创团队的访谈。

5200 米珠峰大本营，登山队总指挥王勇峰介绍了登山队队员从 8300 米营地进发的最新情况，以及"中国梯"的攀登和建设历史；在珠峰高程起算点，记者洛卓嘉措介绍了我国珠峰高程测量的历史背景，2005 年高程测量纪念碑，以及新一次测量的现实意义；在珠峰峰顶，记者扎西次仁介绍了登山队员的最新情况，向观众宣告高程测量的开始。同时，主创团队借助前期制作的视频和不断回传的现场影像进一步拓展内容。移动直播中融入了在拉萨的次仁切阿雪山博物馆对策展人尼珍和西藏登山队队员次仁旦达的采访，以及在 7028 米珠峰北坡的一号营地对大普布次仁的采访等。借力多点联动，新闻现场不再局限于珠峰顶端这一第一现场，移动直播视野更加宽广，场景更加丰富。新闻现场广度拓展后，更多背景信息得以呈现，珠峰高程的历史与新闻，在场景切换以及纪念碑、展览品等场景特征物的介绍中勾连融汇，新闻叙事得以强化。

（二）多维度解读挖掘报道深度

除了对登顶瞬间、庆祝登顶、高程测量现场实况的移动直播之外，《巅峰见证——2020 珠峰高程登顶测量》以记者连线和嘉宾连线两种方式邀请多位采访对象对珠峰高程测量的多维内容进行解读。同时，产品穿插视频短片呈现"1975 年登山队队员再次登上珠穆朗玛峰""攀登过程回放和报道"对珠峰登山历史、前期预热报道予以回顾。

表 5-6-1　产品嘉宾连线及记者连线内容统计表

采访对象	内容简介	解读维度
2020 珠峰高程测量登山队总指挥　王勇峰	登山队员状态、冲顶天气条件及"中国梯"的建设历史	珠峰高程测量
中国移动西藏公司 5G 上珠峰项目现场指挥部负责人李崇明	珠峰高程测量的 5G 通信保障工作进展	珠峰高程测量
连线记者　洛卓嘉措	2005 年我国进行珠峰高程测量纪念碑引出我国珠峰高程测量历史	珠峰高程测量
2020 珠峰高程测量登山队总指挥　王勇峰	珠峰高程测量登山现场情况	珠峰高程测量

续表

采访对象	内容简介	解读维度
中国科学院西北生态环境资源研究院副院长　康世昌	我国珠峰冰冻圈资源生态环境保护进程及高程测量对环境影响的解感	珠峰生态保护
次仁切阿雪山博物馆策展人　尼珍	喜马拉雅的登山历史留下的藏品及雪域文化	中国登山事业藏族文化
西藏登山队队员　次仁且达	珠峰登山史及登山运动装备	中国登山事业
西藏自治区体育局局长尼玛次仁	珠峰高程测量攀登过程中的难点、西藏登山队对中国登山事业发展的贡献、登山学校的办学	珠峰高程测量中国登山事业
"西藏生物影像保护机构"创始人　罗浩	珠峰生物影像拍摄经历和珠峰生物多样性保护发展	珠峰生态保护

在采访与短片的内容呈现中，占比最多的是对于珠峰高程测量历史的回溯。主创团队融合现场与解读，呈现历史的纵深感与厚重感，将时间的现时性与持续性合二为一。同时，由近及远，产品从对珠峰高程测量扩散开来，延及与之相关的珠峰动植物生态保护、中国登山事业乃至藏族文化的话题，由珠峰高程测量内容的"冰山一角"，看见中国的文化与产业，看见社会的发展与变迁，从而深化报道层次，挖掘报道深度。

（三）多元资源融通夯实报道基础

《巅峰见证——2020珠峰高程登顶测量》产品拓展广度、挖掘深度，在实况直播中融汇多种形式、多元内容，发挥新华社融合报道优势，其基础是新华社主创团队对于珠峰攀登历史60年的沉淀、对前期报道的充分调研，是对实践经验和内容素材等多层次资源的融会贯通。

新华社关于珠峰的登山报道，是由著名记者郭超人等人于1960年开创的。《英雄登上地球之巅》《红旗插上珠穆朗玛》等作品脍炙人口，影响广泛，成为新华社登山报道中的里程碑，开辟了中国登山报道的崭新时代。主创团队进驻5200米珠峰大本营之后，以老登山记者讲党课的方式，学习了相关新闻名篇。[1]在这之后的8次珠峰重大登山行动中，新华社均派遣专门报道力量进驻大本营，

---

[1]　多吉占堆，甘建情.郭超人与新华社珠峰登山报道[J].中国记者，2020（07）：63-66.

深入调研采访，不断创新突破，形成大量作品和素材积累，成为此次产品的资料依托。

为了做好此次报道，前方报道组西藏分社第一批成员于4月14日便进驻登山大本营，开展前期采访、素材积累等工作，后续音视频部、央采中心、自然资源部、西藏分社、国内部先后派出报道力量支援前方。前方报道组开展深度解读和人物专访、史料查证与科技前沿观察、科普与重大科学意义阐释等报道，同时，还关注珠峰山区脱贫攻坚、生态环保等成就，为登顶直播积累了大量文字、图片、视频素材。[①]

三、集束效应：内外兼顾的全媒体传播与运维

以《巅峰见证——2020珠峰高程登顶测量》为主打产品，主创团队向内巩固传统阵地，发挥主力军优势，向外借力商业平台挺进互联网主战场，实现全球多点联播，构建内外兼顾的移动直播新格局。主创团队把握登顶前后的时间节点，播发文字稿近20条，图片近200张，以及大量可阅读、可体验、可参与、可转发的新媒体产品等各类报道1000多条，差异化运维，聚合推动传播，形成刷屏之效。产品全面展现融合报道的"集束效应"，实现重大主题直播全球多点联动、传统媒体与新媒体融媒多屏互动、自主平台与"借船出海"两翼齐飞的新突破。

（一）传统媒体与新媒体融媒多屏互动

主创团队认为，围绕重大主题精心策划面向互联网的视频直播是主力军挺进主战场、掌握主动权的必然选择，同时，面向传统广电媒体继续巩固阵地也是主流媒体壮大舆论影响力的题中应有之义。[②]

基于此，前方报道组处理好传统媒体和新兴媒体的发展关系，充分挖掘传统报道优势，并开展新媒体报道制作，全面推动移动互联报道传播。"时度效"是检验新闻舆论工作水平的标尺。新华社文字快讯时效性强，把握关键节点发布测量登山队从海拔6500米、7028米、7790米以及8300米出发、抵达以及登顶快

---

① 来自新华社《巅峰见证——2020珠峰高程登顶测量》主创团队的访谈。

② 来自新华社《巅峰见证——2020珠峰高程登顶测量》主创团队的访谈。

讯，时效全面领先，特别是登顶弹窗快讯成为全网首弹，被1134家媒体采用①。同时，主创团队也注重长效、细致、全面的深度报道，从测绘历史、高层测量技术、测量目的等层面为公众答疑解惑、科普知识，展现珠峰高程测量的意义和价值，引领舆论风向。新华社音视频部则重视从传统电视观众到互联网用户的重要转变，强化植入互联网思维，制作8条快切直播素材短视频、300小时慢直播、"声动"珠峰音频产品等音视频作品，打通电视和网络两个用户群，大小屏联动，建立起内容、技术、产品的高度融合。在登顶前后，主创团队推出"云登顶"H5、珠峰测量路线图3D图解、屏保、海报等多种产品形态的互动新媒体产品，从而全方位、全过程、全天候展现高程测量历程。

（二）国内与国际传播齐头并进

珠峰报道有极强的特殊性，除了登山的体育属性外，还有极强的政治、外交和科技属性，广受国际关注。主创团队兼顾国内国际传播，针对海外媒体制作了英文版高清、VR直播，海媒三平台总浏览量近510万次，总互动量超过15.3万次，得到了海外网友的大量关注和积极互动。网友Bob Tu留言称："这是5G传输的实时画面吗？神奇！"网友bywasd留言称："祝贺，辛苦了！"②登顶成功瞬间、5G传输等高新技术成为海外网友关注重点。考虑到这一点，主创团队刊发英文"新华全媒头条"《中国测量队登顶世界最高峰重测其高程》，被美联社、法新社等100多家海外媒体采用，刊发《中国聚焦：中国国产科技在重测珠峰中将大显身手》着重介绍此次高程测量中的新技术手段，展示中国科技发展成就。在海外传播中，新华社强化海外议题设置，为海外用户答疑解惑。针对海外质疑，播发《中国聚焦：史料显示中国人最早对珠峰进行了测量》等，通过确凿权威的历史资料，说明我国清朝时期即对珠峰进行首次测量。③

（三）自主平台与"借船出海"两翼齐飞

新华社一方面着力打造自主掌控的平台终端，另一方面"借船出海"，在腾

---

①　多吉占堆，沈虹冰.地球之巅的媒体融合大考——新华社"2020珠峰高程测量"报道的创新探索[J].中国记者，2020（07）：60-62.

②　来自新华社《巅峰见证——2020珠峰高程登顶测量》主创团队的访谈。

③　多吉占堆，甘建情.郭超人与新华社珠峰登山报道[J].中国记者，2020（07）：63-66.

讯、新浪、抖音、快手等商业传播平台上开设官方账号，提高在移动端的声量。登顶直播经新华社客户端、"新华视点"微博、"新华社"微信公众号等终端首发，并联合腾讯、今日头条等十余家主流媒体与商业传播平台的首页首屏展示，达到全平台同频共振的效果。爱奇艺、虎牙直播等商业传播平台，以及华为、小米等互联网科技公司主动要求开展合作，进一步为产品的扩散传播注入动力。

主创团队认为，融媒体时代，诸多商业网站和自媒体将视频直播作为发力点，但因缺乏优质新闻内容、专业新闻素养和制作能力，很快出现后继乏力的局面，对于新华社直播普遍存在需求。此时新华社务必精准把握用户需求，以重大主题报道为抓手，向用户提供接地气、动人心、有影响的高质量直播，主动承担传播社会主流意识形态和社会主义核心价值观的任务，提升融合新闻直播能力，并将其打造为新华社作为新型主流媒体的核心传播能力之一。[①]

四、同心发力：以移动直播为抓手探索深度融合

2020年9月，中共中央办公厅、国务院办公厅印发了《关于加快推进媒体深度融合发展的意见》，指出"要深化主流媒体体制机制改革，建立适应全媒体生产传播的一体化组织架构，构建新型采编流程，形成集约高效的内容生产体系和传播链条"[②]。

媒体融合并不是媒介形态的直接叠加，也不是简单的炫技。媒体融合不是局部的小修小补，而是需要整体上进行业务重塑、流程重整、格局重构，从而在生产、传播、接收、反馈、互动的过程中始终以媒体融合为优选，以受众和用户体验为效果检验的重要标尺。[③]技术赋能、内容融汇、传播聚合的关键在于生产机制。《巅峰见证——2020珠峰高程登顶测量》产品创新的基础是跨越北京与西藏，集结12个部门的人才与优势资源的工作专班机制。

为适应融媒体时代需求，新华社相继成立对内报道全媒平台、国际传播融

---

① 来自新华社《巅峰见证——2020珠峰高程登顶测量》主创团队的访谈。

② 中共中央办公厅 国务院办公厅印发《关于加快推进媒体深度融合发展的意见》[EB/OL]. (2020-09-26) [2022-07-30]. http://www.gov.cn/zhengce/2020-09/26/content_5547310.htm.

③ 来自新华社《巅峰见证——2020珠峰高程登顶测量》主创团队的访谈。

合平台，推出了一系列加强源头端采集合作、实现全社视频采编资源共享融通等具体措施，已然初见成效。从实践来看，在总编室统筹下，全社视频报道资源得以整合，一些不适应融合发展的部门壁垒被打破，多部门协同采编、多平台推广等问题一定程度上得以解决，组织指挥效能得以提升。[①]《巅峰见证——2020珠峰高程登顶测量》产品的筹备由新华社总编室牵头，成立了12个编辑部和部门参与的报道领导小组，组成由西藏分社和音视频部为主，国内部央采中心、对外部、摄影部、新媒体中心和技术局多方参与的前方报道组，组织起跨地域、跨部门的工作专班，制定了《关于我国重测珠峰高程报道方案》。新华社总编室与前方报道组通过5G信号视频连线，了解前方情况，直接部署工作；西藏分社与音视频部共同完成移动直播主体内容；专班团队各司其职、发挥专长、紧密协作，同心发力推进工作。

另外，新华社聘请特约记者边巴、扎西次仁参与前方报道组，进一步打破媒体组织藩篱。两位特约记者均为西藏圣山公司资深高级向导，其中扎西次仁是西藏自治区摄影家协会副主席，已有15次登顶珠峰的经历，实践经验丰富、登山能力强，有他参与最困难的登顶报道，为峰顶报道顺利开展带来便利。

新华社重大新闻报道的组织指挥方式，在《巅峰见证——2020珠峰高程登顶测量》产品的创作和运维中实现全面创新，融合报道建设成果也在这次报道中得到全面展示。在认真梳理珠峰高程登顶测量直播报道架构、总结经验之后，负责移动直播线路的新华社音视频部认为，社内外平台协同有待进一步开发，从多维度视频传播效果讲，随着直播的推进，各平台在强化互动、形成梯次性传播和传播长尾效应方面还有提升空间。以此为基础，新华社考虑建立更常态化的全社"大直播"体系，部门间事先沟通需求，提前在直播中设计好模块和环节，从而在直播完成后快速获取素材并使用，快速转为通稿、短视频、音频、专题等需要的素材，通过推进体制机制改革，实现社内外合力、一体化指挥、扁平化管理，最终达成一次采集、N次加工、全媒分发、多屏呈现的发展目标。[②]

---

① 来自新华社《巅峰见证——2020珠峰高程登顶测量》主创团队的访谈。

② 来自新华社《巅峰见证——2020珠峰高程登顶测量》主创团队的访谈。

五、结语

在中国人登顶珠峰60年之际，《巅峰见证——2020珠峰高程登顶测量》将5G+4K+VR移动直播带到珠峰峰顶，实现中国新闻史上又一突破。产品既具有内容深度，亦具有视野广度，融汇多种报道形式，以珠峰高程测量为中心由近及远，彰显了我国科技、体育、生态保护、社会文化多维侧面的发展与成就，在海内外全媒体聚合传播与运营获得良好的传播效果。《巅峰见证——2020珠峰高程登顶测量》产品的成功也依赖新华社重大新闻报道工作专班、同心发力的组织指挥方式与生产机制。以移动直播产品创新为抓手，新华社开创媒体内打破壁垒、资源共享的协同合作模式，为主流媒体融合发展提供借鉴，起到了示范作用。

作品七：《一张照片背后的这七年》

丰　瑞　乔　悦①

作品信息

作品标题：一张照片背后的这七年

所获奖项：第31届中国新闻奖创意互动一等奖

主创人员：龚政文、徐蓉、刘安戈、牟鹏民、代俊娇、高睿、刘梓涵、

　　　　　潘璐

编　　辑：汤牧、魏笑凡、钟泽华

主管单位：湖南广播电视台

发布日期：2020年11月3日

发布平台：芒果云客户端

作品简介

　　《一张照片背后的这七年》聚焦"精准扶贫"首倡地湖南湘西十八洞村，以H5创意互动的形式，展现七年来十八洞村翻天覆地的变化。作品从2013年习近平总书记到十八洞村与村民座谈提出"精准扶贫"重要论述时现场所拍的一张照片出发，深入寻访照片中的十几位村民七年里的生活变迁，通过H5的形

① 丰瑞，中国传媒大学电视学院副教授、硕士生导师；乔悦，中国传媒大学电视学院硕士研究生。

式，结合40张照片、12个故事、1个短视频，从十八洞村的产业、教育、生活环境等方面，多角度、全方位地展现了十八洞村7年里的巨大变化。2020年是决战决胜脱贫攻坚年，11月3日正值总书记提出"精准扶贫"重要论述七周年，创作团队提前一个月深入十八洞村进行采访调研。采访中，创作团队发现不少村民家中都挂有当年习近平总书记视察时与村民座谈的合照。由此，创作团队经过深入走访和"头脑风暴"，确定了该作品的主题和表现形式。创作团队深入践行"四力"，与村民同吃同住，在开农家乐的村民家里一起做腊肉、在开民宿的村民家里一起换床单、做卫生，采集到大量鲜活、生动的素材。在后期产品制作时，创作团队坚持守正创新，把新媒体技术手段与传统的讲故事的报道手法相结合，最终以"照片＋文字＋视频＋音乐"的创意互动形式，将十八洞村的7年变迁融入一个简洁生动的H5之中，让用户在简单的互动之中了解"精准扶贫"重要论述给十八洞村脱贫工作，乃至整个中国扶贫事业带来的指引作用。

《一张照片背后的这七年》二维码

作 品 分 析

2013年11月3日，习近平总书记来到湖南省花垣县十八洞村实地调研，考察扶贫工作，同村干部和村民代表亲切地拉家常。交谈中，习近平总书记首次提出"实事求是、因地制宜、分类指导、精准扶贫"的工作方略，强调"扶贫要实事求是，因地制宜。要精准扶贫，切忌喊口号，也不要定好高骛远的目标"[①]从这一天开始，十八洞村的故事走出大山，走出湘西，走出湖南，走向全国乃

---

① 习近平：扶贫切忌喊口号[EB/OL]．（2013-11-03）[2022-08-20]．http://politics.people.com.cn/n/2013/1103/c70731-23416720.html．

至全世界。2020年是脱贫攻坚决战决胜之年，湖南广播电视台立足这一关键节点，回到习近平总书记首次提出"精准扶贫"的地方，创作出《一张照片背后的这七年》融媒体作品。让用户在简单的互动之中了解"精准扶贫"重要论述给十八洞村脱贫工作，乃至整个中国扶贫事业带来的指引作用。

一、选题打磨：聚焦微小切口，承载重大主题

自"精准扶贫"理念提出以来，全国各地脱贫攻坚报道层出不穷，有关十八洞村的新闻更是数不胜数。《一张照片背后的这七年》为何能在一众优秀作品中脱颖而出？团队负责人牟鹏民认为，选题打磨时的"创意"是首要原因。

2020年是打赢脱贫攻坚战、全面建成小康社会的决胜之年，脱贫攻坚工作艰苦卓绝，收官之年又遭遇疫情影响，各项工作任务更重、要求更高。在这一关键年份，《一张照片背后的这七年》主创团队先将报道的主题定位在"精准扶贫"这一彻底改变中国扶贫事业的重要论述上，继而又将报道地点锁定"精准扶贫"首倡地湖南省湘西土家族苗族自治州花垣县双龙镇十八洞村。自此，脱贫攻坚的重大主题报道，逐渐聚焦这个偏远小村庄。主创团队深入十八洞村调研采访，在不少村民家中找到2013年习近平总书记与村民亲切谈话的合照，照片恰好记录了"精准扶贫"重要论述首次提出的历史时刻。[①]经过一番头脑风暴后，主创团队决定将十八洞村的七年变迁融入这一张照片，通过H5的形式，直观表现村民们的生活变化，并于2020年11月3日在芒果云客户端刊发。

《一张照片背后的这七年》既切合脱贫攻坚决胜之年的时间节点，又以一张意义深远的照片作为切入口与呈现载体，以小见大地展现"精准扶贫"的巨大成果，政治站位高，时度效把握精准。让用户在简单互动过程中直观感受到，"精准扶贫"重要论述给十八洞村乃至整个中国带来的巨大变化。

二、创作历程：践行"四力"，优化作品呈现

在2016年2月19日举行的新闻舆论工作座谈会上，习近平总书记提出："好的新闻报道，要靠好的作风文风来完成，靠好的脚力、眼力、脑力、笔力得

---

① 来自湖南广播电视台《一张照片背后的这七年》主创团队记者牟鹏民的访谈。

来。"①"四力"的产生与提出，不仅有着来自中国新闻业自诞生以来就已孕育的新闻业务经验总结，而且继承与发展了党报理论、思想传统，更直接来自中国当代社会所处的世情、国情、社情、党情、民情②，为我国的新闻事业提供了详细的实践性指南。进入新时代以来，在移动互联网、人工智能等新技术的推动下，新闻传播行业面临着前所未有的大变局，新闻的内容与传播的形式都在发生剧烈变化，给记者、编辑及其他从业人员带来了巨大的挑战，甚至出现了一些争议和困惑。这给传统新闻媒体提出一个时代性命题：在新技术迅猛发展的背景下，记者、编辑的职业价值和优势到底在哪里？新闻舆论工作者该如何重塑自身的核心竞争力？"四力"就是对这些问题的完美回应。

牟鹏民认为："纸上得来终觉浅，绝知此事要躬行。做新闻报道其实也是一样，不能只会看素材、简单找村主任了解情况，一定要深入践行'四力'，真正到基层一线，了解村子的方方面面，才能找到其中不为人注意的小细节，想到绝佳的报道创意，才能做出真正不负时代的经典作品。"③

（一）脚力：明确行进方向，冲在现场一线

脚力，指新闻工作者要深入社会、深入基层、贴近民众。新时代对于新闻工作者的"脚力"有了更深层次的要求：行进方向要以人民为中心，行动步调要与党中央保持一致。

在2013年11月3日习近平总书记提出"精准扶贫"重要论述之后，湖南广播电视台就一直锚定和扎根于十八洞村，用影像真实地记录着这个偏远村庄的变迁。七年的跟踪报道，积累了长达100多个小时的视频素材，主创团队甚至能够清楚地叫出村庄里每一位村民的名字、每一个家庭主要从事的产业。

虽然已经十分熟悉十八洞村，但主创团队认为，做新闻不能局限在办公室的方寸之地，要想找到好的报道角度，找准突破口，必须多次地深入老百姓的日常生活。因此，在创作《一张照片背后的这七年》时，主创团队坚持发挥

---

① 习近平.论党的宣传思想工作[M].北京：中央文献出版社，2020：181.

② 董浩."旧识"何以发"新知"："四力"新闻思想的历史索隐与当代阐释[J].新闻界，2019，(11)：29-39.

③ 来自湖南广播电视台《一张照片背后的这七年》主创团队记者牟鹏民的访谈。

脚力，真去现场、去真现场。大家在十八洞村与村民一起同吃同住一个多星期，采集了大量鲜活、生动的素材，为后期作品制作储备了大量有价值的资料内容。①

（二）眼力：巧用陌生视角，洞察新闻本质

眼力，指记者要能够从纷繁复杂的信息中去伪存真、明辨是非、透过现象看本质。在传播主体多元化、传播速度便捷化的媒体环境中，记者更要有一双"火眼金睛"，带着问题看事物，由点到面，以小见大，胸怀大局，才能做好新闻报道工作。

因此，主创团队深知，要想找到好的报道角度，找准突破口，必须深入十八洞村村民的日常生活，用陌生化视角去寻找那些容易被忽视的细节。2020年9月底，主创团队一行6人来到十八洞村时，记者牟鹏民发现居然有外地人在村子里开起了奶茶店，"我从小就在农村长大，很多人都希望走出村子，但是十八洞村居然能吸引人从外地走进来，这实在是很不一样的"②。除此之外，团队成员还在村子里发现了一年四季卖腊肉的大姐、新修建的邮局和银行等，真切感受到十八洞村跨越时空的变化，大家也对习近平总书记"精准脱贫"重要论述有了更加深刻的感触。最重要的是，在去村民家中拜访时，发现不少村民都把习近平总书记2013年到村里与大家座谈时的一张照片挂在墙上。记者们迅速意识到，这张照片实际上记录的正是"精准扶贫"重要论述首次提出的历史时刻，而照片上那些当时参加现场座谈的十八洞村乡亲们，也正是这一重要历史时刻的亲历者和见证者。找准一张照片这样的小切口，主创团队将本次报道的脱贫攻坚重大主题，聚焦到十八洞村一群特定的村民身上，一个"上通天线、下接地气"的报道策划就此诞生。

（三）脑力：紧贴新闻素材，雕琢报道逻辑

脑力，指记者要能够明辨是非曲直，根据新闻素材策划更加合理的报道方案。尤其在新媒体时代，传统新闻媒体更要学会利用新型制作技术自我赋能，思索组合新闻素材的方式，理顺新闻报道的叙事逻辑。

① 来自湖南广播电视台《一张照片背后的这七年》主创团队记者牟鹏民的访谈。
② 来自湖南广播电视台《一张照片背后的这七年》主创团队记者牟鹏民的访谈。

在确定以一张合照为出发点后，主创团队便开始积极思考：照片上的村民是否有足够的代表性，是否可以通过他们全面、真实、客观地反映十八洞村这七年的发展成绩。这成为记者们最关心的问题。经过一番调查了解，主创团队确认，这张照片中的村民既有七八十岁的老人，也有当时还是小婴儿目前正在上小学的小朋友；既有在家务农的中年人，也有外出打工回乡的青年人；既有开民宿的，也有卖腊肉、开烧酒作坊、到村里猕猴桃园打工的，甚至还有五保户……把他们凑到一起，恰好就像是整个十八洞村的缩影，也是整个中国"精准扶贫"的缩影。[①]一条意涵丰富、链条清晰的报道逻辑跃然纸上。

虽然让主创团队比较遗憾的是，这张合照没能展现对十八洞村产业发展较为重要的猕猴桃园及山泉水厂，但现有形式已经能描绘出十八洞村发展的大致景象。本着实事求是和内容优先的原则，大家还是选择尊重现实，没有将这些内容强加进去。[②]

（四）笔力：创新制作形式，讲好脱贫故事

"妙手著文章"是记者必备的硬功夫，记者要将自己的所见所闻、所思所想传达给读者，做好时代的记录者和观察者。随着媒介环境的发展，新闻表达形式和传播方式发生巨大变化。新时代背景下，增强笔力就是指结合多种形式增强语言文字的驾驭能力与水平。如何用符合读者需求的形式包装内容，将单一的文字报道转换为读者喜闻乐见的融媒体作品，成为当下新时代媒体工作者最应该考虑的问题。

在后期制作时，创作团队用七天时间，把新媒体技术的手段与传统讲故事的手法相结合，创作出"照片+文字+视频+音乐"的融媒体作品，结合40张实拍照片、12个村民故事、1个短视频，将十八洞村的七年变迁通过一张合照融入简洁生动的H5之，让用户在简单的互动中，了解精准扶贫给十八洞村带来的巨大变化。

记者牟鹏民说："制作此类题材最适合用H5这种形式，创意互动可以最大化地把照片和人的故事结合起来。主页直接展示习近平总书记与村民座谈的合照，

---

① 来自湖南广播电视台《一张照片背后的这七年》主创团队记者牟鹏民的访谈。

② 来自湖南广播电视台《一张照片背后的这七年》主创团队记者牟鹏民的访谈。

用户只需点击合照中村民的人物形象，便可以直观地看到该村民的故事简介及脱贫前后的变化。作品最后还加入一段概述性短片将每个村民的变化汇总到一起，形成整个村子的故事。既有文字图片，又有视频互动，在把故事讲清楚的基础上大大增强了新闻的趣味性。"①

三、传播推广：探索深度融合，构筑信息矩阵

《一张照片背后的这七年》高度体现了融媒体时代重大主题新闻报道的风格与特色，是新闻行业与新闻工作者为应对媒介环境变化积极转型、努力耕耘的成果体现。中国媒体深度融合的转型升级之路，涵盖了受众、内容、渠道乃至产业模式等多个层面②，具有别样的研究价值与纵深。以下从组织融合、技术融合和平台融合三个维度，对作品背后主流媒体转型、媒体深度融合的背景进行分析。

（一）组织融合：构建融媒生产机制，消弭传统部门壁垒

《一张照片背后的这七年》由湖南广播电视台制作推出。自2014年转型升级后，湖南广播电视台专门成立新媒体部，主要负责融媒体产品的可视化报道；同时建设重点报道部。重点报道部成员从各个部门抽调而来，根据不同报道类型灵活融合，重塑采编流程，并通过打通采访、技术与新媒体制作各环节，构建全新的融媒体生产机制，在内容共享的前提下，集约化生产，开发多样化产品形态，实现一次采集，多种生成，满足不同终端的需要。③

为报道十八洞村，湖南广播电视台抽调各部门人员成立临时"重点报道部"，核心由两个采访组构成，分别搭配两名编导及两名摄像，后期产品再由三位技术人员负责，部门之间分工合作、融会贯通。④《一张照片背后的这七年》H5作品在湖南广播电视台官方新闻客户端"芒果云"首发后，又将作品中的一些

---

① 来自湖南广播电视台《一张照片背后的这七年》主创团队记者牟鹏民的访谈。

② 蔡骐. 媒介融合时代的电视媒体转型之路——以湖南广电的新媒体转型为例[J]. 现代传播（中国传媒大学学报），2015，37（11）：124-128.

③ 来自湖南广播电视台《一张照片背后的这七年》主创团队记者牟鹏民的访谈。

④ 来自湖南广播电视台《一张照片背后的这七年》主创团队记者牟鹏民的访谈。

精彩故事制成视频新闻，根据不同平台特质，进行融合式传播，加大融媒产品创新的续航力，并形成长效机制，实现重大主题可视化报道的常态化。

（二）技术融合：创新技术手段，革新呈现方式

信息技术的飞速发展带来媒体生态的深刻变化，电视作为现代社会至关重要的媒体形态，在新的技术环境、社会环境下，正面临着全新挑战。进入多维竞争的"大视频"时代，湖南广播电视台坚持"不创新毋宁死"的理念，成为积极迎接这场变革的先锋。

作为一家传统电视媒体，湖南广播电视台一向在新闻专题片领域具备较强竞争力，在H5等融媒体领域稍有欠缺。主创团队原本想扬长避短，继续采用专题片方式，将镜头聚焦在几位村民身上，展现十八洞村的变化。但最后经商讨一致认为，传统的线性新闻制作方式无法全面涵盖村庄的变化，而采用H5融媒体报道把新媒体技术手段与传统的讲故事报道手法相结合，一方面能以非线性聚合的模式，扩大作品的信息量，将时间跨度浓缩在一张合照之中；另一方面也能够使作品更加直观生动，并让用户在观看作品时自主选择感兴趣的信息。于是主创团队选择大胆尝试这项不太擅长的融媒体技术手段，从七年前的习近平总书记与村民的合照入手，通过"照片+文字+视频+音乐"的融合叙事，把12户十八洞村村民们七年来的生活变化，制作成可以由用户自主选择点击观看的一个个独立而又互相关联的界面，最后再通过一个短视频展现村庄的现状以及老百姓的获得感。

（三）平台融合：坚守正确导向，重塑传播生态

随着抖音、微博等社交平台的普及，"粉丝量"成为衡量媒体话语权的主要指标，视频流量被平台牢牢把控着，从表面上看，新型主流媒体融合必须遵循新媒体时代的"流量"玩法，通过吸粉来扩大影响力。但从深层次看，社交平台作为运营主体，掌握了运营规则的主动权，严重威胁着平台内部的传统媒体生态。媒体深度融合最重要的是始终坚守正确导向，不断巩固宣传思想文化阵地、壮大主流思想舆论，决不能将这一重大战略低层次、片面化地理解为吸粉引流、增加收入，使媒体融合丧失灵魂、迷失方向。

因此，湖南广播电视台内部生态圈构建所秉持的是生态整体观，即遵循整体优化原则，通过内部资源的优化配置来打造"内容+平台+应用+终端"的

"一云多屏"的传播生态。自2017年起，湖南广播电视台便着力孵化属于自己的新闻平台——芒果云客户端（后改名为风芒），以湖南为中心向全国辐射，现已拥有八百万用户群体，日活流量达6亿以上，并与"芒果TV"、都市频道及湖南卫视联动，真正构建了"人员互通、平台互补、资源共享"的全媒体报道格局。

同时，《一张照片背后的这七年》在湖南广播电视台官方新闻客户端芒果云首发后，芒果TV、湖南经视、芒果帮女郎等湖南广播电视台"两微一抖"新媒体账号矩阵，以及澎湃新闻客户端等纷纷转发，不到24小时，总点击量就超过78.2万次，累计观看人数达200多万，在同行和社会当中反响热烈。作品中的一些精彩故事还被制作成视频新闻，分别在湖南卫视《湖南新闻联播》节目中以《一张照片里的这七年：总书记带领我们"精准脱贫"》《一张照片里的这七年：十八洞村来了年轻人》为题播出，在湖南卫视《午间新闻》节目中以《新闻特写：一张照片里的这七年：总书记带领我们"精准脱贫"》为题播出，实现融合式传播。另外，作品还通过社交网络的转发分享形成圈层传播，从而达到立体式的传播效果，让主旋律宣传入脑入心。主创团队认为，作为一家独立的新闻客户端，能够取得这样的反响和成绩，已经足以证明用户对该融合新闻报道的认可和支持。

四、结语

近年来，随着移动传播与社交平台技术的迭代升级，传统媒体与新型媒体都需要面临发展升级的难题，一些媒体在时而出现的"技术至上""唱衰内容"的论调中迷失方向。虽然受技术条件限制，《一张照片背后的这七年》所采用的H5形式，在技术呈现和社交互动方面仍有提升空间，此类型融合新闻报道，在增加传播辨识度，实现表达差异化上仍有潜力可挖掘，但是，《一张照片背后的这七年》主创团队，能以小技术写大文章，坚守新闻之初心，把握新闻之本质，以小见大，以巧破题，巧妙地运用了一张合照呈现出新时代乡村振兴宏伟蓝图。以践行"四力"的创作实践，构建新时代融合新闻报道的朴素本心，主创团队以实践证明，即使在全媒体时代，只有坚持"内容为王"才是传统主流媒体的安身之本，把时代故事刻印在中国的大地上，来回应人民之需，时代之问。

作品八：《听·见小康》

吴炜华　　赵佩琪[①]

作 品 信 息

作品标题：听·见小康

所获奖项：第31届中国新闻奖融合创新一等奖

主创人员：集体（任松筠、田梅、高伟、朱威、韦伟、杨晓珑、
　　　　　刘畅方达、董双、吴盈青、虞越、穆怀佳、朱昕磊）

编　　辑：双传学、顾雷鸣、李扬

主管单位：新华报业传媒集团

发布日期：2020年12月31日

发布平台：交汇点新闻客户端

作 品 简 介

《听·见小康》H5紧扣"听""见""融"三字，呈现了丰富的视听内容，记录了全面小康建设的生动历程。2019年底，交汇点新闻客户端推出《听·见小康》融媒体专栏。2020年，"听·见小康"大型融媒体行动启动，新华报业全媒体记者兵分多路，开着"小康幸福车"、带着"小康照相馆"和"小康签名长

① 吴炜华，中国传媒大学电视学院教授、博士生导师；赵佩琪，中国传媒大学电视学院硕士研究生。

卷"，与城乡居民面对面交流，为融媒产品的创制积累了丰富素材。《听·见小康》不拘泥于传统新闻报道思路，以"听"和"见"为重要着力点，实现多种媒介资源、生产要素的有效整合，带给读者新颖别致的观看体验。该作品以江苏全省13个设区市及江苏对口帮扶五省区的60多个小康故事为主要内容，对往期的"听·见小康"线上产品进行精品集纳，融合100余个视频、音频，凸显"听"和"见"的特色。同时，该作品充分融合"听·见小康"大型融媒体行动成果，将行动中"小康幸福车""小康签名长卷""小康留声机"的内容嵌入H5，进行生动展现。该作品紧贴全媒时代用户需求，互动性、体验感强，兼具普及性和趣味性，整体以水彩画卷的铺陈进行展现，带给读者审美的愉悦。

《听·见小康》二维码

作 品 分 析

　　2019年12月23日起，"听·见小康"融媒体栏目以江苏全面小康建设和对口帮扶工作的大型全媒体采访行动成果为依托，记录百姓真实可感的小康生活，每周发布作品不少于一期（至今刊载共计100期），集纳百余个贴近群众的小康故事。2020年，"听·见小康"大型融媒体行动启动，为行动专门购置的"小康幸福车"，深入城乡社区的13场线下活动，获群众热烈响应。至2020年12月30日，融媒体行动吸引了大量群众踊跃参与，已采集百姓"小康心愿"5644条，拍摄百姓"小康笑脸"6350余张，收集百姓签名超过10500个。[①]

　　交汇点新闻客户端成立"听·见工作室"，密切与受访群众保持对话与联

---

① 　来自交汇点新闻客户端《听·见小康》主创团队记者田梅的访谈。

系，记录居民真实可感的小康生活。该工作室所策划推出的"听·见小康"大型融媒体行动暨融媒体专栏系列报道被新华社、央视新闻等多家媒体广泛转载，引发广泛响应与普遍好评，所设融媒体专栏各平台总点击量超2.8亿次，产品集锦走上"学习强国"平台首页。而后，工作室再创佳绩，互动式融媒体产品《听·见小康》H5于2020年12月31日推出，该融合创新作品以技术赋能，紧扣"听""见""融"三字，力图呈现丰富的视听内容、传递真实的小康心声、记录全面建设小康的生动历程。

《听·见小康》H5紧贴全媒时代用户需求，将互动性、体验感考虑在内，兼具普及性和趣味性，以涵盖全省13个设区市及江苏对口帮扶五省区的百余个小康故事为主要内容，对往期的"听·见小康"线上产品进行精品集纳，共融合百余个视频、音频，凸显"听""见"特色。通过多平台、跨媒介、线上线下互动传播所形成的信息矩阵和辐射效应，交汇点新闻客户端全面激发"听·见小康"融媒体传播的"现象级"能量，更为媒体融合深度发展再添注脚。

一、"听见"：切中人民关切，凝聚主流声量

（一）"听"：内容建设为本，倾听民声民意

听，重在人民之小康体验。源于《诗经》的"小康"一词代表了儒家理想中政教清明、人民富裕安乐的社会局面。全面建成小康社会的社会蓝图描画了广大中国人民所享有的介于温饱和富裕之间的比较殷实的生活状态。媒体"听"小康，是敏锐地捕捉群众内心转瞬即逝的心声，亦是留住真实与喜悦的时代之音。

"全民皆记者，无处不信息。"2019年底，交汇点客户端重磅推出《听·见小康》融媒体专栏，积极策划线上线下融合互动，让受众积极参与内容生产，并启动相应融媒体报道。记者深入江苏13个设区市和对口帮扶五省区，与城乡居民面对面互动交流。"说出你我的故事，听见小康的声音"——该融媒体行动共采集百姓"小康心愿"5644条，拍摄百姓"小康笑脸"6350余张，收集百姓签名超过10500个。产品推出后即形成现象级传播的原因正在于其追寻平民叙事下的共情，以"听见"之目的，呈现"小康"之本义。正因《听·见小康》团队收集的素材数量可观，涉及的人物范围、社会阶层辐射面极广，在人民群众庞

大的数量基数面前，"家长里短"的细节成为温暖积极的铺垫，"琐碎细节"的日常对话更能切中人民内心的温情点。

"人民叙事"是盘活文化资源的利器，是真正属于大众，贴近人民的。书写普通人的"生活"的状态，反映其日常生活与价值观，聚焦大众文化与现实的相关性，进而升华至小康社会建设中每个独特个体日常生活体验的共鸣。在善良朴实的笑声中，窥见中华儿女的工作、爱情、亲情，感受生活的酸甜苦辣。《听·见小康》融媒体栏目把人民当作"参与者"、记录者和叙事者，而"听·见小康"大型融媒体行动之所以呈现独特且持久的魅力，恰在于其采取人民叙事策略。这是主流媒体在全媒体时代响应号召，突破主体边界的有益尝试。为强化媒体与受众的连接，《听·见小康》融媒体栏目积极践行全媒时代群众路线，开通24小时爆料功能。用户随时可以在线留言、上传图片或视频，提供新闻线索[1]；与此同时，《听·见小康》融媒体栏目通过全网征集"幸福小康晒出来"文字、图片、音视频实现人民心声的最快触达；并精心推出一辆主题鲜明、设计别致的"小康幸福车"，实现线上线下信息联动。[2]"小康幸福车"是小康心愿的采访区，配置"小康留声机"，百姓可以在工作人员指导下用专业的录音设备留下小康心声。在线上线下联动机制的保障下，栏目全时反馈，迅速跟进，新媒体报道延展向小康社会发展中各行各业的中国人民。

（二）"见"：公共议题破圈，着力引导启迪

见，重在呈现人民关切的重大主题。一叶知秋，见微知著，日常化、生活化的帧帧画面都在诉说小康之路的灵动生机与深刻意义。在媒体融合的驱动下，新闻报道的观察与呈现更多是为了着力引导人民窥见小康，从而发挥凝心聚力的作用。

大河行舟，一帆风顺难强求，扬帆起航是正途。在《听·见小康》栏目的第99期，采访团队记录了昔日"渔花子村"沿湖村的漂亮"转身"。脱贫致富事关人民群众的幸福生活，而生态保护又是可持续发展的必要前提。从填塘整地、

---

[1]　来自交汇点新闻客户端《听·见小康》主创团队记者田梅的访谈。

[2]　韦伟.紧扣"听""见""融"，百姓故事绘就时代画卷——交汇点新闻《听·见小康》融合创新分析[J].全媒体探索，2021（4）：32-34.

渔民上岸，到从捕转养、产业转型，再到形成以渔文化为特色、基于绿色生态的乡村旅游，上岸渔民如今过上了安稳富足的生活，贫穷村变身"江苏最美乡村"。正如渔民刘德宝所言："我们发展的成果与目的，不光是让我们这个渔民群体自我发展，同时要通过渔文化的辐射带动周边，也算是我们这个群体对整个社会的回馈。新征程上，相信不安于现状的沿湖村还会有更多的转型发展新变化。"报道生动地描绘了渔民倪传雪对未来的希冀："我开的农家乐生意越来越好，日子越来越红火。"贫困村华丽转身为"绿富美"乡村，沿湖村走出了一条"生态+文化+旅游"的特色发展之路，不仅描摹了江苏小康发展的砥砺之路，更用直接的案例回应人民关切。

人民公仆的"小康心愿"亦是事关百姓幸福的靠山。《听·见小康》栏目在呈现民众意见、运用平民叙事的同时，亦带着问题意识去探寻专家与官方之回应。第94期中，采访组走入"天下银杏第一村"曹楼村，借由村党支部书记曹永之口，为群众解答经济发展这个宏观命题。面对市场逐渐饱和的现状，曹楼村未来的发展如何实现转型？曹楼村党支部书记曹永谈到村庄的地理优劣与土地现状，客观分析银杏产业行情与人口问题，得出下一步发展乡村旅游的规划。十万亩连片的银杏树维系曹楼村人民的脉动，而发展乡村旅游，是将自然生态优势转化为经济发展优势，持续寻求、共促发展的有力尝试。

科技是国家强盛之基，创新是民族进步之魂，国家赖之以强，人民生活赖之以好。在第88期中，采访团队将"国之重器"与衣食住行勾连。科技突破的"专"与惠及百姓的"浅"衔接，其释放的科技新动能，正不断惠及人民生活、提升小康成色。我国自主研制的超级计算机"神威·太湖之光"，即刻走入寻常百姓家。《听·见小康》团队从与人民息息相关的角度入手——科技"一小步"，生活"一大步"。"太湖之光"作为一个城市的计算大脑的潜能，利用智慧交通的算法把整个城市的实时状况进行虚拟的模拟和展示。[①]在数字城市创建过程中，有望将其超强的计算能力为整个城市民生提供服务。正如科研人员刘钊所言，在目之所及的未来，"科技之光"将继续照亮小康之路，把一项项科技新突破，

---

① 徐亦丹. 听·见小康（88）丨这件国之重器，惠及你我衣食住行[EB/OL]. (2021-06-28) [2022-07-30]. http://news.xhby.net/zt/tjxk/202106/t20210628_7140041.shtml.

变成千家万户触手可及的幸福。

二、"融和"：技术赋能，全要素勾勒小康长卷

融，重在实现全要素融合的传播。新媒体的发展离不开技术赋能，技术助力已成为加速行业融合进程的重要引擎。"听·见小康"这个重大主题策划既是融媒体全面出击，也是线上线下全面打通的立体式传播过程。在推出线上创新产品的同时，由江苏省委网信办、新华报业传媒集团共同主办，"交汇点新闻"承办的"听·见小康"大型融媒体行动于2020年4月正式启动[①]。

（一）多媒体技术，打通"最后一公里"

在上线"江苏高水平全面建成小康社会"官方网站后，《听·见小康》团队充分利用"线上＋线下"融合的联动模式，真实、全面、立体报道。在每一次开展"听·见小康"大型融媒体行动时，记者不仅撰写对活动的总体报道，还在活动现场对民众进行采访，挑选有代表性小康故事的主人公，附上为其在"小康照相馆"前拍摄的照片，撰写各设区市的"小康笑脸"稿件，讲述来自群众身边的、鲜活的小康故事。交汇点新闻还通过对新技术的把握，延伸融媒体产品的边界，最终打造了衍生融媒产品中最亮眼的H5——《听·见小康》。

《听·见小康》融媒体栏目对稿件优中选优，最终以涵盖江苏13个设区市及江苏对口帮扶五省区的小康故事为主要内容，对往期的《听·见小康》线上产品进行精品集纳。通过H5技术充分融合100余个融媒体元素与文本，重新编排优质音频、视频和图文，通过简洁清晰的界面设计与视听重构，激发全新的交互报道特征，充分凸显"听""见"特色。当媒体用户点击进入，一段充满视听元素的视频自动播放，为用户拉开探寻"听·见小康"之旅的帷幕。

《听·见小康》H5作品邀读者滑动"小康幸福车"，在"小康签名长卷"上游走，体验一段特殊的"听·见小康"之旅，并在途中为读者准备惊喜。满载群众签名的小康长卷上画有讲述人及城市地标，点击浮动的气泡"见"，即可观看图文＋音视频报道，并可点击寻找礼物，获得当地小康讲述人送给读者的特色礼物，具有一定趣味性。在品读完小康故事后，读者来到关于《听·见小康》

---

① 来自交汇点新闻客户端《听·见小康》主创团队记者田梅的访谈。

栏目的介绍页面，可点击浮动的音频或视频图标，继续聆听、观看各地民众录制的小康心愿。最后，读者可查看通过阅读小康故事所获得的"小康礼物"，增强参与感。此外，H5整体上以水彩画卷的铺陈进行展现，带给读者审美的愉悦。

《听·见小康》H5的设计充分考虑跨平台和各终端适配问题，用户可以在各种PC端和移动设备浏览器上顺畅地浏览产品页面，为产品广泛传播提供技术保障。精彩内容与创新技术的融合，吸引更多读者分享传播，产生传播"裂变"效应。[①]

（二）创新管理：体制机制改革

《听·见小康》的创制，与近年来新华报业传媒集团坚持媒体深度融合发展、大力推进精品生产密不可分。坚持以"内容建设为根本"，"融"字当头，鼓励创新，做优做精内容生产。交汇点新闻专门成立"听·见"工作室，打破部门限制，实现各种要素、各类媒介资源的整合。在集团范围内实现"小康"线索的联动互动机制，机制创新极大地激发了采编人员投身媒体深融的动力与活力。

交汇点新闻客户端通过多种途径强化"PGC+UGC"联合生产。一方面，充分调动自有采编力量进行PGC生产。2017年底，新华报业传媒集团进行组织架构、采编流程等重大改革，集团主要报纸、网站、客户端、微媒体实行"四端融合、一体运作"，集团所有记者都是交汇点记者，接受全媒体指挥中心调度，在重大主题策划和日常新闻报道等方面加强联动；另一方面，加强UGC内容生产。前期推行公务UGC生产模式，与公安、消防、医院、公路、铁路、运营商等有第一手原生素材的单位加强合作，采取来料再开掘、再加工的模式，补齐短视频类产品缺乏线索和素材的短板。组建《视觉》频道，建立了一支由24名专业摄影、摄像记者，8名视觉编辑以及数千名特约摄影师组成的"拍客"队伍，同时推行"PGC+UGC"联合生产，独有的智慧媒资体系引入视觉智能审核[②]，有效提升了用户参与的积极性。

《听·见小康》融媒体栏目推出后，在新华日报及"两微"平台、交汇点新

---

① 顾雷鸣. 以新思路新视角新技术赋能重大主题报道——"交汇点新闻"客户端《听·见小康》创作谈[J]. 新闻战线，2021（23）：4.

② 来自交汇点新闻客户端《听·见小康》主创团队记者田梅的访谈。

闻、新华报业网等集纳专题、定期发布，报网端微平台融合传播。"江苏高水平全面建成小康社会"官方网站等也突出呈现。团队在产品制作时特意考虑适配多种移动终端，H5作品在新华社、人民号、头条新闻等多渠道分发，让用户在各种场景下都能体验，从而建立了广覆盖、高效率的信息传播渠道。不仅如此，《听·见小康》融媒体栏目还被新华社、央视新闻等央媒和全国各地多家新闻媒体转载。"学习强国"平台专题集纳《听·见小康》栏目百期音频，并在首页集中呈现。

三、"思创"：融合无界　创新进行时

（一）打造"新华"品牌：软化姿态，触达用户

近年来，不乏有声音将正面宣传等同于好人好事、成就报道与表扬式报道，导致舆论宣传工作成为形式主义"正能量"，落入"低级红"与"高级黑"的窠臼。

然而，表扬式报道不必然是正面宣传，批评式报道并非不是正面宣传，媒体应精心选择和设计正面议题进行传播，以对人民产生积极宣传效果为旨进行社会传播活动。习近平总书记在党的新闻舆论工作座谈会上指出，团结稳定鼓劲，正面宣传为主，是党的新闻舆论工作必须遵循的基本方针。

如何在专业规范约束下实现真相挖掘者的职业承诺，是专业媒体需要不断思考的时代要义。在信息生态中，噪声必然存在，且难以彻底肃清。与此同时，放低姿态不代表权威的颠覆，而是以程序正义代替以"真相挖掘者"自居的心态，更好地触达用户，传递时代之音。

与新闻共存，需要专业媒体更多思考、更多行动。与时代共存，需要专业媒体放弃完美主义者的视角，不断试错，并改换思路。未来，为打造"新华"品牌，不仅需要坚定站位，宣传"政"能量，而且需要放弃完美主义的视角，不断在人类活动领域的理想与实践之间深耕。

（二）奏响时代交响：融合无界，创新有法

为增强主流媒体传播实效，建设"四全媒体"是专业媒体的旨归，"融合"一词成为时代最强音。《听·见小康》融媒体专栏系列报道的作品采制过程紧扣"全程"记录、"全息"视听、"全员"互动、"全效"传播，H5作品在制作时考

虑适配多种移动终端，建立了广覆盖、高效率的传播渠道，该作品的全网总点击量超过5100万次。其大获成功是偶然，更是必然。

《听·见小康》融媒体专栏系列报道以小切口反映大主题，从大视角讲述小故事，从小细节呈现真感情。新华报业全媒体记者深入江苏各地，在真正可知可感的民生实事上下功夫，寻找触动心灵的真人、真事、真情，努力推出有血有肉、感人至深的精品力作。

重大主题关系大政方针、触及社会热点、反映时代价值。"融合"永远与时代重大主题密不可分。"媒体"一词要求思考如何发声，"融合"则进一步要求思考如何发好声，才能呈现时代交响，并给人以有益、有效的启示与引领。

四、结语

全面建成小康社会是中国特色社会主义事业的重要里程碑。站在全面建成小康社会"百米冲刺"阶段，"听·见小康"大型融媒体行动用真实可感、生动立体的音像，力图更全面地聚焦小康实践。同时，该产品的成功亦得益于交汇点新闻构筑的多元立体传播矩阵，集网、端、微一体传播，讲好小康故事，凸显江苏精神。聆"听"时代之声，"见"证小康实践，凸显融合优势，凝聚决战决胜磅礴力量，新闻人用足迹丈量小康进程的奋斗实践与生活变迁，继而见证、书写人民创造历史伟业的真实感悟与蓬勃力量，进而为我国媒体融合向纵深发展、创新实践知行合一提供借鉴。

作品九：《"最美逆行者"系列融媒报道》

曾祥敏　　况一凡①

作 品 信 息

作品标题："最美逆行者"系列融媒报道

所获奖项：第31届中国新闻奖融合创新一等奖

主创人员：梅志清、戎明昌、王海军、刘军、钟锐钧、裴萍、陈伟斌、
　　　　　李阳

编　　辑：胡群芳、江英、关健明

主管单位：南方都市报社

发布日期：2020年2月20日

发布平台：南方都市报客户端

作 品 简 介

2020年，面对突如其来的新冠肺炎疫情，南方都市报推出"最美逆行者"系列融媒报道，致敬援鄂医疗队。报道涵盖海报、图文、H5在线照相馆等多种形式，并发起了"为最美逆行者亮灯"致敬行动，得到广东省21个地级市的响应。

---

①　曾祥敏，中国传媒大学电视学院教授、博士生导师；况一凡，中国传媒大学电视学院硕士研究生。

《"最美逆行者"系列融媒报道》二维码

作 品 分 析

2020年2月5日，南方都市报摄影记者钟锐钧跟随广东省第二批援助湖北医疗队进入武汉，蹲守"重灾区里的重灾区"汉口医院隔离病房，抢拍出最早一批前方医护人员的特写肖像，并采访记录下他们最朴素的感受和心愿。南方都市报采编团队据此设计制作了一组极富视觉冲击力和感染力的海报，命名为"最美逆行者"，并以此为基础，推出多种融媒体报道产品，包括海报《你们摘掉口罩的样子，很美！》、长图《印记》、图文报道《千言万语尽在脸上》、H5作品《让我记住你的脸——印痕照相馆》等。在广东省委宣传部指导下，2月17日晚，南方都市报在广州塔、猎德大桥等城市地标建筑发起"为最美逆行者亮灯"致敬行动，随后广东21个地级市积极响应，抗疫一线医务人员巨幅海报在广东地标建筑1000多块LED屏滚动播放，致敬英雄，燃爆全省。随后南方都市报又与广东省博物馆共同打造"众志成城——致敬抗疫者"专题展览，持续发挥沉浸式宣传教育功能。

把握重大关键主题和正确传播导向，扎实采访捕捉真实细节，是系列报道内容出彩的关键。然而要使出彩内容"出圈"，最大限度扩大优质内容的传播影响力，还需要在传播形式和手段上下足功夫。本文从核心内容生产、线上传播、线下传播三个维度，对"最美逆行者"报道进行剖析，分析产品的优势与特色，对其传播策略和创新性经验进行总结。

一、细节动真情：真实细节为正面宣传增效

（一）"躬身入局"关键时刻鼓舞人心

围绕中心，服务大局，是我国新闻媒体的基本职责，它要求新闻媒体胸怀大局、把握大势、着眼大事，坚持以人民为中心的工作导向。2020年2月，新冠肺炎疫情初期，对于新型不明传染疾病的恐慌、无力等负面情绪如阴霾般弥漫，而五湖四海的医护人员无畏生死驰援武汉，为人民群众的生命健康保驾护航。在抗击疫情的关键时刻，人民迫切需要医疗资源的保护，更需要乐观勇毅、昂扬镇定的精神力量。新冠肺炎疫情带来诸多不确定性，主流媒体需要为人民群众提供最及时的信息。时任南方都市报党委书记梅志清在2020年初的南方都市报动员大会上，明确提出"躬身入局"的理念：媒体是党执政资源和执政能力的一部分，必须置身时代大局，以主人翁的姿态拥抱新时代，担当新作为。躬身入局，是南方都市报抗疫报道的工作原则。南方都市报记者跟随第一批援鄂医疗队在除夕夜出发，前往武汉，在危急时刻主动担当。迅速、及时把握突发重大主题，体察人民需求，是本篇报道获得广泛关注的前提条件。

以正面宣传激发用户的积极情绪，为打赢疫情防控阻击战起到"强信心、暖人心、聚民心"的作用，是主流媒体面对新冠肺炎疫情应有的态度与诉求。南方都市报前往武汉的前方领队记者刘军回忆说，初到武汉时，几乎每晚写稿时都对着电脑泪流不止。不过，他脑海中始终有一个坚定的念头：病毒虽然可怕，但我们要做的不是展现恐惧，而是激发更多人性光辉，让人们尽快走出恐惧，战胜病毒。[①]在灾难报道中，"人"始终是最关键的，也最能吸引受众的要素。"最美逆行者"系列融媒报道没有简单展示大而化之的集体形象，而是将关注点放在具体的医护人员个人身上，选择展示每一位医护有印痕、伤痕，但又昂扬微笑的面容。以真切朴素的笑容感染人，凸显人的精神、勇气与力量，既致敬医护人员的付出和奉献，也为阴霾笼罩的社会情绪注入同心抗疫的信心与希望。记者近身紧贴现场，为捕捉丰富、真实的细节提供了基础，也是主流媒

---

① 王海军.线上全媒体 线下多场景——《"最美逆行者"系列融媒报道》融合创新启示[J].中国记者，2021（12）：123.

体进入事件核心现场的优势所在。

（二）扎实采访捕捉真实细节

口罩和护目镜在医护人员面颊上留下的深深印痕，是"最美逆行者"系列报道触动人心的切入点。真实是正面宣传的基石，相比于仪式化的事件和场景，细节常被认为是在不经意间自然流露的，能够体现出难以磨灭的真实属性。因此，无论是文学影视作品还是新闻报道，在调动受众情感时都强调捕捉真实可感的细节。

1.内容真切朴实，富有感染力

"最美逆行者"系列融媒报道抓住一系列动人的细节：在视觉呈现方面，印痕是病毒的危险、工作的辛劳在身体上留下的最直接的痕迹，特写照片凸显医护人员脸部留下的印痕，以及疲惫中不失昂然和淡定的神态，能够引发受众的强烈共情。在文字内容方面，图文报道加入对医护工作生活近况的简单采访，文字内容虽然简短，但发自内心的感受真切朴实，贴近生活，因此能够以短小精悍的篇幅直击人心。

在制作"最美逆行者"特写肖像海报时，编辑团队从采访内容中精选出最能触达人心的一句话放在海报中。在"一句话"的选取上，真实、朴实是最重要的选择标准。真实是指选择当事人的原话，朴实则是指拒绝刻意拔高意义和价值的套话，采用最简单的心愿和感受。"希望疫情可以快点结束吧，我可以回家看看，在外面待久了，都忘记当孩子是什么感觉了""我现在最想做的就是狂灌一瓶可乐""昨天是我女儿生日，之前每个生日我都陪她"……从这些朴素的话语中，人们能够意识到身先士卒筑起人民健康屏障的医护人员，其实都是与我们过着同样生活的普通人，因此更能感受到平凡之躯逆流而上的无畏和力量。

2.近身贴近现场，功力成就效果

捕捉真实动人的细节，靠的是一线记者亲身赶赴疫区，与医护人员朝夕相处、共同工作带来的感同身受，以及记者扎实的采访摄影功底。习近平总书记指出，好的新闻报道要靠好的作风文风来完成，靠好的脚力、眼力、脑力、笔力得来。其中"脚力"是指迈开双脚到基层去、到群众中去、到实践中去，脚力是宣传思想工作的源头，眼力、脑力、笔力归根到底要从脚力中得来。在"最美逆行者"报道中，以"脚力"深入一线，是创作优质报道的核心与保证。

　　拍摄"最美逆行者"医护人员肖像的记者钟锐钧，跟随广东省第二批援助湖北医疗队来到武汉。进入疫区前，钟锐钧就留意到网上很多已在前线的医护人员的自拍照，看到他们被口罩勒出印子的脸和脱下防护服的样子，感到非常心痛，由此想到可以用拍人物肖像的方法，把驰援武汉的医护人员脸上的细节呈现出来。到武汉前线后，钟锐钧两进"重灾区里的重灾区"汉口医院，和护士班组一起在全套防护装备下工作。随后，他又搬去和驰援汉口医院的首批广东医疗队队员同住，在同工同住中亲身感受医护人员工作的辛劳。在跟拍采访时，多年积累的人物拍摄和采访经验使钟锐钧敏锐地观察到，换班时的医护人员脱下防护服和口罩，那个瞬间，他们疲惫又放松，不再是被防护装备包裹的统一形象，而是重新成为自己。于是钟锐钧布置好柔光箱和闪光灯，为换班出来的医护人员拍摄脸部特写，为最大限度降低暴露感染风险，整个拍摄采访在极短的时间内进行，最早一批"最美逆行者"肖像图片就来源于此。[①]

　　近身贴近现场是报道生产的前提和基础，专业的采访和拍摄能力则为作品的最终呈现效果提供了支撑和保障。在拍摄"最美逆行者"照片时，钟锐钧已是入职南方都市报12年的"老记者"，他长期从事人物肖像拍摄工作，擅长拍摄人物，因此在准备前往武汉所需的设备器材时，职业习惯让钟锐钧最终决定带上闪光灯和柔光箱。在拍摄现场，他一手持相机、一手持闪光灯，在有限条件下独立完成摄影工作。长期积累的人物拍摄功底，使他能够在短时间内抓拍到医护人员乐观从容、昂扬坚定的表情。实际上，正是由于照片是在换班间隙第一时间拍摄的，才捕捉到医护人员最生动鲜活的神情。

　　"最美逆行者"系列融媒报道的前线记者深入疫区目睹、了解、体验医护人员的工作，对医护的身心状况感同身受，因此，能够捕捉到"印痕"这一最真实动人的细节，在极短时间的采访中消除与医护人员的距离感，听到他们朴素真实的愿望和心声。从设想到现场体验，再到最终确定主题、实行拍摄，专业的拍摄能力和器材准备，为良好的成片效果打下了坚实的基础。

---

① 李阳，钟锐钧，胡群芳，江英.让抚慰人心的力量实现最大化传播——"最美逆行者"人物报道的传播创新[J].中国记者，2020（05）：29-32.

二、线上全媒体：拓宽传播途径，丰富产品内涵

如何让优秀作品的传播影响力最大化，在社会中充分发挥鼓舞人心的作用？在"最美逆行者"系列报道的传播策略上，南方都市报围绕采访拍摄的照片，开发出图、文、视频、海报、线上课堂、轻应用、线下亮灯、实体展览等各种产品形态，构建"线上全媒体、线下多场景"的立体传播格局，实现传播效能最大化。

（一）布局全媒体传播矩阵，形成舆论合力

南方都市报副总编辑王海军认为，在万物互联、人人都是"记者"的新传播格局下，人们面临的不是资讯匮乏，而是供给过剩，虽然网络热点频发，顶流不断，但热点来得快，走得也快，泛热点的新闻报道产生的价值越来越低，能够真正深入人心，对人民群众产生正面影响，引导人民群众由"感动"迈向"行动"的报道，在信息资讯浪潮中仍旧需求急迫。①因此，不仅需要着力打造精品内容，更需要让好的作品出圈，提高传播效能。

线上全媒体是指报道内容以多种呈现形式在多个互联网媒体平台传播。实施"一次采集、动态整合、多个渠道、多次传播"的"中央厨房"模式，布局全媒体传播矩阵，是媒体深度融合背景下主流媒体适应新媒体传播环境，提升生产效率，形成舆论合力的有效举措。"最美逆行者"系列报道在内容形式上，以特写照片为核心，整合出海报、图文采访报道、短视频、H5轻应用等多种形式的新闻产品，以全媒体传播矩阵提升传播影响力。前方记者传回照片后，后方编辑全天在线，工作不分昼夜，产品总监与软件工程师搭档，两个团队在两天内搭建完成"线上展览馆"，可视化部与编辑团队为2000多名医护人员量身定做了每一张海报。丰富的报道产品能够在第一时间发出，抓住新闻时效性和社会情绪，需要前线记者与后方编辑的密切配合，考验新闻媒体在长期转型过程中积累的策动能力。

在传播平台上，除了在自有客户端、网站、新媒体账号发布，"最美逆行

---

① 王海军. 线上全媒体 线下多场景——《"最美逆行者"系列融媒报道》融合创新启示[J].中国记者，2021（12）：123.

者"系列报道积极授权多家媒体和资讯平台转发，丰富的产品形式为适配不同平台的传播提供了充分条件，仅南方都市报新媒体平台的阅读量就高达1000万＋，报道被人民日报、新华网、央视新闻、腾讯网等160多个平台广泛转发，感动全网，取得刷屏之效。

（二）聆听用户声音，留存集体记忆

在最早一批"逆行者"照片海报获得较大反响后，南方都市报继续推出"疫痕"照相馆H5，产品的初衷是全面记录驰援湖北的广东医疗队全体医护人员，为他们留下肖像照，通过记住他们的脸，来记住这段历史。移动互联时代的新闻报道越发强调用户的参与、体验和感受。在H5页面上，除了肖像照片和文字介绍，还增加了点赞互动、留言致敬、日记感言等互动功能，通过"疫痕"H5，南方都市报搭建了一个全新的开放互动平台，实现后方用户与前线医护的即时连接。在抗击新冠肺炎疫情、致敬医护人员的主题报道中，加入用户声音，鼓励用户参与互动，为用户提供发声、倾诉、致敬、祈福等在线行动功能的平台，能够调动用户积极性，提升用户参与感，凝聚温暖人心、昂扬向上的精神力量。

以留言过百万的"郑爽欢"个人医护主页为例，从2020年2月18日上线到2月22日晚10点，这位来自南方医科大学珠江医院的医护，个人主页收到119万"鲜花"、89万"致敬"、90万"平安归来"的祝福，有用户留言"你笑起来真好看""喜欢你乐观的笑容，祝你早日凯旋"。她在前方险境下的笑容，温暖了后方用户的心；而网友留下的美好祝福，让昂扬乐观的积极情绪继续生发、传播开来。"疫痕"H5上线次日，今日头条、腾讯新闻、网易新闻、澎湃新闻、南方＋等纷纷重点推荐，让全国人民再次感受"最美逆行者"的力量，截至2020年4月14日，"疫痕"H5更新医护人员2323人，上传医院261家，首页及医护个人页互动总量超1500万次，留言2万条。

"疫痕"H5延续并进一步强化"最美逆行者"系列融媒报道的关注度，更为重要的是扩展了报道的内容体量，加入用户心声，实现记录历史的深层意义。新闻是正在书写的历史，抗疫初期这场没有硝烟的战争，注定成为留存在人们心中的集体记忆。"疫痕"H5记录了2000多名广东援鄂医护人员的肖像和感言。如今，在发布两年后再次回看，它已经成为一座记录医护人员担当奉献、人民群众同心抗疫的数字博物馆，在对新冠肺炎疫情的报道和记录上具有历史性意义。

三、线下多场景：走进生活空间，发挥衍生效应

（一）致敬"最美逆行者"亮灯行动

除了在线上平台实现全媒体传播，南方都市报积极推动报道走进线下生活空间，进一步提升传播效能。南方都市报首先将目光投向广州地标建筑的户外LED大屏，将城市作为一个立体的"版面"，在广州市委宣传部的指导下共同推出广州全城为最美逆行者亮灯加油行动，在LED大屏上播放抗疫公益广告。2020年2月17日，包括广州塔、猎德大桥等广州核心地标建筑的30块LED户外大屏幕滚动播放"疫痕"巨幅医护人员肖像海报，"礼赞英雄，燃爆全城"。随后，开设"最美逆行者"防疫宣传主题地铁站——杨箕站，并在广州地铁网全线271座车站同步展出400多幅"最美逆行者"照片，相关视频在地铁车厢内循环播放。随后，致敬亮灯行动迅速挂广到广东21个地级市，全省共计推出1000多块LED屏礼赞英雄。由公共空间扩展到了商业空间，许多商场、写字楼也积极响应为"逆行者"亮屏致敬，在短时间内产生巨大影响力。

把握时效性，是致敬"最美逆行者"亮灯行动取得巨大反响的关键。2020年2月中旬，疫情仍然肆虐，不断传来的消息让人焦灼而沮丧，整个城市笼罩在一片沉寂落寞之中。当南方都市报的编辑团队来到猎德大桥准备亮灯行动时，这座昔日车水马龙、流光璀璨的大桥上空无一人。[①] LED大屏中前线医护人员坚毅的眼神、乐观的笑容点亮了夜空，更温暖了全城，在关键时刻应时而生，鼓舞着疫情阴霾下焦虑的人心。致敬亮灯行动最早在广州市天河区的地标建筑开展，在取得社会的支持与肯定后，扩展到广州市乃至广东省。南方都市报一开始之所以能在广州市天河区迅速洽谈完成屏幕使用的相关事宜，其实与其在天河区的多年积累密不可分。南方都市报在2013年创办了天河区CBD的专属社区媒体"CBD times"，记者长期深耕这一区域的神经末梢，对区域内上至政府管理层，下至街道商超均有充分的了解，因此能在有需要时迅速洽谈执行。谈及

---

① 来自"最美逆行者"系列报道创作团队成员王海军访谈。

发起亮灯行动与此前多年积累的关系，南方都市报副总编辑王海军感慨："有想法未必能够快速实现，过了这个时间就难以取得同样的传播效果，功夫其实在平时、在看不到的地方。"[①]

亮灯行动一方面是"最美逆行者"系列报道在线下空间的延伸，另一方面，城市地标性建筑点亮医护人员的笑容，本身又能够成为一件吸引人的新闻素材：地标建筑在可见度和影响力上能够覆盖全城的每一位市民，更代表了一座城市的态度。对市民来说，以往地标建筑的LED屏幕广告通常是商业性的，或是较为传统的公益广告。巨幕播放特写照片这样生动鲜活的形式是难得一见的。因此，亮灯行动在"刷楼"后又再次"刷屏"，广州塔、猎德大桥亮灯致敬医护人员的照片在各大社交平台迅速传播，再次获得人们的广泛关注。

（二）"众志成城——致敬抗疫者"专题展览

"众志成城——致敬抗疫者"是广东省博物馆和南方都市报共同打造的专题展览，也是南方都市报围绕"最美逆行者"参与策划的又一场线下纪念活动。在策划筹备期间，南方都市报投入报纸版面14个，宣传报道超过20余次，用4万余字的系列策划报道，跟踪展览筹备过程，向社会各界征集展品。最终，展览聚焦以医护为主的各界抗疫者，精选500余幅抗疫照片和121件"抗疫见证物"，多视角回顾广东乃至全国抗击新冠肺炎疫情的战斗历程，2020年9月10日闭展，观展人数超过3万人次。

专题展览打造了一个沉浸式的线下传播空间，展览从社会各界征集"抗疫见证物"展出，并邀请照片中的医护人员作为"展中人"到场讲解，与观众互动。与电子屏幕中的新闻报道相比，当事人现场讲述更加生动、有感染力，能够最大限度地发挥媒体在重大事件中的纪念、引导、教育功能。在"众志成城——致敬抗疫者"专题展览的筹办中，媒体协作筹办重大事件主题展览，一方面能发挥和利用媒体在事件报道中积累的事实性素材，另一方面还能利用媒体的传播资源为展览吸引更多观众，是新闻媒体拓展线下场景传播的可行方式。

（三）探索线下空间，创新报道形式

亮灯致敬行动和专题展览打破了媒体固有的传播思路，在报纸、电脑、手

---

① 来自"最美逆行者"系列报道创作团队成员王海军访谈。

机端之外，创新性探索线下城市空间的场景传播方式。数字媒体技术的发展，使公告栏、报刊栏、广告牌、展览等传统的线下媒介逐渐被淡忘，实时传播、覆盖全球的互联网媒介看似无往不利，实际上在当下的海量信息中常常面临创新瓶颈。相比于触手可及的线上报道，线下媒介和活动虽然在物理距离上限制了用户主体，但可以迅速拉近与线下用户的距离，其独特的新鲜感和稀缺性，往往能够在互联网引发二次传播的热潮，通过互联网二次传播打破影响范围的限制。在《最美逆行者》海报发出后，致敬"逆行者"亮灯行动和线下专题展览再次引发网络关注，即典型的"从线上到线下再到线上"的传播路径。

与之相似，重新发现并创新性地利用线下传播的优势和特色实现全网传播，正在受到更多媒体的关注。例如，成都太古里和日本新街口的裸眼3D大屏广告，其灵动逼真的熊猫和猫咪广告常常被媒体和网友拍摄并转发到网上，知名度早已不限于大楼附近的观赏区，而是遍及全球。无论是"致敬最美逆行者"在城市夜空点亮医护人员笑容，还是活泼可爱的熊猫和猫咪"盘踞"在大楼上，深入线下生活空间的大屏所带来的感染力和震撼感，是手机、电脑等移动端难以比拟的。

在线下沉浸式场景传播上，2021年人民日报为庆祝建党百年策划的《复兴大道100号》线下展览，还原建党百年来的生活情景，在为期10天的开放活动中吸引了近2万人次排队参观。虽然线下展览在物理距离上对受众有所限制，但传遍全网的实地打卡照片持续吸引关注，人们对展览抱有强烈的好奇心，因此，转向关注线上新闻产品H5、长图和VR体验馆。将新闻报道扩展到线下场域，能够为新闻媒体创新报道形式和手段提供更多的操作空间。

四、结语

"最美逆行者"系列融媒报道把握时代重大主题，以扎实采访捕捉真实细节，以极具感染力的"印痕"弘扬英勇奉献、乐观昂扬的精神力量。

"最美逆行者"系列融媒报道在把握传播时效性的同时，保证内容高质量，既积极谋求创新，又及时将创意落地实施，打造体现主流价值观的现象级爆款产品，这离不开南方都市报在媒体融合转型过程中的长期积累。当前全媒体传播格局下，已经不再是个人的"明星记者"时代，做好大型专题报道越来越需要多部门协作，仅仅依靠个人完成的难度越来越大。这是机构媒体相比自媒体的优势，但也考验媒体的一体策划能力和采编人员的综合能力。[①]前方采集素材，后方准备足够强大的编发能力，在"最美逆行者"系列融媒报道的制作中，编辑甚至承担了汇总广东1000多块LED屏幕的尺寸、洽谈屏幕使用、协助策划展览的工作。

创新方能引领潮流，但也意味着面对新的挑战，技术与社会思潮的急速变动，为媒体创新实践提供了广阔的空间。厚积薄发，迎难而上，坚持创新应当成为新时代媒体的长期追求。

---

① 来自"最美逆行者"系列报道创作团队成员王海军访谈。

作品十：《帮帮》

杨凤娇　宋一丹[①]

作品信息

专栏名称：帮帮

所获奖项：第31届中国新闻奖新闻名专栏一等奖

主创人员：刘长发、伊文、肖和坤、刘海涛、夏祥洲、周宝琴、李学东

编　　辑：集体（张彬、黎雨寒、谢兵、陈骅、何毅、徐静、王彬臣、
　　　　　曹阳、张沛、杨豪、林梦麟、张小驹、戴宇、龚力、王广江、
　　　　　陈富勇、陈　英、刘娅昆、王　婷、王　点、刘颖、孔祥伟、
　　　　　冉一岚、李奕烨）

发布单位：上游新闻

创办日期：2019年5月20日

发布平台：上游新闻客户端

2020年度发布次数：40950次

作品简介

"帮帮"于2018年底筹办，该专栏整合原重庆晚报、重庆晨报、重庆商报热

---

① 杨凤娇，中国传媒大学电视学院教授、硕士生导师；宋一丹，中国传媒大学电视学院硕士研究生。

线新闻30多人组成团队，依托上游新闻客户端设置"曝光台""帮你问""找答人""玩社群""城事通"等民生服务板块，通过融媒体手段，搭建政民互动新桥梁，创新开拓了党媒与用户之间的新连接，形成传播社会主义核心价值观和正能量的强大社会舆论场。"曝光台"坚守"民生、互动、连接、开放"的理念，让媒体与用户、媒体与政府职能部门高效地联动起来，对群众普遍关注、反映强烈的操心事、烦心事、揪心事，以及其他社会热点问题，实施网民端上反映、媒体梳理跟进、部门解答督办，力促化解矛盾、解决问题；"帮你问"邀请2000多个各级党委政府和相关部门机构入驻，对用户反映的各类问题在3日内给予及时答复；"找答人"则包含由专业律师、优秀教师、医务工作者等近400多名各行各业专家组成"答人帮帮团"，为用户答疑释惑；"玩社群"则收录1950余个行业、兴趣等社群，按照适合自己的圈子组成兴趣小组，共同解决相关问题；"城事通"则提供衣食出行等生活信息资讯。

《帮帮》2020年上半年代表作品二维码　　　　《帮帮》2020年下半年代表作品二维码

作 品 分 析

　　移动互联时代，用户的媒介使用习惯趋于移动化、数字化，大量用户向新兴媒体迁移，如何与用户建立新的连接关系对主流媒体而言是一大挑战。在互联网传播环境下，新媒体平台依托数字化技术不仅能突破时间和空间的限制，与用户随时随地发生联系，拓展连接广度；还能加强社群凝聚力，使圈层化连接成为可能，拓展连接深度。主流媒体与新媒体融合发展有助于建立新的用户连接关系。随着媒体融合发展的深入推进，主流媒体需要进一步增强服务意识、提升用户体验。

在此背景下，重庆日报报业集团着力打造新型移动传播平台"上游新闻"。为更好地服务用户，2019年5月27日，互动专区"帮帮"频道正式在"上游新闻"移动客户端上线。"帮帮"频道立足重庆本地服务，设置"上游帮忙""报料台""帮你问""找答人""社区bang"五大板块①，通过融媒体手段，搭建政民互动新桥梁，开拓了党媒与用户之间的新连接。深度参与基层社会治理，疏导网民情绪，化解基层矛盾，形成传播社会主义核心价值观和正能量的舆论场是主流媒体充分发挥自身优势，做好新时期群众工作的有益尝试。

一、平台化转型，新建用户连接

平台，通常指互联网平台。在数字技术驱动下，拥有一套体制机制的平台常常依赖大规模用户的价值创造和价值互动运行，内容聚合性强、用户连接度高、技术运用度深等都是其主要特征。对主流媒体而言，向平台化转型有助于其适应开放、共享、融合、连接的互联网传播逻辑，"平台型媒体或将成为未来传媒转型发展的主流模式"。②

（一）建立区域性移动传播平台，畅通连接渠道

截至2021年12月底，中国手机网民规模达10.29亿人，全年增加了4373万人。③移动传播平台已经成为当前用户获取信息的主渠道。主流媒体需要通过提高技术水平，在国家政策和雄厚资金的支持下推进平台体系的构建，通过打造有影响力的移动平台畅通连接渠道，与用户加强联系。

2015年，重庆日报报业集团依托重庆第一都市报《重庆晨报》的优势采编力量，着力打造的互联网新闻产品"上游新闻"手机客户端上线。该客户端以移动优先为原则，整合原都市报400多名编辑记者，形成区域性移动传播平台。用户使用该平台，既能够阅读国际国内时事要闻、重庆本地民生新闻、多元生

---

① 2021年1月1日上游新闻App新版上线，"帮帮"频道原五大板块"曝光台""帮你问""找答人""玩社群""城事通"进行了优化升级。

② 喻国明，焦建，张鑫."平台型媒体"的缘起、理论与操作关键[J].中国人民大学学报，2015，29（06）：120-127.

③ 华声在线.人民网研究院发布《中国移动互联网发展报告（2022）》[EB/OL].（2022-07-04）[2022-07-30].https://baijiahao.baidu.com/s? id=1737383773464389507&wfr=spider&for=pc.

活资讯等内容，还能借助平台资源与政府、专家沟通，体验多元服务。隶属于上游新闻的"帮帮"频道就是该平台为用户与媒体记者、政府机构、专家学者交流沟通而搭建的互动专区，这是传统媒体试图找回流失用户而探索出的一种与用户建立直接连接的方式。

"帮帮"频道在整合了原重庆晚报、重庆晨报、重庆商报热线新闻30多名采编人员的基础上，发挥专业化的内容生产和资源优势，切实帮助用户解决问题。[①]仅2021年，"帮帮"频道就累计审核发布信息13.8万余条，收到报料2.4万余条，帮助用户解决困难4400余起，澄清各类不实信息等1100余次，协助政府回答用户疑问7000余条，记者现场化解矛盾800余起，为上百万用户提供了民生服务，进一步强化了主流媒体与用户的连接[②]。

（二）视频化运营策略，适应移动化平台中的用户需求

互联网时代，用户到媒介习惯日益移动化、碎片化，视频化的新闻内容呈现形式更符合当下移动平台中的用户习惯。"帮帮"的运营人员基本上由传统媒体从业人员转型而来，他们在向移动化传播转型的过程中，继承并发扬传统媒体的先天优势，学习视频拍摄、剪辑等新媒体采编技能，主动适应新媒体传播环境，制作高质量的新闻作品以满足用户需求。

日常工作中，"帮帮"鼓励"上游帮忙"的记者积极向视频化转型，要求记者在报道纠纷或帮助市民解决问题的过程中尽量拍摄视频，以更直观和适应互联网用户习惯的方式呈现信息。上游新闻"帮帮"频道副总监、主编刘海涛提到，上游新闻对记者有视频化的考核要求，"一般对记者来说，16条稿子要求6条带视频，这是基本合格线"。

为了让传统媒体记者更快更好地向移动化平台转型，上游新闻每个月都会定期组织学习培训，帮助记者、编辑熟练掌握视频拍摄和剪辑能力，以缓解视频化专业人才不足所带来的压力，满足当下用户对视频内容的强需求。另外，上游新闻还专门制作了学习教材以供记者编辑们学习使用。当传统媒体的专业

---

① 刘海涛，周宝琴，刘洲.媒体融合中的用户连接重构路径——上游新闻"帮帮"频道的探索实践[J].全媒体探索，2021（04）：35-37.

② 来自上游新闻"帮帮"频道副总监、主编刘海涛访谈。

性与新媒体的时代性充分结合在一起，媒体融合的强大新能量随之释放出来。

（三）技术助力数据标签化管理，提升服务体验

通常，大数据是平台的一大特点和优势所在，对大数据的管理和使用则是平台运营中的关键环节。经过近4年的探索发展，"帮帮"频道积累的用户爆料信息、提问，以及专家、政府部门的回答等内容已形成海量数据。目前，"帮帮"频道形成对这些数据进行标签化管理的后台运行机制。编辑会根据内容分门别类地为其打上标签，对数据进行系统化处理，有助于方便快速地寻找到数据库中已有同类型问题的答案，既提高服务效率，又避免重复工作，提升用户体验和平台的用户黏性。

目前，标签化的数据管理机制在"帮帮"频道后台的运作已较为成熟，但尚未向用户端开放赋权。未来，"帮帮"频道也会在技术部门的支持下逐渐探索将这样的数据库资源上线平台，通过赋予用户自主性的方式让其参与其中，进一步方便用户直接通过关键词搜索快速找到具有价值的答案[①]。

二、建设性新闻实践，增强媒体公信力

建设性新闻是近年来蓬勃发展的一种新闻理念与实践，目前虽然学界暂无统一且明确的定义，但对其"解决特定问题、强调公民赋权、维持新闻的核心功能、积极情绪、记者干预和以未来为导向"[②]的六大特征已基本达成广泛共识。这是国外兴起的一个新概念，然而在中国的新闻实践中早已有迹可循。从2000年涌现的大量以关注百姓生活为核心的电视民生新闻，到2008年前后出现的帮忙节目、公益节目、问政节目等，聚焦解决问题的正面报道方式和理念一直贯穿我国的新闻工作。[③]随着数字技术的发展，用户从电视等传统媒体迁移到社交平台。虽然媒介平台发生了改变，但用户对于寻求媒体帮助以解决自身难题的

---

① 来自上游新闻"帮帮"频道副总监、主编刘海涛访谈。

② 徐敬宏，郭婧玉，游鑫洋，胡世明.建设性新闻：概念界定、主要特征与价值启示[J].国际新闻界，2019，41（08）：135-153.

③ 殷乐.并行与共振：建设性新闻的全球实践与中国探索[J].新闻与传播研究，2019，26（S1）：33-41.

需求却未消失。新媒体平台中，媒体也可以继续发挥公共作用。"帮帮"频道作为上游新闻"努力促成平台与用户'强相关'"①的互动专区，正作为一种建设性的力量参与民生新闻、舆论监督和网络问政，通过积极介入的方式帮助用户化解矛盾、解决问题，促进社会的和谐稳定，这与建设性新闻的理念不谋而合。

"帮帮"频道通过开设"上游帮忙"和"报料台"两大板块，及时回应民众关切，让互联网中每个人的声音不止能被听到，还能得到切实的解决，真正做到"回应每一个向往美好的声音"②。当"报料台"收到群众反映的生活纠纷、市政问题、社会乱象等线索，后台编辑会先对信息进行真实性的初步核实和复杂性的初步评估，然后将其中公共性突出，需要进一步深入关注的线索转交给7人组成的"上游帮忙"记者组，由记者深入一线跟踪报道，力促解决问题，化解多方矛盾，促进社会和谐。

在"帮帮"频道的日常运营中，记者已从传统新闻报道活动中理性、中立的局外人身份向积极促进社会问题得到有效解决的介入者转变，体现出"建设性新闻理念力图打破传统职业角色设定对记者的束缚，它要求记者承担起行动者的角色并提供解困的思路"③。然而，值得注意的是，这并不意味着记者可以放弃客观性原则，而是主张记者应在坚持客观性原则的基础上以更加积极的态度去解决问题，强调新闻报道应更具有公共价值，为公众利益服务。

2020年，"帮帮"频道"报料台"板块收到读者反映的九龙坡区金茂珑悦南区业主自发修路的视频报料。该小区部分业主为了解决绕路送孩子上学耽误时间的问题，自发把一条仅能一人通行的狭窄小道凿宽挖通，将原本近20分钟的上学路程缩短为5分钟，使其成为如今的"学子巷"。对于擅挖小路事件，不同居民持有不同意见，双方关于此行为是否合规的争论越演越烈。针对人们的态度分歧，"上游帮忙"记者第一时间前往修路现场实地采访，并沟通市政规划、

① 刘长发，刘海涛. 在融合创新中走好群众路线——上游新闻创办"帮帮频道"的探索及启示[J]. 新闻战线，2021（11）：25-28.

② "帮帮"频道的口号。

③ 史安斌，王沛楠. 建设性新闻：历史溯源、理念演进与全球实践[J]. 新闻记者，2019（09）：32-39，82.

街道办等相关部门对此事进行关注，推出报道《现实版愚公移山记：金茂珑悦小区居民自发挖出"上学小道"》。报道刊发后，引发社会舆论强烈反响。除上游新闻客户端刊发外，今日头条、抖音、微信、微博等平台予以推送，数十家媒体予以转发或者跟进，全网相关话题阅读量超3000万+，促成多个职能部门现场办公解决孩子们上学出行问题，形成了规范管理已修缮小路，等待市政道路建成投用的共识。

三、拓展"新闻+"服务，增强用户黏性

在新闻报道中以建设性的方式推动问题解决外，主流媒体还可以为用户提供更多能契合其主体性需求的多元服务以增强用户参与度与黏性，这样才能更好地发挥主流媒体的舆论引导能力，实现新型主流媒体的价值引领功能。

"帮帮"频道设置"帮你问""找答人"板块，为用户提供与政府部门等官方机构，法律、医疗、艺术等领域的专家学者，不同背景、学识、身份的普通用户进行对话和互动的渠道。"新闻+服务"的功能拓展，不仅为主流媒体吸引用户持续赋能，用户的互动参与还有助于生成新的传播内容以提高主流媒体内容的实用性，形成良性循环格局。

（一）连接政府部门，畅通网络问政渠道

"帮帮"频道通过"帮你问"板块，邀请本地2000多家政府机构落户，形成一个带有聚合性质的"政民互动"新平台。该平台以"你有问题，我帮你问政府、问部门、问机关"的方式服务用户。当用户有问题需要咨询时，"帮帮"频道的编辑运营人员作为第三方，看到问题后会立即与入驻的相关职能部门沟通，获得准确的专业回答后及时整理成书面报告向用户反馈。

在"帮帮"频道建立之初，为更好地服务用户、加强用户对平台的信任度，集团党委便提出了"三个必须"的要求，即必须在30分钟之内回应用户提问；必须在3个工作日内解答相关问题；必须在与相关部门沟通后为用户提供专业、有效回复。[1]从效度和信度两个层面帮助用户解决日常的民生难题，让用户对平

---

[1]　刘海涛，周宝琴，刘洲. 媒体融合中的用户连接重构路径——上游新闻"帮帮"频道的探索实践[J]. 全媒体探索，2021（04）：35-37.

台形成信任。在当前的问政机制下，重庆用户关于本地医疗卫生、教育招考、社会保障等方面的困惑和诉求能通过畅通的途径进行反映，并得到权威回应和解决，一定程度上避免了因渠道不畅通而造成民众情绪郁积，激化社会矛盾。比如，2020年新冠肺炎疫情期间，"帮帮"频道收到大量关于疫情防控、生产生活、复工复产、企业发展的用户提问。为了缓解公众在突发公共卫生事件中的恐慌情绪，及时回应群众关切，"帮帮"频道策划了疫情防控系列问答活动，收到用户问题后第一时间与对应的权威部门和专业机构联系，及时提供最可靠的资讯和防控政策，助力疫情防控攻坚战。

（二）聚合社会资源，搭建多维沟通桥梁

"帮帮"频道推出"找答人"板块，通过主流媒体的号召力和资源优势引进"答人"400多名，涉及法律咨询、医疗健康、运动健身、美食推荐、艺术文化等多个行业。用户可以根据自己的问题，选择相应领域中的专家进行提问以获得专业解答；也可以在浏览过程中，选择某些自己具有深刻体会或特殊经验的问题互相留言交流。若在某一领域中具有专业的知识储备或资格证明，还可以申请进行"答人"认证，选择自己擅长的领域回答用户提问以分享知识，优质回答还有奖金可拿。

在一些特殊的时间节点，"帮帮"频道"找答人"板块还会紧跟群众需求，适时策划推出一些主题性活动，为公共利益服务。[1]比如，高考后推出"高考志愿如何填报——高校招办天团在线为你答疑"活动，与重庆院校、四川院校和全国知名院校的招生办合作，围绕志愿填报话题提供免费且权威的咨询。2020年疫情期间，"帮帮"频道与重庆医科大学附属第三医院、重庆医科大学附属儿童医院合作，提供免费咨询，实现用户与专家线上交流，助力整个城市疫情防控。[2]

四、贯通线上线下，深入社区拓展连接范围

用户与媒体的连接，不仅丰富互动渠道，为用户提供多样选择，而且进一

---

① 来自上游新闻"帮帮"频道副总监、主编刘海涛访谈。

② 管洪，刘海涛，王祥. 重建用户连接：媒体深度融合之成败关键[J]. 中国报业，2021（23）：25-28.

步关注用户连接的主动性以及连接的广度、深度等问题。对上游新闻这样的区域性媒体而言，与用户建立连接关系，除了可以为有需要的用户提供多维度对话通道外，最大限度拓展媒体与用户的连接范围，尝试丰富媒体功能，使其逐渐能与本地用户的日常生活需要高度匹配，或将成为媒体与用户建立深层互动关系的可行之策。

"帮帮"频道打造了"社区bang"板块。该板块立足重庆本地生活，目前已将交通出行服务、城市查询服务、重庆医疗服务、重庆公示服务等市级有关部门或部分专业服务平台已搭建好的生活服务功能引入"帮帮"频道。"社区bang"的功能聚合性使其成为新的用户入口，市民的多种民生事务办理需求都可以在线一键办理，足不出户享受智慧生活。未来，"帮帮"频道除了会持续整合各类政府资源外，还将紧密联系街道社区和市民百姓，通过听取用户需求进而探索和开发更多具有共享价值的服务功能，提高智能化水平以打造数字社区，助力基层治理体系和治理能力现代化[①]。

除了线上密切联系用户、逐渐推动媒体服务功能向更广范围扩展外，"帮帮"频道的服务功能同时还加速向线下实体社区辐射，通过每月定期举行的"帮帮进社区"活动深入群众，与用户进行面对面的交流与深入互动。目前，"帮帮"频道已与重庆市的多个社区建立起了联系。经过事先沟通与协调，每个月"帮帮进社区"会根据活动主题邀请医生、律师等专家到现场为居民提供法律咨询、健康科普等。在现场，记者也收集居民的意见及问题，还会向居民推广"帮帮"频道。媒体深入社区、强化服务功能，不仅有助于直接了解普通居民需求，掌握基层民生情况，还有助于扩大自身影响力和传播力。

五、结语

移动互联网时代，技术的赋权为用户参与内容生产降低门槛。随着自媒体的蓬勃发展，媒体内容市场更是让人眼花缭乱，用户注意力已成为稀缺资源。然而，这种稀缺其实是在内容资源极度丰富且过剩情况下的相对稀缺。在面对激烈且复杂的互联网内容竞争格局时，找到用户需求痛点非常关键。地方性媒

---

① 来自上游新闻"帮帮"频道副总监、主编刘海涛访谈。

体需要精准把握地方民生需求，有针对性地为用户提供能满足其需求的信息和服务。在实践过程中，地方媒体可以立足当地，发挥区域优势，进一步拓展媒体服务功能，构建区域性的媒体生态平台，进而与本地用户建立深度连接，这不失为主流媒体融合转型过程中的一种有益探索。

作品十一：《图图是道》

曹晚红　王嘉洋[①]

作 品 信 息

专栏名称：图图是道

所获奖项：第31届中国新闻奖新闻名专栏一等奖

主创人员：王晓莹、张周项

编　　辑：柯荣谊、邢志刚

发布单位：中国日报社

创办日期：2016年9月25日

发布平台："图图是道"栏目

2020年度发布次数：288次

作 品 简 介

中国日报"图图是道"栏目创办于2016年，依托同名融媒体工作室，主创人员根据自身兴趣爱好，以柔性组合的方式，通过制作精良的长图漫画配合通俗风趣的文案，用极富特色的条漫产品形式宣传习近平新时代中国特色社会主义思想，弘扬社会主义核心价值观，普及科学知识，传递正能量。

---

① 曹晚红，中国传媒大学电视学院教授、博士生导师；王嘉洋，中国传媒大学电视学院硕士研究生。

创办六年来，"图图是道"栏目的特色条漫产品参与各项主旋律报道，在党的十九大报道、改革开放40周年、新中国成立70周年、脱贫攻坚全面建成小康社会等主题报道中均有亮眼表现。特别是在2020年抗击新冠肺炎疫情、反击西方污名化的斗争中，"图图是道"用自己独特的条漫形式，贴合热点新闻、精选科学知识，以浅显易懂兼具趣味性的方式向受众科普群体免疫、无症状感染者等概念，解读疫苗的制作流程与周期、中医在抗击疫情中起到的重要作用等，为全国打好防疫抗疫宣传战作出重要贡献。

针对美西方甩锅的阴谋以及西方涉港阴谋论，"图图是道"栏目精心策划，诚意制作了一系列关于美国种族歧视、美国政治乱象的条漫，以轻松幽默的笔调和人民群众喜闻乐见的方式打好舆论战。同时，注重"健康中国"系列报道，在多个纪念日推出疾病防治科普内容，鼓励读者做好健康管理，为提升国民身体素质做好宣传。

《图图是道》2020年
上半年代表作品二维码

《图图是道》2020年
下半年代表作品二维码

作 品 分 析

新媒体时代，在推动媒体融合发展的重大战略部署下，主流媒体在转型之路上不懈探索，推出多个新媒体栏目。《中国日报》在媒体融合创新与坚守主流价值的辩证发展过程中，推出"图图是道"栏目，以长条漫画的形式进行新闻报道和科学知识普及，独树一帜，取得良好的传播效果。

"图图是道"栏目于2020年度推送288次，科普知识涵盖医学健康、航空航天、生态环境保护、历史地理等领域，新闻话题涉及主旋律报道、国际局势分析、奥运会主题报道等，主题丰富，阅读量大。揭露美国抗疫不力还要甩锅中国的作品《太清晰了！美媒憋大招梳理特朗普政府三个月来的抗疫时间线》，仅在微博平台就获得7267万次阅读、2.9万次转发、2.7万个赞和5240条评论；针对西方污名化的条漫反制作品《从病毒污名化看美国大选的中国牌》被多家央媒接力转载，多平台阅读量超过3000万人次；向受众普及疫苗知识的《疫苗研制，统共分几步》在商业传播平台成为爆款，被超过100家微信公众号全文转载，仅在微信公众号平台上的阅读量就超过1000万人次。在微博平台上，#图图是道#话题阅读量近两亿。

2021年，"图图是道"栏目获得第31届中国新闻奖新闻名专栏一等奖。栏目主创人员王晓莹表示："这个奖项的含金量很重，是对我们这些年来所做的一切工作的认可和肯定，更是对我们的激励和鼓舞。奖杯每天都摆在团队办公室最显眼的位置，它带给我们更多的是自信心与自豪感，来之不易！"

一、定位清晰独特，创新主旋律报道

作为一个有着独特内容定位与表达形式的新媒体产品，"图图是道"栏目从创立之初到现在的6年时间里，一直在不断地尝试创新。"新闻漫画+背景解读+科普知识"的内容定位独树一帜，再加上犀利幽默的文案和新颖的视觉呈现形式，"图图是道"栏目迅速成为舆论场上亮眼的新星。

（一）融情会理，激发情感共振

"图图是道"以制作精良的特色条漫产品形式积极参与党的十九大报道、改革开放40周年、新中国成立70周年、脱贫攻坚全面建成小康社会等主题报道，多篇作品阅读量超千万次，成为新媒体平台爆款。

在以年轻受众为主的新媒体端，主流媒体如何用具有亲和力和感染力的方式弘扬主旋律、传递主流价值观呢？"图图是道"栏目选择独特的切入视角，将宏大议题融进生活化场景，拉近与年轻受众的距离，激发情感共振。"图图是道"栏目主创人员王晓莹介绍："很多人第一次看到我们的作品，会以为'图图是道'是一家自媒体，很难与中国日报这样一家中央媒体联系到一起。也许在很多人的印象中，传统媒体的作品话题与语言应该是比较严肃的，而我们的作品更多的是借助视觉语言完成轻松与幽默的表达。我想这也是'图图是道'最具特色的地方。"①

以作品《我们都拥有的世界顶级奢侈品，居然就在脚下？》为例。作品讲述了一个人类修路的历史故事，从史前道路遗迹逐渐延伸到罗马大道、秦直道，最终到高速公路的诞生。文案通俗有趣，之所以将造价不菲的高速公路比作顶级奢侈品，是因为六车道的高速公路筑路成本平均每公里一亿元，相当于在路面上铺满面值50元的人民币。因此，全世界的高速公路都修在经济繁华地带，而中国的高速公路，如川藏、青藏、共玉、雅西高速公路却在贫困山区、高寒地带、奇峰悬崖等地方绵延盘旋。作品将人类修路的故事娓娓道来，世界顶级奢侈品的类比与中国高速不走寻常路环环相扣，历史叙事与宏大议题通过漫画和对比，转化为人格化叙事，家国情怀融进日常化和生活化场景。最终以展现大国实力为落脚点，构建民族认同，唤起爱国主义情感共鸣。

（二）以小见大，传播主流价值

在内容叙事层面，除了以情动人，唤起共鸣，"图图是道"栏目还善于在短小的篇幅中对新闻事件背后的故事进行深度剖析，传递主流价值。碎片化阅读时代，一些媒体对于新闻事件的历史背景和可能造成的深层次的社会影响浅尝辄止，不能满足受众的信息需求。"图图是道"栏目则有效填补了深度解读时事、讲述新闻背后的新闻这一重要内容，站在科学的立场和角度通过科普知识讲解、评论剖析背景等方式，提升用户对热点新闻、科学知识的认知理性。

2020年9月，美国商务部针对华为及其子公司的芯片升级禁令正式生效，华为面临着被美国芯片厂商"断供"的问题。后续在美国政府举国之力的打压与特朗普政府的讹诈下，华为禁令细节几经反复，但被"断供"始终是一个绕不开的问题。"图图是道"栏目在此背景下，创作了《芯片是中国的痛，主要是因为缺少这台机器》，回答了中国光刻机究竟与世界先进水平差距何在、为什么会有这些差距、如何缩小这些差距等问题。②该作品的全网传播量将近520万次，在微博、微信点赞评论数近3.5万次，被众多中央媒体新媒体账号转引，粉丝积极踊跃留言互动。作品将芯片比作一座占地不过指甲盖大小、内部居民数却与地

①　来自"图图是道"栏目主创人员王晓莹的访谈。

②　来自"图图是道"栏目主创人员王晓莹的访谈。

球总人数相当的城市，将芯片的生产工具光刻机比作建设这座城市的机器，科普了芯片从无到有制造出来的全过程，这种故事化的叙述、天马行空的"脑洞"、清奇的画风，让网友仿佛看了一部动画片。基于中美贸易摩擦这一热点新闻事件，"图图是道"栏目不仅向公众科普了芯片制造的相关知识和我国未来科技发展的着力点，更从公共议题的角度，解读这一事件的新闻背景，助力打赢这场国际舆论战。

"图图是道"栏目以视觉呈现为主，文案字数很少，但语言凝练，观点集约，如"全新双向四车道中国货""中国不走寻常路，往最困难的地方修"，几句点睛之笔，不仅展现出中国作为"基建狂魔"的实力，更体现了中国打赢脱贫攻坚战的决心与实现共同富裕的使命担当。历史、时代、家国等宏大的议题在简洁的语句中清晰地表现出来，以短见长、以小博大，有效传播主流价值，凝聚社会共识。

（三）国际交锋，批驳外媒不实报道

讲好中国故事，传播好中国声音，展示真实、立体、全面的中国，是当前主流媒体国际传播的重要任务。近年来，针对疫情期间西方甩锅的阴谋以及西方涉港阴谋论，"图图是道"栏目精心策划，制作了一系列关于美国种族歧视、美国政治乱象的条漫，以轻松幽默的笔调和人民群众喜闻乐见的方式打好这场国际舆论战。

2020年4月，新冠肺炎疫情在中国已经基本控制住，而在美国却呈现加速传播的态势。核酸检测结果呈阳性的美国人，已经达到82万。面对抗疫与大选双重压力，执政的特朗普政府开足马力，对着中国狂泼脏水，试图把自己的一切失误都往中国身上推。一时间，中国成了美国大选最重要的议题之一，反华成了美国多名政客的风向标。[①]"图图是道"栏目基于这一议题，创作了《病毒大"甩锅"？得从美国大选的中国牌说起……》条漫作品，通过解读美国政治，摆出美国"甩锅"的事实，主动出击有效引导舆论，成为打破美国在国际传播场域对中国制造刻板印象的有力一击，揭示西方执政者想通过"甩锅"中国转移国内注意力，消解国内矛盾的惯用伎俩。

---

① 来自"图图是道"栏目主创人员王晓莹的访谈。

除此之外，该作品兼顾国际和国内新闻话语场，明确表现出中国所作出的抗疫努力以及为世界抗疫所作出的贡献。同时还将疫情期间中国做法与美国做法相比较，美国在全世界"截和"物资，而中国向120个国家和地区、4个国际组织提供物资援助，这比自我辩护式的价值引导更具说服力和震撼力。该作品推出24小时之内，在微信、微博的总阅读量达到460万次，并被多个微信公众号、微博账号接力转发，获得1.6万余个赞及4000多条评论。

二、视觉表达丰富 创新可视化产品形态

新闻漫画及长图是新媒体传播手段中比较有效的一种方式，有一种无声而跃然而出的力量。"图图是道"栏目在绘画风格、栏目设定、文案输出等方面，都在与时俱进，不断变革。王晓莹介绍说："从条漫创作起步，同时，我们也逐步创立多个品牌栏目，比如'小象漫评''海报工坊''无画不谈'，每个栏目都是基于视觉核心的新闻表达，表现形式从条漫逐渐衍生出海报、微动画等多种可视化新闻产品形态。"

（一）多元视觉元素，强化传播效果

"图图是道"栏目善用多元视觉元素，将漫画插图、素材图片、数据交互、短视频等方式融入新闻报道，营造出独特的报道氛围。不同于新闻摄影、视频等纪实类图像，作为"图图是道"栏目特色的漫画是人工再创作的视觉作品，可以通过夸张、隐喻、图文结合、调整各元素的配比等手法来传达绘画者的意图。漫画作为一种视觉修辞，在传达新闻立场与态度、加强集体记忆方面较之摄影等纪实类作品有不同的传播效果。

在作品《病毒大"甩锅"？得从美国大选的中国牌说起……》中，"图图是道"栏目团队悉心研判，认为"中国牌"的创意很贴合当时美国两党竞争的政治状态，便运用"中国牌"的创意进行创作。在漫画形象的表达上，将美国两党和中美两国的形象分别用代表性动物和山姆大叔、大熊猫表示，既有助于受众对内容的形象化理解，也增强了作品的幽默感，同时也非常符合条漫产品的趣味属性。"图图是道"栏目对独具中国特色的文化符号进行深入挖掘和包装，选用憨态可掬的熊猫这一元素来代表中国形象，具象化的形象蕴含着中国文化的艺术魅力与人文内涵。"中国牌""山姆大叔""熊猫"都是借代形象，这些借

代形象加以组合，实现了从物象到寓意的转化。因此，本幅作品不仅仅在内容上以正视听、反击污名化，同时也在视觉形象的解读中凝聚社会共识，激发情感共鸣。

（二）动静结合，强化图文互动

可视化新闻与传统新闻相比，最大的创新之处在于可视化新闻不仅仅有静态的存在形式，更有动态的呈现，将动静很好地结合在一起，让新闻变得生动有趣。"图图是道"栏目动静结合，不是简单地用图片、表格、视频等方式报道新闻，而是将平面的新闻进行立体化和交互性处理，通过图文阅读、视频观看、问答思考的立体化呈现方式，不断加强与用户的互动性。

以中国共产党成立100周年报道中"图图是道"栏目创作的《这些伴随着几代人成长的红歌，你都听过吗？》H5交互式媒体产品为例，作品从党的百年历史四个阶段分别选取一首能代表时代风貌的红歌，启发用户在聆听《十送红军》《我的祖国》《同一首歌》《百年再启航》四首歌曲的同时，了解中国共产党团结带领人民进行革命、建设和改革的光辉历程，感受和学习每个时代特有的精神。用户在动画游戏中集齐五角星、号角、党徽等多个"宝物"，就可获得相应奖章海报。该产品被用户在朋友圈踊跃转发，取得一波刷屏效果，传播量破千万，充分证明了其广泛的传播力和影响力。[①]

三、条漫适配科普，创新知识传播方式

以长条漫画形式呈现、以科学知识普及为主，"图图是道"栏目找到了条漫与科普结合的创新传播方式。2020年，"图图是道"栏目共推送原创长条漫画作品102篇，其中85篇以自然科学知识普及为主要内容，涵盖医学健康、航空航天、生态环境保护等多个领域，17篇则以社会科学知识普及为主要内容，涵盖历史地理等领域。[②]

（一）关注热点，漫画与科普有机融合

"图图是道"栏目一直致力于将热点新闻与科学知识相结合，用通俗易懂的

---

① 王晓莹.新媒体传播形势下的可视化新闻探索[J].记者观察，2022（06）：130.
② 张周项."图图是道"的条漫适配科普之道[J].青年记者，2021（23）：31-33.

文字和风趣幽默的漫画将复杂的事物变得简单明了，填补社会前沿科技发展与公众认知滞后的鸿沟。

在新冠肺炎疫情初期，"图图是道"栏目创作了多幅条漫作品向大众科普如何防范新冠病毒，内容多方位覆盖，从戴口罩的必要性到人体免疫系统的工作原理，再到疫苗的研发过程、德尔塔毒株究竟是什么，等等。作品《德尔塔毒株，究竟狡猾在哪？》向公众科普了根据希腊字母命名的四大变异毒株，清晰的病毒手绘图片配上丰富的感染数据，使公众迅速了解该病毒的相关知识；向受众普及疫苗知识的《疫苗研制，统共分几步》在商业传播平台成为爆款，被超过100家微信公众号全文转载，仅在微信公众号平台上阅读量就超过1000万次，为大众深入浅出地科普了疫苗知识，为鼓励大家进行疫苗接种做出贡献。同时，"图图是道"栏目对病毒相关话题的热点舆情予以积极回应，既避免谣言的产生，又可阐释自身立场态度。例如，作品《德尔塔毒株，究竟狡猾在哪？》列出中国疫苗的保护效果最新数据，以鼓励公众接种疫苗，做好防护；同时，还专门针对美国政客的政治化溯源、掩盖自家病毒实验室等予以回应，摆明观点态度。

（二）与科研院所合作，加强专业性与权威性

全媒体时代，一些缺乏专业科学素养的自媒体账号，为了博取眼球赚取流量，推送一些伪科学和伪科普的话题，其内容既不科学也不严谨。

为保证内容的专业性与权威性，作为主流媒体的"图图是道"栏目积极与科普领域的一线研究人员合作，通过采访加深对相关领域科学知识的理解，同时请他们对文案表述、漫画呈现进行把关。通过六年积累，"图图是道"栏目已经拥有一支上千人的科学顾问队伍，其研究领域涵盖医学健康、航空航天、环境保护、通信、能源、材料等科技前沿，为"图图是道"栏目的创作提供不可或缺的智力支持。[①]

2019年9月，为迎接中华人民共和国成立70周年，"图图是道"栏目推出H5作品《大国工程，为你自豪》，列举了中国在过去70年间取得的尖端科技成就，其中着重提到"彩虹鱼"万米深潜器。为获取到有关"彩虹鱼"的精准信息，

---

① 张周项."图图是道"的条漫适配科普之道[J].青年记者，2021（23）：31-33.

"图图是道"栏目邀请"彩虹鱼"科研团队上海海洋大学深渊科学技术研究中心工作人员做科学顾问，对其进行采访，请对方进行文字与画面双把关，并给出了"彩虹鱼"万米深潜器的高清晰度图片，使该期作品获得圆满成功。[①]

（三）锚定年轻受众，提升跨圈层传播力

2020年9月，习近平总书记在科学家座谈会上指出，好奇心是人的天性，对科学兴趣的引导和培养要从娃娃抓起，使他们更多了解科学知识，掌握科学方法，形成一大批具备科学家潜质的青少年群体。[②]作为一个以"新闻漫画+科普内容"为主要内容的专栏，"图图是道"栏目以年轻化的语态、漫画为主的视觉呈现和贴近日常生活的主题，吸引着不同圈层的年轻人参与科普传播，并通过与读者的良性互动，不断加大读者黏性。

在选题上，"图图是道"栏目紧贴时事热点，选择年轻人喜欢的事件、现象或者话题进行背景分析和科普。作品《停止嗜糖，一切皆甜》，围绕年轻人关注度较高的减肥瘦身话题，科普糖的种类、人体对糖的吸收、过度嗜糖的危害等；作品《核酸做多了，真的会上瘾吗?》，根据疫情防控常态化做核酸的话题，向公众普及人类大脑成瘾的科学知识。

在文风上，为适应条漫的调性，"图图是道"栏目一方面加强图文的互动性，另一方面倾向用网络上比较流行的语言和"热梗"。为了拉近与年轻人的距离，"图图是道"栏目还开发了自己独特的IP形象"图图君"与"图图妹"，在多篇科普作品中作为主持人串场。有些调侃、揶揄的文案可以转换成台词，通过"图图君"之口说出来，给整篇作品增加可读性。自己的IP形象也给受众增加了记忆点，进一步扩大了"图图是道"栏目的知名度与影响力。[③]

在画风上，"图图是道"栏目的作品倾向简洁明快，让青年受众不费力就能看懂。作品《从L1-L5，你面前的数字人是几级智能?》，针对人工智能发展的虚拟数字人进行科普，以人物漫画的形式呈现不同的"数字人"，色彩鲜明，人物

---

① 张周项."图图是道"的条漫适配科普之道[J].青年记者，2021（23）：31-33.

② 面向世界科技前沿面向经济主战场 面向国家重大需求面向人民生命健康 不断向科学技术广度和深度进军 [N].人民日报，2020-09-12（01）.

③ 张周项."图图是道"的条漫适配科普之道[J].青年记者，2021（23）：31-33.

立体真实。"图图是道"栏目像是给原本艰深难懂的新闻和专业性极强的科普内容加了一层彩色的滤镜，并打破尖端科技产品与公众之间的"钢化膜"，降低公众学习科学知识的门槛，很轻松地走进一个没有严肃感与距离感的科学课堂。

据统计，"图图是道"栏目的关注者中，约三成的年龄在25岁以下，约三成的年龄在26—35岁，年轻读者占比在同类专栏中遥遥领先，[①]成为主流媒体中实现跨圈层传播、向年轻受众传递主流价值成果显著的代表性新媒体栏目。

四、结语

中国日报旗下新媒体栏目"图图是道"定位清晰独特，创新视觉表达，通过精心制作可视化融媒体产品，凝聚社会共识，为主流媒体再造内容生产流程与创新融媒体内容生产提供了典范，为推动媒体融合向纵深发展、不断扩大主流价值影响力版图、做大做强主流舆论提供了样本。

当前，新一轮科技革命和产业变革正在重塑互联网行业生态和媒体发展格局，面对前所未有的大变局大变革，主流媒体要在融合发展的浪潮中勇做弄潮儿，在进军主战场的第一方阵中当好主力军，通过不断的融合创新，让正能量更强劲、主旋律更高昂。

---

① 张周项."图图是道"的条漫适配科普之道[J].青年记者，2021（23）：31-33.

作品十二:《江河情缘》

吴炜华　谭自茹[①]

作 品 信 息

作品标题：江河情缘（Xi's efforts to heal the rivers of China）

所获奖项：第31届中国新闻奖国际传播一等奖

主创人员：梁培钰、闫伊乔、余荣华、黄晶晶、朱利、孙天仁、

　　　　　岳小乔、王恬、余荣华

主管单位：人民日报

发布日期：2020年11月15日

发布平台：人民日报客户端

作品时长：9分26秒

作 品 简 介

　　2020年，人民日报英文客户端采用一部综述篇加三部分论篇的"1+3"结构，推出系列微视频《习近平总书记的江河情缘》。《江河情缘》为该系列微视频导视综述篇，于2020年11月15日在人民日报新媒体矩阵播发。该视频以习近平总书记关于长江黄河保护和高质量发展的重要讲话精神为魂，以习近平总书记

---

① 吴炜华，中国传媒大学电视学院教授、博士生导师；谭自茹，中国传媒大学电视学院硕士研究生。

在长江、黄河沿线的考察足迹为线索，回访部分考察点和曾向习近平总书记介绍情况的当地干部群众，记录习近平总书记考察后当地发生的巨大变化，以全方位呈现习近平总书记为长江黄河流域"把准脉""开良方"的运筹帷幄，生动展现习近平总书记大国领袖的气度风范和爱民为民的历史责任担当。

《江河情缘》二维码

作 品 分 析

　　当前，正值世界格局深刻变革之际，如何提升中国的国际传播竞争力和国际话语权依然是亟须探索解决的难题。中国主流媒体在构建中国话语和中国叙事体系中的作用显得尤其重要，不断摸索如何在国际传播语境中讲好中国故事。

　　为面向海内外网友生动讲述习近平总书记关心重视长江黄河生态治理、经济开发、文化传承的故事，人民日报英文客户端于2020年推出系列微视频《习近平总书记的江河情缘》。《江河情缘》为系列纪录片的"综述篇"，纪录片通过讲述习近平总书记与长江、黄河沿岸民众互动的暖心故事，生动呈现了习近平总书记对大江大河保护治理的深谋远虑和对沿岸民众的深深牵挂。该作品于2020年11月15日在人民日报客户端、人民日报英文客户端、人民日报官方微博、人民日报微信公众号首发，仅在人民日报新媒体渠道的累计阅读观看量就达3000万次，共收到超过10万次的互动评论，用户纷纷为中国的江河巨变点赞。《江河情缘》英文版同步在人民日报全媒体矩阵推特、脸书和油管等海外社交平台账号及Xi's Moments账号面向全球多个国家和地区播出，取得良好国际传播效果，海外累计点击量超过400万次。

一、国际生态视野，中国故事核心

（一）宏大视野聚焦，典型人物呈现

人民日报是党中央机关报，领导人报道是日常工作中的重要部分，也是中国故事的重要组成部分。习近平总书记是新时代中国和中国共产党的"最佳代言人"，讲述习近平总书记在江河流域保护和发展方面所作出的努力，是对习近平总书记接地气、亲民心的领导人形象生动具体的说明。2017年，习近平总书记提出必须树立和践行"绿水青山就是金山银山"的理念，坚持节约资源和保护环境的基本国策。《习近平总书记的江河情缘》系列微视频发布的前一天，正值习近平总书记在江苏考察结束后，主持召开第三次全面推动长江经济带发展座谈会，并发表重要讲话的日子。

为加强原创内容生产力量，人民日报英文客户端长期配合重要时间节点提前策划，迅速推出主题鲜明、叙事精巧、形式鲜活、立意深远的系列微视频作品。该系列微视频生动、亲切地呈现了习近平总书记的大江大河行走足迹，并有机地将事件亲历者的口述穿插其中，以宏大视野观照口述历史，以政论视阈展现生态传播，以平民叙述呈现大国担当。

《习近平总书记的江河情缘》采用了一部综述篇加三部分论篇的"1+3"结构，《江河情缘》则为系列微视频的"综述篇"，提纲挈领地呈现在习近平总书记的宏伟决策和亲力亲为的推动下，我国生态环境治理尤其是江河流域保护发展的重大突破，信息丰富、主题鲜明、形式生动；后三集则分别邀请三位外国友人用体验式走访的方式，用最真实的镜头和新闻叙事展现长江和黄河沿岸焕发出的新变化与新生机，视听语态轻松跳跃、真实直接、网感强烈。

《习近平总书记的江河情缘》系列微视频的叙事线，是由四个人物故事串联起来的，四个人物所在地刚好对应三江源、长江和黄河，也是习近平总书记历年来曾多次到访的地点，每一段人物故事还穿插了习近平总书记的重要讲话或政策指导，为具体微观的变化提供了宏观背景的阐释。全片夹叙夹议，从宏观到微观，点面结合，较好地解释了人物故事的动机和结果。视频结尾段落的足迹串联，则考虑到中国的大江大河不只长江和黄河，全流域的水脉都承载着百姓的幸福安康。结尾点题综述，更全面地涵盖了中国的江河水域。

（二）生态时空线建构，新闻叙事线明晰

主创团队在时空线的结构上，通过系统梳理十年来习近平总书记生态环境考察的全程记录，进而架构全片的叙事逻辑，并由复杂和丰富的时空线中提炼出三个最典型的地域：三江源、长江和黄河，并迅速锚定最具代表性的生态保护案例和典型新闻人物。团队成员介绍，团队初期选择了多个人物，但综合拍摄时间、地点分布、特质差异化等各种因素，最终选择视频中呈现的四个人物。

而在典型人物的新闻叙事线的呈现上，本作品依照地点与空间结构，从三江源向长江，再向黄河，渐进推展。三江源作为长江、黄河、澜沧江的发源地，其生态环境决定了长江黄河流域的水质；三江源位于青藏高原，拥有壮观的美景、独特的风土人情，作为开篇的第一个故事，画面上吸引人、故事上打动人。藏民申格是三江源的首批生态移民，搬迁之后，不仅帮助三江源生态恢复，也让牧民们过上了吃饱穿暖的好日子。因此，习近平总书记考察时，申格主动邀请总书记到家中，体现了一个普通老百姓对于领袖的爱戴、对生态保护政策的拥护。生态管护员昂扎则留在草原，继续坚持维护草原的生态环境。申格和昂扎，一老一少，一个让出生活的草原，一个继续保护这片草原。申格感受到生活的变化，昂扎感受到自然的变化，他们为了三江源生态环境保护作出自己的贡献，是当地藏民的小小缩影，展现了老百姓在生态保护政策指导下付出的努力。

当镜头来到长江、黄河流域时，新闻叙事重点则落在江河生态保护和当地经济发展的矛盾辩证的实践之上。如何呈现平衡维护的生态哲学与社会发展观，是长江流域部分的新闻叙事核心，该作品以小见大，通过防治水污染的话题带出产业工人李文洪所在的兴发集团的变迁，通过防治水患勾连出兰考县东坝头段的人间故事，以年过八旬的兰考县东坝头乡村民雷中江的视点，讲述新时代党和人民共担艰难、共治水患的动人故事。

从三江源、长江到黄河以及查干湖、北海金海湾、洱海等全国其他水域，从水源保护、水污染防治再到水患治理，该作品围绕"绿水青山就是金山银山"的核心议题，始终强调保护是发展的前提，共同构成一个完整严谨的叙事逻辑。"习近平总书记的江河情缘，不止于黄河与长江，960多万平方公里土地上的江河湖泊承载着14亿中国人的生活与梦想，也都在他的心里。"片尾的这句话，简

明扼要，涵盖了全国的大江大河，而非止于长江和黄河，达到综述点题的效果。

二、沉浸式"软"讲述中国故事

（一）立足视听微叙事，众筹创意新思路

移动社交时代，海外用户新闻信息获取模式已经发生深刻变革，视频产品成为新闻信息传播的重要载体。视听微叙事与微传播能够超越语言和文化的隔阂，具有更为微观生动、接地气和日常化的新闻风格，更容易直达融合新闻报道的用户内心。本作品所借助的系列短视频模式，更是通过国际化生态语境关注和中国故事的人格化呈现，以场景化、生活化的还原方式，个性化的态度表达，专业化、趣味化的演示，情感上的连接与共鸣，生成全新的网络传播图景，并提供关键的互动空间和极具动力的内容衔接，终于完成一次跨越不同领域的文化交融之作，呈现一幅"动态美学"的中国故事的生动画卷。

在生产机制上，主创团队延续人民日报新媒体在制作产品时一贯的众筹式生产机制。《江河情缘》的主创团队由新媒体中心多个处室抽调精兵强将组成，每个人根据所长在团队中分别负责文案、外联、拍摄和剪辑工作，这样也有利于集中整合资源打造精品。同时，延续新媒体中心一贯的内容众筹机制，向各地方分社获取内容、素材，同时在拍摄时获得各地配合。团队从已有的报道中寻找线索，包括相关会议和习近平总书记讲话。在梳理习近平总书记相关讲话的同时，在各平台及中央媒体的影音、图片库中整理同期声、视频、图片等资料。例如，片中涉及兴发集团等历史画面及现今状况时，还需要公司配合提供素材。这种众筹式获取素材的方式，弥合了新闻资源存在的差异，充分利用现有的各类资源。

在《江河情缘》镜头之外，记者在拍摄前和每位受访者详细沟通，成功获得受访者的信任，受访者不畏惧镜头，减少面对镜头的不适感，展现最真实的感受。受访者的叙事陈述，增强了故事的纪实说服力和感染力，营造了一种故事主角和听众在场对话的人际传播氛围，有利于减少海外用户对中国国情认识上的偏差。在讲述每一个人物故事时，该作品都呈现了当地生态环境的变化，历时性对比呈现增强了报道与短视频的真实性和说服力。通过视频画面彰显总书记对江河流域发展的重视，把中国话语转化为海外用户易于理解的视听化呈

现和国际化表达。

（二）"你听我说"话语新模式，内容故事化

《江河情缘》创作团队依托人民日报英文客户端的强大传播能力，借力其长期深耕中国故事国际传播第一线的实战经验，整合营销、合力出击，建构独特的中国话语传播模式和传播形态。"向世界阐释习近平新时代中国特色社会主义思想，展现习近平总书记大党领袖、大国领袖形象，讲好中国故事，传播好中国声音，是我们的职责使命。"①在筹备这部片子前，创作团队已制作过多部反映习近平总书记大党大国领袖气度风范和爱民为民的历史责任担当的微视频，用视频素材介绍背景和回访当事人串联历史和现状，是该团队在实践中摸索出的有效讲述方式，让来自其他文化背景、其他国家或地区的网友们感同身受。故事化的内容风格，加之"你听我说"的话语模式，有效吸引海外用户的注意力，而不至于在观看中感到枯燥。主创团队总结了《江河情缘》深受海外社交平台用户喜爱的关键："作品将习近平总书记的个人情怀融入国际性的生态保护主题，既贴合国际传播环境，用户与受众对故事性新闻报道和个人化新闻叙事的喜好，又在展现中国共产党和中国政府对生态治理的全球视野和中国立场，并充分地彰显了习近平总书记的个人魅力。习近平总书记长远独到的眼光和笃定实干的精神打动了众多外国网友。"②事实证明，外国网友的评论也多集中在对习近平总书记重视江河保护这一发展战略的认同和支持。

作为以国际传播为目的的新闻短视频，《江河情缘》除了让海外用户在精致画面中感受中国江河壮阔的同时，还能感受文字的美感与韵味。该片的中文、英文字幕朗朗上口、言简意赅，且每句文字都与画面紧密结合，给观众留下了深刻印象。

听与说，讲与述，将口语传播的烟火气有机融入大江大河大国的生态传播观，将人民叙事与新闻叙事互为融通是《江河情缘》创造的独特新闻话语场。该新闻话语场由丰富而朴实的解说词、旁白、字幕结构出原创性新闻文本，经由社交平台和视频网络的再次传播、评论、转发、新闻媒体转载的文本，重构

---

① 来自人民日报《习近平总书记的江河情缘》系列微视频主创团队的访谈。

② 来自人民日报《习近平总书记的江河情缘》系列微视频主创团队的访谈。

社交化新闻文本，并深入新闻学、传播学、实务与教学研究的案例分析，形成研究性新闻文本，实现了融合报道和国际传播相互观照的创新形式。

三、技术赋能，打通圈层

（一）多平台发布，全通道传播

新媒体时代，互联网是信息传播的重要媒介，社交平台已经成为全球传播的主要平台，来自全球各地的海量信息在该场域生产、传播和消费，是信息和全球用户之间的重要桥梁。提升国际传播能力，要求媒体必须依附平台进行传播，通过多平台、全通道的传播，打破地理隔阂，将信息传达到各个圈层的全球用户。

《江河情缘》在人民日报客户端、人民日报英文客户端、人民日报法人微博、人民日报微信公众号首发，第一时间覆盖境内外互联网及社交平台，充分发挥了全网平台信息传播优势，迎合了当下信息传播的移动化和社交化的浪潮。《江河情缘》因此得以精准触达海内外用户，在国内外迅速引起广泛关注。主创团队表示，正是借力人民日报英文客户端和人民日报海外传播矩阵的技术赋能，《江河情缘》才能穿透重重海外社交平台与新闻寡头的信息封锁和标签屏蔽，广泛地触达海外目标用户群体，并实现客户端与社交平台的双向引流。[①]

媒体融合不仅是媒介形态的整合升级，也意味着融合后的媒体平台会催生新的交互关系和网络结构。[②]在海外社交平台中，各类文字、图片、视频相互重叠和互动，形成复杂的信息交流图式，而在其图式的最中央，就是形态丰富多样却最为亲民接地气、语态杂陈却又极具传播力的短视频。可以说，如何在社交平台的传播网络中善用巧用智用短视频，短平快抢占舆论高地和话语权，是当前国际传播实务最需要关注的实践议题之一。主创团队认为，发展国际传播旗舰型新媒体，技术建设与内容建设同等重要。短视频+微叙事，中国故事+人民态度，算法推荐+社交传播的多重组合，《江河情缘》将中国创意、中国经验、

---

① 来自人民日报《习近平总书记的江河情缘》系列微视频主创团队的访谈。

② 田香凝，曾祥敏. 媒体深度融合背景下我国主流媒体的国际传播平台建设[J]. 中国编辑，2022（07）：23-28.

中国人民的动人故事汇聚成流，在大数据、算法等数字技术的统筹下，推向世界性的信息界面，生成独具特色和丰富多元的新闻图景。

（二）巧用算法，重视技术驱动

人民日报英文客户端自上线以来一直重视技术驱动，以人工智能、大数据等领域的尖端技术为基础，努力探索海外用户偏好和国际传播需要的更准确的算法推荐机制，以期根据用户画像精准传递，积极利用算法技术对用户产生深层影响。[①]

算法引擎帮助《江河情缘》通过人民日报英语客户端以及人民日报的海外媒体矩阵将相关内容推送到不同国家、地区，精准覆盖不同群体用户，有效提高了海外用户活跃度，有助于更好地实现中国故事的全球化表达、地域化表达和分众化表达。

《习近平总书记的江河情缘》的精准出击和有效传播，为国际传播实践的智能化视频实践展示了一个较好的模板。如何跨越多平台、多媒体、多社交平台圈层，以内容、以视听直击海外粉丝，用产品将国际民众和知识精英相连接，在增强海外粉丝黏性，打通国际传播的最后一公里，是《江河情缘》及未来的新闻短视频创作亟须思考的问题。

四、结语

移动互联网时代，新媒体的发展拓宽了国际传播的渠道和影响范围，算法技术为提高国际传播效率提供了新思路。为了进行更有效的国际传播，和海外用户建立和谐的传播关系，新媒体产品依然要坚持以内容为王、接中国地气。《江河情缘》采用微视频的形式，在宏大题材中聚焦个体，用平民视角拉近与海外用户之间的距离，摆脱了宣教色彩。故事化的叙事策略、故事主人公的真情实感是让中国故事触动海外用户内心的关键。《江河情缘》的成功得益于叙事内容、风格、策略、技术等多方面因素，为讲好中国故事提供了值得参考的国际传播范本。

[①] 跨越平台与圈层，连接"自我"与"他者"——人民日报英文客户端的国际传播实践与思考[J]. 新闻战线，2021（19）：25-28.

在加强国际传播能力建设的国家战略视野下，主流媒体应当充分挖掘多种媒介形式，探索更多"软"讲述的叙事方法，利用技术赋能提升传播效能，讲好中国故事，获得国际话语权，构建完善成熟的中国话语和中国叙事体系。

Abstracts

英文摘要

Chapter1. General Report

1.1 Deeply Cultivating Platform and Refined Expansion Services: The New Mainstream Media Construction Approach in the Development of Deep Convergence

ZENG Xiang-min, LIU Ri-liang, DONG Hua-xi

Abstract: Strengthening the new mainstream media is the significant goal and the key task of deepening media convergence (DMC) in the upcoming journey of the 14th Five-Year Plan. This general report offers a comprehensive, scientific research findings based on the observation of the continuous improvement and the practical experience of DMC during the past twelve months, by moderating the related issues and problems embedded within, including displaying the refining findings coming out fro the nation-wide quantitively-structured questionnaire on the development of DMC of new mainstream media, the qualitatively- structured interviews with local practitioners. The focus is on "news reporting + public service" as the core to build up a strongly self-constructed new mainstream media platform, by advancing to the harmony of economic outcomes and social benefits, so as to provide the further developing ideas and forward-looking thinking for China's new mainstream media construction.

Keywords: Deep media convergence, New mainstream media, Self-built platform, News + service

1.2   2022 New Media Development Report: Linking Power and New Patterns

HU Yu, WANG Jia-jing

Abstract: Experiencing the online dividends by companied with the boost of the online short video platform (SVP) during the Covid-19 pandemic, the local new media has gradually developed into a stable industrial pattern. In the past year, the government supervision has been increased, which shows the impact on the new media industry by its undergoing in-depth adjustments to a healthier self-developing orientation. Meanwhile, the new media industry also experiences the influential progress of artificial intelligence, which has been deeply reshaped the new media space and broadened the its linkage with people's daily life. The new media industry has gradually showed its progress of entering into an media environment in where the virtual and the reality coexist. The new media industry is reshaping our way of life, by bringing the users a richer life experience in a decentralized experience. When the new media industry shows stronger linking power with the users and shapes a new pattern of life, we should reflect on it with a broader perspective, in order to create a healthy, comprehensive, positive and upward new media living environment for the people.

Keywords: New media industry, Living space, Product thinking, Emotional communication

2.1   Accumulate Steadily by Brighting up the Local and the World: The Trend, Breakthrough and Exploratory Path of the International Communication in Platform Media Era

ZHANG Yue, ZHOU Nian-xi

Abstract: The international communication practice has stepped into a new stage following the achievement of DMC during the past several years. By accumulating efforts, there are plenty of breakthroughs have been conducted, such as presenting the national image of China by balancing the outside focus and the national agenda. The mainstream media extends the cooperation with multiple participants and enhances the influence of news-reporting , as expands the application of innovative presentation to seek break-out through the technology and narration as well. Even though those break-out are still limited in the news production process, which compel China's mainstream media, besides continuing working on globalization of news discourse, to construct artificial-intelligence-equipped platform media that have global reach out. It is the only way that could possibly make the Chinese voice be heard, be understood and be accepted by the Western-dominated international community.

Keywords: International communication, Mainstream media, Platform construction, Artificial intelligence

2.2 Present Compelling China Stories with the New Features and Paths by the Short Video

ZHANG Chen, WANG Xiao-Hong

Abstract: As China moves closer to the center of the world stage, it has become the responsibility and mission of the mainstream media to publicize China's points of view, to impart Chinese wisdom and to spread Chinese story around the world. In the wave of the digital and intelligence transformation, the way and meaning of presenting compelling China stories are undergoing new changes. Through the perspective and analysis of the typical cases of international communication in 2021, this study finds that presenting compelling China stories by the short videos has the following three characteristics: by highlighting the original narration with multiple subjects, by providing the promising cultural strategy of intellectual property protection, and by enhancing the empathic communication to break out the circle. This study further explores the developing path of China stories in the future, which will be showing more active response and local expression on the hot issues, and the ability of big data to accurately spread and build an international communication platform for Z Generation. In the face of both challenges and opportunities, a new path and paradigm of international communication with leading and exemplary value will be constructed through multiple measures.

Keywords: Short video, Present compelling China stories, International communication, Social media

Section 1. Content

3.1.1　Study on the News Value in the practice of Media Convergence: Selectivity, Presentation and Communication: A Qualitative Comparative Analysis Based on Typical Cases from 2021 to 2022

TU Ling-bo, ZHAO Ao-bo, LI Zi-ang, JI Zhen-jiang

Abstract: The digital technology environment is reshaping the classical concept and the current practice of the news value , which inspired the analysis in term of the changes and development of such connotations beyond the established framework. Most of the previous studies based on theoretical speculation are lack of empirical perspectives This study applies qualitative comparative analysis(QCA), focusing on eight conditional variables, empirically analyze 71 news events that occurred from Jan., 2021 to Dec., 2022, by offering the findings as:(1)News selectivity in digital journalism context more or less is under the shadow of a combination of multiple value elements;(2)In the perspective of classic news value , the proximity declines and the timeliness is highlighted;(3)By the empowerment of digital technology, the firstly-released exclusive of audiovisual reporting enhances the news accessibility and possibility of coverage of the weakly and conventional events to the public interests The we-media disclosure also promotes the reverse construction of media agenda;(4)On the perspective of emotional orientation of digital journalism, News events with positive emotion are more likely to be picked up and be presented by the mainstream media. In terms of covering the controversial events with the social context engaged, the mainstream media show the power of the directly intervene-in with strong points of view, by revieing the function of social construction of the news media. This study finally expands the initial and basic concept of news value.

Keywords: News value, Media convergence, Digital journalism, Qualitative comparative analysis

3.1.2 Thinking, Art and Technology —— The Innovative New Trend of the Integration of Mainstream Media Discourse System

WANG Wen-bin, MA Zhan-ying

Abstract: As the mainstream media continuously promotes the discourse system innovation in deep, there are many excellent media programs which can reflect the distinguishing features of the discourse system innovation. This study takes the innovative and excellent media programs, such as "The Nation's Greatest Treasures" "China in Classics" "The Art of the Party" "The Olympism and Art" "The Spring Festival Gala ",and "Beijing Winter Olympics" as typical cases launched by CMG to express the innovation ideas and methods of "Thinking" "Art" and "Technology" which can be provided as the new approach of the mainstream media discourse innovation.

Keywords: Discourse system innovation, Mainstream media, Thought, Art, Technology

3.1.3 Practical Innovation of the Government-Affair New Media from 2021 to 2022

FU Xiao-guang, HU Xiao-ying

Abstract: Since the initial launch of China's first government microblog in 2009, the government-affair new media has boosted rapidly driven by the state policies and the development of the Internet, by revieing its powerful functions and roles of the information release, the guidance of the public opinion, the government services and so on, which has become an important means of governance. This study starts with combing the current developing journey of the government-affair new media, analyzes the dynamic changes and development characteristics of new media for the government-affair new media of communication form, discourse content and communication narrative from 2021 to 2022 It also puts forward countermeasures and suggestions from two aspects: strengthening professional qualification review, promoting cross level communication, establishing border awareness and reducing unnecessary production.

Keywords: the government-affair new media, Government affairs communication, Social governance

3.1.4 Media Convergence with Video: The Development of WeChat Video Channel of news Media

ZHOU Bao-hua, LIU En-ze, HU-Jing, LU Ying-ying

Abstract: As the living condition of human beings has entered an era of short video, using video format becomes an essential component of media convergence. Based on the unique medium logic of WeChat Video Channel(WVC), development of WVCs of news media has embedded into the WeChat ecosystem as a whole as well as the public daily life, boosting the socialization, visualization, and routinization of flow of news, and further shaping innovative forms of journalism culture. This paper synthesizes major developmental patterns of WVCs of news media, along with a primary summary of factors influencing their dissemination and popularity that mainly include content(i.e., topics, video captions), communicator, and context(posting time). It is worth looking forward to that WVC turns into a pioneering force that produces high quality products of news media convergence as well as integrates into social governance.

Keywords: Media convergence, Short video, WeChat Video Channel(WVC)

3.1.5 How to Reconstruct "the Sense of Place": Production of Local News in Regional Media

WANG Jia-hang, YANG - Yi - fan, REN - Ying

Abstract: The impact of digital technology on traditional journalism is changing from striking to remodeling. Thus, digital journalism is becoming an important category of journalism. The paradigm of digital news production based on the theme of relationship-interaction urges researchers to reconsider the compatibility between the original routine of news production and digital journalism. With the background of the two-way socializing in news production and consumption, this article takes the Weibo and Douyin accounts of "Sichuan Watching" and "Haidian Converging Media" as examples, discussing the challenge from "the disappearance of place" for the production strategy of local news at regional media in the context of Internet media. And it proposes suggestions for how to reconstruct "the sense of place" on social media operated by regional media.

Keywords: Place, Regional media, News production

Section 2. Technology

3.2.1　Human-machine Relationship in the Digital Journalism Industry

PENG Lan

Abstract: In today's digital journalism system, machine is a key element, not only been viewed as a kind of tool or channel, but also as an actor. With the application of machine, the new thinking modes are introduced in news production as supplements of traditional human thinking modes. In the process of evaluation and redefinition of newsworthiness of contents, human-machine interaction is playing more and more important role. Users today are becoming cyborgs, machines on their bodies also affect digital news production and consumption in some ways. With deep participation in digital journalism industry, machine obtains crucial power, which functions on different human actors and their relationships.

Keywords: Digital journalism system, Human-machine relationship, Machine thinking, Algorithm, Machine power

3.2.2　Report on Intelligent Communication Technology Application and Internet Ecological Change(2021-2022)

WANG Jing-yi, ZHANG Er-kun, CHEN Ken, ZHANG Hong-zhong

Abstract: This report focuses on four aspects, such as the new application of global intelligent communication technology, intelligent communication technology in social governance and international political games, the application of intelligent communication technology in China's media integration and the impact of intelligent communication technology application on the Internet ecology. Meanwhile it specifically analyzes the impact of intelligent communication technology on the main body of the two sides, communication channels, communication content, Internet industry, etc., by depicting the new development of artificial intelligent technology application from 2021 to 2022 to examine the Internet ecological transformation. At the same time, it is proposed that the role and function of intelligent communication technology should be viewed based on a rational attitude, and interdisciplinary perspectives and methods should be adopted to deal with the problems that may be brought about by the application of intelligent communication technology, so as to promote the development of intelligent communication industry in a more benign direction.

Keywords: Intelligent communication technology, Application, Media convergence, Internet ecological change

3.2.3 Study on the Development of the 5G Technology and the Innovation of Media Convergence Innovation

ZHAO Zi-zhong, LIN Zhi-yao

Abstract: China continues to promote the construction of 5G networks, and under the support of wide coverage and high-quality 5G networks, new technologies such as edge computing and network slicing have gradually shown the strength. As the initiation of the new infrastructure, 5G has veer since stands at the forefront of the new media ecology by supporting the comprehensive development of the related industries. In the vastly and rapidly developing vertical industry line led by 5G, the media industry and communication related business are located in the leading field, which are directly affected by new technologies, undergoing the tremendous changes in technology application, content production and communication presentation, etc., growing into a new media integration ecology. Media development is accelerating towards digitalization and intelligence.

Keywords: 5G, Media convergence, Four levels of media

Section 3. Management

3.3.1 Model Innovation and Competence Improvement of Media Industry under the Background of "Deep Convergence"

Zhi Ting-rong, Gao Yu-ning

Abstract: China's media industry is meeting the opportunities and challenges of many aspects such as management concepts, mechanisms and methods i the process of DMC . How to achieve the development and growth of such while returning to the attributes of public institutions in China's media industry has become an urgent task encounter by the business managers. This report proposes that in terms of business models, we should focus on five models: content-oriented, service-oriented, technology-driven, park operation and diversification; In terms of capacity improvement, we should highlight three capabilities: content construction, technology research and development and management. The report specifically emphasizes the importance of deepening reform, improving quality, efficiency, stability and long-term development for strengthening and improving operational management.

Keywords: Deep convergence, News + service, Media operation and management

3.3.2 Converging, Gaming and Reshaping: The Interactive Practices Between the Mainstream Media and the Internet Technology Companies

YE Ming-rui, ZHU Wen-qi

Abstract: As the development of DMC, the participating subjects, integration forms, and integration methods between different subjects in this process of media change have gradually become increasingly diverse and complex. For the mainstream media, one of the most significant features in the practice of DMC is to continuously break through the boundaries of integration, explore various new cooperative relations with the Internet technology companies in content production, platform channels, technical resources, etc.. This report choose the representative central mainstream media and the county-level integrated media as the research objects, by examining the cooperation in between as well as examined the cooperation of which with different Internet technology companies. It analyzes the appearance, the successful cooperation experience and paradigm, and explores the problems and reasons existed within, and then puts forward development suggestions for the future cooperation.

Keywords: Mainstream media, Internet technology enterprises, Media convergence, cooperative relations

Section 4. Governance

3.4.1　Action Paths for Media Think Tanks to Participate in Social Governance

LUO Xin, ZAHNG Jin-jie

Abstract: The wave of DMC has accelerated the development of media think tanks. The media think tanks are the compilers of governance networks, the integrators of governance resources and the builders of governance programs, which is different from the traditional role of news reporters and public opinion supervisors. The action path for media think tanks to participate in social governance includes: revealing social issues with investigative reports, providing decision-making reference with research reports, and mobilizing all parties for consultation with activity forums. Media think tanks participating in social governance should be vigilant against problems or dilemmas such as the attention distribution, the boundary setting, and publicity issues. It needs to be improved so as to offer the effectiveness of participating in social governance by cultivating key products, standardizing the collaborative architecture, and adhering to professional ethics.

Keywords: Media think tank, Social governance, Collaborative governance, Media role

3.4.2　Subject Responsibility of Platform Governance of Internet Information Content: A Concept Analysis and Applicable Scope

GU Jie, XIE Ling-lan

Abstract: Platformization has become the main feature of the production and dissemination of information content in the current new media environment, which also brings up new problems and challenges to the anomie of subject responsibility. As the party and the state calls up to strengthen the construction of the Internet platform responsibility, it is urgent to discuss the conceptual connotation and practical extension of the main responsibility of Internet information content governance from the theoretical level. This report preliminarily sorts out the practical extension of the main responsibility of the content production and dissemination of information Internet platforms from the dimensions of "platform-party committee and government" "platform-society" and "platform-netizen", based on the analysis and interpretation of the concept of subject responsibility. It also points out that the subjectivity, initiative and innovation of the platform's responsibility performance should be further highlighted in the context of platformization.

Keywords: Subject responsibility, Platformization, Internet governance, Social responsibility, Corporation social responsibility

3.4.3 Copyright Infringement in Algorithm Generated Journalistic Works

LIU Xue-yi

Abstract: The boom in AI-generated news industry in recent years has sparked many debates, raising the question of how the existing copyright framework could be applied to machines participating in the pratice of the jounalist. This report focuses on the use of copyright content as input data to train AI algorithms, the allocation of liability for copyright infringement that may infringe the right of reproduction and adaptation, the applicability of unauthorized text and data mining exceptions. The findings shows that users, developers or parties of AI algorithm systems may be liable for AI copyright infringement according to different circumstances..

Keywords: Algorithm, Journalistic works, Training data, Copyright infringement

Chapter4. Special Attention

4.1   The Difficulties and Breakthroughs in System and Mechanism of China's Radio and Television Media under the Media Convergence

CUI Lin, WU Hao

Abstract: The transformation and upgrading of the systematic and mechanism in DMC provides a key driving force for the integrated development of radio, television and media. At present, the reform of China's radio and television media system and mechanism is steadily advancing, showing a trend of strong policy promotion, deepening adjustment of institutions, accelerated platform construction, and aggregation of multiple resources. At the same time, there are still many practical problems in the radio and television media in terms of the thinking concept, hematopoietic function, personnel structure and so on. Based on the four-level pattern, China's radio and television media focus on the exploration of systems and mechanisms in the process of DMC: the China Media group builds a unique practical and operational modes; the provincial radio and television focus on the building-up of the provincial cloud platforms; the prefecture-level radio and television aim to conduct the convergence media products to explore the possibility of the practical innovation; the county-level media expand service functions and also deeply participate in the grass-roots social governance. Under the new situation, China's radio and television media need to take the leading rold in the journey of the DMC by empowering the system and structure , audio-visual content production of their own.

Keywords: Radio and Television Media, System and Mechanism, Media Convergence, Difficulties, Approaches

4.2 Research on New Development and New Norms of Live Streaming Context

ZHAO Shu-ping , CAI Min-jun

Abstract: The online Live streaming transforms the scene resources from the physical, reality space into the digital, Internet platform., by opening up the whole process channels such as content production, release, product marketing publicity, value realization and so on. Digital resources can be accumulated over time and converted into other forms of cultural capital , and it will bring social benefits to the users. With the opening of the new modes of the online live streaming such as 5G+AI/VR/AR/MR, it will form a multi-scene network for the internet celebrities. In the platform of the online live streaming, a kind of newly formed production relations and industrial modes are generated, through which . What's more, people it also encourages the users to reach emotional identity, realize value co-creation, and promote cultural co-construction, as well as form new norms for network development.

Keywords: Live streaming, Context communication, New norms network

4.3 Major Themes and Value Guidance: The New Trend of Mainstream Media Short Video Communication

BAI Xiao-qing , LI Chao-peng

Abstract: The practice of the online short video, associated with the rise of intersubjectivity and embodiment, have revolutionized the representation of the social reality and established the new content needs to the online audio-visual environment. This report conducts a study selectively based on all the short-video news reporting released by Chins's mainstream media, covering the ceremony the founding of the China Communist Party(2021), the Winter Olympics(2022)and the

National People's Congress(NPC), andthe Chinese People's Political Consultative Conference(CPPCC)(2022). Findings showed that the mainstream media short video production takes the philosophy of intersubjectivity as the creative concept, identifies the users in the transformation of consumption scenarios, and then plays a role in moral discipline and value guidance, so as to realize news publicity.

Keywords: Short video, Mainstream media, Intersubjectivity, Value guidance

4.4 New Requirements of Media Talents' Ability Structure and New Path of Cultivation in the Context of Intelligence

CAO Wan-hong, CHEN Yue, WANG Jia-yang

Abstract: The advent of the era of intelligent media has accelerated the adjustment of the internal structure of media and further development of the industry, and has put forward new requirements for the competence structure of human resource(HR)of intelligent media. This report analyzes the current status and problems of the training of the relevant HR development in China through questionnaire surveys. It discusses the new path from the following three levels: 1)improving the training system for the incumbent personnel; 2)promoting the interdisciplinary education in colleges and universities; and 3)emphasizing practical, cross-border training and scientific development of media laboratories.

Keywords: Intelligent media, Human resource development, Competence structure

4.5 The Modernity of Mobility: The Contradiction and Adjustment of New Media Embedded in Poverty Alleviation Immigrant Families from the Perspective of Rural Revitalization

LI Biao

Abstract: With the rapid development of Internet technology in rural poor areas, new media has been rapidly developed and popularized among immigrant groups. There is a close interaction between media technology and social changes. This report chooses the use of Douyin by immigrants from a poverty-stricken countryside in the northeast of Yunnan Province, and uses the life-history interviews and participatory observation to conduct an overall investigation regarding the changes of the immigrant family life from the perspective of media embedding. The study found that the characteristics of Douyin, such as the mobility, family social attributes, low threshold of production technology, and the audiovisuality, are in line with the relevant characteristics of the poverty alleviation immigrant group. it reproduces the local imprint of the hometown of the resettlement place and maintains the social relations in the hometown, It has shaped the collective nostalgia space of immigrants for their hometown; The intimate interaction between parents and children, as well as between husbands and wives during the relocation presented in the series of the short video deepens the emotional communication among peers and intergenerational families, so that the feeling of "Family" can be recreated in online space. The short videos transform family images from the private domain into the public domain, transforming them into visualized emotions and memories and provide a short-term sense of stability and emotional support for migrants in the drifting movement; The online life constructed by the short video expands the information channels of immigrant family, making them more autonomous in career choices and self-development, and providing a decision-making reference for immigrant family flows and family division of labor.

Keywords: Modernity, Rural vitalization, Media embedding, Immigrant families, Grassroots governance